John Sweetman

Jagd auf die Tirpitz

Luftangriffe 1940–1944

John Sweetman

Jagd auf die Tirpitz

Luftangriffe 1940–1944

Koehlers Verlagsgesellschaft mbH
Hamburg

Schutzumschlag

Foto der vorderen Umschlagseite: Die TIRPITZ in ihrem Netzkasten in der Bogenbucht bei Narvik, Juli 1942.
Fotos auf der Klappe: Die TIRPITZ bei der Erprobung der achteren beiden Türme der schweren Artillerie (oben). Ein Geschenk für die TIRPITZ vom Fleet Air Arm, das während der Operation »Tungsten« im April 1944 »überreicht« werden sollte. (Imperial War Museum)

Die Deutsche Bibliothek – CIP-Einheitsaufnahme

Sweetman, John:
Jagd auf die Tirpitz : Luftangriffe 1940–44 / John Sweetman. –
Hamburg : Koehler, 2001
Einheitssacht.: Tirpitz – hunting the beast <dt.>
ISBN 3-7822-0814-5

ISBN 3 7822 0814 5; Warengruppe 21

Produktion: Hans-Peter Herfs-George
Druck und Weiterverarbeitung:
Hans Kock Buch- und Offsetdruck GmbH, Bielefeld
Printed in Germany

Inhaltsverzeichnis

Danksagung

Für ihre unschätzbar wertvolle Hilfe und Unterstützung während der Vorbereitungen zu diesem Buch bin ich vielen zu großem Dank verpflichtet, insbesondere: Lt. Cdr. R.M. Griffiths (Fleet Air Arm Officers' Association); Sqn. Ldr. T.C. Iveson (Vorsitzender Bomber Command Association); R.M. Owen (Offizieller Historiker der 617. Staffel); Major K. Store (ehemaliger Kurator des Königlich Norwegischen Luftwaffenmuseums); Dr. N. Young (Research and Information Office, Imperial War Museum).

Die Mitarbeiter der nachfolgenden Bibliotheken und Archive haben mir Zugang zu Quellenmaterial gewährt und geduldig viele Fragen beantwortet:

British Library
Department of Aviation Records, RAF-Museum Hendon
Fleet Air Arm Museum, Yeovilton
Imperial War Museum: Department of Documents, Department of Photographs, Sound Archive
Verteidigungsministerium, Air Historical Branch
Public Record Office, Kew
Königliche Militärakademie, Sandhurst

Gern möchte ich mich für die Erlaubnis erkenntlich zeigen, daß ich die mir vorgelegten Informationen nutzen durfte. Vor allem möchte ich dem Leiter von Her Majesty's Stationary Office für die Genehmigung danken, Photos zu reproduzieren und aus den Akten zu zitieren, welche das Copyright der Krone tragen. Dem Imperial War Museum möchte für die Erlaubnis zur Reproduktion der abgebildeten Photos danken.

Viele Teilnehmer an den Einsätzen gegen die TIRPITZ haben mir großzügig ihre Zeit gewidmet, mit mir korrespondiert und mir eine große Zahl an Dokumenten, Photographien und Zeichnungen zugänglich gemacht, darunter befinden sich:

Fleet Air Arm: Cdr. N.H. Bovey, Lt. Cdr. R. Fulton, Cdr. S.G. Orr, Cdr. J.W. Powell, H.K. Quilter, Rear-Admiral I.G.W. Robertson, Lt. Cdr. J.H. Stenning, Lt. Cdr. F.R.A: Turnbull

9. Staffel RAF: J.F.E. Brookbank, (Ehrenschriftführer der Staffel-Vereinigung), R.J. Harris, P.J. Parsons, J.C. Pinning, J.D. Melrose

10. Staffel RAF: G.M. Dickson

35. Staffel RAF: A. Abels

511. Staffel RAF: G. Briggs

617. Staffel RAF: T. Bennett, A.W. Cherrington, F.E. Cholerton, G. Cole, L.W. Curtis, C.B.R. Fish, D.E. Freeman, S.V. Grimes, F.E. Howkins, T.C. Iveson, B.F.

Kent, R.E. Knights, H.C. Knilans, A.J. Lammas, J.H. Leavitt, J.D. Phillips, H.J. Riding, J.A. Sanders, J. Soilleux, Gp. Capt. J.B. Tait (ehem. Staffelführer), F.L. Tilley, D.H. Vaughan, E.A. Wass (Ehrenschriftführer der Staffel-Vereinigung), H. Watkinson.

Folgende Personen haben mir ebenfalls wertvolle Unterstützung zuteil werden lassen, ihnen bin ich besonders dankbar:

L. Arneberg (Kurator, Museum der Stadt Tromsö); B.N. Boorer (Kollege von Sir Barnes Wallis); Dr. A.H. Clayton und P.A. Warner (ehem. Kollegen an der Königlichen Militärschule Sandhurst); Mrs. M. Dove (Tochter von Roy Chadwick); P. Elliott (RAF Museum Hendon); Lt. Col. C.G.O. Hogg (Regimentsschriftführer, King's Own Scottish Borderers); P.T. Jacobsen (ehem. norwegischer Mitarbeiter des SIS); Mrs. S. Le Clerq; C.E. Mackay; J. Reed; Herr K. Rymus; Dr. M.R. Stopes-Roe und B.W. Wallis (Nachkommen von Sir Barnes und Lady Mary Wallis); Herr A. Zuba (Überlebender der TIRPITZ). Sarah Harris hat mich beim Briefwechsel mit Personen und Institutionen in Deutschland bzw. bei der Übersetzung unterstützt. Meinen Söhnen Paul und Mark danke ich für ihre (konstruktive) Kritik.

Glossar und Abkürzungen

AA	Anti-Aircraft; Flugabwehr
A&AEF	Aeroplane and Armament Establishment, Boscombe Down
A/B	Able-Bodied-Seaman; Vollmatrose
A/C	Aircraft; Flugzeug
ACAS (Ops)	Assistant Chief of the Air Staff (Operations)
ACAS (P)	Assistant Chief of the Air Staff (Policy)
Adm	Admiralty; Admiralität
Air Cdre.	Air Commodore; Kommodore
Amatol	Sprengstoff
AOC	Air Officer Commanding; Kommandierender Luftwaffenoffizier
AOC in C	Air Officer Commanding in Chief; Befehlshabender Luftwaffenoffizier
AP	Armour Piercing (bomb)/Aiming Point; Panzersprengbombe/Zielpunkt
API	Air Position Indicator
A/S	Anti-Submarine; U-Bootabwehr
A/T	Anti-Torpedo; Torpedoabwehr
BC	Bomber Command
BCUF	Bomber Command Film Unit
Brawn	Deckname für die Einsätze des Fleet Air Arm gegen die TIRPITZ
BST	British Summer Time, Britische Sommerzeit (GMT + 1)
CAP	Combat Air Patrol; Feindaufklärung
Capt.	Captain; Kapitän z.S.; Oberst
CAS	Chief of the Air Staff; Chef des Luftwaffenstabes
Catechism	Deckname für den Einsatz der RAF gegen die TIRPITZ
Cdr.	Commander; Fregattenkapitän
CIU	Central Interpretation Unit
CO	Commanding Officer; Befehlshabender Offizier
CRD	Controller of Research and Development, Ministry of Aircraft Production; Leiter der Forschungs- und Entwicklungsabteilung im Luftfahrtministerium
CS	Capital Ship (bomb); Bombe gegen Großkampfschiffe
DB Ops	Director Bombing Operations, Air Ministry; Leiter der Bombeneinsätze im Luftfahrtministerium
DBST	Double British Summer Time, Doppelte Britische Sommerzeit (GMT + 2); manchmal auch BDST
DCAS	Deputy Chief of the Air Staff; Stellvertretender Stabschef der Luftwaffe
DFC	Distinguished Flying Cross
DNC	Director or Directorate of Naval Construction; Leiter oder Leitung der Konstruktionsabteilung der Marine
DR	Dead Reckoning; Koppeln
DSC	Distinguished Service Cross
DSO	Distinguished Service Order
ETA	Estimated Time of Arrival; geschätzte Ankunftszeit
FAA	Fleet Air Arm; Marineflieger
Fg. Off.	Flying Officer
Flt. Lt.	Flight Lieutenant
F/Sgt.	Flight Sergeant
GAF	German Air Force; Deutsche Luftwaffe
Gee	Funknavigationshilfe
Glycol	Kühlflüssigkeit
GMT	Greenwich Mean Time; Mittlere Greenwichzeit
Goodwood	Deckname für vier Einsätze der FAA gegen die TIRPITZ
GP	General Purpose (bomb); Mehrzweckbombe
Gp. Capt.	Group Captain
GST	German Summer Time; Deutsche Sommerzeit
HC	High Capacitiy (bomb); schwere Sprengbombe
HE	High Explosive; hochexplosiv
H/F	High Frequency/Heavy Flak; Hochfrequenz/schwere Flak
Highball	Deckname für die »hüpfende Bombe« einer Mosquito
HQ	Hauptquartier
IAS	Indicated Air Speed; angezeigte Geschwindigkeit
IFF	Identification Friend or Foe; Freund-Feind-Erkennung
JPS	Joint Planning Staff (vor 1941: Joint Planning Sub-Committee of the Chiefs of Staffs Committee)
JSM	Joint Services Mission, Washington
JW	Johnny Walker (Mine)
km/h	Kilometer pro Stunde
kn	Knoten, sm/h
LT	Ortszeit
Lt.	Lieutenant; Oberleutnant z.S., Kapitänleutnant
Lt. Cdr.	Lieutenant-Commander; Korvettenkapitän

Maj.	Major
MAP	Ministry of Aircraft Production; Ministerium für Flugzeugproduktion
Mascot	Deckname für den FAA-Einsatz gegen die TIRPITZ
MC	Medium Capacity (bomb); mittlere Sprengbombe
Midshipman	Fähnrich z.S.
MO	Sanitätsoffizier
NCO	Non-Commissioned Officer; Unteroffizier
NID	Naval Intelligence Division; Marinenachrichtendienst
Obviate	Deckname für Einsatz der RAF gegen die TIRPITZ
OC	Officer Commanding; Kommandierender Offizier
Oiled	Deckname für Einsatz der RAF gegen die TIRPITZ
Op	Operation
Paravane	Deckname für Einsatz der RAF gegen die TIRPITZ
Planet	Deckname für Einsatz des FAA gegen die TIRPITZ
Plt. Off.	Pilot Officer
PR	Photographic Reconnaissance; Photoaufklärung
PRU	Photographic Reconnaissance Unit; Aufklärungseinheit
QFE	Q-code: Barometric Pressure at Destination; Luftdruck am Ziel
RAAF	Royal Australian Air Force
RAF	Royal Air Force
RAS	Rectified Air Speed; berichtigte Geschwindigkeit
RCAF	Royal Canadian Air Force
RDF	Radio Detection Finding (RADAR)
RDX	Research Department Explosive; Entwicklungsabteilung für Explosivstoffe
RM	Royal Marines
RN	Royal Navy
RNZAF	Royal New Zealand Air Force
RNZN	Royal New Zealand Navy
RNZNVR	Royal New Zealand Navy Volunteer Reserve
R/T	Radio-Telephony; Sprechfunk
SABS	Stabilised Automatic Bomb Sight; Stabilisiertes automatisches Bombenzielgerät
SAP	Semi-Armour Piercing Bomb; halbpanzerbrechende Bombe
SASO	Senior air staff officer
SBNO	Senior British Naval Officer
Seaman	Matrose
Servant	Deckname für den Highball-Einsatz gegen die TIRPITZ
Sgt.	Sergeant; Feldwebel
SIS	Secret Intelligence Service (Norwegen)
SOE	Special Operations Executive
Source	Deckname für den Einsatz der Kleinst-U-Boote der RN gegen die TIRPITZ
Sqn. Ldr.	Squadron Leader; Staffelführer
Sub Lt.	Sub-Lieutenant; Leutnant z.S.
TAG	Telegraphist Air Gunner
TBR	Torpedo Bomber Reconnaissance (aircraft)/Torpedobomber und Aufklärungsflugzeug
Tiger Claw	Deckname für den Einsatz der FAA gegen die TIRPITZ
Thrustful	Deckname für den Einsatz der FAA gegen die TIRPITZ, durch Tungsten ersetzt
Title	Deckname für den Einsatz der RN-Torpedoreiter gegen die TIRPITZ
Torpex	Sprengstoff
TOT	Time Over Target; Zeitdauer des Angriffs
Tungsten	Deckname für den Einsatz der FAA gegen die TIRPITZ
TV	Terminal Velocity; Endgeschwindigkeit
U/S	Unserviceable; unbrauchbar
USAAF	United States Army Air Force(s)
USN	United States Navy
UdSSR	Union der Sozialistischen Sowjetrepubliken
VA2 HF	Vice-Admiral, Second-in-Command Home-Fleet; Vizeadmiral, Stellvertretender Befehlshaber der Home-Fleet
VC	Victoria Cross
VCNS	Vice Chief of the Naval Staff; Stellvertretender Chef des Marinestabes
VHF	Very High Frequency; Hochfrequenz
WA	Western Air (plans)
Wg. Cdr.	Wing Commander; Oberstleutnant
WO	War Office/Warrant Officer; Kriegsministerium/Stabsfeldwebel
W/Op	Wireless Operator; Funker
W/T	Wireless Telegraphy; Funktelegraphie

Die Jäger und die Beute

»Angriff letzte Nacht erfolgreich. TIRPITZ versenkt.« Diese knappen Worte, mit denen Air Vice Marshal the Hon. R.A. Cochrane die morgendliche Stabskonferenz des 5. Geschwaders des Bomber Command in der Nähe von Grantham, Lincolnshire, am 13. November 1944 eröffnete, markierten den Höhepunkt einer langen und oftmals kostspieligen Serie von Versuchen der Royal Air Force und des Fleet Air Arm, das riesige feindliche Kriegsschiff zu vernichten. Seit es kurz vor Kriegsausbruch vom Stapel gelaufen war, hatten die furchterregende Hauptbewaffnung des Schlachtschiffes und das Bedrohungspotential, das die TIRPITZ darstellte, einen unheilvollen Einfluß auf die alliierte Strategie weit über die engen Gewässer der Nordsee ausgeübt. Nicht mehr, aber auch nicht weniger.

Die Geschichte der Jagd auf die BISMARCK im Mai 1941 und ihre Versenkung im Atlantik, die durch die spektakuläre Vernichtung des mächtigen Schlachtkreuzers HOOD noch überragt und durch den Film *Sink the Bismarck* in Szene gesetzt wurde, regt weiterhin das öffentliche Interesse an.

Das Schicksal ihres Schwesterschiffes ist dagegen weniger bekannt. Allerdings sollte die TIRPITZ, ohne jemals die Dänemark-Straße passiert oder an einem größeren Gefecht teilgenommen zu haben, während des Zweiten Weltkriegs über einen längeren Zeitraum wesentlichen Einfluß auf die politischen und militärischen Entscheidungen in Großbritannien ausüben. Das Spektrum der Gefahren, die von ihr ausgingen, war furchterregend: es bestand die Möglichkeit eines Vorstoßes der TIRPITZ in den Atlantik, um auf den Schiffahrtsrouten verheerenden Schaden unter den Truppentransportern anzurichten, oder einer Vereinigung mit den mächtigen deutschen Kriegsschiffen in französischen Häfen.

Hin und wieder setzte sie die Alliierten einer harten Belastungsprobe aus. Allein ihre Anwesenheit war eine ständige Bedrohung der wichtigen Nordmeergeleitzüge in die Sowjetunion, die deshalb eine starke Konvoisicherung benötigten. Die Royal Navy war dazu gezwungen, in heimischen Gewässern eine mächtige Streitmacht aus Schlachtschiffen, Flugzeugträgern, Kreuzern, Zerstörern und Versorgungsschiffen, die seit Mitte 1942 von amerikanischen Einheiten unterstützt wurden, zu versammeln. Mehrmals demonstrierten Meldungen, daß die TIRPITZ in See stehe oder bereit sei auszulaufen, ihre latente Fähigkeit, ein Chaos auszulösen. Die Furcht, daß sie jeden Moment am Horizont auftauchen könnte, war die Ursache für die Auflösung des nach Murmansk bestimmten Konvoi PQ 17 im Juli 1942 und die letztendliche Vernichtung der schutzlosen Handelsschiffe. Wegen dieses Debakels sowie der zeitweiligen Unterbrechung des gesamten Geleitzugprogramms, da Sicherungsfahrzeuge dringend zum Schutz der Landungen auf Sizilien oder anderswo benötigt wurden, übten Franklin D. Roosevelt und Joseph Stalin, die beide ungeachtet dessen auf eine Weiterführung der Geleitzüge drängten, massiven Druck auf Winston Churchill aus.

Seit dem Ausbruch des Krieges im September 1939, während sich die TIRPITZ in der Ausrüstung und Erprobung in Wilhelmshaven und Kiel befand, hatte das RAF-Bomber Command mehrmals versucht, das Schiff zu versenken. Die Verteidigung war jedoch zu stark und die Bomben der RAF zu leicht, um dem gepanzerten Giganten einen Kratzer beizubringen. Magnetminen, die in der vergeblichen Hoffnung geworfen wurden, daß der Rumpf vielleich verwundbarer sei, erwiesen sich ebenfalls als jämmerlich unzureichend.

Die Erkenntnis, daß Bomber eine tödliche Gefahr für Schlachtschiffe darstellen könnten, ist nur langsam und umständlich gereift. Einmotorige Doppeldecker, die mit den Worten eines zeitgenössischen Beobachters im August 1914 mit knapp 100 km/h über den Ärmelkanal nach Frankreich »torkelten«, waren vier Jahre später durch spezielle, mit mehreren Motoren ausgerüstete Aufklärungsflugzeuge, Jäger und Bomber ersetzt worden. Die Reichweiten und Geschwindigkeiten sowie die Bombenzuladung stiegen explosionsartig an. Im November 1918 war die Handley Page V/500 im Einsatz, ein viermotoriger Bomber, der eine Bombenzuladung von 900 kg tragen konnte und in der Lage war, mit etwa 140 km/h von England nach Berlin und zurück zu fliegen. Bei Kriegsende war der Bomber zu einem festen und wichtigen Bestandteil des Waffenarsenals der kriegführenden Nationen geworden.

Obwohl der Royal Naval Air Service (der sich während des Ersten Weltkrieges einseitig vom Royal Flying Corps gelöst hatte) Bomber im Bestand hatte und die Royal Air Force, nachdem sie 1918 gebildet worden war, Flugzeugträger entwickelte, waren Bomber bei Admirälen und Regierungsmitgliedern als Waffe gegen Schlachtschiffe nicht gefragt. In den Vereinigten Staaten legte William Mitchell, ein begeisterter Anhänger der Luftkriegführung, der das taktische Kommando amerikanischer Geschwader bei der Ersten US Armee an der Westfront ausgeübt hatte, öffentlich Widerspruch ein. Er war nach dem Krieg zum stellvertretenden Befehlshaber der noch jungen Army Air Force ernannt worden, und im Juli 1921 sollten seine Flugzeuge während Übungen das vor Anker liegende ehemalige deutsche Linienschiff OSTFRIESLAND und den Kreuzer FRANKFURT mit Bomben versenken. Zwei Monate später machten sie es mit dem veralteten amerikanischen Linienschiff ALABAMA genauso. 1923 fertigten Mitchells Bomber die VIRGINIA und die NEW JERSEY ab. Schlachtschiffe, erklärte er, seien durch Bomben und Lufttorpedos ohne Zweifel verwundbar. Seine Kritiker taten die Versuche als wertlos ab. Die Schiffe seien nicht verteidigt worden. Kein Geschütz hätte auf die Angreifer gefeuert und Mitchell hätte die vereinbarten Regeln verletzt, indem er 900-kg-Bomben eingesetzt habe. Im Gegenzug verteidigte er seine Ansichten mit einer Vielzahl von Artikeln, auf die seine Gegner noch energischer reagierten. Josephus Daniels, der Marineminister, meinte, daß Mitchell »in Stücke geschossen werde, lange bevor er nahe genug herangekommen sei, um dem Gegner Salz auf den Schwanz zu streuen«. Die OSTFRIESLAND war in 21 Minuten gesunken, als jedoch der unfertige Rumpf des neuen

Schlachtschiffes WASHINGTON im August 1924 bombardiert wurde, stellte sich das Ganze als weitaus schwierigeres Unterfangen heraus: ein fertiggestelltes, gut verteidigtes Schlachtschiff war unter Umständen nicht zu versenken.

Auch in Großbritannien stießen die Meinungen während einer Debatte im Unterhaus über den 1922er Etat der Luftstreitkräfte in ähnlicher Weise aufeinander. Mehrere Redner wiesen nacheinander auf die Auswirkungen hin, die Mitchells Experimente für die zukünftige Kriegführung haben konnten. Die Befürworter der Marine wiederholten dagegen, daß die amerikanischen Versuche unrealistisch waren und daß moderne Kriegsschiffe wesentlich besser durchkonstruiert und dafür gebaut seien, Luftangriffen eher standzuhalten als die älteren Schiffe. Kurz vor Ausbruch des Zweiten Weltkrieges war Gp. Capt. A.T. Harris in London zusammen mit Capt. T.S.V. Phillips RN dem Chiefs of Staff Inter-Service Joint Planning Sub-Committee zugeteilt. In vertraulichen Unterredungen war Phillips der Ansicht, daß Großkampfschiffe bei Luftangriffen unverwundbar seien. Harris dagegen vertrat seit längerem die Meinung, daß die Bomber der RAF in der Lage seien, Kriegsschiffe bewegungsunfähig zu machen. »Tom, das Problem bei dir ist«, sagte er, »wenn du von einer Bombe getroffen wirst, behauptest du, es wäre eine verdammt große Mine gewesen.« Als er am 10. Dezember 1941 die Force-Z auf der glücklosen PRINCE OF WALES im Südchinesischen Meer befehligte, sollte Phillips durch japanische Bomber tragischerweise erfahren, daß sich Harris' Behauptung bewahrheitete. Interessanterweise hatte Winston Churchill am 5. November den Premierministern der Dominions gegenüber erklärt, daß im Falle eines Durchbruchs der TIRPITZ in den Atlantik die PRINCE OF WALES, die sich gerade auf dem Weg nach Singapur befand, nach England zurückbeordert würde.

Vor der Katastrophe im Fernen Osten hatten Marineflieger am 11. November 1940 drei italienische Schlachtschiffe im Hafen von Tarent versenkt, und am 7. Dezember 1941 vernichteten japanische Flugzeuge die amerikanische Pazifikflotte in Pearl Harbor. Beide Angriffe bedeuteten eine völlige Überraschung. Um jedoch die Behauptungen von Mitchell (und Harris) im Falle der TIRPITZ unter Beweis zu stellen, mußten britische Flieger ein gut ausgerüstetes, modernes Schlachtschiff vernichten, das speziell dafür konstruiert war, Lufttorpedos und Bomben standzuhalten. Außerdem war es vor Luftangriffen stets auf der Hut.

Die TIRPITZ war im Januar 1942 nach Norwegen verlegt worden, nachdem sie Beschädigungen in deutschen Häfen entgangen war. Während der nächsten drei Jahre hatte sie vier verschiedene Liegeplätze (Drontheim, Narvik, Altafjord und Tromsö), zeitweilig wurde sie von äußerst tapfer durchgeführten Angriffen der Royal Navy mit Zwei-Mann-Torpedos und Kleinst-U-Booten belästigt. Bei dem Bemühen, die TIRPITZ herauszulocken, um sie in ein Gefecht zu verwickeln, unternahmen Marineflieger, Flugzeuge des RAF-Coastal Command und des RAF-Bomber Command den Versuch, das Schlachtschiff zu versenken. Während dieser Angriffe mußten die Bomber – und zeitweilig auch ihre Jagdeskorte – angesichts einer blasenartigen Ansammlung von Flak, Rauchbomben und den 38-cm-Geschützen des Schlachtschiffes ihre Angriffe fliegen. Gegnerische Jagdflugzeuge, die in der Nähe der verschiedenen Liegeplätze des deutschen Schlachtschiffes stationiert waren, stellten eine weitere Bedrohung dar. Vierzehn Luftangriffe wurden durchgeführt, andere wegen unbeständigen Wetters abgesagt, dessen Vorhersage sich in diesem besonderen Fall als gewagt herausstellte. Sowjetischen Bombern wird zumindest ein eigenständig durchgeführter Nachtangriff zugeschrieben.

Eine verblüffende Ansammlung von ehrgeizigen, manchmal bizarren Projekten, die niemals zur Durchführung gelangten, war Ausdruck für die zunehmende Verzweiflung der Planer. Die Idee, amerikanische B-17 Flying Fortress einzusetzen, um das feindliche Schlachtschiff zu bombardieren, tauchte öfter – schließlich ohne Ergebnis – auf der militärischen Agenda auf. 1942 wurden Hampden-Torpedobomber auf Flugplätze im Norden der Sowjetunion verlegt, die TIRPITZ jedoch verhielt sich unkooperativ und hielt sich nie in deren Reichweite auf; das Unternehmen wurde daraufhin abgebrochen. Im selben Jahr verlegten Beauforts von der englischen Küste nach dem nördlichen Schottland, schließlich siegte der gesunde Menschenverstand und die im weitesten Sinne dubiose Operation wurde eingestellt. In selbstmörderischer Absicht sollten sich die Besatzungen auf das Ziel stürzen und dann (mit ungenügenden Treibstoffreserven, um eigenes Gebiet zu erreichen) abspringen, sich in ihr Dingi retten und in der eisigen Wasserwüste der nördlichen Nordsee auf den Air-Rescue Service warten. Die Reichweite war in der Tat ein entscheidender Faktor, insbesondere als das Ziel nordlich Drontheims zu finden war. Falls die Flugzeuge von Schottland aus starteten, war der Rückflug sogar für Maschinen mit einer größeren Reichweite als die Beaufort ein riskantes, wenn nicht unmögliches Unternehmen. 1943 wurden zwei Vorschläge für den Einsatz von Mosquitos (der eine sah die Verwendung einer kleineren Version der von Barnes Wallis erfundenen Rollbombe vor, der andere den Start von Flugzeugträgern) wieder zu den Akten gelegt, teilweise wegen der ständigen Problematik fehlender Reichweite.

Sowohl die Angriffe auf die TIRPITZ in deutschen Häfen in den Jahren 1940 und 1941 als auch die begrenzte Wirkung der zur Verfügung stehenden Bomben unterstrichen den Mut und die Fähigkeiten der Flugzeugbesatzungen, die immer und immer wieder Kopf und Kragen riskierten. Erst 1944 stand eine wirksame Waffe zur Verfügung. Vier Jahre zuvor hatte Barnes Willis umfassende Pläne für eine 10-Tonnen-Bombe ausgearbeitet, die neben dem Ziel in die Erde einschlagen sollte, um sich unter ihm einzugraben, bevor sie explodierte. Die Version von 5 Tonnen Gewicht mit dem Decknamen Tallboy, die von einer Lancaster transportiert werden konnte, sollte ein ähnliches Resultat erzielen, falls sie neben einem Schlachtschiff einschlug. Darüber hinaus besaß eine Tallboy eine größere Chance, daß sie ein gepanzertes Deck durchschlagen konnte als die bis dahin gebräuchlichen 230-kg-SAP-Bomben oder die 725-kg-AP-Bomben. Dies erwies sich dann auch als richtig. Am 15. September und 29. Oktober 1944 warfen Lancaster Bomber ihre Tallboys ab und setzten der größten Bedrohung durch gegnerische Überwasserstreitkräfte ein Ende.

Während der Monate und Jahre, in denen die Marineflieger und die RAF den Versuch unternahmen, das deutsche Schlachtschiff trotz widriger Wetterumstände, welche ihre Pläne oft durchkreuzten, zu vernichten, wurden sie von Aufklärungsflugzeugen mit unschätzbaren Informationen über seinen genauen Aufenthalt, über die Verteidigung und seine Bewegungen versorgt. Zeitgenössische Darstellungen über den entscheidenden Beitrag, den Agententätigkeit geleistet habe, oder Zeugenaussagen von Kriegsgefangenen sollten mit Vorsicht betrachtet werden. Die wichtigsten Informationen lieferten ohnehin durch Ultra entzifferte deutsche Enigma-Meldungen. Verzögerungen, die beim Entschlüsseln der verschiedenen Varianten des Codes eintraten, oder das Unvermögen, überhaupt in den Schlüssel einzubrechen, wie dies zeitweilig im Dezember 1943 oder im September 1944 der Fall war, verursachten Bestürzung und Fassungslosigkeit. Auch sollten die Mitglieder des norwegischen Widerstands nicht vergessen werden, die ihr Leben riskierten, um geheime Funkmeldungen durchzugeben. Ohne exakte nachrichtendienstliche Informationen waren die Stäbe und Flugzeugbesatzungen tatsächlich blind.

Als sie in ihrem norwegischen Fjord lag, erwarb sich die TIRPITZ verführerische Spitznamen wie »Einsame Königin« oder »Einsamer Wolf«, sogar »Letzter Dinosaurier« oder die »Arme Alte Einsame Tirpitz«. Aber von Beginn an, und grenzenlos unromantisch, titulierte sie Winston Churchill als »dieses Raubtier« oder einfach als »die Bestie«, auf welche die Jagd so schnell als möglich eröffnet werden sollte.

ERSTES KAPITEL

Nadelstiche, 1939–1941

Am 1. April 1939 hatte sich eine riesige Menschenmenge auf dem Gelände der Kriegsmarinewerft Wilhelmshaven versammelt. Werftarbeiter mit ihren Familien gesellten sich unter die örtlichen Staatsbediensteten, hochrangige Offiziere, Würdenträger der Nationalsozialistischen Partei und eine Vielzahl an geladenen Gästen. Der »Führer« rühmte sich damit, daß es »die beste Propaganda« sei, die Menschen per Bahn aus allen Reichsteilen, Österreich und der Tschechoslowakei anreisen zu lassen. Nachdem er die Ehrenbezeugung der versammelten Mannschaften und den Jubel der winkenden Zuschauer im Fond eines offenen Wagens, der ihn langsam in Richtung eines erhöhten Podiums fuhr, entgegengenommen hatte, nutzte Hitler erneut geschickt die inszenierte Gelegenheit, um die Verdienste der deutschen Militärmacht auszuposaunen.

Über der Menschenmenge thronte der Rumpf eines gewaltigen Schlachtschiffes (»der Stolz der deutschen Kriegsmarine«, wie ein überschwenglicher Nachrichtenkommentar betonte) noch ohne Geschütztürme und Aufbauten, aber eindrucksvoll mit bunten Fahnen geschmückt. Das Stapellaufzeremoniell wurde von Frau Ilse von Hassell, der Gattin des deutschen Botschafters in Rom und älteste Tochter von Großadmiral Alfred von Tirpitz, der um die Jahrhundertwende die deutsche Seemacht begründet hatte, vollzogen. Als die traditionelle Sektflasche am Bug zerschellte und Hitler betont auffällig salutierte, enthüllten Werftarbeiter vom Oberdeck aus zwei in gotischen Lettern geschriebene Tafeln, die den Schiffsnamen trugen: »Tirpitz«. Dieses neueste Schlachtschiff bestätigte unverholen, daß die Ambitionen der Nationalsozialisten sich nicht auf die Eroberung des europäischen Kontinents beschränkten. Ein neuer Rüstungswettlauf zur See hatte begonnen; während der achtzehn Monate bis zum Dezember 1941 sollten Großbritannien, Frankreich, die Vereinigten Staaten, Italien, Japan und das Deutsche Reich zehn Schlachtschiffe fertigstellen.

Die TIRPITZ war das neueste Schiff einer üppigen Vielfalt von Einheiten, die dazu bestimmt waren, eine moderne deutsche Marine zu schaffen; zugleich läutete sie die Todesglocken der Tonnagebeschränkungen, welche die siegreichen Alliierten Deutschland nach dem Ersten Weltkrieg auferlegt hatten. Bis 1939 waren drei »Westentaschen-Schlachtschiffe« von 14 000 Tonnen mit sechs 28-cm-Geschützen und einer Geschwindigkeit von 26 kn; zwei nominell 26 000 ts (in Wirklichkeit aber 32 000 Tonnen) verdrängende Schlachtkreuzer mit neun 28-cm-Geschützen; zwei Schwere Kreuzer mit acht 20,3-cm-Geschützen; sechs Leichte Kreuzer mit sechs 15-cm-Geschützen; 22 Zerstörer und 57 U-Boote vom Stapel gelaufen. Zwei 35 000 ts große Schlachtschiffe (Schlachtschiffe F und G) waren in Bau. Hitlers Ziel bestand darin, eine Flotte zu bauen, die mächtig genug sein sollte, um Großbritannien im Jahre 1944 herauszufordern.

Ohne Brennstoff und Munition verdrängte die TIRPITZ 41 700 Tonnen, mit voller Zuladung 52 600 Tonnen. Sie war 251 Meter lang, 36 Meter breit mit einem größten Tiefgang von 10,6 Metern; sie besaß doppelte und innere Längsschotten, um das Schiff gegen Torpedo- und Minentreffer sowie gegen nah detonierende Bomben zu schützen. Wie der Panzer einer Schildkröte umgab gehärteter Stahl die Schiffsseiten vom vordersten bis zum hintersten Geschützturm; dieser war 320 Millimeter dick und reichte von zwei Metern unter der Wasserlinie bis zum Batteriedeck, dann verringerte er sich bis auf 145 Millimeter in der Zitadelle. Dieser Panzerschutz sollte 38-cm-Granaten, die aus einer Entfernung von 20 000 Metern abgefeuert wurden, widerstehen. Gehärteter Stahl bis zu einer Stärke von 150 Millimetern vorn und 90 Millimetern achtern vervollständigte die äußere Schale des Schiffes. Das Oberdeck war mit verstärkten Platten bis zu 50 Millimetern Dicke geschützt, damit sollten Bomben mit Aufschlagzünder zur Detonation gebracht und aus großer Entfernung abgefeuerte Granaten mit hohem Einfallswinkel davon abgehalten werden, in den Schiffskörper einzudringen. Etwa sechs Meter darunter war das Deck, das sich unmittelbar über der empfindlichen Maschinenanlage und den Magazinen befand, mit einer Panzerung von 120 bis 100 Millimetern Dicke verstärkt worden, um Bomben oder Granaten abzufangen, die das Oberdeck durchschlagen hatten. Die Böschungen dieses Hauptpanzerdecks waren 120 Millimeter dick und neigten sich bis zur Unterkante des Gürtelpanzers. Sie bildeten einen zusätzlichen Schutz für die wichtige Maschinenanlage oder Systeme der Schiffsführung innerhalb des Rumpfes.

Zusätzlich war die TIRPITZ mit 16 10,5-cm-Schnellfeuergeschützen in Zwillingslafetten, vier an jeder Seite, mit einer Schußweite von 18 000 Metern, 16 3,7-cm-Flak und 16 (später angeblich bis auf 19 vermehrt) 2-cm-Einzel-, Zwillings- oder Vierlingsflakgeschütze für die Nahbereichsabwehr bei Luftangriffen ausgerüstet. Die Hauptbewaffnung bestand aus acht 38-cm-Geschützen in vier Türmen – Anton und Bruno vorne, Caesar und Dora achtern – mit einer Schußweite von 36 200 Metern. Die Mittelartillerie setzte sich aus zwölf 15-cm-Geschützen in sechs Zwillingstürmen zusammen, drei Türme mittschiffs an jeder Seite, mit einer Schußweite von 23 000 Metern. Sämtliche Geschütztürme, die Feuerleitung und die Kommandotürme waren jeweils noch dicker gepanzert als der Gürtel, die leichte Flak allerdings besaß keine Schutzschilde, was bei Luftangriffen zu schweren Verlusten unter den Bedienungsmannschaften führen mußte. Zwei Vierlingssätze für 53,3-cm-Torpedos an Oberdeck und vier Arado Ar 196a Bordflugzeuge, die vorwiegend als Aufklärer eingesetzt wurden, aber mit drei 7,92-mm-Maschinengewehren und zwei 20-mm-Bordkanonen zur Verteidigung ausgerüstet waren sowie eine 50-kg-Bombe unter jedem Flügel mitführen konnten, um gegnerische U-Boote zum Tauchen zu zwingen, komplettierten den Schutz für eine Besatzung von 2340 Offizieren und Mannschaften. Die TIRPITZ besaß eine Höchstgeschwindigkeit von 30,8 kn, konstruktiv 29 kn, und erreichte bei 19 kn eine Fahrstrecke von 8870 Seemeilen (16 400 Kilometer). Die Zeitgenossen behaupteten, daß sie kurzfristig 34 kn laufen konnte.

Sie war somit theoretisch schneller, besser bewaffnet und besaß einen dickeren Panzer als jeder ihrer potentiellen Gegner. Admiral A.G. Golovko, der Befehlshaber der sowjetischen Nordmeerflotte, nannte sie »eine riesige, moderne schwimmende Festung ... eine ehrfurchtgebietende Maschine«. Deutsche Stimmen bezeichneten sie als ein »Riesentier«.

Als dem Directorate of Naval Construction der Admiralität nach dem Krieg die Aussageprotokolle von Verhören und deutsche Konstruktionszeichnungen zur Verfügung standen, kam es zu dem Ergebnis, daß »das Design der TIRPITZ nichts sensationelles darstelle. Sie war nur ein sehr großes Schlachtschiff, ihre Konstruktion war konventionell, sie wurde von drei Schrauben und Dampfturbinen angetrieben«. Die Hauptbewaffnung war »in der üblichen Weise« angeordnet; zwei Türme vorn und achtern, nicht in der gewichtsparenden »Drillings- oder Vierlingsaufstellung«. Es gab jeweils eine Mittelartillerie für die Bekämpfung von Schiffs- oder Luftzielen und keine Mehrzweckgeschütze. Darüber hinaus stellte sich der hochgelobte Unterwasserschutz bei näherer Untersuchung den zeitgenössischen alliierten Schlachtschiffen als »unterlegen« heraus. Ihre große Breite diente eher der Stabilität und weniger dem Schiffsschutz. »Die ausgezeichnete wasserdichte Unterteilung ... [war] weitgehend eine Legende ... Die wasserdichte Unterteilung war in vielerlei Hinsicht den üblichen Anforderungen nicht angemessen«, zum Beispiel waren die Kesselräume viel zu groß. Jedes Querschott war im mittleren und unteren Plattformdeck von unzähligen Türen durchbrochen, eine Gefahrenquelle, die auf Seiner Majestät Schiffen schon seit Jahren ausgeschaltet worden ist.« Obwohl sie nur kurzzeitig schneller als 31 kn laufen konnte und trotz ihrer erkennbaren relativen Unzulänglichkeiten, stellte sie dennoch eine »vorzügliche« Kampfeinheit dar, die »Angriffe mit schweren Geschützen zunichte machen und nahezu den größten Bomben widerstehen konnte«. Britische Marinestäbe beziehen sich auch in der Rückschau noch auf »dieses deutsche Mastodon«; ein Tribut an ihre gewaltige Stärke.

Das Schlachtschiff G (TIRPITZ) war im Januar 1936 in Auftrag gegeben worden, der Baubeginn verzögerte sich jedoch bis zum 24. Oktober, drei Wochen nachdem der Schlachtkreuzer SCHARNHORST vom Stapel gelaufen war. Im November 1940 war sie fertiggestellt, und am 25. Februar 1941 stellte Kapitän z.S. Karl Topp die TIRPITZ in Dienst. Abgesehen vom pazifischen Kriegsschauplatz sollte sie das größte Kampfschiff sein, das während des Krieges im Einsatz war.

In Großbritannien hatte man allen Anlaß zur Sorge. Großadmiral Erich Raeder, der Oberbefehlshaber der Kriegsmarine, bestätigte am 3. September 1939 zwar, daß die Marine »selbstverständlich ... noch keineswegs für den großen Kampf mit England hinreichend gerüstet [sei] ... Die Panzerschiffe [aber] ... werden eine Zeit lang bei geschickter Führung Kreuzerkrieg auf den Ozeanen führen können«; demnach sollten sie als unabhängig operierende Handelsstörer agieren. Er wiederholte die Anweisungen für die Kriegsmarine, die im Mai ausgegeben worden waren: »Handelsstörer« sollten die Ozeane unsicher machen, sie sollten Gefechte vermeiden, um ihre maximale Schlagkraft zu bewahren, während die U-Boote die Küstengewässer durchkämmten und die Luftwaffe die Häfen des Gegners bombardierte. Die Raubzüge der ADMIRAL GRAF SPEE im Indischen Ozean und im Atlantik, die für die Versenkung von neun Handelsschiffen verantwortlich war, bis das Panzerschiff vor dem Rio de la Plata gestellt werden konnte, bedeuteten eine erste deutliche Warnung. Ende September 1940 versenkten »getarnte Hilfskreuzer« 36 Handelsschiffe mit zusammen 235 000 Tonnen; im ersten Quartal 1941 vernichteten die Schlachtkreuzer SCHARNHORST und GNEISENAU, das »Westentaschen-Schlachtschiff« ADMIRAL SCHEER, der Schwere Kreuzer ADMIRAL HIPPER und andere Handelsstörer zusammen weitere 300 000 Tonnen alliierten Schiffsraum. Während ihres Ausbruchs aus der Nordsee in den Nordatlantik im Mai 1941 versenkte die BISMARCK nicht allein die HOOD, sondern sie zwang die Admiralität, Geleitfahrzeuge von Konvois abzuziehen und sieben Schlachtschiffe, zwei Flugzeugträger, 12 Kreuzer, 27 Zerstörer und sechs U-Boote aufmarschieren zu lassen, um sie zu jagen. Präsident Roosevelt gegenüber gab Churchill seiner Erleichterung Ausdruck, daß ein gemeinsamer Durchbruch der BISMARCK und der TIRPITZ abgewendet worden sei. Aber die TIRPITZ war auch allein in der Lage, die Schiffahrt auf dem Atlantik zu belästigen oder die Nordmeergeleitzüge zu bedrohen, die dringend benötigte Versorgungsgüter in die Sowjetunion transportierten. Ähnlich der deutschen Hochseeflotte im Ersten Weltkrieg konnte sie eine bedeutende Anzahl alliierter Kriegsschiffe auf eine defensive, abwartende Rolle festlegen, indem sie einfach im Hafen blieb. Churchill meinte, sie erzeuge eine »allgemeine Furcht«, da sie »sofort überall« zuschlagen könne.

Das Schwesterschiff der BISMARCK war vor deren Untergang nicht ignoriert worden. Vor dem Krieg aufgestellte Alternativpläne, insbesondere der Western Air Plan WA 7(a) und Plan WA 7(b), sahen Luftangriffe auf die in ihren Häfen liegenden deutschen Kriegsschiffe vor, und da die TIRPITZ in Wilhelmshaven ihrer Fertigstellung entgegenging, zog sie die besondere Aufmerksamkeit auf sich. Im Lichte der Erfahrung wurden die eher pessimistisch eingeschätzten Erfolgsaussichten von in großer Höhe oder im Tiefflug angreifenden Blenheims, Harrows und Whitleys, die auf im Januar 1939 angestellten Untersuchungen von Stabsplanern beruhten, bestätigt: am 25. November kam das 4. Bombergeschwader zu dem Ergebnis, daß »eine Unterscheidung zwischen Kriegs- und Handelsschiffen lediglich bei hellem Mondschein und einer klaren Nacht möglich sei«.

In der Anfangsphase des Krieges entwickelte sich die photographische Aufklärung nur langsam. Am 22. November 1939 flog die Special Survey Flight den ersten erfolgreichen Einsatz mit einer Spitfire; aus ihr ging im Juli 1940 die Photographic Reconnaissance Unit (PRU) hervor, und 1945 waren vier Staffeln über Europa einsatzbereit. Bei Kriegsausbruch jedoch war die Aufklärung in der Hauptsache Aufgabe der einzelnen Bombergeschwader. Demnach flog am 4. September 1939 eine Blenheim des 2. Geschwaders einen Einsatz über Wilhelmshaven, und danach wurden ähnliche Einsätze zur »photographischen und visuellen« Aufklärung von einzelnen Maschinen oder kleineren Verbänden, die sich aus Blenheim, Whitley und Wellington zusammensetzten, durchgeführt. Sie registrierten die Anwesenheit und die Liegeplätze von gegnerischen Kriegsschiffen – darunter auch der TIRPITZ. Die Einrichtung einer Abteilung jedoch, die sich ausschließlich mit der photographischen Aufklärung befaßte, deckte das Feld dann systematischer ab. Zwischen dem 8. April und dem 25. September 1940 konnte den Berichten von 20 Aufklärungsflügen entnommen werden, daß das Schlachtschiff im Bauhafen liege, der Bericht vom 19. Mai besagte, daß »die Geschütze in die Türme eingesetzt sind, sie ist jedoch noch nicht so weit wie die BISMARCK«, und am 6. Juni hieß es, »äußerlich scheint sie nahezu fertiggestellt zu sein«. Am 28. September und 1. Oktober wurde das gegnerische Schlachtschiff im Schwimmdock im Scheerhafen gesichtet, neun weitere Berichte, die zwischen dem 10. Oktober 1940 und dem 2. Januar 1941 eintrafen, verlegten sie wieder in den Bauhafen, letztere Meldung besagte, daß sie »Rauch ausstoße«. Der nächste Einsatzflug am 29. Januar sichtete das Schiff wieder im Scheerhafen, bevor es erneut in den Bauhafen verlegte, um dort bis zum 26. Februar, dem Tag nach der Indienststellung, zu bleiben. Kurze Zeit später war der Liegeplatz leer, und bald darauf war klar, daß die TIRPITZ Wilhelmshaven verlassen hatte.

Bis zum deutschen Einmarsch in Frankreich und den Niederlanden am 10. Mai 1940 waren Angriffe auf Wilhelmshaven und andere Marinestützpunkte verboten. In der Nacht vom 9. auf den 10. Juli flogen elf Hampden des 5. Geschwaders den ersten Einsatz, der speziell dem Schlachtschiff galt, abgesehen von weiteren Luftangriffen auf das Werftgelände, die nebenbei auch der TIPITZ galten. Das Bomber Command meldete, daß »ein Erfolg der Angriffe wegen Scheinwerferaktivität, Dunkelheit und leichten Nebels nicht beobachtet werden konnte« – in der Tat hatten sie das Ziel verfehlt. Am 24./25. Juli setzten zwei Whitley des 4. Geschwaders »die Angriffe auf das Schlachtschiff TIRPITZ in Wilhelmshaven fort … Wegen der schlechten Wetterbedingungen konnte kein Ergebnis beobachtet werden«; zwölf weitere Bomber mußten den Angriff wegen Schlechtwetters abbrechen. Der Mißerfolg veranlaßte Winston Churchill dazu, höhere Stabsoffiziere zu weiteren, wirkungsvolleren Einsätzen anzustacheln. Am 2. August 1940 ließ er der Admiralität eine in scharfem Ton gehaltene Notiz zukommen, wahrscheinlich beabsichtigte er den Einsatz von Trägerflugzeugen: »Ich wünsche eine Ausarbeitung über die Möglichkeit von Luftangriffen auf BISMARCK und TIRPITZ. Dies scheint eine der wesentlichsten Maßnahmen zu sein, die wir ergreifen können.« Zwei Tage später schrieb er in ähnlicher Weise an das Luftfahrtministerium und betonte, daß diese Kriegsschiffe »Ziele von höchster Bedeutung seien«.

Ein Einsatz von Marinefliegern fand nicht statt, am 5./6. August jedoch flogen Hampden des 5. Geschwaders erneut einen erfolglosen Angriff. Siebzehn Maschinen, die in Scampton und Waddington, beide in Lincolnshire gelegen, stationiert waren, berichteten am 8./9. Oktober, daß die »TIRPITZ in einem Schwimmdock in Wilhelmshaven« bombardiert worden sei und kündigten einen »Mini-Blitz« noch im selben Monat an. Sämtliche neun Maschinen aus

Waddington meldeten, daß sie das Ziel angegriffen und beobachteten hätten, wie ihre Bomben detonierten; wegen »starken Flakfeuers« seien sie jedoch nicht in der Lage gewesen, das Ergebnis einzuschätzen. Zwei Tage später erzielten 14 Maschinen aus Waddington und Lindholme in Yorkshire »keine direkten Treffer« – obwohl den drei Flugzeugen aus Lindholme der Abwurf von zwölf 230-kg-Bomben aus »großer Höhe ... in das Zielgebiet ... [bei] hellem Mondschein ... [trotz] intensiven und systematischen Sperrfeuers der Flugabwehr« zuerkannt wurde. Am 11./12. Oktober versuchten vier weitere Hampden aus Lindholme bei »schlechtem« Wetter ihr Glück, während die »Mehrzahl« der angreifenden Maschinen unterwegs zur Umkehr gezwungen wurde. Erneut konnten trotz der großen Zahl abgeworfener 120-kg-GP- und 230-kg-SAP-Bomben inmitten einer starken Konzentration von Flak und Scheinwerfern »keine genauen Trefferergebnisse beobachtet werden«. Bereits in der darauffolgenden Nacht machten sich 40 Wellington des 3. Geschwaders und 35 Hampden des 5. Geschwaders auf den Weg, um die SCHARNHORST und die GNEISENAU in Kiel sowie die TIRPITZ in Wilhelmshaven anzugreifen. Wegen »sehr schlechter Wetterbedingungen« – bedeckter Himmel und »schlimme Vereisung« – fanden nur vier Hampden ihr Ziel, und nur eine einzige Maschine aus Lindholme meldete den Abwurf einer 230-kg-SAP-Bombe aus 2800 Metern Höhe auf die TIRPITZ. Genau eine Woche später waren sieben Wellington des 3. Geschwaders an der Reihe: »Es wurde beobachtet, daß sämtliche Bomben den Bauhafen und die TIRPITZ eingabelten und riesige Feuer und Detonationen verursachten«, meldete das Bomber Command. Zur großen Enttäuschung der Besatzungen seien jedoch »keine direkten Treffer auf dem Schlachtschiff erkannt« worden. Am 25./26. November flogen vier Maschinen der 51. und 78. Staffel des 4. Geschwaders ihre Angriffe bei völlig bedecktem Himmel und »unmöglichen Wetterbedingungen«, indem sie auf eine »Konzentration von Flak und Scheinwerfern« zielten. Keiner dieser zahlreichen Angriffe sollte der TIRPITZ vor Jahresende 1940 bedeutsame Schäden zufügen.

Im neuen Jahr änderten sich die Dinge nur unwesentlich. Am 8./9. Januar stellte das Schlachtschiff ein besonderes Ziel für sieben Wellingtons der 75. Staffel aus Feltwell in Lincolnshire dar. Das Kriegstagebuch des 3. Geschwaders vermerkte: »Erfreulicherweise wurde ein Überraschungserfolg erzielt ... die Mehrzahl der Flugzeuge fand das Ziel und behauptete, einige Treffer auf dem Schiff oder Nahdetonierer beobachtet zu haben.« Am 11./12. Januar 1941 starteten 16 Maschinen der 49. und 83. Staffel in Scampton zum Angriff auf die TIRPITZ, »die noch immer in Wilhelmshaven im Bauhafen an der Pier lag«. Zwei »flogen Angriffe unterhalb der durchbrochenen Wolkendecke und behaupteten, einigen Erfolg gehabt zu haben«, acht »flogen über den Wolken, deshalb konnten etwaige Treffer nicht mit Sicherheit erkannt werden«. Während des gesamten Monats Januar 1941 waren die Operationsbedingungen selten günstig. An einigen Tagen mußten bis zu 20 Zentimeter Schnee von den Landebahnen geräumt werden, die Sicht betrug am Tag selten mehr als 1500 Meter, in der Nacht etwa 500 Meter. Die monatliche Zusammenfassung der meteorologi-

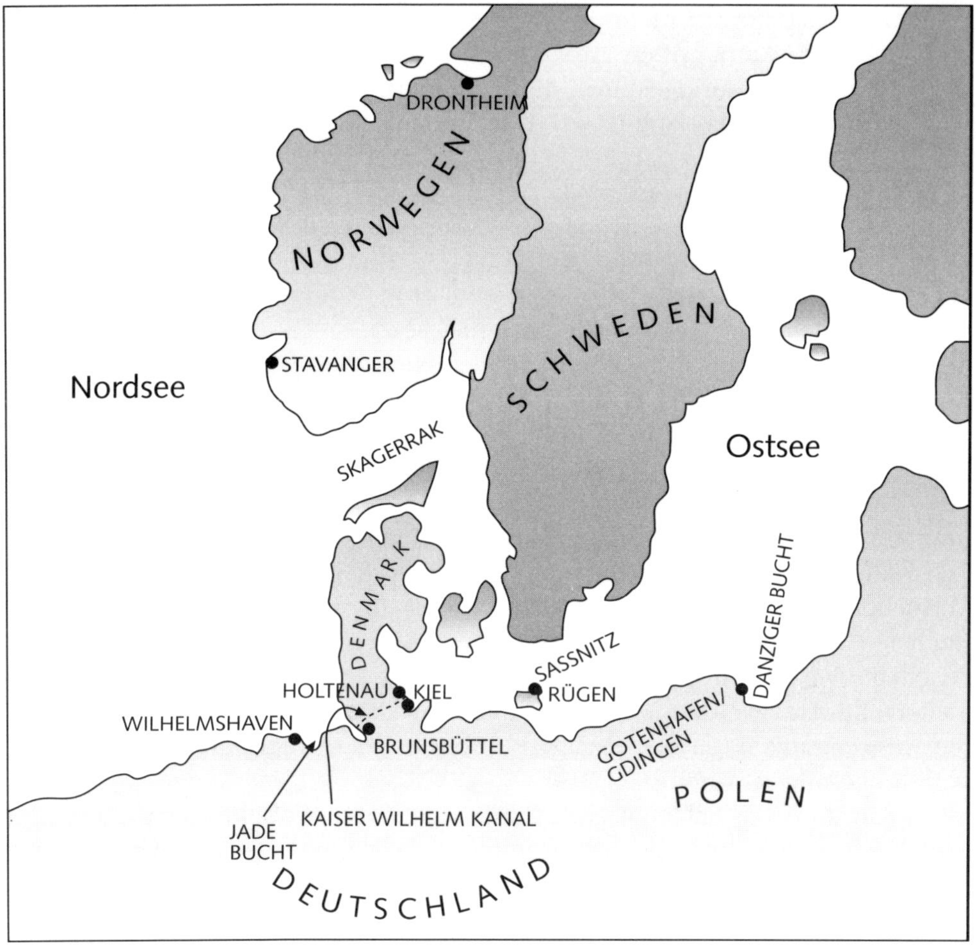

TIRPITZ. Die Karte zeigt das Gebiet der Erprobungsfahrten und ersten Luftangriffe, 1939–41.

schen Meldungen hielt lakonisch fest, daß das Wetter »zum Fliegen im allgemeinen ungünstig war«. Am 16./17. Januar mußten die Besatzungen von Hampden der 83. Staffel auf ihrem Weg zu dem gegnerischen Kriegsschiff bei »strenger Kälte« ausharren; zwei der Maschinen mußten vorzeitig umkehren und eine stürzte in die Nordsee, weil die Motoren versagten. Während dieses Einsatzes gelang es nur zwei der zehn RAF-Maschinen aus Waddington, das Ziel anzugreifen, »aufgrund der dichten Wolkendecke konnten jedoch keine Treffer beobachtet werden«. Am 29./30. Januar waren 25 Wellington des 3. Geschwaders dazu ausersehen, die TIRPITZ zu bombardieren. Obwohl sie die Gegend um Wilhelmshaven erreichten und ihre Bomben abwarfen, meldete keine der Maschinen einen Angriff auf das Hauptziel. Am 9. Februar starteten 13 Flugzeuge auf dem Luftwaffenstützpunkt Scampton nach Wilhelmshaven. Sie hatten den Auftrag, auf der TIRPITZ »größtmögliche Schäden und Störungen« anzurichten, aber wie die fünf heil wieder zurückgekehrten Maschinen des Angriffs im

Januar trafen sie ihr Ziel nicht. Von den 30 Flugzeugen, die am 28./29. Februar ihr Glück versuchten, griffen 26 Wellington der 40., 115., 214. und 218. Staffel, die in Wyton (Cambridgeshire), Marham (Norfolk) und Stradishall (Suffolk) stationiert waren, das Schiff an. Der Bericht des 3. Geschwaders jedoch besagte, daß »das Wetter den Erfolg des Angriffs stark beeinträchtigte« und Treffer nicht beobachtet werden konnten. In der nächsten Nacht starteten 23 Maschinen des 5. Geschwaders aus Scampton und Waddington, vier Flugzeuge der 49. Staffel trugen je zwei 900-kg-AP-Bomben, aber eine dichte Wolkendecke über dem Zielgebiet bis in eine Höhe von etwa 2700 Metern, die »von Bodennebel begleitet wurde«, machte die Zielauffassung unmöglich. »Keiner« konnte das Ziel ausmachen und lediglich vier Maschinen warfen ihre Bomben »in Richtung der Position des Schiffes«. Drei von ihnen gehörten zu den elf Flugzeugen, die in Waddington gestartet waren. Das Schlachtschiff sollte bald verlegt werden, und die letzte Chance, die TIRPITZ in Wilhelmshaven zu versenken, war vertan. Im Luftfahrtministerium herrschte Trübseligkeit, und Angriffe mit zweimotorigen Maschinen, auch wenn sie 900-kg-AP-Bomben mitführten, wurden in einem Abschlußbericht als »erfolglos« betrachtet. Versuche, »›M‹-Minen unter den Schiffskörper zu werfen«, als die TIRPITZ im Bauhafen ausgerüstet wurde, waren ebenso nicht von Erfolg gekrönt, und rätselhafterweise wurden »Angriffe dieser Art als zu kostspielig« erachtet, »um weitergeführt zu werden«. Wahrscheinlich galt dies im Hinblick auf die gesamten Anstrengungen, da nur wenige Bomber bei den Angriffen auf die TIRPITZ verlorengegangen waren.

Im März fuhr das Schlachtschiff durch den Kaiser-Wilhelm-Kanal nach Kiel und bereitete sich auf die Seerprobungen in der Ostsee vor. Am 12. und 13. März wurde sie von Aufklärern im großen Schwimmdock der Deutschen Werke in Kiel entdeckt; fünf Tage später war sie verschwunden. Anderen nachrichtendienstlichen Quellen war zu entnehmen, daß die TIRPITZ sich in der Ostsee befand. Erst am 28. Mai wurde sie erneut in Kiel im Schwimmdock aufgenommen und zwei Tage später hatte sie an einer Pier bei den Deutschen Werken festgemacht. Am 3. Juni jedoch war ihr Liegeplatz leer. Erst am 17. Juni konnten sie von einem PRU-Aufklärer an der nördlichen Pier der Scheerbauten entdeckt werden, wo sie bis zum 10. Juli bei sechs aufeinanderfolgenden Aufklärungseinsätzen ausgemacht wurde. Zwei Tage später jedoch befand sich das Schlachtschiff wieder im großen Schwimmdock, wo es noch am 20. und 25. Juli, »mit Netzen getarnt«, lag. Am 2. August fand ein Aufklärer das Dock leer vor, aber vier Tage später wurde sie »an der südlichen Pier zur Einfahrt in den Innenhafen (Marine-Arsenal)« entdeckt, wo sie bis zum 19. August (mit Tarnnetzen abgedeckt) blieb. Am folgenden Tag lagen zwei Schwimmkräne längsseits des Schiffes, offensichtlich stand dies in Zusammenhang mit Arbeiten an den Geschütztürmen; Torpedonetze waren um sie herum ausgebracht worden. Am 29. August verlegte die TIRPITZ, ohne Tarnung, nach Wik in den Handelshafen; die Schwimmkräne waren weiterhin in Bereitschaft. Zwei Tage später konnten die Tarnnetze deutlich ausgemacht werden. Dennoch war die TIRPITZ bald erneut unterwegs. Am 1. September hatte sie Wik verlassen und wurde bei Holtenau entdeckt, als sie »in Richtung Hafen« lief. Drei Tage später lag das Schiff am Eingang zum Innenhafen, wo erneut Arbeiten an den Türmen durchgeführt wurden. Am 9. September wurde sie bei Fahrtübungen in der Kieler Bucht nordöstlich der Strander Bucht entdeckt. Ein bewaffneter Schlepper fuhr voraus, als sie am 13. September in der Kieler Bucht ausgemacht wurde, am nächsten Tag lag sie wieder am Eingang zum Innenhafen. Am 15. September jedoch hatten sie die Werft verlassen und wurde bis zum 9. November, als das Schiff an der Außenmole bei den Deutschen Werken lag, nicht mehr in Kiel gesichtet. Bis zum 29. November hatte sie an den Eingang zum Innenhafen verlegt. Der nächste Aufklärungsflug am 10. Januar fand sie nicht. Die TIRPITZ hatte Kiel bereits verlassen, diesmal für immer.

Das Schlachtschiff hatte sich während seiner häufigen Abwesenheit von Kiel in der Ostsee aufgehalten. Agentenmeldungen besagten, daß es am 1. April und 15. Mai in Gotenhafen gesehen wurde, wo Hitler das Schiff am 5. Mai inspizierte. Bei dieser Gelegenheit sprach Kapitän z.S. Topp das Ersuchen aus, die BISMARCK auf ihrem unmittelbar bevorstehenden Vorstoß in den Atlantik begleiten zu dürfen – aber vergeblich. Admiral Raeder bestand auf dem Abschluß der Seerprobungen. In den folgenden Monaten feuerte die Flak somit auf Schleppziele, Übungstorpedos wurden abgeschossen, Leckabwehrübungen durchgeführt und das Seeflugzeug erprobt, Tanker und Handelsschiffe nahmen an Versorgungsmanövern teil. Am 3. Juni wurde die TIRPITZ vor Rügen bei der Erprobung der Haupt- und Mittelartillerie gegen das Vor-Dreadnought-Linienschiff (Zielschiff) HESSEN beobachtet, daraufhin kehrte sie nach Kiel zurück. Am 2. Juli berichtete der britische Marineattaché in Stockholm: »Aufgrund letzter Erprobungen, die nicht zufriedenstellend verlaufen, mehrere Geschütze ersetzt und Änderungen durchgeführt.« Am 15. September stand die TIRPITZ wieder in See, und kurz darauf wurde sie in Begleitung der ADMIRAL SCHEER, mehrerer Kreuzer und Zerstörer in der Nähe von Sassnitz entdeckt. Zwei unterschiedliche nachrichtendienstliche Meldungen berichteten, daß sie am 20. und 21. September nordöstlich Rügen ein Kaliberschießen durchgeführt habe, das wohl zufriedenstellend verlaufen sein muß. Denn vom 26. bis 29. September, als die Ostsee zu einem möglichen Gefechtsfeld geworden war, während die deutschen Truppen an der Küste entlang bis nach Leningrad vorstießen, war das Schlachtschiff Teil eines mächtigen Kriegsschiffverbandes, der bei den Ålandinsel stand, um die sowjetische Flotte am Auslaufen aus Kronstadt zu hindern. Vom 10. bis 18. Oktober war die TIRPITZ wieder zurück in der westlichen Ostsee, wo das Ausweichen vor Torpedoschüssen geübt und weitere Manöver mit zwei Kreuzern durchgeführt wurden. Ende Oktober lag die TIRPITZ in Kiel, wo sie auch den November verbrachte. Am 6. Dezember enthüllte eine weitere Meldung aus Schweden, daß sie kürzlich zwischen Lübeck und Gotenhafen erneut »Schießübungen« durchgeführt habe, und bald darauf wurde bekannt, daß das Schiff vom 13. bis 20. Dezember seine abschließenden Verbandsübungen, unter Teilnahme der ADMIRAL HIPPER, erledigt habe, die am

28. Dezember mit Erprobungen der Entmagnetisierung gegen Minen abgeschlossen wurden. Eine Ultra-Meldung vom 2. Januar enthüllte, daß ein defekter Dieselgenerator Mitte Januar in Wilhelmshaven ersetzt werden sollte. Dies bestätigt die Behauptung, daß Kapitän z.S. Topp auf den Protest des Leitenden Ingenieurs, das Schiff fahre mit Schäden und mangelnden Ersatzteilen, geantwortet haben soll, ein Verbleiben im Hafen sei nur eine Einladung für erneute schwere Luftangriffe. Nachdem die Seerprobungen abgeschlossen waren, inspizierte Admiral Raeder die TIRPITZ am 6. Januar. Vier Tage später meldete Topp das Schiff voll einsatzbereit.

Unterdessen machte sich Winston Churchill Sorgen, daß die TIRPITZ sich darauf vorbereite, »unsere Handelsverbindungen über den Nordatlantik zum Erliegen zu bringen«, und verstärkte den Druck, endlich eine entscheidende Luftoperation gegen das Schiff zu führen. Während es in See stand, war ein Angriff auf das Schlachtschiff insbesondere in der engen Ostsee und innerhalb der Reichweite der an Land stationierten Luftwaffeneinheiten nicht möglich. Ein Bombenangriff auf Kiel – wo sie, ähnlich wie in Wilhelmshaven 1939 und 1940, öfter den Liegeplatz wechselte und ihr Aufenthalt in der Werft nicht vorhersehbar war – sollte jedoch versucht werden. Anfang 1941 wurden die üblichen Luftangriffe auf den Kieler Hafen und die Werft geflogen. Am 3. Juni sorgte schlechtes Wetter für den Abbruch eines Angriffs von 63 Bombern des 3. Geschwaders. Am 20./21. Juni versuchten es Hampden des 3. Geschwaders erneut. Aber »das Ziel war schwer zu treffen, insbesondere in einer mondlosen Nacht und bei einer dichten Wolkendecke zwischen 300 und 900 Metern«. Die Bomben konnten deshalb nicht zielgenau abgeworfen werden; nach offiziellen Angaben hatten 22 Flugzeuge sechs 900-kg-AP-Bomben, 56 230-kg-SAP- und 28 120-kg-SAP-Bomben auf eine angenommene »Stelle in der Stadt« und nicht auf ein genau festgelegtes Ziel ausgeklinkt. Zwischen dem 24. Juni und 2. November flogen Bomber des 5. Geschwaders acht Mal die »Kieler Werften« [*sic*] an, ohne das Schlachtschiff ausmachen zu können. Bomber des 3. und 4. Geschwaders, deren Reihen durch die Ankunft von viermotorigen Stirling und Halifax verstärkt worden waren, führten zwischen dem 11. März und 6. November 18 Einsätze gegen die Reparatur- und Schiffbaueinrichtungen der Kieler Werft durch. Allerdings waren einige dieser Luftangriffe vor allem dazu bestimmt, die TIRPITZ zu finden. Am 28./29. Mai zum Beispiel war das Schlachtschiff Hauptangriffsziel von 14 Whitley der 58. und 78. Staffel des 4. Geschwaders. »Wegen einer geschlossenen Wolkendecke, starker Vereisung und elektrischem Funkenflug ... (Blitze tollten um den Rumpf, die Flügelspitzen, den äußersten Rand der Tragflächen und die Besatzungen herum ... und verhinderten die Benutzung des Funkgeräts) ... war es [jedoch] unmöglich, das Ziel auszumachen oder seine Position festzulegen; Treffer waren bei keinem der Angriffe zu beobachten.« Von den elf in Linton (Yorkshire) und Middleton St. George (Durham) gestarteten Maschinen, die das Schiff am 25./26. Juni 1941 anfliegen sollten, kamen nur sieben zum Zuge, jedoch ohne Erfolg.

Am 14. Juni 1941 wurde dem Kriegskabinett eine umfassende Studie des Inter Service Joint Planning Staff über die künftig einzuschlagende Strategie unterbreitet, die hervorhob, daß »die Bedrohung unserer Seeverbindungen nur hinter einer drohenden Invasion rangiert«. Am 9. Dezember deuteten »nachrichtendienstliche Erkenntnisse« insbesondere darauf hin, daß deutsche Schiffseinheiten sich auf einen Ausbruch in den Atlantik vorbereiteten. Unter diesen konnte sich auch die TIRPITZ befinden, die zu jener Zeit ihre Erprobungen beendet und einen Monat später für voll einsatztauglich erklärt werden sollte. Da die Angriffe gegen das Schiff in Kiel und Wilhelmshaven fehlgeschlagen waren, bedeutete dies, daß künftige Operationen der RAF bzw. der Marineflieger, sobald es die deutschen Gewässer verlassen hatte, unter wesentlich schwierigeren Bedingungen durchgeführt werden mußten.

ZWEITES KAPITEL

Das Versteck in Norwegen, 1942

Churchill verspürte eine bereits gewisse Beunruhigung darüber, daß der Erste Seelord (Admiral of the Fleet Sir Dudley Pound) darauf bestand, drei Schlachtschiffe der KING GEORGE V.-Klasse (35 000 tons, mit einer Hauptarmierung von zehn 35,6-cm- und einer Mittelartillerie von 16 13,3-cm-Geschützen) in den Gewässern um die Britischen Inseln zurückzuhalten, um sicherzustellen, daß jeweils zwei von ihnen ständig bereit sein würden, gegnerische Großkampfschiffe in der Nordsee zu bekämpfen. Er sorgte beim Ersten Seelord der Admiralität für zusätzliche Verärgerung, indem er sich vehement darüber beschwerte, daß die Gewohnheit, im Schriftverkehr, Protokollen und Funksprüchen ständig (und unzutreffenderweise) die »Admiral von Tirpitz« zu erwähnen, eine Verschwendung von Zeit und Energie darstelle: »Mit Sicherheit sei TIRPITZ gut genug für die Bestie.«

Der Verlust der BISMARCK zwang die deutsche Seite dazu, sich ernsthafte Gedanken über die TIRPITZ zu machen. Raeder riet davon ab, sie in den Atlantik zu entsenden, da er über die erforderliche Kraftstoffmenge beunruhigt war und er das Schicksal der BISMARCK vor Augen hatte. Er entschied sich dafür, sie nach Norwegen zu verlegen. Hitler war einverstanden, weil er sich erstens wegen Kommandounternehmen an der norwegischen Küste Sorgen machte, welche zweitens die Furcht vor einer alliierten Invasion nährten, und schließlich mußte der Hafen von Narvik für schwedische Erzlieferungen das ganze Jahr über offen gehalten werden. Die Entscheidung wurde am 29. Dezember bestätigt, und am 10. Januar sollte das Unternehmen beginnen. Der »Führer« betonte seine Furcht, daß der Verlust Narviks »von entscheidender Bedeutung für den weiteren Verlauf des Krieges sein könnte«. Dies wiederholte die Einschätzung der Seekriegsleitung, die drei Jahre zuvor betont hatte, daß in der nördlichen Nordsee »die Entscheidung im Krieg zur See falle«, da die Engländer wahrscheinlich eine Fernblockade einrichten würden.

Bevor die TIRPITZ Deutschland verließ, stellte Raeder klar, daß sie nach Drontheim, etwa auf halbem Wege zwischen dem Skagerrak und dem nordnorwegischen Hafen Narvik, verlegen sollte, zur »Sicherung unserer Stellung in Norwegen und im Polargebiet durch Flankenbedrohung gegnerischer Aktionen gegen nordnorwegischen Raum und durch Angriffe auf Weißmeer-Geleitzüge. Bindung von schweren Feindstreitkräften im atlantischen Raum im Sinne der Gesamtkriegführung (Mittelmeer–Indischer Ozean–Pazifik).« Allerdings erwartete er keine rein passive Rolle: »Das Operationsziel kann nur durch tatsächlichen Einsatz erreicht werden«, worunter Angriffe auf die Nordmeergeleitzüge, der

Beschuß von Zielen mit militärischer Bedeutung oder »die Störung feindlicher Operationen« zu verstehen waren. Auf jeden Fall lief das Schlachtschiff fünf Tage später als geplant nach Norwegen aus, und zwar nicht durch das Skagerrak, wo manch gegnerisches Augenpaar sie in den Meerengen entdecken konnte (was auch mit der BISMARCK geschehen war, wie Raeder richtigerweise vermutete), sondern durch den Kaiser-Wilhelm-Kanal von Kiel nach Wilhelmshaven.

Aufklärungsflugzeuge hatten das Schiff zuletzt am 29. November 1941 in Kiel ausgemacht. Danach war sein Aufenthalt unbekannt, bis Ultra am 6. Januar 1942 einen Funkspruch des Arsenals in Gotenhafen an die TIRPITZ auffangen konnte, daß »der Austausch des Transformators für den Kreiselkompass möglich« sei. Dies deutete sehr darauf hin, daß sich das gegnerische Schiff in der Ostsee befand. Ein nur unvollständig aufgefangener Funkspruch des Schlachtschiffes an das Marinegruppenkommando Nord am 12. Januar enthielt die Worte »weitere Passage um 17.00 Uhr«, die möglicherweise mit anderen Funksprüchen vom selben Tag bzw. dem unmittelbar vorhergehenden in Verbindung gebracht werden können, der ausführlich Geleit- und Minensuchaufgaben in der Ostsee »für die Passage unseres Verbandes von Ost nach West« angibt. Die TIRPITZ erwartete, Holtenau am östlichen Ausgang des Kaiser-Wilhelm-Kanals um 07.00 Uhr am 13. Januar zu erreichen. Dort wurden nicht benötigte Vorräte und Ausrüstung für die Kanalpassage ordnungsgemäß von Bord gegeben. Trotzdem passten ihre Masten gerade noch unter den Brücken durch. Noch am selben Tag ging sie in Brunsbüttel am westlichen Ausgang des Kanals vor Anker, um Brennstoff zu ergänzen und die in Holtenau ausgeschiffte Ausrüstung, die über Land transportiert worden war, wieder an Bord zu nehmen. Um 08.32 Uhr am 14. Januar setzte das Schlachtschiff einen Funkspruch an die Kriegsmarinewerft Wilhelmshaven ab: »Ankunft Wilhelmshaven am Abend des 14/1 bei Hochwasser, Stillwasser beabsichtigt. Erbitte Bestätigung betreffend Schleuse und Schlepper bei Boje Z, Liegeplatz und Beginn der Arbeiten an E-Dieseln am 15/1 früh.« Noch am selben Tag, um 16.27 Uhr, erkundigte sich das Marinegruppenkommando Nord, ob sie »auf dem Weg zur Jade« gegnerische Flugzeuge bemerkt habe. Dies ließ darauf schließen, daß sie tatsächlich von Brunsbüttel nach Wilhelmshaven gefahren war.

Verschiedene deutsche Quellen jedoch, die vom britischen Marinenachrichtendienst nach dem Krieg ausgewertet wurden, lassen erkennen, daß die TIRPITZ am 14. Januar von Brunsbüttel direkt nach Drontheim verlegte. Abgefangene und von Ultra ausgewertete Meldungen des Schiffes an diesem Abend, welche die Öffnung und Beleuchtung der Sperre von Schillig Reede am 14. um 23.30 Uhr und dann der Sperre von Helgoland am 15. um 02.00 Uhr forderten, deuten ebenfalls darauf hin. Auch ein längerer Funkspruch des Marinegruppenkommandos Nord an die TIRPITZ vom 14. Januar um 23.29 Uhr widerlegt dies nicht. Dieser hob unter anderem die Befürchtung hervor, daß das Schiff entdeckt würde bzw. daß Luftangriffe bevorstünden: »Am 15/1 in der Nordsee gute Sicht zu erwarten, obwohl Wetter über Mittelengland und Schottland schlecht mit schlechten Startbedingungen. Aufklärungsflüge von dort deshalb nicht sehr wahrscheinlich. Bessere Flugbedingungen für die Nordsee am 16/1 zu erwarten.«

Der abgefangene, nahezu unverändert als »dringend« eingestufte Funkverkehr zwischen dem Marinegruppenkommando Nord, dem Schlachtschiff, den Küstenbatterien, U-Booten und Überwassereinheiten auf dem Weg nach Norwegen konnte zwar nicht völlig entschlüsselt werden, deutete jedoch ohne Zweifel darauf hin, daß die TIRPITZ am 15. Januar in See stand. Am frühen Nachmittag, um 13.49 Uhr, faßte das Marinegruppenkommando Nord die Wettervorhersage für den »westlichen Teil des Skagerrak« zusammen und fügte dem hinzu: »Startbedingungen schlecht von den Midlands bis zum nördlichen England«, was erneut auf die Furcht vor einer Entdeckung aus der Luft schließen ließ. Um 16.43 Uhr erhielt die TIRPITZ folgende Weisung: »Falls vor 17.30 Uhr Flugzeuge über Ihnen festgestellt, Weiterfahrt in das Skagerrak durch die Lücke Sperre Hanstholm« – wahrscheinlich, um die Fahrt abzubrechen.

Da sich das Marinegruppenkommando Nord auf den eigenen Funkaufklärungsdienst verlassen konnte, gab es am 15. Januar um 17.45 Uhr eine Warnung heraus, daß Aufklärer der RAF aus Leuchars, Grafschaft Fife, trotz der schlechten Wetterbedingungen in der Gegend um das Skagerrak/Stavanger aktiv seien. Allerdings gab es, zur Ermutigung aller, keine Andeutungen darüber, daß irgendein Verdacht hinsichtlich der Verlegungsfahrt der TIRPITZ bestand, auch wurden auf seiten der Home-Fleet keine besonderen Aktivitäten bemerkt. Um 20.37 Uhr warnte das Marinegruppenkommando Nord die im Einsatz befindlichen U-Boote und wiederholte den Funkspruch für die TIRPITZ: »Eigene Einheiten auf dem Marsch entlang Westküste Norwegen«. Kurz darauf kam für die U-Boote der Befehl, auf keinen Fall westlich 03° 40' Ost auf Kriegsschiffe zu feuern. Drei Stunden später wurde die Befehlsstelle etwas deutlicher: »Eigene Einheiten auf Verlegungsmarsch nach Drontheim«.

Nach dem aufgefangenen Funkverkehr zu urteilen, war es noch keineswegs klar, daß dies der Bestimmungshafen des deutschen Kriegsschiffs sein sollte. Meldungen, die am 16. Januar eintrafen, ließen, unter Berücksichtigung der bekannten Fahrstrecke der TIRPITZ, vermuten, daß dort weitere Begleitfahrzeuge zu ihr stoßen würden, bevor sie weiter nach Norden verlegen sollte; vielleicht war auch ein Durchbruch in den Atlantik geplant. Um 09.19 Uhr setzte das Marinegruppenkommando Nord die TIRPITZ davon in Kenntnis, daß auf den Flugplätzen, auf denen die Aufklärer des 18. Geschwaders der RAF stationiert waren, nur »sehr leichte« Aktivität in der Luft bemerkt worden sei; zudem gebe es »nichts ungewöhnliches im Funkverkehr«. So weit, so gut. Sechs Stunden später meldete die Befehlsstelle mit noch mehr Optimismus, daß »wir« wegen der auffälligen Ruhe im Funkverkehr der RAF »unentdeckt geblieben sind«. Kurze Zeit später ging eine Meldung ein, die sich wegen der Briten besorgt zeigte. Sie kam vom Marinegruppenkommando Nord und war an das Schlachtschiff und die 5. Zerstörerflottille gerichtet: »Sechsstunden Bereitschaft zum Dampfaufmachen«. Weitere Befehle des Marinegruppenkommandos Nord an die TIRPITZ und die Flottille enthielten die Order, auf Empfang zu bleiben.

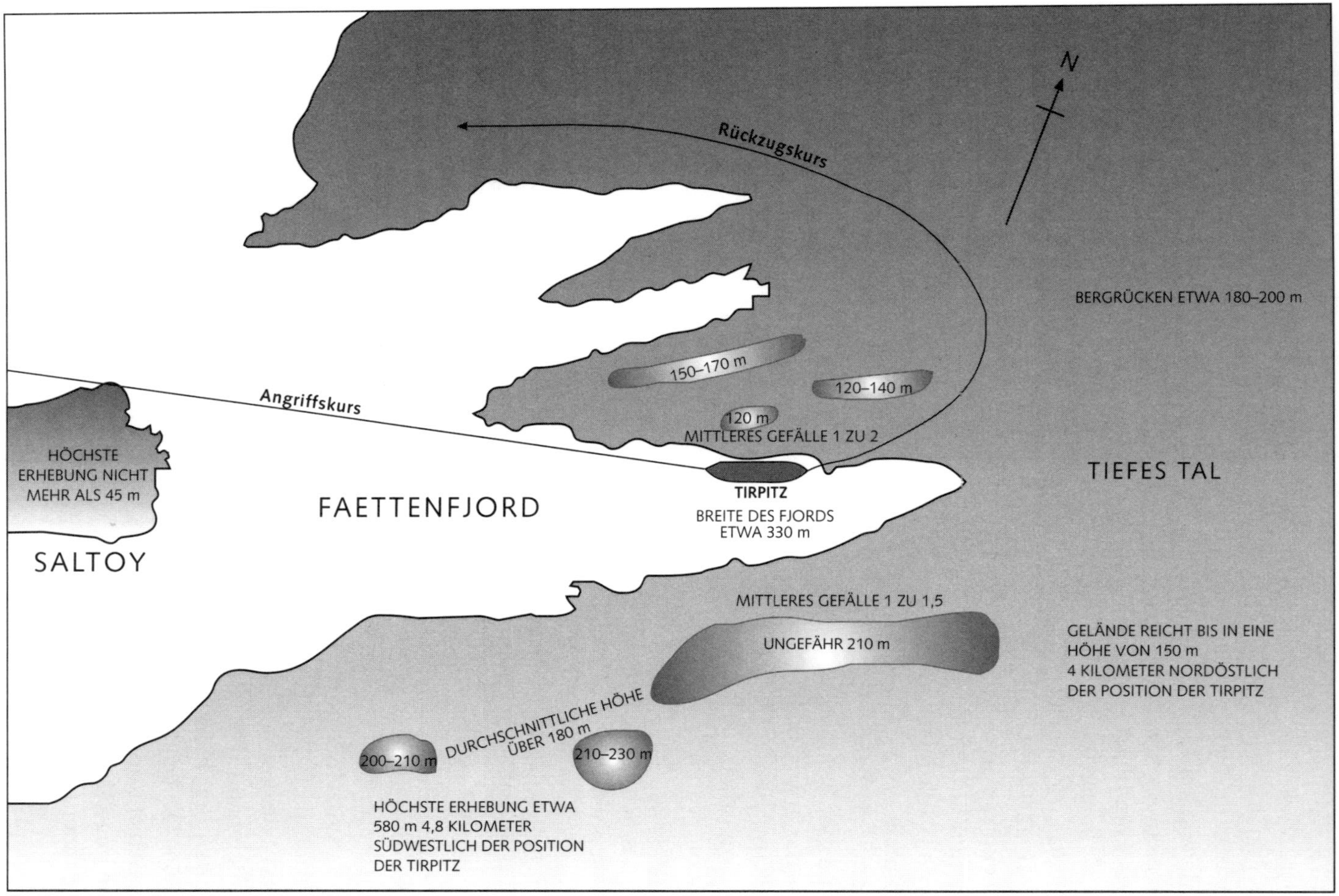

Der Faettenfjord, 24 Kilometer östlich von Drontheim, Norwegen; Karte nach Angaben des Luftfahrtministeriums.

Um 18.37 Uhr (wiederholt um 19.58 Uhr) wies die TIRPITZ die Fernmeldestelle in Drontheim an, »unverzüglich verschiedene Alarmstufen für Luftangriffe zu übermitteln«, was darauf schließen ließ, daß sie in der Nähe vor Anker gegangen war und Angriffe aus der Luft befürchtete. Aufgrund des aufgefangenen Funkverkehrs konnte ein forcierter Durchbruch mit Zerstörersicherung nicht ausgeschlossen werden.

Das Entschlüsseln der Vielzahl an Meldungen nahm Zeit in Anspruch, aber am 17. Januar um 08.50 Uhr BST erfuhr Admiral Sir John Tovey (Oberbefehlshaber der Home-Fleet), daß die TIRPITZ am Vortag in See gestanden hatte, und um 16.42 Uhr erhielt er die Nachricht, daß sie am Abend des 16. Januar in Begleitung von vier Zerstörern Drontheim erreicht habe. Sie hatte die Küstenbatterien am Eingang des Drontheim-Fjords und den Hafen von Drontheim etwa 60 Kilometer weiter östlich passiert und erreichte ihren Liegeplatz, der nochmals etwa 25 Kilometer landeinwärts, am oberen Ende des Faettenfjords, einem Seitenarm des Aasenfjords (oder Åsfjord), lag. Der Fjord ist kaum 300 Meter breit, auf drei Seiten ist er von steilen Abhängen umgeben und er liegt nur etwa 50 Kilometer von der schwedischen Grenze entfernt. Der graue Tarnanstrich der TIRPITZ verschmolz mit der bergig-bewaldeten Umgebung, und zusätzliche Flakstellungen wurden eilig an Land stationiert. Netze gegen U-Boote waren bereits quer zum Fjordeingang verlegt worden, und Kapitän z.S. Topp sorgte dafür, daß weitere Netzsperren am Eingang zum Faettenfjord und um das Schlachtschiff herum eingerichtet bzw. Tarnnetze über die Aufbauten gezogen wurden.

Am 17. Januar bemerkte Topp Flugzeuge in großer Höhe über dem Fjord. Allerdings blieb ihm verborgen, daß die Luftaufklärung der RAF »unglücklicherweise unvollständig« war, eine Bestätigung über den Aufenthalt der TIRPITZ erfolgte erst sechs Tage später. Die 1. PRU, die mit Spitfires IV ausgestattet, in Wick an der Nordostküste Schottlands stationiert und dem Bomber Command zugeordnet war, saß für die Luftaufklärung an einem günstigen Ort. Am 23. Januar 1942 um 12.50 Uhr kehrte Flt. Lt. A.P. Fane mit Aufnahmen »von einer verdächtig großen Kriegschiffseinheit« im Faettenfjord auf seinen Stützpunkt zurück. Als diese kurz darauf entwickelt waren, bestätigten sie, daß die TIRPITZ dicht unter Land an der nördlichen Seite des Nebenarms an einem steilen Berghang (mit einer Neigung von fast 1 zu 2) »mit schwimmender Tarnung um den Bug herum und ausgebrachten Torpedonetzen« auf 63° 32' Nord und 10° 54' Ost lag. Die weitere Auswertung von Fanes Photos ließ erkennen, daß das Gebiet unmittelbar nördlich des Liegeplatzes in etwa 60 bis 75 Metern Höhe sehr hügelig war, ein Bergrücken von 200 Metern Höhe erstreckte sich etwa 200 Meter nach Nordwesten. Am Ende des Faettenfjords verlief ein tiefes Tal in östlicher Richtung auf einen etwa 520 Meter hohen Berg in etwa vier Kilometern Entfernung zu. Nach Süden hin stieg ein Abhang mit einer Neigung von 1/1.5 rasch bis auf 230 Meter und erreichte etwa 580 Meter Höhe in ca. fünf Kilometern Entfernung vom Schiff. Eine Anflugmöglichkeit bestand nur aus Richtung der Nordsee kommend, an Drontheim vorbei, am Rand der Insel Saltoy, die den Eingang zum Faettenfjord beherrschte, entlang oder über die Insel hinweg. Nach dem Angriff waren eine Rechtskurve oder der Weiterflug nach Schweden nicht durchführbar. Die einzige Möglichkeit für einen Rückflug bestand auf Backbord, an dem hochaufragenden Bergrücken im Nordwesten vorbei. Der Pilot einer anderen Aufklärungsmaschine schoß am 25. Januar keine Aufnahme des Liegeplatzes, er meldete jedoch, daß »keine größere Einheit auszumachen« sei, was umgehend einen Kommentar des Bildauswerters veranlaßte: »?Tarnung zu gut«. Auch für die besten Bildauswerter waren aus großer Höhe aufgenommene, getarnte Fahrzeuge manchmal schwer auszumachen.

Der norwegische Widerstand hatte die Ankunft der TIRPITZ bereits am 16. Januar gemeldet, aber die verzerrten Mitteilungen waren nicht empfangen worden. Bald jedoch trug ein ganzes Netzwerk von aus Großbritannien eingeschleusten Agenten und örtlichen Mitgliedern der Widerstandsbewegung detaillierte Informationen über das Schlachtschiff zusammen. Diese wurden erfolgreich entweder per Funk oder dem sogenannten »Shetland Bus«, einem insgeheim organisierten Fährdienst, der von ehemaligen Fischereifahrzeugen von und nach Norwegen unterhalten wurde, überbracht. Björn Rorholt, ein norwegischer Offizier, heimlich in die Gegend um Drontheim zurückgekehrt, war dabei behilflich, einen Überwachungsdienst einzurichten, der auch einen Verbindungsmann im Fort Agnes am Eingang zum Drontheim-Fjord besaß, welcher Informationen über die Bewegungen der TIRPITZ und anderer deutscher Schiffseinheiten sammeln sollte. Unter den hervorragenden Funkern, die wie Rorholt ein enormes persönliches Risiko auf sich nahmen, befanden sich auch Hans Hansen und Egil Lindberg.

Die Nachricht, daß die TIRPITZ Deutschland verlassen hatte, sorgte in Großbritannien für erhitzte Diskussionen. Der Oberbefehlshaber der Home-Fleet, Admiral Sir John Tovey, stellte das Auslaufen des nach Murmansk bestimmten Nordmeergeleitzuges PQ 9 zurück aus Furcht, daß das feindliche Kriegsschiff in die Polargegend verlegen sollte. Sämtliche militärischen Operationen entlang der norwegischen Küste wurden abgebrochen, Kreuzer auf Patrouille in das Seegebiet südlich Islands entsandt, um einen Durchbruch in den Atlantik zu überwachen. Winston Churchill brachte die Auswirkungen auf die Nordmeergeleitzüge auf den Punkt, indem er den Luftfahrtminister daran erinnerte, daß »gewissenhafte und pünktliche Lieferungen nach Rußland von allergrößter Wichtigkeit sind«. In der Tat hatte das Kriegskabinett sich im Oktober 1941 dazu verpflichtet, alle zehn Tage einen Geleitzug »nach Rußland« zu schicken. In einem Schreiben an den Ersten Seelord erwartete der Premierminister einen entscheidenden Luftschlag: »Dieses Schiff am Auslaufen zu hindern, würde den Verlauf des gesamten Krieges zur See verändern … und der Verlust von 100 Flugzeugen und 500 Besatzungsmitgliedern wäre dadurch aufgewogen« – trübe Aussichten für die Besatzungen der Flugzeuge. Nachdem die TIRPITZ entdeckt worden war, unterstrich der Premierminister in einem Schreiben an den Vorsitzenden der Vereinigten Stabschefs, Major General Hastings Ismay, daß »die Vernichtung oder bloß die Beschädigung dieses Schiffes das zur Zeit bedeutendste

Ereignis im Seekrieg darstellen würde. Kein anderes Ziel läßt sich mit ihm vergleichen«. Vielleicht hatte er noch die schweren Spannungen zwischen den Teilstreitkräften während des Ersten Weltkrieges und den Zwischenkriegsjahren vor Augen, indem er hinzufügte: »Es darf keinen Mangel an Zusammenarbeit zwischen dem Bomber Command und den Marinefliegern sowie den Flugzeugträgern geben. Es soll ein Plan ausgearbeitet werden, der Angriffe mit Trägerflugzeugen und schweren Bombern am Tage oder während der Dämmerung vorsieht«. Er bezweifelte, daß die notwendige Zielgenauigkeit während der Nacht erreicht werden könne, auch nicht bei Mondlicht. Indem er den Ernst der Lage besonders hervorhob, erklärte er: »Die strategische Situation in diesem Krieg hängt zur Zeit von diesem Schiff ab«, das »viermal so viele britische Großkampfschiffe« binde, »ganz zu schweigen von jenen amerikanischen Schlachtschiffen, die im Atlantik zurückgehalten werden«. Er betrachtete das Ganze als eine »Angelegenheit von höchster Dringlichkeit und Wichtigkeit« und beabsichtigte, dies am folgenden Tag in den Sitzungen des Kriegskabinetts und des Verteidigungsrates anzusprechen. Auf der Sitzung des Verteidigungsrates am Montag, den 26. Januar, versicherten der Erste Seelord und der Chief of the Air Staff auf eine diesbezügliche Anfrage des Premierministers, »daß die Möglichkeit eines Luftangriffs auf die TIRPITZ ... erschöpfend untersucht wurde und daß die Hoffnung auf Durchführung eines Angriffs besteht, sobald die Wetterbedingungen günstig sind«. Churchill wiederholte nochmals, »daß es von allergrößter strategischer Bedeutung ist, daß die TIRPITZ, wenn möglich, beschädigt oder versenkt wird«.

Ein Luftangriff auf die TIRPITZ mußte erfolgen, bevor ausreichend Flakschutz um sie herum konzentriert und weitere Verteidigungsmaßnahmen getroffen waren. Allerdings neigen die Wetterbedingungen über Norwegen stets dazu, für jeder Art von Luftangriff Probleme zu bereiten. Für gewöhnlich bedeckten niedrig hängende Wolken die Küstenregion. Lediglich an drei Tagen im Monat wurden sie von Winden aus südwestlicher Richtung vertrieben. Die entmutigende Auswertung einer Wetterprognose für die Monate Mai und Juni durch den Air Staff vermag dieses Problem zu verdeutlichen. Winde, die Stärke 4 übertrafen, waren stets zu erwarten, »Stärke 7 und mehr« war nicht ungewöhnlich. Während des Monats Mai kam der Wind meist aus »Nord bis Nordost .. Winde aus Südwest waren ›zweiter Sieger‹, während im Juni und Juli Winde aus südlicher bis südwestlicher Richtung eher vorherrschten als die nächsthäufige Windrichtung – Nordost«. Doch das war noch nicht alles. »Je weiter man in den Fjord eindringt, desto leichter, obwohl manchmal auch stürmischer, werden die Winde.« Diese Monate sind »die nebligsten des ganzen Jahres«, und »weiter im Norden ist der Himmel im allgemeinen bedeckt«. Eine zusätzliche, besondere Schwierigkeit lag darin, das lokale Wetter vorauszusagen, wenn die Bomber bereits die lange Reise über die Nordsee geschafft hatten. Gute Bedingungen beim Start konnten im Zielgebiet von miserablen abgelöst werden. Auch war es während der Wintermonate (vor allem von Ende November bis Ende Januar) nur wenige Stunden lang hell, was die Operationsplanung weiter erschwerte.

Darüber hinaus sorgten die Radarstationen an der Küste dafür, daß rechtzeitig ein Rauchvorhang über die TIRPITZ gelegt werden konnte. Widrige Wetterbedingungen über den Startflughäfen, die eine Vielzahl geplanter Luftangriffe auf das Schlachtschiff in Kiel und Wilhelmshaven durchkreuzt hatten, waren für Norwegen nicht weniger von Bedeutung, insbesondere, falls die Einsätze von Schottland aus geflogen werden sollten.

Entgegen Churchills Vorbehalten sprach sich der Air Staff für einen Einsatz bei Mondlicht und bei Vorhersage leichter Winde aus. Die nächste Mondphase wurde Ende Januar erwartet; Operation »Oiled« nahm Gestalt an. Auf einer Sitzung des Air Staff am 25. Januar wurde entschieden, den Einsatz während der Nacht vom 29. auf den 30. Januar »oder in der nächstgeeigneten Nacht bis einschließlich jener vom 3. auf den 4. Februar mit einem Verband von 30 schweren Bombern« durchzuführen. Das Coastal Command sollte für die Überwachung des Zieles zuständig sein, der Fleet Air Arm stand bereit, um einen Angriff trägergestützter Flugzeuge »gleich nach Tagesanbruch bald nach dem Nachtangriff« zu starten – letzterer sollte in diesem Falle nicht stattfinden. »Strenge Sicherheitsvorkehrungen sollen vor, während und nach der Operation getroffen werden.« Deshalb wurden am 28. Januar 16 Stirling der 15. und 149. Staffel des 3. Bombergeschwaders und zehn Halifax der 10. und 76. Staffel des 4. Bombergeschwaders sowie Bodenpersonal, das in Maschinen des Tansport Command überführt wurde, nach Lossiemouth verlegt. Das Ganze verlief jedoch nicht so wie geplant. Eine Stirling der 149. Staffel aus Mildenhall in Suffolk war nicht einsatzbereit; eine der 15. Staffel aus Wyton machte eine Bruchlandung am Strand, nachdem sie bei strahlendem Sonnenschein durch Flakfeuer eines »eigenen« Konvois in der Nähe der Whitley Bay schwer beschädigt worden war. Dies sorgte umgehend für die sarkastische Bemerkung eines MG-Schützen, daß die »Flugzeugerkennung wohl nicht zu den starken Seiten der Marine gehöre«.

Während der Landung auf dem Grasflugplatz in Lossiemouth, »an einem kalten unfreundlichen Wintertag«, glitt eine andere Stirling der 15. Staffel auf einer Fläche gefrorenen Schnees aus und beschädigte sich irreparabel das Heck. Insgesamt erreichten 24 Maschinen (dreizehn Stirling und elf Halifax) sicher den Stützpunkt. Das Bodenpersonal mußte sich zusätzliche Winterkleidung und Ausrüstung aus den Lagerräumen des Fleet Air Arm auf dem Stützpunkt ausborgen, und die Männer sahen bald »wie Eskimos« aus und warteten die Bomber auf den dem Wetter ausgesetzten harten Stellplätzen.

Schlechtes Wetter über Norwegen hatte die Aufklärungsflüge der PRU eingeschränkt, und der Ausfall der Kamera während eines Einsatzes am 25. Januar verschärfte die Probleme. Zwei Flüge am 29. Januar konnten jedoch bestätigen, daß die TIRPITZ noch immer im Faettenfjord lag; zusätzliche Tarnflöße waren am Bug und am Heck angebracht, um die Umrisse des Schiffskörpers aufzulösen. Nun sollten die Besatzungen der Bomber ihr Ziel kennenlernen, denn die Wettervorhersage für den nächsten Morgen versprach günstige Bedingungen. Achtzehn Flugzeuge wurden jeweils mit neun Tonnen Treibstoff aufgetankt und führten drei 230-kg-Bomben mit – jede mit einem Verzögerungszünder von zwölf Sekunden. Von Lossiemouth flogen die Maschinen über Hetteren nach Norwegen, der Rückweg führte erneut über Hetteren nach Rundo und Sumburgh. Zwei hatten Motorenprobleme, aber um 03.00 Uhr am 30. Januar starteten sieben Maschinen bei Temperaturen unter dem Gefrierpunkt zum ersten Einsatz gegen die in Norwegen liegende TIRPITZ. Geplant war, daß die Flugzeuge das Schlachtschiff nach etwa dreieinhalb Stunden erreichen und vier Stunden später wieder nach Lossiemouth zurückkehren sollten. Sie gerieten jedoch bald schon in dichte Wolken, die vom Meeresspiegel bis in 6000 Meter Höhe reichten. Da auch die Enteisung von nur geringem Nutzen war, konnten die Stirling nicht höher fliegen, um bessere Bedingungen zu suchen; und entgegen der Vorhersage besserte sich das Wetter über Norwegen nicht. Nur eine einzige Stirling meldete, daß sie einen flüchtigen Blick auf die Masten der TIRPITZ erhaschen konnte, aber nicht die erforderliche Höhe von 2400 Metern erreichte, um ihre panzerbrechenden Bomben abzuwerfen. Eine andere schoß bei der Landung über das Rollfeld hinaus und mußte abgeschrieben werden. Den neun Halifax, die zwischen 02.04 und 02.34 Uhr gestartet waren, erging es nicht besser. Alle vier Maschinen der 10. Staffel mußten wegen Treibstoffmangels umkehren. Von den fünf Flugzeugen der 76. Staffel berichteten vier, daß sie das Zielgebiet bei einer Bewölkung von 5/10 erreicht hätten, die TIRPITZ aber nicht finden konnten und auch keine Bomben abgeworfen hätten. Die fünfte hatte auf die Mitte der Ansammlung von Flak gezielt in der Hoffnung, das Schlachtschiff zu treffen. Eine Halifax stürzte auf dem Rückflug bei Aberdeen ins Meer; die Besatzung wurde gerettet. Eines der Besatzungsmitglieder bemerkte scharf: »Ein Fiasko, wegen des fürchterlichen Wetters sowohl in Lossiemouth als auch unterwegs.« Das Bomber Command urteilte nüchterner, daß »dieser Einsatz wegen der dichten Bewölkung sich als erfolglos erwiesen habe ... Keines der Flugzeuge wird vermißt, keine Luftgefechte oder Begegnungen mit feindlichen Maschinen wurden gemeldet«.

Aufzeichnungen vor Ort geben darüber Auskunft, daß am 30. Januar in Drontheim zwischen 05.12 und 06.45 Uhr Luftalarm ausgelöst worden war, und um 05.57 Uhr wurden auf der TIRPITZ sechs viermotorige Flugzeuge bemerkt, die in den Drontheim-Fjord in Richtung Aasenfjord bei einer Bewölkung von 5/10 eindrangen. Die Flak eröffnete das Feuer, und die Flugzeuge schienen Probleme zu haben, ihr Ziel zu finden. Für etwa 15 Minuten war zeitweilig Motorengeräusch über den Wolken zu vernehmen, jedoch wurden keine Angaben zu Bombenabwürfen gemacht. In Schottland war Wing Commander J.C. Macdonald, OC der 15. Staffel, erpicht darauf, es nochmal zu versuchen, aber die Wetterbedingungen verhinderten während der nächsten fünf Tage einen weiteren Einsatz; derweil fing eine Stirling am Boden Feuer, als sie für einen Probeflug aufgetankt wurde. Weitere Angriffe wurden vorläufig abgesagt, und die restlichen Maschinen erhielten den Befehl, auf ihre Heimatstützpunkte zurückzukehren.

Zwischen dem 31. Januar und 28. Februar gingen 17 Meldungen von PRU-Maschinen ein. Die meisten hatten das Schlachtschiff auf seinem alten Liegeplatz ausgemacht. Jedoch wurde die TIRPITZ gelegentlich beim Dampfaufmachen beobachtet, dies deutete möglicherweise darauf hin, daß sie sich auf einen Vorstoß in die Nordsee vorbereitete. Am 5. Februar erschien das Schlachtschiff ohne Geleitschutz im Norvik Sundet, es steuerte nordöstlichen Kurs. Vier Tage später wurde es im Faettenfjord entdeckt, der Bug zeigte in Richtung Osten in den Seitenarm hinein. Am 14. Februar wurde die TIRPITZ zweimal dadurch erkannt, daß sie, vor Anker liegend, »Rauch ausstieß«, und am folgenden Tag konnten »aus einer Höhe von 450 Metern bemerkenswert scharfe Photos« geschossen werden, die zeigten, daß »die 38-cm-Geschütze zur Tarnung weiß gestrichen waren. Vom Ufer aus waren Tarnnetze ordentlich zur Schiffsseite gespannt worden«. Am 19. Februar Mittags (BST) konnte eine Aufklärung fliegende Spitfire das Schiff ausfindig machen, als es mit nordöstlichem Kurs und hoher Fahrt (später mit 28 kn angegeben) im Drontheim-Fjord unterwegs war. Dies sorgte für einige Verwirrung, denn am 18. Februar hatte Ultra Verstärkungen durch Einheiten der Luftwaffe in Südnorwegen gemeldet und daraus zwei Tage später den Schluß gezogen: »Alle Indizien deuten auf eine sehr frühzeitige Verlegung, vielleicht schon heute, einer Schiffseinheit oder von Schiffseinheiten von Deutschland nach Drontheim hin.« Dies gab Anlaß zu außerordentlicher Besorgnis, da die Deutschen ausgiebig vom »Offiziersschlüssel« Gebrauch machten, der noch nicht geknackt worden war, und ein PRU-Einsatz am 20. Februar entdeckte die TIRPITZ wieder im Drontheim-Fjord. Zwei Tage später lag sie erneut im Faettenfjord, aber zwei Aufklärungsflüge am 24. Februar bemerkten, daß die bereitliegenden Tarnflöße nicht festgemacht waren, zudem wurden die Geschütztürme geschwenkt, was auf eine Munitionsübernahme schließen ließ. Es mußte davon ausgegangen werden, daß eine Unternehmung bevorstand, und am folgenden Tag wurde sie erneut im Drontheim-Fjord mit westlichem Kurs bei Fahrübungen beobachtet. Allerdings verließ das Schlachtschiff den Fjord nicht, am 28. Februar befand es sich wieder an seinem alten Liegeplatz. Der Grund für diese Manöver wurde bald offenbar.

Admiral Tovey war tief besorgt über nachrichtendienstliche Meldungen, wonach die deutschen Schiffseinheiten in Brest einen Ausbruch planten. Er befürchtete, daß sie durch die Island-Färöer-Enge stoßen könnten, um sich mit der TIRPITZ zu vereinigen. Allerdings erhielt er Nachrichten, daß SCHARNHORST und GNEISENAU in der Nacht vom 11. auf den 12. Februar statt dessen durch den Ärmelkanal marschiert waren. Obwohl beide Schiffe durch Minentreffer schwer beschädigt wurden, befürchtete Tovey weiterhin die Konzentration einer »bedeutenden Schlachtflotte« in Norwegen, gegen die »die Home-Fleet nicht richtig verteilt werden könne, um einen angemessenen Schutz sowohl der Nordmeergeleitzüge als auch der Zugänge in den Atlantik zu sichern«. Agentenmeldungen berichteten, daß die TIRPITZ vom 17. bis 20. Januar Schießübungen durchgeführt habe, und Ultra fing am 20. und 21. Februar vermehrten Funkverkehr zwischen dem Marinegruppenkommando Nord, dem Befehlshaber der Schlachtschiffe und der 5. Zerstörer-Flottille auf; der größte Teil davon war aber nicht zu entziffern.

Eigentlich hatte die TIRPITZ ihren Liegeplatz verlassen, um sich mit dem »Westentaschen-Schlachtschiff« ADMIRAL SCHEER, dem Schweren Kreuzer PRINZ EUGEN und deren Zerstörergeleit während heftigen Schneefalls und schlechter Sicht zu vereinigen. Wäre ihr dies gelungen, hätte Toveys Alptraum Gestalt angenommen. Aber die TIRPITZ wagte sich nicht in die Nordsee hinaus, nachdem die PRINZ EUGEN beim Einlaufen in den Drontheim-Fjord torpediert worden war. Dem mit 20,3-cm-Geschützen bewaffneten Kreuzer gelang es in Begleitung zweier Zerstörer trotzdem, kurz vor Mitternacht am 23. Januar seinen vorgesehenen Liegeplatz im Lofjord, in der Nähe des Faettenfjord zu erreichen. Das »Westentaschen-Schlachtschiff« war vorausgefahren, so daß nunmehr eine äußerst schlagkräftige Streitmacht versammelt war.

PRU-Aufklärer bestätigten die schweren Beschädigungen auf der PRINZ EUGEN, es gab jedoch Anzeichen, daß die anderen deutschen Schiffe eine Unternehmung planten. Am Nachmittag des 24. Februar sandte die TIRPITZ einen Funkspruch: »Werde um 15.00 Uhr in Alarmbereitschaft sein, Schlepper müssen nur noch ablegen.« Dies war die Antwort auf eine Anfrage des Befehlshabers der Schlachtschiffe an »alle Einheiten in der Gegend um Drontheim«, ab welchem Zeitpunkt sie bereit seien, sofort in See zu gehen. Am 24. Februar kurz nach Mittag ging der Chef der 5. Zerstörerflottille mit seinem Verband in der Nähe von Drontheim vor Anker, nachdem er zuvor darauf hingewiesen hatte, daß er nach der Ankunft Heizöl, Trinkwasser und Brot benötige. Daraus konnte erneut ein unmittelbar bevorstehender Einsatz abgeleitet werden. Aber es geschah nichts, und die britische Seite konnte sich erneut mit Plänen beschäftigen, die TIRPITZ an ihrem Liegeplatz zu vernichten.

Unterdessen war eine etwas bizarre Operation angelaufen, die auf Erkenntnissen der PRU-Kameras beruhte. Zwischen dem 15. und 19. Februar 1942 versammelte sich eine Vorausabteilung der 217. Staffel auf dem RAF-Flugfeld in Skitten und bereitete sich darauf vor, sämtliche nicht benötigten Ausrüstungsgegenstände aus ein paar Beauforts der Staffel auszubauen, die in Wick, das ganz in der Nähe lag, gelandet waren. Gemäß Einsatzplan sollten die Besatzungen nach Drontheim fliegen, die TIRPITZ angreifen und dann entweder in östlicher Richtung zur schwedischen Grenze fliegen, abspringen und ihre Maschine abstürzen lassen oder, dies war weniger verlockend, den Anflugkurs wieder zurückfliegen, um (wenn der Treibstoff ausgegangen war) etwa 60 Meilen von der nächsten Küste entfernt notzuwassern und auf ihre Rettung zu warten. Letzteres konnte man, gelinde ausgedrückt, nur als Selbstmord bezeichnen. Dieser wenig einladende Plan hatte möglicherweise bis Mitte März Bestand, als die Vernunft die Oberhand gewann – allerdings war zwischenzeitlich der RAF Flugplatz in Leuchars ausersehen worden. Von diesem Hirngespinnst war dann nichts mehr zu hören; die Besatzungen und die Ausrüstung der 217. Staffel wurden nach Süden verlegt.

Churchill war weiterhin erpicht darauf, sich mit der TIRPITZ zu beschäftigen, und vor dem Verteidigungsausschuß wiederholte er am 3. März, daß sie »in der jetzigen Lage im Krieg zur See das Schiff mit der größten Bedeutung sei und ihre

Vernichtung den Verlauf des Krieges entscheidend beeinflussen würde«. Während der ersten Märzwoche konnten PRU-Maschinen erfolgreich über der Gegend um Drontheim aufklären. Am 7. März war der Liegeplatz der TIRPITZ leer. Das Schlachtschiff hielt sich nicht in der näheren Umgebung auf, und bis zum 18. März wurde es im Faettenfjord nicht mehr gesichtet. In der Zwischenzeit war die TIRPITZ jedoch nicht untätig gewesen.

Nachdem Vizeadmiral Otto Ciliax seine Flagge auf ihr gesetzt hatte, verließ das deutsche Schlachtschiff am 6. März um die Mittagszeit bei starkem Seegang den Drontheim-Fjord, wich den U-Booten aus, die vor dem Eingang zum Fjord lauerten, und lief in Begleitung von drei Zerstörern Kurs Nord. Am frühen Abend sichtete das U-Boot SEAWOLF den Verband. Die Meldung erreichte Admiral Sir John Tovey (den Oberbefehlshaber der Home-Fleet) über die Admiralität jedoch erst nach Mitternacht. Dieser befand sich mit zwei Schlachtschiffen, einem Schlachtkreuzer, einem Kreuzer, zwölf Zerstörern und dem Flugzeugträger VICTORIOUS auf See, um den Konvoi PQ 12 nach Rußland und dann den QP 8 aus Murmansk zu geleiten. Tovey wußte aus Ultra-Meldungen, daß der PQ 12 durch die Luftwaffe gesichtet worden war, deshalb erwartete er einen Angriff der TIRPITZ. Unterdessen waren das Schlachtschiff und seine Eskorte entlang der norwegischen Küste nach Nordosten gelaufen, bevor sie sich am 6. März um Mitternacht nach Norden wandten. Der deutsche Verband beabsichtigte, während der Operation »Sportpalast« südlich der Insel Jan Mayen anzugreifen, allerdings sollte er nicht gegen überlegene Feindstreitkräfte vorgehen. Sollte ein »gleichstarker Verband« angetroffen werden, durfte dieser nur dann angegriffen werden, falls der »Hauptzweck, nämlich die Vernichtung des Geleitzugs« weiterhin erreichbar blieb. Am Morgen des 7. März startete das Schlachtschiff zwei Arados in einem vergeblichen Versuch, den Konvoi zu finden, zugleich wurden die Zerstörer detachiert, um sich unabhängig auf die Suche zu machen. Am selben Abend reduzierten Kesselprobleme die Höchstgeschwindigkeit auf 28 kn.

Schlechtes Wetter, vor allem Nebel, hatte auf der VICTORIOUS den ganzen Tag über den Start von Aufklärern verhindert; während dieser Zeit fuhr die TIRPITZ ohne ihre Zerstörereskorte. Im Schutz eines Schnee- und Hagelsturms konnten sich beide Konvois dem Gegner geschickt entziehen (ein unglücklicher Nachzügler aus dem QP 8 wurde von einem der detachierten Zerstörer versenkt), und am Morgen des 8. März mußten sämtliche deutschen Zerstörer wegen Brennstoffmangels nach Norwegen zurückkehren; die TIRPITZ fuhr allein weiter. Um 07.15 Uhr gab sie die erfolglose Suche auf, und um 08.50 Uhr trafen Weisungen ein, nach Norwegen zurückzukehren. Unverständlicherweise wurde um 20.00 Uhr ein weiterer Befehl empfangen, die Suche fortzusetzen, welcher um 21.49 Uhr widerrufen wurde. Die TIRPITZ sollte sofort Narvik anlaufen. Diese Verzögerung hatte beinahe fatale Folgen.

Am 8. März nämlich konnte Ultra aufdecken, daß die TIRPITZ sich nördlich der Position Toveys befand. Dieser hatte seinen Verband kurz vor Mittag nach Westen zurückgezogen, da er glaubte, keine Fühlung mehr mit dem Gegner aufnehmen zu können. Um 17.30 Uhr (BST) gab die Admiralität die neuen Informationen an den Oberbefehlshaber der Home-Fleet weiter, der unverzüglich Kurs Nordost auf die Bäreninsel nahm. Ein weiterer Funkspruch, der am 9. März um 02.30 Uhr eintraf, enthüllte, daß die TIRPITZ nunmehr nach Süden, Richtung Norwegen fuhr, wo sie erwartete, vor den Lofoten auf ihr Zerstörergeleit zu treffen.

Tovey nahm sofort die Verfolgung auf – nach seinem Erfolg gegen die BISMARCK im Mai 1941 strebte er das »Frühlings-Double« an, wie Ludovic Kennedy später geistreich bemerken sollte. Sein Ziel war es, sich in eine günstige Position zu manövrieren, um am 9. März bei Tagesanbruch Torpedobomber gegen das deutsche Schlachtschiff einsetzen zu können. Um 03.16 Uhr übermittelte Tovey der VICTORIOUS weitere Informationen, die er von der Admiralität erhalten hatte, und deutete an, daß die TIRPITZ um 07.00 Uhr auf einer erwarteten Position bei den Lofoten stehen werde. Er fügte dem markig hinzu: »Bitte um Vorschläge«. An Bord der VICTORIOUS befanden sich Fairey Albacore Bomber der 817. (Lieutenant Commander P.G. Sugden) und 832. (Lieutenant Commander W.J. Lucas) Staffel. Nach einem festgelegten taktischen Verfahren, das bereits vor dem Krieg eingeführt und eingeübt worden war, sollten Torpedobomber aus einer Höhe von etwa 1800–2700 Metern von vorn angreifen, dann im Sinkflug auf 60 Meter gehen, das Flugzeug auf 15 Metern abfangen und in etwa 1000 Metern Entfernung vom Ziel ihren Torpedo abwerfen. Um etwaigen Ausweichbewegungen vorzubeugen, wurde eine Staffel in vier Gruppen zu drei eingeteilt, die gleichzeitig von Backbord und Steuerbord angreifen sollten, um einen Winkel von 90 Grad abzudecken. Sechs Albacores auf dem britischen Flugzeugträger waren mit einem Radargerät (ASV) ausgerüstet. Die VICTORIOUS erwiderte Tovey somit um 05.37 Uhr: »Schlage vor, Suchstaffel aus sechs Maschinen um 06.30 Uhr zu starten, Suchsektor von 105 bis 155 Grad, Distanz etwa 150 Meilen. Angriffsverband aus zwölf Maschinen startet, sobald aufgestellt, um 07.30 Uhr.« Die VICTORIOUS beabsichtigte, ihren augenblicklichen Kurs bis 10.00 Uhr beizubehalten und dann auf 316 Grad zu gehen, Fahrt 26 kn.

Um 05.30 Uhr wurden die Besatzungen der Albacore geweckt, und um 06.45 Uhr starteten die Aufklärer, drei Albacores von jeder Staffel. Trotz zeitweiliger Schneeschauer war die Sicht im allgemeinen gut, Wolkenhöhe 600 Meter, Bewölkung 7/10. Um 08.03 Uhr wurde die TIRPITZ westlich der Lofoten gesichtet, sie hielt Kurs Süd auf Drontheim. Erst kurz nach 08.30 Uhr änderte das Schlachtschiff seinen Kurs nach Osten, um im Westfjord Zuflucht zu suchen, dazu mußte es durch die gefährliche Enge der Moskenes Straße unmittelbar im Süden der Lofoten laufen. Eines seiner Arado Bordflugzeuge (von den Briten als Ju 87 bezeichnet, da dessen Schwimmer mit dem tropfenartig geformten Fahrwerk der Ju 87 leicht zu verwechseln waren) griff drei der aufklärenden Albacores mutig an. Es gelang ihm, einen Beobachter an den Beinen zu verwunden, bevor der Arado der Treibstoff ausging und sie in Richtung des Marinestützpunkts Bodö flog; der Pilot behauptete, eine der britischen Maschinen abgeschossen zu haben. Seltsamerweise erreichte die Anforderung der TIRPITZ nach

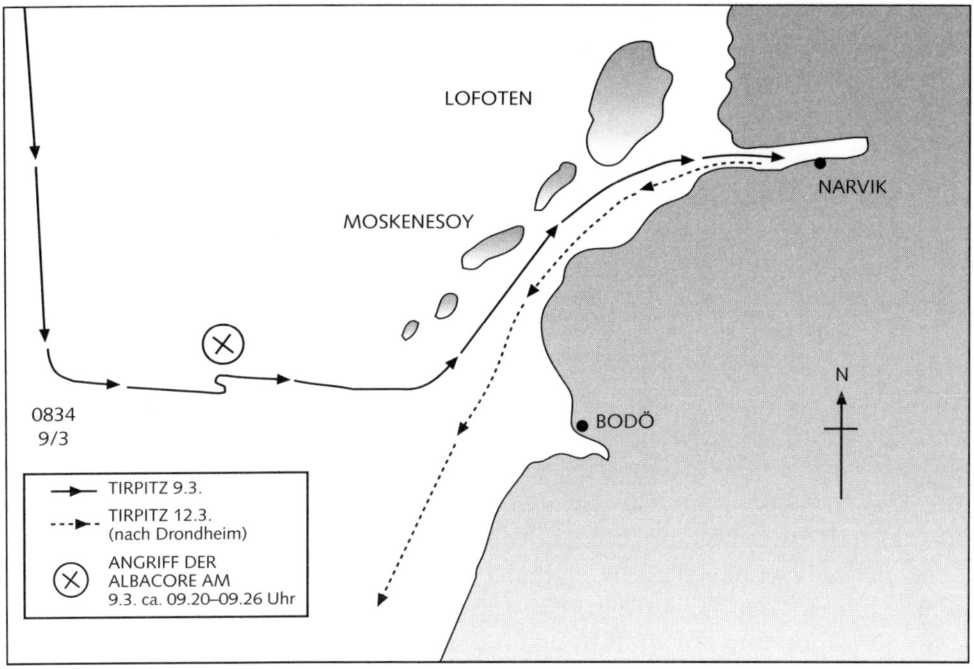

Der Angriff des Fleet Air Arm vor Narvik, 9. März 1942.

Unterstützung durch Jagdflugzeuge den nahegelegenen Luftwaffenstützpunkt am Ostufer des Westfjords erst zweieinhalb Stunden später, lange nachdem das Gefecht vorüber war. Nicht zum letzten Mal schien eine verknöcherte, kriecherische Kommandokette dafür verantwortlich zu sein.

Unterdessen hatte Tovey durchgegeben: »Eine wunderbare Gelegenheit, die einen großen Erfolg verspricht. Gott sei mit Euch.« Der Kommandant der VICTORIOUS drückte es so aus: »Es war eine Chance, von der wir immer geträumt und die wir erhofft hatten, und wir wußten nur zu gut, eine solche Gelegenheit kam wohl nie wieder.« Um 07.35 Uhr starteten zwölf Albacore-Torpedobomber von der VICTORIOUS (sieben der 832. und fünf der 817. Staffel) mit Kurs 135 Grad; Lucas führte den Angriff an. Jede der Maschinen war mit einem Mark-VII-Torpedo mit Aufschlagzünder ausgerüstet, der eine Geschwindigkeit von 40 kn erreichte und auf 7,60 Meter Tiefe eingestellt war. Der Angriffsverband erfuhr, daß die TIRPITZ um 08.15 Uhr zuerst gesichtet wurde, sie lief Kurs Süd. Danach meldeten die aufklärenden Albacores ihre Position, Kurse und Fahrt so exakt, daß Lucas das Schlachtschiff um 08.42 Uhr aus 20 Meilen Entfernung erkennen konnte; es steuerte Kurs 82 Grad und stand von ihm aus gesehen in Peilung 142 Grad. Die Albacores waren bis zu diesem Zeitpunkt in einer Höhe von 150 Metern geflogen, um einer Radarortung zu entgehen, bei einer Sicht von 55 Kilometern und einer Wolkenhöhe von 1200 Metern befahl er, in den Wolken Deckung zu suchen. Das feindliche Kriegsschiff lief geschätzte 30 kn, die voll ausgerüsteten Bomber flogen mit

130 kn Geschwindigkeit bei 35 kn Gegenwind. Die Angreifer konnten ihre Beute nur sehr langsam überholen.

Lucas war sich dessen bewußt, und da er sich über die Vereisung Sorgen machte und zumal den Sichtkontakt zu den anderen Gruppen verloren hatte, befahl er, unabhängig voneinander anzugreifen. Damit gab er freilich den Vorteil eines koordinierten Vorgehens auf. Um 09.17 Uhr (BST) brachen die britischen Flugzeuge durch die Wolken, Lucas fand sich auf der Backbordseite des Zieles wieder, die drei anderen Gruppen auf der Steuerbordseite. Lucas entschied sich, sofort anzugreifen und nicht darauf zu warten, bis er in vorlicher Position zu dem Schlachtschiff stand: von offizieller Seite hieß es später, daß »eine Wolkenlücke seine Position in einem kritischen Augenblick verraten hatte und ihn somit dazu zwang, aus einer unvorteilhaften taktischen Lage heraus anzugreifen«. Ein Minute später drehte die Lucas-Gruppe der 832. Staffel (»4A«; »4B«; »4C«) deshalb nach Steuerbord, stieß herab und warf um 09.20. Uhr und 30 Sekunden ihre drei Torpedos; das Geschwaderlogbuch gibt eine Entfernung von etwa 1000 Metern an, der Kommandant der VICTORIOUS etwa das Doppelte.

Das Schlachtschiff legte ein mächtiges Sperrfeuer, und sämtliche Torpedos gingen achtern, der dichteste in etwa 130 Metern Abstand, vorbei. Lucas konnte keine Kursänderung der TIRPITZ erkennen, dies ließ darauf schließen, daß die Torpedos zu früh abgeworfen worden waren und das Schlachtschiff ihnen einfach davonlief. Unterdessen war die zweite Gruppe der 817. Staffel (»5M«; »5H«; »4G«) nach Backbord gewechselt und warf ihre Torpedos um 09.21 Uhr und 30 Sekunden wie Lucas gegen die Breitseite ab; ebenfalls ohne Erfolg. Um die Flugzeuge mit dem größtmöglichen Ablenkungsfeuer zu überraschen, hatte das Schlachtschiff »eine größere [Kurs-]Änderung vollzogen, etwa 100 Grad nach Backbord [genau nach Norden], drehte jedoch bald wieder nach Steuerbord«. Die TIRPITZ fuhr jetzt erneut in östlicher Richtung. Der Schlenker jedoch hatte den beiden anderen Gruppen unter Sugden, die sich noch an Steuerbord befanden, verraten, daß das Ziel seine ursprüngliche Absicht, den Westfjord zu erreichen, weiterverfolgen würde; sie schnitten die Kurve, um einen »synchronisierten Angriff von vorn« zu fliegen. Die zweite Kursänderung der TIRPITZ machte ihnen aber einen Strich durch die Rechnung. Einer der überlebenden Piloten, Lieutenant Commander J.H. Stenning, erinnerte sich später: »Als wir aus niedriger Höhe in einen Gegenwind von 30 kn herunterstießen, änderte sie [TIRPITZ] ihren Kurs nach Steuerbord, somit mußten wir hinterherjagen. Ihre Granaten flogen uns um die Ohren und ich warf meinen Torpedo aus nahezu größter Entfernung.« Zwei Albacores – »4P« (832.) und »5C« (817.) – wurden abgeschossen und die restlichen vier Torpedos der »5L«, »5B«, »4M« und »5R«, die um 09.25 Uhr und 30 Sekunden abgeworfen worden waren, gingen sämtlich daneben. Nach dem Krieg erklärte die Naval Intelligence Divison: »Beabsichtigt war, sich auf die Luvseite des Zieles vorzuarbeiten, um dann durch die Wolken zu stoßen und von vorn anzugreifen. Als sie sich näherten, verriet eine Wolkenlücke ihre Anwesenheit.« Dies hatte zur Folge, daß das »Überraschungsmoment verlorenging ... und der Plan plötzlich geändert werden mußte«; Ergebnis dessen war, daß »die TIRPITZ unbeschädigt entkommen konnte«. Lediglich Albacore »4R« des Angriffsverbandes konnte ein Photo als Nachweis ihres Torpedoabwurfs aus einer Entfernung von etwa 2000 Metern vom Ziel mitbringen. Der Kommandant der VICTORIOUS schloß daraus, daß »sämtliche Flugzeuge sich von der gewaltigen Größe der TIRPITZ hatten täuschen lassen und ihre Torpedos deshalb aus zu großer Entfernung abgeworfen hätten«.

Die Legende hält sich hartnäckig, daß ein Überlebender eines britischen Flugzeugs, der voraus des Schlachtschiffes im Wasser schwamm, mit Erfolg seine Mütze geschwenkt habe, um die TIRPITZ zu einer Kursänderung zu veranlassen. In einer interessanten Variante zu dieser merkwürdigen Begebenheit hatte Leutnant z.S. Karl Räder an Bord des Schlachtschiffes einen Flieger bemerkt, »der hilflos auf der oberen Tragfläche« einer abgestürzten, im Wasser treibenden Albacore saß. Dieses Rätsel wurde noch weiter ausgeschmückt. Später entdeckte Lieutenant Commander R.M. Griffiths, daß eine der abgeschossenen Albacores (»5C«) lediglich mit zwei getöteten Besatzungsmitgliedern in den Verlustlisten geführt wurde und vermutete, der vermißte Beobachter sei der geheimnisvolle Flieger gewesen. Er sei dann von einem anderen deutschen Schiff gerettet worden und in Kriegsgefangenschaft geraten. Nach dem Krieg wurde der Angriff der Albacore noch weiter verzerrt. Offenbar hatte der Führer der die Torpedobomber begleitenden 809. Staffel, Lieutenant Commander E.G. Savage, vorgeschlagen, mit seinen Jägern vom Typ Fulmar einen Angriff direkt von vorn gegen die Brücke der TIRPITZ zu fliegen: »Die Piloten der Staffel hielten jedoch von der Idee nicht sehr viel«, erinnerte sich einer von ihnen. Zu ihrer großen Erleichterung wurde »der Plan aufgegeben«.

Um 11.00 Uhr landeten die restlichen Albacores von Sugdens Staffel auf der VICTORIOUS. Damit endete der einzige Versuch der Marineflieger, die TIRPITZ auf hoher See zu torpedieren – die gegenseitigen Vorwürfe verstummten allerdings nicht. Captain H.C. Bovell RN von der VICTORIOUS warf Lucas vor, viel zu früh aus einer ungünstigen Situation heraus angegriffen zu haben, im Vergleich zur Leistung Sugdens machte dieser somit eine unglückliche Figur. Andere Autoren wiesen später auf Lucas' mangelnde Erfahrung als Staffelführer hin, da er erst kurz zuvor das Kommando übernommen hatte. Stenning warf ein schlechtes Licht auf ihn, indem er erklärte, Lucas habe »uns auf den Angriff in einer völlig anderen Formation eingewiesen, als wir sie zuvor immer geflogen sind«. Hätte Lucas jedoch nicht angegriffen und die TIRPITZ zu einem Ausweichmanöver veranlaßt, hätte Sugden niemals die Gelegenheit erhalten, einen mustergültigen Angriff von vorn durchzuführen. Ferner erstattete die TIRPITZ über Torpedos Meldung, die aus einer Entfernung bedeutend unter 2000 Metern abgeworfen worden waren. Die Admiralität urteilte etwas wohlwollender als Bovell: »Als das Überraschungsmoment verlorengegangen war, griffen die Flugzeuge sofort an. In der Eile, die notwendigerweise durch die plötzliche Änderung des Plans entstand, blieben ihre Anstrengungen erfolglos und die TIRPITZ konnte unbeschädigt entkommen.« Unleugbar war es ein mutiger Einsatz gewesen. Wie deutsche Quellen erkennen lassen, ging er nur knapp neun Meter am Erfolg vorbei.

Das Logbuch der TIRPITZ, dessen man nach dem Krieg habhaft werden konnte, gibt darüber Auskunft, daß drei Fühlung haltende Albacores um 09.10 Uhr Ortszeit in etwa zwölf Meilen Entfernung entdeckt worden waren. Fünfzehn Minuten später, als das Schlachtschiff Kurs 130 Grad mit 27 Knoten Fahrt lief, deuteten aufgefangene Funksprüche dieser Flugzeuge auf einen unmittelbar bevorstehenden Angriff hin. Die TIRPITZ startete ihre Bordflugzeuge, änderte zwei Minuten später ihren Kurs auf 82 Grad und erhöhte die Geschwindigkeit auf 29 Knoten. Um 09.42 Uhr ging die Besatzung auf Gefechtsstationen. Um 10.15 Uhr wurde die TIRPITZ dann angeblich »von beiden Seiten von etwa 25 Swordfish-Torpedobombern« angegriffen, ein verständlicher Irrtum, da man mit dem Doppeldecker vom Typ Albacore wohl nicht vertraut war. Sie stießen aus einer Höhe von etwa 900 Metern auf 30 bis 60 Meter herab und warfen ihre Torpedos aus einer Entfernung von 400 bis 1200 Metern von dem Schiff, »ein paar« kamen offenbar bis auf 200 Meter heran. Der erste Torpedo wurde um 10.20 Uhr entdeckt und lief in etwa 170 Metern Abstand achtern vorbei. Nach dem Logbuch zu urteilen, war die Abfolge der Ereignisse dann nur noch schwer feststellbar: »auf beiden Schiffsseiten nahmen die Sichtmeldungen von Torpedos zu, sie verteilten sich eigentlich über den ganzen Horizont ... Nachdem sie ihre Torpedos abgeworfen hatten, griffen die Flugzeuge die Brücke mit Bordwaffen an«. Jede der Albacores warf angeblich zwei Torpedos ab, und einer [der zweiten Welle] lief in etwa zehn Metern Abstand vom Steuerbordbug vorbei. Diese Behauptung und jene des Kommandanten der VICTORIOUS vom 15. März, daß die TIRPITZ Zeit genug besaß, »um den zweiten Haufen Torpedos abzuschütteln«, läßt darauf schließen, daß das Schlachtschiff den Kurs nochmals nach Steuerbord geändert hatte, um ihnen auszuweichen. Als das Directorate of Naval Construction britische und deutsche Quellen ausgewertet hatte, kam es zu dem Schluß, daß »die Torpedos auf eine außergewöhnlich große Entfernung abgeworfen worden waren, was der TIRPITZ ermöglichte, ›die Laufbahnen zu durchkämmen‹, indem sie zunächst hart nach Backbord und dann hart nach Steuerbord drehte«. Deshalb ist es durchaus wahrscheinlich, daß die Torpedos vor dem Bug vorbeiliefen, einer in nur zehn Metern Abstand, als sie ihre weite Drehung nach Steuerbord durchführte.

Admiral Ciliax schrieb, »daß der gütige Gott der TIRPITZ gegen die tödlichen britischen Waffen beigestanden« habe. Allerdings war er auch etwas praktischer veranlagt und schlug Kapitän z.S. Topp für das Eiserne Kreuz vor. Während des neunminütigen Gefechts hatte die Flak der Tirpitz 345 Schuß 10,5-cm, 897 Schuß 3,7-cm und 3,372 Schuß 2-cm-Granaten verschossen. Zusätzlich hatte die 38-cm-Hauptartillerie zwei Salven Fernsperrfeuer und 16 Schuß gezieltes Sperrfeuer sowie zwölf Schuß mit Aufschlagzünder abgegeben. Drei Bomber wurden angeblich abgeschossen und mehrere beschädigt – eine recht genaue Schätzung. Um 19.57 Uhr ging die TIRPITZ, nunmehr in Begleitung von drei Zerstörern, in der Bogenbucht bei Narvik vor Anker, während britische

U-Boote am Eingang zum Westfjord und entlang der Küste in Richtung Drontheim lauerten.

Der Versuch der Marineflieger, die TIRPITZ zu versenken (von offizieller Seite als »enttäuschend« betrachtet, obwohl ein aufgefangener deutscher Funkspruch den Einsatz als »sehr mutig« bezeichnete), war fehlgeschlagen, bei Hitler jedoch hatte er einen tiefen Eindruck hinterlassen. Er erließ eine Weisung, daß das Schlachtschiff auf keinen Fall einen erneuten Einsatz gegen einen Geleitzug unternehmen solle, falls der Standort britischer Träger nicht geklärt oder diese ausgeschaltet waren. Zu diesem Zweck wurden Fernaufklärer vom Typ FW 200C des I./KG 40 nach Drontheim verlegt. Zusätzlich standen Bomber der Luftflotte 5 (Ju 87, Ju 88 und He 111) in Bardufoss, Banak und Kirkenes in Bereitschaft, als der PQ 13 im März auslaufen sollte. Die britische Seite reagierte ebenfalls. Admiral Pound empfahl, die Nordmeergeleitzüge während der Sommermonate auszusetzen. Unter Berücksichtigung der politischen Auswirkungen auf die Sowjetunion, die ein solcher Schritt zeitigen konnte, versprach Präsident Roosevelt, ein Schlachtschiff und zwei Kreuzer zur Unterstützung der Home-Fleet zu entsenden.

Am 12. März um 23.55 Uhr Ortszeit lichtete die TIRPITZ die Anker, da man tief besorgt war, daß sie im Westfjord mit völlig unzureichender Luftverteidigung eingeschlossen werden könnte. Am 13. März bei Tagesanbruch hatte sie die Strecke bis zum Ausgang des Fjordes bei schlechter Sicht in Begleitung von fünf Zerstörern bewältigt und jagte dicht unter Land nach Süden. Ihr Navigationsoffizier war fassungslos: »Für mich war das ein Schrecken und ein Alptraum zugleich«, insbesondere als mehrere Treibminen gesichtet wurden und »gar nicht weit vom Schiff entfernt eine Menge Explosionen im Wasser zu hören waren«. Er wäre wohl noch weit beunruhigter gewesen, wenn er gewußt hätte, daß vier alliierte U-Boote und sieben Zerstörer auf der Suche nach dem Schlachtschiff waren. Um 22.00 Uhr lag sie wieder im Faettenfjord. Ihre Anwesenheit wurde durch einen Agenten nach Großbritannien weitergemeldet, die PRU konnte dies erst am 18. März bestätigen: »Netzkasten und Tarnflöße ausgebracht«. Zwei Tage später wurden »keine Veränderungen« erkannt. Dann, am 21. März, traf die ADMIRAL HIPPER ein, und damit war erneut eine mächtige Streitmacht in Drontheim versammelt. Der PRU-Bericht vom 28. März bezog sich auf eine »bemerkenswert scharfe Aufnahme aus einer Höhe von etwa 100 Metern«, und die Einsatzflüge an den drei folgenden Tagen bestätigten den Liegeplatz der TIRPITZ, obwohl das letzte Photo vom 31. März sich als »mager« herausstellte und »keine Schlußfolgerung zuließ«.

Trotzdem der Air Staff wegen des Mangels an Stützpunkten für schwere Bomber in Schottland beunruhigt war, wurden Einsätze gegen das Schiff weiterhin erörtert. Anfang März vermerkte das Coastal Command, daß das Bomber Command »die einzige Hoffnung auf einen ... Angriff bei Mondlicht im Tiefflug mit schweren Bomben von großer Sprengkraft setzte, dem ein weiterer Einsatz bei Tage aus großer Höhe folgen sollte«. Am 13. März informierte der Chief of the Air Staff (Air Chief Marshal Sir Charles Portal) den Premierminister, daß 14 schwere Bomber sich im Norden Schottlands in Bereitschaft befunden hätten in der Hoffnung, die TIRPITZ auf See zu erwischen – wahrscheinlich, als sich das Schiff nach der Unternehmung gegen den PQ 12 auf dem Marsch nach Drontheim befand. Da sich keine passende Gelegenheit geboten habe, wären sie, mit Zustimmung des Ersten Seelord, auf ihre Heimatbasen zurückgekehrt. An dem geplanten Einsatz waren sieben Halifax der 10. Staffel beteiligt, die am 9. März in Lossiemouth eingetroffen waren. Eine von ihnen hatte defekte Bremsen, da ihr die Geschützbedienungen eines weiteren »eigenen« Geleitzugs an der Ostküste besondere Aufmerksamkeit geschenkt hatten – eine Ersatzmaschine wurde daraufhin eingeflogen. Die Halifax, die mit 1800-kg-Bomben ausgerüstet waren, kehrten vier Tage später nach Leeming in West Yorkshire zurück, ohne im Einsatz gewesen zu sein. Portal erklärte ferner gegenüber Churchill, und dies nahm sich im Hinblick auf die früheren Behauptungen des Bomber Command recht seltsam aus, daß Harris nunmehr zu der Einsicht gelangt sei, »ein Tagangriff auf das Schiff, falls es in Drontheim liege, böte keine Chance, einen Treffer zu erzielen. Es seien mit Sicherheit schwere Verluste zu erwarten«. Während der nächsten Mondphase, erläuterte Portal, hoffe das Bomber Command auf den Einsatz einer speziellen Waffe, »um schwere Schäden am Rumpf zu verursachen«. Die Planungen zu diesem Unternehmen seien in Arbeit.

Bis dahin war das Fehlen einer wirkungsvollen Waffe ein bedeutendes Handikap gewesen. 230-kg-SAP-, 900-kg-AP- oder 1800-kg-Sprengbomben, welche mit Aufschlagzünder versehen waren, konnten die gepanzerten Decks der TIRPITZ nicht durchschlagen. Auch Torpedos waren nicht mit Erfolg einzusetzen, da der Netzkasten und die Enge des Faettenfjords einen Angriff auf die Breitseite des Schiffes ausschlossen. Eine Neuerwerbung des Bomber Command – eine modifizierte, kugelförmige U-Bootmine Mk. XIX mit Druckauslöser – bot bessere Erfolgsaussichten. Der Minenkörper war für einen Abwurf aus der Luft verstärkt und die Sprengladung von 45- auf 350-kg-Amatol (das Gesamtgewicht betrug nunmehr 450 kg) erhöht worden. Der Ankermechanismus und die Kontaktzünder waren zusammen mit anderen Teilen, die sich im Minenkörper befanden, entfernt worden. Die Waffe besaß einen Durchmesser von etwa 80 Zentimetern, war mit einem Wasserdruckauslöser Mk. XIV ausgerüstet, der auf 4 bis 5,5 Meter eingestellt war, und konnte, falls sie mit einiger Genauigkeit abgeworfen wurde, dem Rumpf des Schlachtschiffes einen tödlichen Schlag versetzen. Während der ersten beiden Märzwochen 1942 waren Maschinen der 10. Staffel von Leeming aus gestartet, um vor den Äußeren Hebriden Abwürfe im Tiefflug zu üben. Die Druckwellen der Explosionen jedoch sorgten bei den Heckschützen für akutes Unbehagen. Weitere Tests im Übungsgebiet in der Filey Bay vor Yorkshire bestätigten dies. Die Waffe wurde von einem Piloten als »riesiger Fußball« beschrieben. Weil die Mine wegen des Druckauslösers eine unberechenbare Flugbahn besaß, erwiesen sich Abwürfe aus 1200 bis 3000 Metern Höhe als nicht zufriedenstellend. Tests bis zu einer Abwurfhöhe von nur 45 Metern wurden durchgeführt, und schließlich einigte man sich auf eine Einsatzhöhe von 180 Metern. Allerdings war auch ein gleichmäßiger Anflug auf das Ziel erforderlich – eine nicht sehr verlockende Aussicht in dieser Höhe und angesichts entschlossener feindlicher Geschützbedienungen.

Am 21. März wurde der Einsatzbefehl Nr. 9 an die 10., 35. und 76. Staffel des 4. Geschwaders in Leeming, Linton und Middleton St. George verteilt. Er besagte, daß die Tirpitz »seit einiger Zeit« den »Aasenfjord ... als Stützpunkt für ihre Angriffe gegen Konvois im Atlantik [*sic*] oder auf deren Weg nach Nordrußland nutze ... Dieses Schlachtschiff ist eines der mächtigsten Kriegsschiffe, die es gibt, und seine Anwesenheit in diesen [norwegischen] Gewässern hat, abgesehen von der ständigen Bedrohung für unsere Konvois, einen wesentlichen Einfluß auf die seestrategische Lage«. Die Vernichtung bzw. schwere Beschädigung des deutschen Schlachtschiffes, insbesondere zu einer Zeit, da die Versorgung der »russischen Armeen« entscheidend sei, »hätte tiefgreifende Auswirkungen auf den Verlauf des gesamten Krieges, deren Bedeutung nicht überschätzt werden kann«. Als Ausweichziele wurden ADMIRAL SCHEER und PRINZ EUGEN im nahegelegenen Lofjord gewählt. Allerdings war die Verteidigung des Gegners im Raum Drontheim auf keinen Fall zu vernachlässigen. Auf britischer Seite wurde angenommen, daß etwa 18 Ju 88 des KG 30 und 9 Fw 200 des KG 40 sowie, weit bedrohlicher, 30 Messerschmitt Bf 109 und 30 Bf 110 Jagdflugzeuge der I. Gruppe in der Gegend um Drontheim, »aber hauptsächlich auf dem Flugplatz Vaernes«, stationiert waren. »Bis zu zwei Staffeln [der] Küstenverteidigung« wurden ebenfalls in der Nähe vermutet – dies war eine formidable Ansammlung. Radarstationen mit großer Reichweite konnten anfliegende Maschinen vor der norwegischen Küste in 1500 Metern Höhe auf eine Entfernung von 150 Kilometer, in 450 Metern Höhe auf 100 Kilometer erfassen. Eine zusätzliche Kette etwa 50 Kilometer im Landesinnern konnte Flugzeuge sogar in noch geringerer Flughöhe aufspüren. »Die Absicht besteht darin, die TIRPITZ im Aasenfjord mit schweren Bombern des 4. Geschwaders anzugreifen ... dieses Unternehmen ist mit einem Angriff durch Lancaster des 5. Geschwaders auf den Flugplatz VAERNES zu koordinieren«, der Einsatz findet am 29./30. März »oder in der ersten geeigneten Nacht danach« statt.

Zehn Halifax der 10., zwölf der 35. und zehn der 76. Staffel sollten am Nachmittag der 27. März jeweils nach Lossiemouth, Kinloss und Tain in Schottland verlegen, zwei Lancaster der 97. Staffel nach Elgin. Der Kommandeur des Flugplatzes in Leeming, Group Captain S. Graham, sollte den Einsatz von Lossiemouth aus leiten. Sämtliche Flugzeuge der 10. Staffel und zehn der 35. waren mit je vier der modifizierten Minen und 90 2-kg-Brandbomben beladen, die restlichen zwei Maschinen der 35. Staffel führten eine komplette Zuladung von 20-kg-Brandbomben mit. Die Flugzeuge der 76. Staffel aus Tain hatten je eine mit RDX gefüllte 1800-kg-HC-Bombe sowie vier 230-kg- oder 250-kg-GP-Bomben an Bord. Die Minen der 10. Staffel sollten im Reihenwurf mit jeweils 300 Metern Abstand ausgeklinkt werden, jene der 35. Staffel mit 60 Metern Abstand, die Halifax der 35. Staffel hatten ihre Brandbomben mit jeweils 15 Metern Abstand abzuwerfen. Jedes Flugzeug führte 7,4 Tonnen Flugbenzin mit; die Maschinen der 76. Staffel hatten 8,5 Tonnen Treibstoff an Bord. Die Flugstrecke betrug etwa 2400 Kilometer, die Einsatzdauer etwa 8 bis 8,5 Stunden.

Der Angriff sollte in zwei Phasen durchgeführt werden. Die erste Phase von 21.45 Uhr bis 22.30 Uhr, in der die 76. Staffel zum Einsatz kommmen sollte, fiel mit dem Angriff der Lancaster auf Vaernes zusammen. Die Halifax flogen derweil in einer Höhe von 1200 bis 1500 Metern den Drontheim-Fjord »direkt zum Aasenfjord« hinauf, am Ziel sollte, falls notwendig, mit Leuchtkugeln markiert werden. Daraufhin sollte der »Präzisions«-Angriff erfolgen (ebenso aus 1200 bis 1500 Metern Höhe), »Flugrichtung Ost nach West oder West nach Ost, dies steht im Ermessen der Flugzeugführer«. Waren die 1800-kg-Bomben ausgeklinkt, sollten die 230-kg- und 120-kg-Bomben »gegen schießende Flakstellungen oder Scheinwerfer in der Umgebung« eingesetzt werden. In einer zweiten Welle, zwischen 22.35 und 23.15 Uhr, waren die 10. und 35. Staffel an der Reihe, die ihre Minen und Brandbomben aus 180 Metern Höhe abzuwerfen hatten. Ähnlich der Flugzeuge der ersten Angriffswelle sollten sie in 1200 bis 1500 Metern Höhe den Drontheim-Fjord hinauffliegen, sich der TIRPITZ aber im Gleitflug aus östlicher Richtung nähern, und sich dann über den Hauptwasserweg des Drontheim-Fjords zurückziehen«. Im günstigsten Falle sollten die beiden Maschinen mit den 20-kg-Brandbomben zuerst angreifen, die anderen Flugzeuge brauchten jedoch nicht auf sie zu warten. Die Abstimmung zwischen beiden Wellen war entscheidend. Weder die 1800-kg-Bomben noch die Leuchtkugeln durften vor 22.30 Uhr abgeworfen werden, und die Maschinen, die während der ersten Phase am Zug waren, mußten die Gegend bis zu diesem Zeitpunkt verlassen haben, so daß sie den Minenbombern nicht in die Quere kamen. Nach Anweisungen verwaltungstechnischen Inhalts schloß der Einsatzbefehl mit dem Hinweis auf strengste Geheimhaltung. Näheres durfte lediglich befugten Personen mitgeteilt werden. Während des Einsatzes waren drei Zerstörer entlang der geplanten Flugroute für Rettungsmaßnahmen postiert. Sie wurden von zwei Seeflugzeug-Tendern aus Burghead, in der Nähe von Kinloss, und zwei schnellen Geleitbooten aus Buckie, östlich von Lossiemouth, unterstützt.

Beinahe sofort traten Probleme auf. Eine der Lancaster stürzte beim Start in Woodhall Spa, Lincolnshire, ab. Und nachdem die andere Lossiemouth erreicht hatte und nicht Elgin, wie ursprünglich geplant, kehrte diese am 28. März zu ihrem Stützpunkt zurück, »da das Unternehmen wegen des Startverbots für die übrigen Maschinen abgesagt worden« sei. Tatsächlich hatte es sich nur verzögert und war nicht abgesagt worden. Unterdessen hatten die Halifax-Staffeln (die Sollstärke der 35. Staffel hatte sich auf zwölf Maschinen erhöht) rechtzeitig ihre Einsatzflughäfen erreicht, wo das Bodenpersonal, das per Bus und Bahn angereist war, auf sie wartete. Am 29. März hielt Air Vice-Marshal C.R. Carr, der Kommandeur des 4. Geschwaders, auf den drei Flugplätzen eine Ansprache an die Besatzungen. Am Tag zuvor war Flight Lieutenant A.P. Fane in etwa 100 Metern Höhe über den Faettenfjord geflogen, um sicherzugehen, daß sich die TIRPITZ noch immer dort befand.

Am 30. März um 18.00 Uhr standen die Halifax-Bomber in Reih und Glied auf dem Rollfeld, allerdings ohne die Lancaster, die für den Angriff auf Vaernes vorgesehen waren. Starke Bewölkung behinderte sie. Unterwegs stieg die Wolkenuntergrenze auf 300 Meter, aber über Norwegen herrschte dichte Bewölkung bis in 1800 Meter Höhe. Sämtliche Maschinen kreisten über dem Zielgebiet, bis der Treibstoff zur Neige ging, ohne die TIRPITZ entdeckt zu haben; einige der Besatzungen warfen ihre Bomben auf Scheinwerfer und die Blitze der Flakgeschütze.

Am Nachmittag des 30. März war eine Mosquito von einer Bf 109 verfolgt worden; mit einem Angriff wurde somit schon halb gerechnet. Um 22.30 Uhr wurde in Drontheim Luftalarm ausgelöst, und 30 Minuten später schoß die südlich der TIRPITZ stationierte Flak; auf dem Schiff ging man auf Gefechtsstationen. Während des Angriffs wurden in Drontheim zwischen 25 und 30 Flugzeuge gezählt, die aus allen Richtungen, außer aus östlicher, angriffen, etwa 25 Bomben wurden abgeworfen und vier Maschinen abgeschossen. In der Tat gingen vier Flugzeuge im Raum Drontheim verloren, zwei weitere stürzten auf dem Rückflug in die See. Somit hatten die Halifax sechs Maschinen verloren (zwei der 10., drei der 35. und eine 76. Staffel), zwei Flugzeuge der 76. landeten in Wick und Lossiemouth, nachdem ihnen der Treibstoff ausgegangen war. Die offiziöse Erklärung las sich so: »Dichter Nebel über dem Ziel, in den Tälern und Fjorden hatten eine Identifizierung des Schlachtschiffes unmöglich gemacht.«

Churchill blieb felsenfest der Überzeugung, daß die TIRPITZ versenkt werden müsse, und so lange sie vor Anker lag, schien ein Angriff aus der Luft die einzig mögliche Option zu sein. Am 7. April besprach Air Chief Marshal Portal (der CAS) mit dem Befehlshaber des Coastal Command die Frage weiterer »Angriffe gegen feindliche Streitkräfte in Drontheim«. Trotz der erkennbaren Schwierigkeiten und der Verlustes einer Maschine am 4. April ließen sechs Aufklärungsflüge der PRU zwischen dem 8. und 15. April erkennen, daß sich die TIRPITZ weiterhin an ihrem alten Liegeplatz befand. Am 16. April berichtete der Pilot eines Aufklärers, daß sie »Dampf aufgemacht« habe. An den beiden folgenden Tagen allerdings konnten die drei nächsten Flüge keine Besonderheiten feststellen. Dann, am 24. April, wurde sie »nahezu ohne Tarnnetze« entdeckt, dies löste erneut Bedenken über Vorbereitungen auf einen Einsatz aus, obgleich vier weitere Aufklärungsflüge bis zum Nachmittag des 28. April meldeten, daß die Netze wieder aufgezogen und Tarnflöße ausgebracht worden seien. Insgesamt ließen die Aufklärer der PRU bzw. Meldungen von Agenten vor Ort während dieser Wochen erkennen, daß die Verteidigung der TIRPITZ bedeutend verstärkt worden war. Netze gegen U-Boote und Torpedos hingen an Schwimmbojen in etwa 100 Metern Abstand vom Schiff, Flakstellungen an Land und Scheinwerferstellungen auf Betonfundamenten befanden sich an beiden Seiten des Faettenfjord, Flakschiffe lagen in der Nähe. Ähnliche Schutzmaßnahmen waren für die anderen Kriegsschiffe getroffen worden, und der Drontheim-Fjord selbst besaß eine eigene, ausgezeichnete Verteidigung. Nebelwerfer und Batterien befanden sich auf dem Schlachtschiff, auf den Hügeln in der Umgebung und der vorgelagerten Insel Saltoy.

Dennoch: ein erneuter Luftangriff mußte unbedingt erfolgen, und wiederum wurden Halifax dafür ausgewählt. Am 11. April gaben das 4. und 5. Geschwader eine auf den neuesten Stand gebrachte, erweiterte Version des Einsatzbefehls vom 21. März heraus mit dem Hinweis, daß sich TIRPITZ, VON SCHEER [*sic*] und PRINZ EUGEN an ihren bekannten Liegeplätzen befänden. Allerdings waren die Luftwaffeneinheiten verstärkt worden. 27 Bomber, 9 Aufklärer/Bomber, 30 Bf 109-Jäger und 27 Küstenaufklärer waren inzwischen im Raum Drontheim, 25 weitere Jäger 400–500 Kilometer weiter südlich zwischen Stavanger und Herdla stationiert. Bezüglich der Radarstationen gab es keine weiteren Hinweise. »Beabsichtigt war«, schwere Bomber des 4. und 5. Geschwaders am 25. April, oder so bald als möglich danach, gegen die TIRPITZ einzusetzen; Group Captain Graham sollte den Angriff erneut von Lossiemouth aus befehligen. Inklusive Reserveflugzeugen verlegte das 4. Geschwader elf Halifax der 10. Staffel nach Lossiemouth, elf der 35. nach Kinloss und zwölf der 76. nach Tain. Zwölf Lancaster des 5. Geschwaders, zu gleichen Teilen von der 44. und 97. Staffel, flogen nach Lossiemouth. Jedes Flugzeug des 5. Geschwaders sollte eine 1800-kg-HC-Bombe, mit RDX gefüllt, mitführen, »die Zuladung« wurde durch 230-kg-GP-Bomben mit Aufschlagzünder »vervollständigt«. Die Staffeln des 4. Geschwaders schickten jeweils zehn Maschinen in den Einsatz: die 10. und 35. Staffel setzten vier der modifizierten Mark XIX Minen ein (in manchen Quellen exakter als »Wasserbomben« bezeichnet); die 76. Staffel führte eine »spezielle« 1800-kg-Sprengbombe mit dünnem Gehäuse und vier 230-kg-Bomben mit. Die Bestimmungen über die Flugroute, die Flughöhe gegen Radarerfassung, die Flugstrecke, die erwartete Einsatzdauer und die Vorbereitungen zur Seerettung ensprachen jenen des Einsatzes vom März, das gleiche galt für die Geheimhaltungsvorschriften. Halifax-Bomber, die nicht mit einem sechsten Tank ausgerüstet waren und damit keine Treibstoffzuladung von 8,5 Tonnen mitführen konnten, erhielten zwei zusätzliche Tanks aus einer Hampden, dies erhöhte ihren Treibstoffvorrat auf 8,1 Tonnen.

Der Angriff sollte erneut in zwei Phasen ablaufen. In einer ersten Welle flogen die zehn Halifax der 76. Staffel und die zwölf Lancaster ihren Einsatz gegen die TIRPITZ mit 1800-kg-Bomben aus einer Höhe von 1800 Metern (wiederum in west-östlicher oder ost-westlicher Richtung nach Ermessen der Flugzeugführer). Danach sollten Angriffe mit 230-kg-GP-Bomben auf die umliegenden Flakpositionen und Schweinwerferstellungen erfolgen. Diesmal jedoch hatten die Maschinen der ersten Welle Befehl, »so lange als möglich« in der Nähe zu bleiben, »um während der zweiten Phase als Ablenkung zu dienen«, statt die Gegend rasch wieder zu verlassen. Die Bomber der 10. und 35. Staffel sollten ihre Minen aus 45 Metern Höhe lösen (nicht aus 180 Metern wie zuvor), Flugrichtung »*West nach Ost* [*sic*]« entlang des Schiffskörpers vom Heck zum Bug, der Abwurf sollte »nahe am Heck zwischen Schiff und Ufer« erfolgen. Die 10. Staffel sollte den Reihenwurf jeweils im Abstand von 30 Metern, die 35. im Abstand von 60 Metern durchführen. Mancher vermeintlich unnütze Ausrüstungsgegenstand (überraschenderweise auch das Gee-Gerät) wurde ausgebaut

– auch ein Copilot flog nicht mit –, so daß die Besatzung einer Halifax aus sechs Mann bestand. Per Bahn angereistes Bodenpersonal erreichte die vorgeschobenen Flugplätze am Nachmittag des 22. April.

Die Einsatzbesprechung der auserwählten Staffeln begann bereits am 15. April, um ihnen genügend Zeit zum Üben zu geben. Von den Besatzungen der 35. Staffel in Linton-on-Ouse wurde zum Beispiel verlangt, festgelegte Flugstrecken in einer Richtung in niedriger Höhe zu fliegen, die an ausgewählten Bergen und Klippen vorbeiführten. Aber das nicht-stabilisierte Bombenzielgerät mit Anflugsteuerung bereitete einige Sorgen, da ein Ziel aus dem Fadenkreuz verschwinden konnte, auch wenn es zuvor erfaßt worden war. Am Montag, den 20. April, lautete ein launiger Eintrag im Einsatzbuch des Geschwaders: »Der Geburtstag von Adolf Shickalgruber [*sic*] wurde mit Vorbereitungen für die Ankunft der 76. Staffel gefeiert«. Drei Tage später erinnerte Churchill das Unterhaus daran, daß die TIRPITZ eine ständige Bedrohung für die Nordmeergeleitzüge darstelle; derweil fanden sich die Flugzeuge der fünf Staffeln auf ihren vorgeschobenen Basen ein. In Tain stellte die 76. Staffel fest, daß RAF-Personal den ganzen Tag über die Flugabwehrgeschütze bemannt hatte, da ihre Ankunft erwartet worden war. Zum dritten Mal diente eine an der Ostküste entlang fliegende Maschine als Zielscheibe für Geschützbedienungen der Marine, der Kühlwassertank des backbord innereren Motors wurde durchlöchert und der Rumpf wies mehr als 60 Einschüsse auf.

Graham traf am 24. April in Lossiemouth ein, und die letzten Einsatzbesprechungen in Lossiemouth, Kinloss und Tain fanden am darauffolgenden Tag, Samstag, den 24. April statt. Das, was die Besatzungen zu hören bekamen, war wenig ermutigend. Sie wurden mit detaillierten Angaben zu Größe, Konstruktion (mit Schwerpunkt Panzerschutz) und Bewaffnung ihres Zieles, inklusive schwerer MG und Flugabwehrkapazität, sowie einer Zusammenstellung der Flakpositionen in der Umgebung vertraut gemacht. »Bekannt« waren die Stellungen von 24 Flakgeschützen in der unmittelbaren Nähe der TIRPITZ bzw. 15 leichter Geschütze am Flugfeld von Vaernes und dreier leichter Geschütze nördlich des Lofjords. Außerdem gab es noch 42 »unbestätigte« Flakstellungen an Land neben einer Anzahl von Flakschiffen. An Land wurden keine Scheinwerfer vermutet (irrtümlicherweise, wie sich herausstellen sollte), »aber das Schiff und die kleineren Fahrzeuge werden zweifelsohne ihre Scheinwerfer anstellen, um eine Blendwirkung zu erzielen«. Auf dem Hinflug sollten die Maschinen eine Flughöhe unter 1500 Metern wählen, an den Orkneys vorbei über die Shetland-Inseln fliegen, wo sie bei Herma Ness, dem nördlichsten Punkt, den Kurs zu ändern hatten. Eine weitere Kursregulierung war auf Position 65° 45' N und 04° 00' Ost, 150 Kilometer vor Ålesund geplant. Auf dem Rückflug waren die Maschinen angewiesen, die gleiche Route zu wählen, allerdings sollten sie östlich an Schottland vorbeifliegen und bei den Outer Skerries wieder in Sichtweite des Landes kommen. Hatten sie Norwegen erreicht, sollten sie wiederum auf direktem Wege den Drontheim-Fjord hinauffliegen und bei der Insel Saltoy (die von der TIRPITZ 2,5 Kilometer entfernt war) ihren Zielanflug beginnen. Nach dem Angriff mußten die Flugzeuge in eine enge Linkskurve gehen, um den Faettenfjord zu verlassen, danach die gewaltigen Verteidigungsstellungen der Kriegsschiffe im Lofjord bekämpfen (wo ADMIRAL HIPPER am 21. April zu ADMIRAL SCHEER und PRINZ EUGEN gestoßen war) und entlang des Nordufers des Drontheim-Fjords fliegen. Die TIRPITZ lag an einer Stelle, wo der Faettenfjord nur etwa 300 Meter breit war, etwa neun Meter vom Nordufer entfernt, der Bug wies nach Osten und das Heck ragte in einem Winkel zum Ufer in Richtung der Fjordmitte hinaus. Zwei Torpedonetze bildeten den Schutz für die Steuerbordseite (der Süden zugewandten) des Schlachtschiffes; sie waren in etwa 50 Metern Abstand vom Schiff an Schwimmern aufgehängt. Ein weiterer Ausleger schützte das Heck. Dann folgte anhand eines PRU-Photos vom 23. Januar eine detaillierte Einweisung über die topographischen Begebenheiten. Fünf Kilometer südwestlich der TIRPITZ gab es bei Skalval eine Erhebung von etwa 580 Metern Höhe bzw. eine weitere von 550 Metern Höhe in östlicher Richtung. Das Gelände in der Umgebung des Aasenfjord lag etwa 230 Meter über dem Meeresspiegel. Zwei für Langstreckenflüge ausgerüstete Hudson sollten die Radarstation Kristiansand kurz nach 23.00 Uhr ablenken, zehn weitere ab 23.50 Uhr die Radarstation Ålesund beschäftigen und die Gelegenheit nutzen, Schiffe im Hafen anzugreifen. Eine Catalina der 210. Staffel des Coastal Command in Sumburgh war dazu abgeteilt, »sehr zeitig vor der T.O.T. [*T*ime *o*ver *T*arget] der Bomber« die Aufmerksamkeit des Radar bei Stokken auf sich zu ziehen, indem sie an der Küste nördlich des Zieles entlangfliegen sollte. Zwischen 23.50 Uhr und 00.00 Uhr sollten zwei Beaufighter den Flugplatz bei Lade am Stadtrand von Drontheim, zwei weitere Vaernes angreifen. Vier weitere Beaufighter waren 01.00 Uhr zum Angriff auf das Flugfeld bei Herdla im Süden eingeteilt. Der Einsatzplan war kompliziert und umfassend zugleich.

Die Halifax hatten sich dem Faettenfjord in einer Höhe von 600 Metern zu nähern, bevor sie bei der Insel Saltoy auf »50–60 Meter« herabstoßen und ihre Minen bei 350 km/h exakt 310 Meter vom Heck der TIRPITZ entfernt abwerfen sollten – es ist allerdings nicht ganz schlüssig, wie diese Genauigkeit erreicht werden sollte. Den Besatzungen der zweiten Welle wurde mitgeteilt, daß »eine Mine, die direkt unter das Heck geworfen wird, Schrauben und Ruder beschädigt, so daß es notwendig ist, das Schlachtschiff in eine größere Marinewerft zu schleppen – ein Schlachtschiff im Schlepp liegt für unsere Luft- und Seestreitkräfte wie auf dem Präsentierteller«. Gingen schon 25 Prozent der Minen »nahe am Schiff, zwischen diesem und dem Ufer, nieder, sinkt es« – schon bei idealen Bedingungen war dies ein sehr ehrgeiziges Unterfangen. Beim 4. Geschwader war man sich darüber im klaren, daß die Aufgabe »gewaltig« sei. Man ging jedoch optimistischerweise davon aus, daß die Bomber der ersten Welle die Umgebung so zum »Wackeln« bringen würden, daß die »Geschützbedienungen nahezu schwindelig seien«. Der Urheber dieses Prachtstücks an Einsatzbefehl hatte eine wirklich lebhafte Phantasie. War das Ziel durch Nebel verdeckt, sollten die Besatzungen ihre Bombenzuladung nach gekoppelten Daten abwerfen oder, im Falle der Minen, die Sprengkörper am Abhang fallen lassen, so daß sie unter den Rumpf rollen würden; letzteres war eine Notmaßnahme, welche zu der irrigen Überzeugung Anlaß gab, dies sei die ursprünglich beabsichtigte Methode des Minenabwurfs gewesen. Nach dem Angriff sollten die Bomber eine Linkskehre um 180 Grad fliegen und ihre Anflugroute über die Nordsee zurückverfolgen. Falls sie ihre Bomben aus irgendeinem Grund nicht losgeworden waren, konnte letzteres in der Tat zu einer haarsträubenden Angelegenheit werden. PRINZ EUGEN, ADMIRAL SCHEER und ADMIRAL HIPPER, die ganz in der Nähe im Lofjord lagen, wo die Maschinen auf ihrem Rückflug auf alle Fälle vorbeikamen, waren Ziele zweiter Ordnung. Informationen über die Liegeplätze, die technischen Daten bzw. den Tiefgang von ADMIRAL SCHEER und PRINZ EUGEN wurden ebenfalls verteilt: erstere lag »am südlichen Ufer ... der Bug zeigt ungefähr nach Nordost«, letztere befand sich in der südöstlichen Ecke des Fjords, der Bug wies nach Nordwesten. Beide Schiffe waren durch Netzsperren gesichert. Über den Liegeplatz der ADMIRAL HIPPER gab es keine genauen Informationen, da sie für eine exakte Auswertung möglicherweise zu spät eingetroffen war. Jeder Staffel wurde eine Ankunfts- und Abflugzeit im Zielgebiet zugeteilt, der Einsatz im Raum Drontheim sollte theoretisch von 00.00 bis 00.40 Uhr dauern, nach 00.35 Uhr durften keine Bomben oder Leuchtkörper mehr abgeworfen werden. Über besondere Landmarken wurden ebenfalls Hinweise erteilt, vor allem wurde davor gewarnt, den Stjørdalsfjord mit dem Aasenfjord zu verwechseln. Nach ihrer Einsatzbesprechung erhielten die Besatzungen Gelegenheit, ein Diorama des Zielgebiets zu studieren, das von der RAF in Medmenham, Buckinghamshire, angefertigt worden war.

Air Vice-Marshal Carr und mehrere Stabsoffiziere der Marine statteten Kinloss einen Besuch ab, um die Moral zu heben; Sir Archibald Sinclair (der Luftfahrtminister) nahm an der Einsatzbesprechung der Halifax der 10. Staffel in Lossiemouth teil; der Veteran des Ersten Weltkrieges und ehemalige Chief of the Air Staff, Air Staff Marshal of the Royal Air Force Lord Trenchard, hob bei der 76. Staffel in Tain nochmals die Bedeutung des Zieles hervor. Churchill war der Meinung, daß die Teilnehmer einst »stolz darauf« sein könnten, »ihren Enkelkindern ... [über] diesen Einsatz zu erzählen«. Der König telegraphierte: »Viel Glück. Wir alle warten auf Eure sichere Rückkehr«.

Am 25. und 26. April verhinderte Nebel über der Küste den Start, daraufhin wurde wilde Parties gefeiert, um die Spannung abzubauen. Am Montag, den 27. April, sichtete eine PRU-Spitfire die vier deutschen Schiffe an ihren üblichen Liegeplätzen; auf dem Flugplatz Vaernes befanden sich 40 Maschinen, darunter Fw 200 und Ju 52, aber keine Jäger. Während des Nachmittags befahl Graham, daß die 35. Staffel zusätzliche 120-kg-Bomben unter den Tragflächen mitführen solle, um die Flak zu bekämpfen; um 16.50 Uhr erhielt er eine günstige Wettervorhersage und entschied, den Einsatz zu wagen. Ein Waffenwart, der eine Halifax der 76. Staffel betrachtete, deren Klappen zum Bombenschacht per Hand hochgekurbelt waren, um auf dem Bauch einer 1800-kg-Bombe zu ruhen, titulierte sie nicht sehr vornehm als »schwangere Eintagsfliege«.

Es dauerte von 20.01 Uhr bis 21.15 Uhr (DBST), bis die Flugzeuge der fünf Bomberstaffeln am 27. April von drei Flugplätzen gestartet waren. Um 20.20 Uhr war die 35. Staffel unter Wg. Cdr. J. Marks von Kinloss aus unterwegs, nach der spärlichen Auskunft eines der Besatzungsmitglieder zufolge »hatten sie Befehl, ein Schlachtschiff zu versenken«. Bei der 76. Staffel in Tain notierte man den »ausgezeichneten Start« der elf Maschinen innerhalb 14 Minuten, um Mitternacht sollten sie sich über dem Ziel befinden und um 04.34 Uhr wieder auf der Basis landen; auf der Flugstrecke zum Aasenfjord und zurück waren zeitlich festgelegte Wegpunkte anzufliegen. Gemäß einer leichten Abänderung des ursprünglichen Befehls trugen sieben dieser Halifax je eine mit RDX gefüllte 1800-kg-Bombe sowie vier 120-kg-GP-Bomben mit Aufschlagzünder, die anderen vier hatten eine 1800-kg-Sprengbombe und vier 120-kg-GP-Bomben als Zuladung, drei führten zwei zusätzliche rotleuchtende Zielmarkierungsbomben mit. Sämtliche elf Maschinen waren mit einer Kamera ausgerüstet.

Die Bomberbesatzungen starteten und navigierten bis ins Zielgebiet unabhängig voneinander. Wg. Cdr. D. Bennett, der Führer der 10. Staffel, warf Leuchtbojen in Richtung der norwegischen Küste ab, damit die anderen Piloten sich orientieren konnten. Es herrschten ideale Bedingungen: »die Nacht war ruhig, die See spiegelglatt«. Zwei Lancaster kehrten vorzeitig wegen technischer Probleme nach Lossiemouth zurück, eine noch so rechtzeitig, daß die Reservemaschine (»M-Mother«) an dem Einsatz teilnehmen konnte. Die Halifax von Wg. Cdr. D.O. Young, Führer der 76. Staffel, landete um 22.22 Uhr in Tain, nachdem der innere Motor an Steuerbord ausgefallen war. Bei hellem Mondlicht und wolkenlosem Himmel hatten die Besatzungen keine Probleme mit der Navigation, sobald die norwegische Küste in Sicht gekommen war. Unterdessen waren die Ablenkungsmanöver schon längst im Gange. Nachdem sie um 18.30 Uhr zu einem elfeinhalbstündigen Flug gestartet war, flog eine Catalina als Prügelknabe die Küste auf und ab und beschäftigte das feindliche Radar (vor allem die Station auf Stokken); zur selben Zeit vereinigten sich zwei Hudson der 608. und 48. Staffel in ähnlicher Absicht vor Kristiansand Nord. Diese Maschinen konnten in der Ferne Blitze erkennen, als der Angriff begann. Etwas streitlustiger griffen vier Beaufighter die Flugplätze Vaernes und Lade an, vier weitere flogen nach Herdla (430 Kilometer südlich von Drontheim) und zehn Hudson konzentrierten sich auf den Schiffsverkehr im Aalesund. Da sie Befehl hatten, nach Mitternacht nicht mehr anzugreifen, trafen die für Vaernes abgeteilten Beaufighter erst ein, nachdem der wichtigste Teil der Operation bereits begonnen hatte. Sie konnten jedoch keine Anzeichen von Gefechtshandlungen erkennen; ganz im Gegensatz zu dem Empfang, den sie Bombern bislang bereitet hatte, schoß die feindliche Flak seltsamerweise nicht. Anderswo war das Flakfeuer sehr intensiv, und eine Beaufighter wurde abgeschossen. Ein norwegischer Beobachter hielt fest, daß Flakgeschütze auf den Höhen um Drontheim auf eine Beaufighter schossen, die den Fjord hinaufflog, mehrere Halifax machten dieselbe Wahrnehmung. Von den vier Beaufighter, die für Herdla bestimmt waren, mußte eine umkehren und eine zweite fand das Ziel nicht, sie landete um

03.00 Uhr in Sumburgh. In Aalesund traf eine 120-kg-Bombe anscheinend ein kleines Motorfahrzeug, es gab jedoch merklich wenig Schiffsverkehr, und die meisten Hudsons suchten sich Ausweichziele wie Öltanks aus.

Unterdessen hatte der Hauptteil der Operation begonnen. Die an der Spitze fliegende Lancaster der 44. Staffel erreichte die Küste wie geplant bei der vorgelagerten Insel Smola (110 Kilometer westlich von Drontheim), stieg auf 3600 Meter und flog den Strindfjord hinauf. Als sie das Flugfeld von Vaernes überquerte, schlug ihr, »wie vorhergesagt, heftiges, genau sitzendes Flakfeuer« entgegen. Ohne getroffen worden zu sein, stieß sie auf 2200 Meter herab und warf um 00.06 Uhr ihre 1800-kg-Bombe auf die TIRPITZ. Dann legte sie sich in eine Linkskurve und klinkte ihre 230-kg-Bomben auf Flakstellungen auf der nördlichen Halbinsel am Ausgang des Faettenfjords aus. Nachdem sie ihre Bordwaffen wirkungsvoll eingesetzt hatte, flog sie um 00.40 Uhr nach Hause zurück. Erst um 00.12 Uhr (sechs Minuten nach Angriffsbeginn) begann sich der Fjord mit Nebel zu füllen, und später eintreffende Maschinen hatten beträchtliche Schwierigkeiten, das Ziel auszumachen. Mehrere bombardierten Flakfeuer, andere attackierten solche Ziele, wie das Flugfeld von Vaernes, die sich ihnen gerade boten. Eine verspätet eingetroffene Halifax der 76. Staffel griff PRINZ EUGEN und ADMIRAL SCHEER an. Die Flugzeuge der ersten Welle berichteten, daß sie ihre Bomben aus 1800 bis 2400 Metern Höhe warfen, eine wurde ganz in der Nähe der TIRPITZ über Saltoy abgeschossen. Sie hatten die Verteidigung gründlich wachgerüttelt.

Gemäß Einsatzplan sollten die Halifax der 35. Staffel, die in der zweiten Welle flogen, ihre Minen zwischen 00.40 und 01.00 Uhr abwerfen, dann war die 10. Staffel an der Reihe. Sämtliche tieffliegenden Bomber wurden von der Flak auf Saltoy belästigt, wo sie ihren letzten Positionscheck vor dem Angriff durchführen sollten. Die TIRPITZ war nunmehr völlig von Nebel eingehüllt, und eine Bergspitze oberhalb ihres Liegeplatzes diente als Zielpunkt. Eine Halifax war kurz vor dem Ziel schwer beschädigt worden, entledigte sich ihrer Last im Notabwurf und flog nach Hause. Sieben nahmen das Ziel ins Visier, die restlichen drei fanden es nicht. Der Navigator in Marks Maschine, Fg. Off. A. Abels, fand den Fjord »voller Nebel« vor und konnte nicht einmal einen flüchtigen Blick auf die TIRPITZ werfen. Plt. Off. G.M. Dickson, ein Navigator der 10. Staffel, schrieb, daß »die Flak ziemlich fürchterlich war und uns die Hölle heiß machte, wir konnten nicht sicher sein, ob wir das Ziel gebombt hatten«.

Eine Anzahl der angreifenden Maschinen wurde abgeschossen. Die »K-King« der 35. Staffel zerschellte in den Bergen elf Kilometer östlich der TIRPITZ nahe Skielstadmark. Die Lancaster »L-Leather« der 97. Staffel explodierte in der Luft in der Nähe des Ausetuatnet Sees; drei weitere stürzten im Zielgebiet ab. Der Pilot der »U-Uncle« der 10. Staffel, Flt. Lt. G. Miller RAAF, benutzte seine Landescheinwerfer, um die Flughöhe zu schätzen und setzte auf einem »glasklaren, ruhigen und stillen« Gewässer unter heftigem Feuer in der Nähe von Malvik auf. Wg. Cdr. D. Bennett geriet mit der »B-Baker« in 120 Metern Höhe in die Nebelwand und flog durch den Flakvorhang, den das Schiff und die Stellungen auf den umliegenden Anhöhen gelegt hatten. Die rechte Tragfläche stand in Flammen, er stieg rasch höher und konnte das Ziel erkennen, kam sich aber als »leichte Beute« vor, als die Maschine erneut getroffen wurde, bevor er seine Minen aus 900 Metern Höhe abwerfen konnte. Er flog über den Fjord hinaus Richtung Osten, die Besatzung sprang mit dem Fallschirm aus ihrem beschädigten Flugzeug ab und kehrte schließlich nach England zurück, nachdem sie die schwedische Grenze erreicht hatte.

Die Besatzung der Halifax »S-Sugar« unter Plt. Off. D. MacIntyre RCAF schaffte es ebenfalls bis nach Schweden. Als die Maschine das Zielgebiet im Steigflug verließ, fing die rechte Tragfläche Feuer und MacIntyre erkannte, daß er notlanden mußte. Das Cockpit füllte sich mit Rauch und raubte ihm die Sicht; in der Bugspitze rief ihm der Navigator, Plt. Off. I. Hewitt, Kurskorrekturen zu, um Bergen und anderen Hindernissen auszuweichen. Kaum drei Minuten nachdem sie an der TIRPITZ vorbeigeflogen waren – für die Besatzung eine Ewigkeit – setzte der Pilot das Flugzeug auf dem zugefrorenen Hoklingen See auf. Die Maschine schlidderte etwa 800 Meter weit, die Tragfläche brannte immer noch. Die Besatzung konnte aussteigen und entkam über die Grenze – teilweise durch 1,20 Meter tiefen Schnee –; der Flugingenieur, der sich den Knöchel verletzt hatte, mußte zurückbleiben und geriet in Gefangenschaft.

Die TIRPITZ war vorbereitet gewesen. Um 23.08 Uhr Ortszeit meldete die 160 Kilometer entfernte Radarstation Kristiansand anfliegende viermotorige Maschinen unterhalb der Wolkenuntergrenze, die bei 9000 Metern lag. Kurz nach 23.30 Uhr wurde auf dem Schachtschiff zum ersten Mal Alarm gegeben, daraufhin ging die Besatzung sofort auf ihre Gefechtsstationen. Der Feind war nurmehr 100 Kilometer entfernt. Um 23.58 Uhr beschoß die Flak zwei Bomber, und acht Minuten später war die TIRPITZ von einem dichten Nebelschleier umhüllt. Um 01.37 Uhr war das Motorengeräusch der letzten feindlichen Maschine zu hören, und 20 Minuten später wurde Entwarnung gegeben. Die Geschützbedienungen des Schlachtschiffes hatten mehr als 2000 Schuß abgegeben. Eine Hinterlassenschaft des Angriffs waren zahllose tote, silbrig glänzende Fische im Wasser – Opfer der Minen.

Sea-Hurricane der 883. Staffel des Fleet Air Arm flogen vor der schottischen Küste Patrouille, als die übriggebliebenen Flugzeuge zwischen 03.50 und 06.21 Uhr DBST landeten. Vierundvierzig Maschinen der fünf beteiligten Staffeln waren gestartet (darunter die Reserve-Lancaster aus Lossiemouth), drei kehrten vorzeitig zurück, somit erreichten 41 die norwegische Küste. Von diesen berichteten 32, die TIRPITZ angegriffen zu haben (obwohl nur wenige Besatzungen behaupteten, das Ziel gesehen zu haben; die Bombenschützen mußten somit blind abwerfen), drei griffen andere Ziele an und vier entledigten sich ihrer Last aus unterschiedlichen Gründen im Notabwurf. Vier Halifax und eine Lancaster kehrten nicht zurück. Zwanzig 1800-kg-Bomben, zwanzig 230-kg-GP-, zehn 120-kg-GP und 40 Mark XIX-Minen waren abgeworfen worden. Sehr zum Ärger aller Beteiligten ließen die Photos einer PRU-Maschine vom 28. April keine Schäden an dem gegnerischen Schiff erkennen, und mittags erfuhren die Besatzungen, daß sie den Angriff in der Nacht würden wiederholen müssen.

Beim Stab des 4. Geschwaders war man noch guter Hoffnung, daß sich Unterwasserschäden »bei einer solch gewaltigen abgeworfenen Bombenlast« wohl erst später auswirken würden. Unterdessen war der Einsatz für den 28./29. April neu angesetzt, jedoch die zeitliche Abfolge wesentlich geändert worden. Während der Operation vom 27./28. April war eine zu große zeitliche Lücke zwischen den beiden Angriffsphasen entstanden – die Flugzeuge der zweiten Welle näherten sich gerade der norwegischen Küste, als die Bomber der ersten Welle sich bereits auf dem Rückflug befanden. Die Verteidiger waren auf der Hut. Die Lancaster der 44. und 97. Staffel sollten nun planmäßig um 21.00 Uhr starten, etwa 40 Minuten nach den drei Halifax-Staffeln. Ansonsten blieb der Einsatzbefehl unverändert: die erste Welle sollte aus großer Höhe die Verteidigung angreifen; die zweite Welle ihre Minen aus niedriger Flughöhe abwerfen. Da die Besatzungen mit dem Zielgebiet nunmehr vertraut waren, konzentrierte sich die Einsatzbesprechung auf Landmarken oder feindliche Stellungen, die während des ersten Angriffs erkannt worden waren.

Diesmal bestand die erste Welle aus neun Halifax der 76. Staffel, von denen fünf (zwei führten zusätzlicht rotleuchtende Zielmarkierungsbomben mit) jeweils eine 1800-kg-HC-Bombe »mit Spezialfüllung« und vier 120-kg-GP-Bomben trugen, die anderen vier hatten eine Zuladung, die sich aus einer 1800-kg-HC-Bombe und vier 120-kg-GP-Bomben zusammensetzte. Die Staffel sollte um 20.30 Uhr in Tain starten. Zwölf Lancaster der 44. und 97. Staffel – elf mit einer 1800-kg-HC- und vier 320-kg-GP-Bombe, die zwölfte trug zehn 230-kg- und vier 120-kg-GP-Bomben – sollten die 76. Staffel begleiten. Letztere Maschinen hatten ihre Bombenlast zwischen 00.30 und 00.40 Uhr abzuwerfen. Die 15 einsatzfähigen Halifax der 35. und 10. Staffel, welche die zweite Welle bildeten, trugen jeweils fünf »Wasserbomben« und sollten die Waffen gemäß Operationsplan zwischen 00.41 und 00.50 Uhr zum Einsatz bringen.

Die deutsche Seite war in Übung, und rasch zog eine Nebelwand auf. Bevor diese das Zielgebiet jedoch völlig verdecken konnte, hatten die Besatzungen der Bomber noch genügend Zeit, die Silhouetten einiger Berge in der Ferne im hellen Mondlicht wahrzunehmen. Die von den Meteorologen vorhergesagte »ausgezeichnete Sicht« war jedoch nicht von langer Dauer. Die Flugzeuge der ersten Welle warfen ihre Bomben aus 1800 Metern Höhe, obgleich mehrere der Lancaster berichteten, die Schiffe im Lofjord anvisiert zu haben, da die TIRPITZ nicht zu sehen war. Lediglich drei der neun Halifax der 76. Staffel aus der zweiten Welle konnten das Schlachtschiff erkennen. Nachdem sie ihre Bomben abgeworfen hatten, griffen viele der Flugzeuge Flak- und Scheinwerferpositionen sowie in einem Fall das Flugfeld von Vaernes an. Eine Halifax hatte zwei Nachtjäger erkannt, zwei weitere Halifax unabhängig davon ebenfalls zwei (wahrscheinlich dieselben beiden) – es blieben die einzigen Meldungen über gegnerische Flugzeuge während der Einsätze im April. Diese Sichtmeldungen sind rätselhaft, in der Umgebung waren keine Nachtjäger stationiert. Bezeichnenderweise wurde keiner der Bomber angegriffen, die gegnerischen Flugzeuge müssen die Gegend wohl nur überflogen haben oder es handelte sich um Aufklärer. Vier Beaufighter von der 235. Staffel des Coastal Command, die im Raum Drontheim eingesetzt waren, um die Luftwaffe am Einschreiten zu hindern, konnten keine Feindflugzeuge erkennen und griffen statt dessen Flakstellungen an der Küste mit ihren Bordwaffen an. Plt. Off. Dickson von der 10. Staffel hatte seine Erfahrungen erneut niedergeschrieben. »Im Grunde genommen schoß die Flugabwehr auf uns herunter«, als die Halifax ihre Minen aus 45 Metern Höhe »neben der TIRPITZ ins Wasser warf«. Eine Granate explodierte unmittelbar neben Dickson, als das Flugzeug in einer scharfen Rechtskurve aus dem Fjord kletterte: »Ich hatte großes Glück gehabt, da sie meine Kartentasche traf und sämtliche Splitter darin steckenblieben«. Dann stellte sich heraus, daß eine der Minen hängengeblieben war, »so prügelten wir mit einem offenen Bombenschacht über die ganze Nordsee, was unseren Luftwiderstand erhöhte«. Schließlich gelang es dem Flugingenieur, »einen Teil der Verschalung zu lösen, um an den Bombenschacht zu gelangen, und dann hackte er die Aufhängung der Mine (mit einer Axt) weg ... um das verdammte Ding abzuwerfen«. Trotzdem »blödelten wir ganz schön rum wegen der Flakschäden«; der Pilot landete in Sumburgh, wo die Halifax als nicht mehr einsatzfähig befunden wurde. Die Besatzung kehrte in einer Harrow nach Lossiemouth zurück, um »eine recht interessante Episode ... [sowie] meine Einsätze gegen die TIRPITZ« zu beenden.

Während des 75minütigen Angriffs wurden 18 1800-kg-, 23 230-kg-GP- und eine 120-kg-GP-Bombe zusammen mit 48 Mark-XIX-Minen abgeworfen. Das Logbuch der TIRPITZ verzeichnete, daß der letzte Bomber um 01.30 Uhr die Gegend verlassen habe, am dichtesten lag eine Mine der zweiten Welle, die mittschiffs an Steuerbordseite in 70 Metern Abstand ins Wasser fiel. Da noch ein dritter Angriff befürchtet wurde, lief das Schlachtschiff am Abend des 29. April in den Hauptfjord hinaus und fuhr bis zum Tagesanbruch mit langsamer Geschwindigkeit am Ufer entlang, dann kehrte es in den Faettenfjord zurück.

Ein weiterer Angriff stand jedoch nicht auf dem militärischen Terminkalender: am 29. und 30. April flogen die übriggebliebenen Halifax und Lancaster zurück auf ihre Heimatbasen. Das Einsatzbuch der 76. Staffel notierte: »Alle kehrten in ausgezeichneter Stimmung zurück, nachdem sie zwei erfolgreiche Einsätze sowie die [nicht näher bezeichneten] Gelegenheiten Sport zu treiben und sich zu erholen, die die schottischen Highlands bieten, genossen hatten.« Da Bennett in Schweden war, mußte die 10. Staffel ihren Führer ersetzen. Am 7. Mai übernahm Wg. Cdr. J.B. Tait den Posten. Zweieinhalb Jahre später sollte er Lancaster der 617. Staffel in nur zwei Monaten dreimal gegen die TIRPITZ führen.

Das 4. Geschwader faßte den Einsatz vom 28./29. April folgendermaßen zusammen. Da eine Maschine der zweiten Welle den Start abbrechen mußte, machten sich neun der 76. und jeweils sieben der 35. und 10. Staffel auf ihren Weg über die Nordsee. Zwei der Halifax entledigten sich ihrer Bomben im Notwurf und kehrten vorzeitig zurück, 19 meldeten, »das Hauptziel« angegriffen zu haben, zwei Maschinen der 35. Staffel wurden vermißt. Das Wetter war »erneut ausgezeichnet« gewesen, »helles Mondlicht ... war sehr dabei behilflich, das Ziel zu entdecken und zu identifizieren«. Die Operation war »in Verbindung« mit dem 5. Geschwader durchgeführt worden, Beaufighter und Hudson versuchten zugleich, »feindliche Nachtjäger in der Gegend um Drontheim auszuschalten«. »Eine große Bombenlast« war abgeworfen worden, obwohl der Nebelvorhang den Bombenschützen einige Probleme bereitete. Die Hoffnungen konzentrierten sich darauf, daß Unterwasserschäden im rechten Augenblick auftreten würden. Dies sollte jedoch nicht der Fall sein. Keine der Minen hatte die TIRPITZ in Mitleidenschaft gezogen, aber die Bergung einiger von ihnen (nach deutschen Aufzeichnungen acht), die sich an der Abhängen des Fjords im Unterholz verfangen hatten, führten bei den Deutschen zu der irrigen Annahme, daß die Waffen dazu konstruiert gewesen seien, den Steilhang hinunterzurollen, um unter dem Schiff zu detonieren. Mancher Autor hat dies später ungeprüft übernommen. Ein nach dem Einsatz in den Akten des Air Staff niedergelegter Vermerk hat diesen Irrtum wohl unabsichtlich noch bestätigt: Versuche wurden unternommen, »... an ihrem [der TIRPITZ] Liegeplatz bei Drontheim Minen unter das Schiff rollen zu lassen«, es handelte sich um eine »pummelige Waffe [eine kugelförmige 450-kg-Mine mit hydrostatischem Zünder]«. Die Unterlagen der Einsatzbesprechungen lassen jedoch eindeutig erkennen, daß beabsichtigt war, die Minen hinter dem Schlachtschiff ins Wasser zu werfen; der Abwurf über Land war lediglich eine Alternative bei schlechter Sicht. Wenn man sie genau liest, stellt die Aktennotiz des Air Staff hierzu keinen Widerspruch dar. Im Nachhinein tat Bennett die Minen als »jämmerlich« ab, Ludovic Kennedy bezeichnete sie als »unnütz«. Ein hartes Urteil, aber es beruht auf Tatsachen.

Unterdessen wuchs der internationale Druck auf Churchill. Am 26. April mußte er eingestehen, daß die Besorgnis über einen Einsatz des Gegners die Abfahrt der Konvois verzögere; zwangsläufig stauten sich die Handelsschiffe in den Häfen, meist amerikanische, die Versorgungsgüter aus den Vereinigten Staaten an Bord hatten. Am folgenden Tag befürchtete Roosevelt politische Auswirkungen, falls die Schiffe nicht »pünktlich« auslaufen würden: »wenn Stalin davon erfährt ... daß unsere Versorgungslieferungen aus irgendeinem Grund ausbleiben, wird dies bedauerliche Konsequenzen haben«. Churchill erwiderte, daß »die äußerste Beanspruchung der Geleitfahrzeuge erreicht ist«, was bedeute, daß auch »mit dem allerbesten Willen« lediglich drei Konvois pro Monat auslaufen könnten. Demgegenüber betonte Roosevelt, daß der »Stop im Verkehrsfluß von Schiffen, die bereits beladen sind oder gerade beladen werden, beendet« werden müsse oder man riskiere einen »unmöglichen und besorgten Eindruck in Rußland«. Churchill hob am 2. Mai die Schwierigkeiten hervor, angesichts anderweitiger dringender Verpflichtungen der Marine eine schlagkräftige Konvoisicherung zur Verfügung zu stellen und gab zu bedenken, daß »die großen Kampfschiffe des Gegners sowie Zerstörer jederzeit zuschlagen können«. Zudem liege die TIRPITZ trotz »verzweifelter Angriffe« durch britische Bomber weiterhin unbeschädigt in Drontheim. »Ich bitte Sie darum«, schloß er, »uns nicht über unsere Möglichkeiten hinaus unter Druck zu setzen.« Widerstrebend stimmte Roosevelt am nächsten Tag »ihren Ansichten, die Rußland-Konvois betreffend, zu«, sprach jedoch weiterhin die Hoffnung aus, daß diese in naher Zukunft regelmäßig auslaufen könnten. Am 6. Mai ließ Stalin erkennen, daß er Wind von der prekären Lage bekommen hatte und nicht erfreut darüber war. Er hatte in Erfahrung gebracht, daß »etwa 90 Schiffe mit den verschiedensten Versorgungsgütern für die UdSSR an Bord zur Zeit in Island oder auf den Zufahrtswegen von Amerika nach Island zurückgehalten werden« und drängte darauf, »alle nur möglichen Maßnahmen« zu ergreifen, um die Lieferungen im Mai durchzuführen. Churchill versicherte Stalin erneut seiner Zusage, »die größtmögliche Menge an Kriegsmaterial« zu schicken, aber »wegen der TIRPITZ und anderer feindlicher Überwasserschiffe in Drontheim ist jede Fahrt eines Konvois zu einem ernsthaften Flotteneinsatz geworden«. Gegen die Empfehlung seiner Stabschefs, Geleitzüge ins Nordmeer sechs Wochen lang zurückzuhalten, erhob Churchill am 17. Mai folgenden Einwand: »Die Russen stehen in schweren Kämpfen und erwarten von uns, daß wir das Risiko auf uns nehmen und den Preis gemäß unserer Beitragsverpflichtungen zahlen. Die Schiffe der Vereinigten Staaten stehen Schlange ... Falls wir nichts unternehmen, würde dies unseren Einfluß bei unseren beiden Hauptverbündeten schwächen.« Der Druck der alliierten Partner war spürbar.

Am 3. Mai telegraphierte Air Marshal A.T. Harris (der Chef des Bomber Command) an Gp. Capt. S. Graham MC auf dem RAF-Flugfeld in Leeming: »Der Mut und die Entschlossenheit, die ihre Besatzungen während der Angriffe auf die Tirpitz bewiesen haben, hätte einen sofortigen und überragenden Erfolg verdient gehabt. Unbeeindruckt von der Wut der Verteidiger, führten sie mit unvermindertem Eifer ihren Auftrag erneut aus.« Zweifelsohne eine richtige Feststellung, aber das Schlachtschiff blieb unbeschädigt und stellte nun schon seit Januar eine potentielle Gefahr dar.

In der Tat sollten die Fähigkeiten des deutschen Kriegsschiffes, zur See für ernsthafte Störungen zu sorgen, schon bald, im Juli, durch die Erfahrungen mit dem nach Rußland bestimmten Konvoi PQ 17 bestätigt werden. Am 18. Juni 1942 warnte der britische Marineattaché in Stockholm davor, daß die deutsche Seite eine größere Operation gegen den nächsten Nordmeergeleitzug plane. Der Erste Seelord, der den letzten Angriff der TIRPITZ auf PQ 12 noch lebhaft in Erinnerung hatte, ließ den Oberbefehlshaber der Home-Fleet, Admiral Tovey, wissen, daß er eine Auflösung des Konvois befehlen könne, falls er befürchte, daß dessen Vernichtung bevorstehe; Tovey betrachtete dies als »reinen, verdammten Mord«. Allerdings war die Saat für die Katastrophe bereits gesät. Am 27. Juni verließen 35 Handelsschiffe Island, mit den Worten von Lt. Douglas Fairbanks Jr. USN auf der WICHITA, »watschelten sie auf die See hinaus wie so viele schmutzige Entlein«. Sie hatten einen mächtigen Geleitschutz: als Nahsicherung fuhren 14 Zerstörer; die Fernsicherung übernahmen vier Kreuzer (zwei britische, zwei amerikanische) sowie drei Zerstörer; Tovey blieb mit

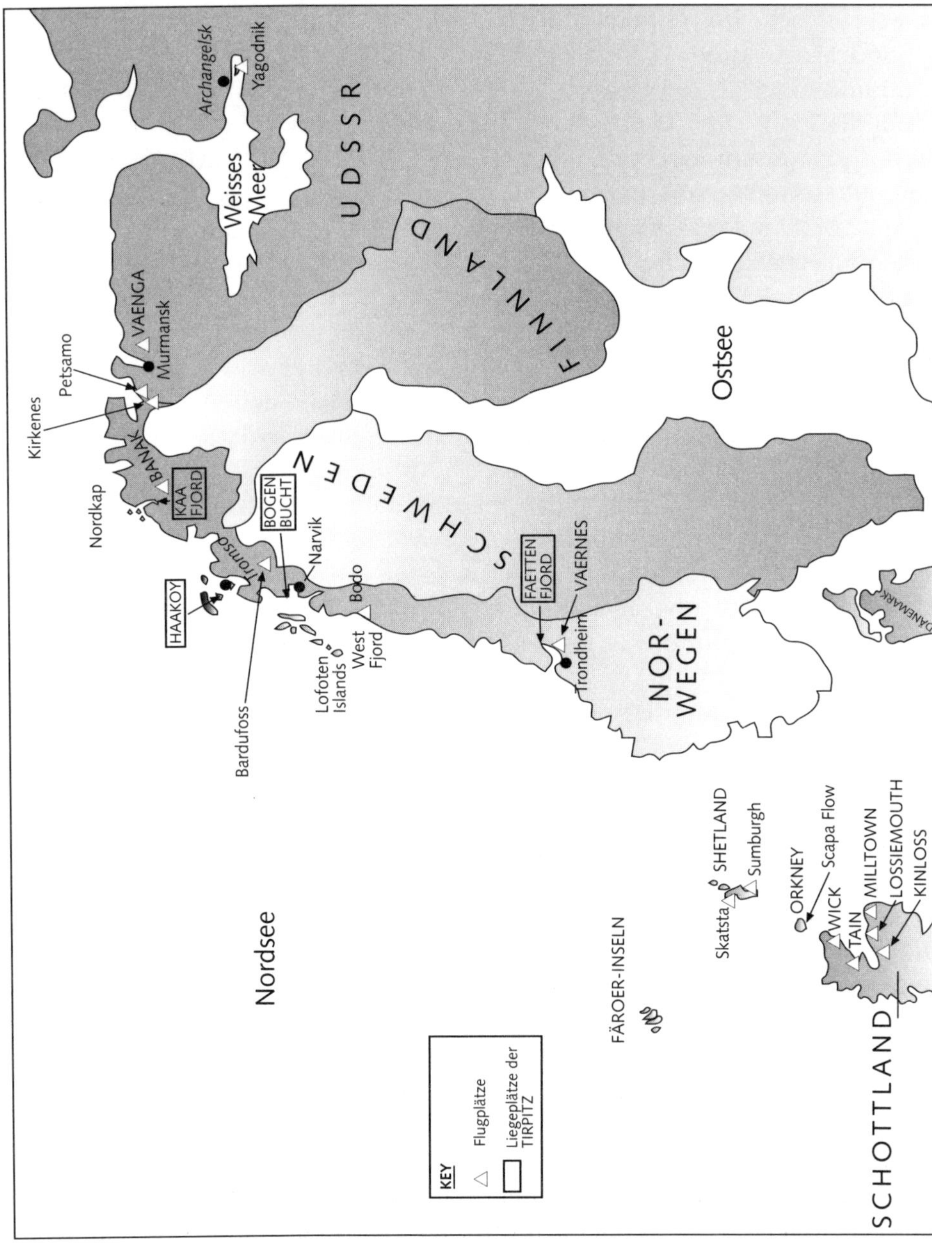

Die TIRPITZ in Norwegen, 1942–44.

zwei Schlachtschiffen (einem amerikanischen), dem Flugzeugträger VICTORIOUS und 14 Zerstörern in Bereitschaft. Am 1. Juli wurde der Konvoi von einer Fw 200 und einem U-Boot entdeckt, und die deutsche Seite bereitete sich auf das Unternehmen »Rösselsprung« vor. Die Durchführung verzögerte sich, da Hitler seine Zustimmung erteilen mußte; somit liefen TIRPITZ, ADMIRAL SCHEER und ADMIRAL HIPPER (die PRINZ EUGEN war im Mai nach Kiel zurückgekehrt) erst um 20.00 Uhr Ortszeit mit vier Zerstörern durch den Drontheim-Fjord. Am nächsten Morgen übernahm der Verband Brennstoff im Westfjord vor Narvik und stand am 4. Juli um 01.43 Uhr im äußersten Norden vor dem Altafjord, um 10.10 Uhr ankerten sie wieder im Kaafjord. Die drei Kriegsschiffe und ein verstärkter Zerstörerschirm stellten (obwohl drei Zerstörer sowie das »Westentaschen-Schlachtschiff« LÜTZOW Grundberührung gehabt hatten und nicht teilnahmen) einen mächtigen, von vernichtender Kraft strotzenden und zum Angriff bereiten Kampfverband dar.

Abgesehen von dem Verlust eines Handelsschiffs durch einen Lufttorpedo, kam der PQ 17 bei gutem Wetter zügig voran. Die Stimmung war so gut, daß Rear-Admiral L.H.K. Hamilton, der die Kreuzer des Fernsicherungsverbandes befehligte, der WICHITA signalisierte: »Zur Feier des Unabhängigkeitstages gehört bei uns stets ein großes Feuerwerk. Enttäuschen Sie uns nicht«. Wenn er nur geahnt hätte …

Am frühen Abend wurden beharrliche Angriffe von Torpedobombern abgewehrt. Dann erfolgte ein Sturmgeläute aus verheerenden Schlägen. Aus abgefangenen Funksprüchen hatte Ultra den Standort der schweren deutschen Einheiten im Altafjord erkannt, und in der Admiralität folgerte man daraus, daß diese sich am 5. Juli um 02.00 Uhr auf Angriffsposition gegen den PQ 17 befinden konnten. Dies war eine Annahme, welche ohne Zweifel durch den Einsatz der TIRPITZ im März sowie durch Geheimdienstmeldungen aus Schweden vom 18. Juni beeinflußt worden war. Trotzdem gab es keinen sicheren Anhaltspunkt für ein Auslaufen des Schlachtschiffs oder einer der anderen Einheiten. Was nun folgte, war ein Beweis für die tiefsitzende Unruhe, die das deutsche Schlachtschiff durch seine bloße Existenz in Norwegen erzeugte. In rascher Folge erließ die Admiralität am 4. Juli drei einschneidende Befehle: Um 21.11 Uhr DBST, »Geheim. Sehr dringend. Kreuzergruppe zieht sich mit hoher Geschwindigkeit nach Westen zurück«; 21.23 Uhr, »Geheim. Dringend. Infolge Bedrohung durch Überwasserstreitkräfte soll sich Konvoi auflösen und in russische Häfen weiterlaufen«; schließlich um 21.36, »Geheim. Sehr dringend. Konvoi soll sich zerstreuen« – das bedeutete Auflösung, und jedes Handelsschiff mußte sich von nun an ohne Geleitschutz auf eigene Faust in Sicherheit bringen. Capt. J. Broome RN, der die Nahsicherung befehligte, folgerte, »daß dies nur eines bedeuten konnte, die TIRPITZ ist da, sie steht unter dem Horizont«. Dennoch: »als wir auf Gegenkurs zu dem sich zerstreuenden Konvoi gingen, zu Schiffen, auf die wir hätten aufpassen sollen und die nun in eine andere Richtung liefen, konnten wir beobachten, wie sie am Horizont immer kleiner wurden, das war schlimm.«

Die gefürchteten Kriegsschiffe lagen noch immer im Hafen und waren über den Standort von Toveys Verband sowie vor allem über die Position der VICTORIOUS im unklaren. Am 4. Juli um 09.37 Uhr Ortszeit hatte das Marinegruppenkommando Nord den geplanten Angriff vorerst abgesagt. Dann wurden britische Streitkräfte am 5. Juli um 06.55 Uhr gesichtet, sie waren jedoch zu weit entfernt, um eine Gefahr darzustellen, und um 11.22 Uhr lichteten TIRPITZ, ADMIRAL HIPPER, ADMIRAL SCHEER und sieben Zerstörer unter dem Befehl von Admiral Otto Schniewind die Anker. Um 15.00 Uhr befanden sie sich auf hoher See und liefen Kurs Ost-Nordost. Der Verband wurde jedoch bald von britischen und sowjetischen U-Booten sowie Aufklärern aus Murmansk entdeckt, deren Sichtmeldungen wiederum von deutschen Abhörstationen aufgefangen wurden. Da er befürchtete, daß Tovey ähnlich wie im März rasch auf Abfangkurs gehen könnte, befahl Großadmiral Raeder um 21.00 Uhr den Abbruch des Unternehmens. In den frühen Morgenstunden des 6. Juli lag die TIRPITZ wieder im Altafjord, ohne ihre Geschütze abgefeuert zu haben. Am 7. Juli, um 10.30 Uhr, nahm sie in Begleitung von ADMIRAL SCHEER und ADMIRAL HIPPER Kurs auf den Westfjord östlich der Lofoten, unterwegs wurde sie um 10.45 Uhr von einem PRU-Aufklärer entdeckt. Die TIRPITZ ging am 8. Juli um 02.55 Uhr in der Bogenbucht (Narvik) vor Anker. Unterdessen hatten sich deutsche Flugzeuge und U-Boote ungehindert über den PQ 17 hergemacht. Lediglich elf von 35 Handelsschiffen, die von Island »weggewatschelt« waren, erreichten die Sowjetunion. Die TIRPITZ hatte sich nie in Angriffsposition zum PQ 17 befunden. Tovey war der festen Überzeugung, »daß der Befehl zur Auflösung des Konvois verfrüht war; die Folgen waren katastrophal«. Churchill mußte unter Bezugnahme auf diese »unangenehme Episode« eingestehen, daß das deutsche Schlachtschiff zu dieser Zeit »unsere Aufmerksamkeit gefesselt« hatte.

Das PQ-17-Debakel zeitigte unmittelbare Konsequenzen. Ein zusammenfassender Bericht der Admiralität vom 6. Juli verdeutlicht, daß die latente Furcht vor der TIRPITZ in der Tat den Entscheidungsprozeß beeinflußt hat. »Eine Verlegung schwerer deutscher Schiffseinheiten zum Nordkap vor Norwegen als Vorbereitung für einen Angriff gegen einen der Nordmeergeleitzüge *war bereits erwartet worden* [Hervorhebung Verf.]. Seit dem 2. Juli häuften sich Hinweise, daß die Deutschen einen solchen Schritt planten, und ein PRU [Einsatz] am 4. ließ erkennen, daß sie Drontheim verlassen hatten.« Der Standort der Kriegsschiffe konnte nicht ermittelt werden; für den Fall, daß die TIRPITZ der BISMARCK nacheifern wollte, wurden Flugzeuge und Kreuzer auf »Ausbruchpatrouille« nördlich und südlich Islands geschickt. Am »wahrscheinlichsten« war jedoch, daß sich die Kriegsschiffe »auf dem Marsch nach Nordnorwegen befanden und daß ein Angriff auf den Konvoi *ziemlich sicher* [Hervorhebung Verf.] war«. Am nächsten Tag beobachteten Vertreter der Admiralität in Washington, wie tief besorgt Politik und Öffentlichkeit jenseits des Atlantik wegen der Beteiligung amerikanischer Handelsschiffe Einsatz und Erfolg der Nordmeergeleitzüge betrachteten. Am 10. Juli erklärte der Verteidigungsausschuß, es sei »unklug«, gegenwärtig einen weiteren Konvoi auf die Reise zu schicken: »Luftangriffe,

U-Boote und die TIPRITZ sind natürlich eine Bedrohung.« Auf einer Sitzung der Stabschefs vom selben Tag stimmte Portal mit Pound überein: »Die größte Bedrohung unserer Nordmeerkonvois waren die Überwasserstreitkräfte des Feindes und weniger die Luftwaffe.« Drei Tage später verschob der Verteidigungsausschuß offiziell die Abfahrt des PQ 18 zusammen mit den für August und September geplanten Geleitzügen. Der daraufhin entstehende Notenaustausch zwischen den drei alliierten Regierungschefs läßt erkennen, daß die Nerven blanklagen. Churchill mußte Stalin gegenüber zugeben, daß »die Deutschen schließlich ihre Streitkräfte so eingesetzt hatten, wie stets von uns erwartet«, er dürfe die Home-Fleet östlich der Bäreninsel keinem Risiko aussetzen, da sie dort in Reichweite landgestützter Flugzeuge sei. Ferner erklärte er: »Gehen eines oder zwei unserer mächtigsten Schiffe verloren oder werden sie schwer beschädigt und bleiben dagegen die TIRPITZ sowie ihre Begleitschiffe, zu denen bald noch die SCHARNHORST stoßen wird, einsatzfähig, würden wir unsere Seeherrschaft im Atlantik völlig einbüßen.« Stalin ließ diese Argumente nicht gelten, da »die Unterbrechung der Lieferungen von Kriegsmaterial in die nördlichen Häfen der UdSSR unbegründet ... nicht überzeugend sei ... Die Sowjetunion erleide die unvergleichlich schwerwiegenderen Verluste.« Stalin ließ daraufhin »einen Wasserfall von Beschimpfungen und Vorwürfen« auf ihn niedergehen, sollte Churchill mit bildlichen Worten erklären. Auch Roosevelt mußte anerkennen, daß der Umgang mit Stalin nicht immer problemlos sei, da jedoch riesige Landgebiete seiner Heimat sich in deutscher Hand befänden, sei er »mit einer sehr gefährlichen Lage ... konfrontiert.« Man »muß ihn mit großer Vorsicht behandeln«, und darüber hinaus sollten »britische und amerikanische Lieferversprechen gegenüber Rußland auf Treu und Glauben erfolgen«. Während eines Treffens mit Stalin in Moskau sollte der Sowjetführer am 13. August provozierend bemerken: »Dies sei das erste Mal in der Geschichte gewesen, daß die britische Flotte Fersengeld gegeben habe und vom Schlachtfeld geflohen sei. Ihr Briten habt Angst davor zu kämpfen.« Averell Harriman, Sonderbeauftragter Roosevelts, war zugegen und meinte, Stalin sei »richtig beleidigend« und die »Heftigkeit« seiner Angriffe »betäubend« gewesen. Unter solchem Druck aus Ost und West war Churchill um seine Aufgabe nicht zu beneiden.

Die Durchführbarkeit der Nordmeergeleitzüge hing zweifellos von der latenten Bedrohung durch die TIRPITZ ab, das Unternehmen PQ 17 hatte dies eindrucksvoll demonstriert. Unmittelbar danach nahm Churchill in einem Schreiben an Roosevelt sanftmütig Bezug auf »fürchterliche Probleme mit den Rußland-Konvois«. Gegenüber der Admiralität gab er sich jedoch weitaus aufrichtiger. Churchill hielt die Konvois nur widerstrebend zurück, da er sich des scharfzüngigen Ärgers bewußt war, den er sich bei Stalin mit einer Unterbrechung des Programms einhandeln würde. Auch war er sich über sein am 20. Juli 1941 gegebenes Versprechen im klaren, »alles von unserer Seite aus zu unternehmen, was vernünftig und nützlich ist [im Rahmen] der uns auferlegten Mittel und der geographischen Voraussetzungen«. Er schlug vielmehr sogar vor, einen neben weiteren schweren Einheiten zusätzlich durch zwei Hilfskreuzer geschützten Konvoi auslaufen zu lassen, um das Schlachtschiff herauszulocken und es »über zwei Überwachungslinien von U-Booten« zu ziehen. Sollte diese Taktik fehlschlagen, setzte er seine ganze Hoffnung auf den entschiedenen Einsatz von Trägerflugzeugen des Fleet Air Arm. Mit seinem Projekt hatte der Premierminister jedoch wegen anderweitiger Geleitverpflichtungen, wie etwa der Operation »Pedestal« zum Entsatz Maltas, kein Glück. Stalin zeigte sich sehr verärgert und meinte, daß »die britische Regierung sich weigere, weiterhin Kriegsmaterial über die Nordroute nach der Sowjetunion zu schicken«. Der PQ 18 lief im September aus und, bezeichnenderweise, stellte Rear-Admiral G.J.A. Miles, der Chef der Militärmission in Moskau, die Frage nach Ausweichplänen, sollte der Konvoi Befehl zur Auflösung erhalten. Im Falle des PQ 18 kamen 27 Handelsschiffe ohne Störung durch die TIRPITZ durch, zwölf gingen verloren. Obwohl von der TIRPITZ offenbar keine Bedrohung ausgegangen war, waren 75 Kriegsschiffe nötig gewesen, um den PQ 18 zu eskortieren. Nachdem er Stalin darüber unterrichtet hatte, daß ein solch hohes Maß an Geleitschutzmaßnahmen in absehbarer Zukunft nicht mehr aufrechterhalten werden könne, schrieb Churchill an Roosevelt: »Im Augenblick sind die englisch-amerikanisch-sowjetischen Beziehungen in einem fürchterlichen Zustand, und wir beide müssen uns über jede Aussage verständigen, die wir in puncto Geleitzüge machen«. Als Roosevelt damit einverstanden war, »den PQ 19 aufzugeben ... [weil] wir knapp an Schiffsraum sind«, fügte er dem interessanterweise hinzu, daß man »nichts davon habe, Stalin früher als nötig davon in Kenntnis zu setzen«.

Die Royal Navy plante unterdessen in Eigenregie einen ungewöhnlichen Einsatz gegen die TIRPITZ. Im Dezember 1941 hatten italienische Froschmänner Unterwassersprengladungen benutzt, um die Schlachtschiffe QUEEN ELIZABETH und VALIANT außer Gefecht zu setzen; sie waren mit »Zwei-Mann-Torpedos« in den Hafen von Alexandria eingedrungen. Seit April 1942 arbeitete die Royal Navy an einem ähnlichen Waffensystem, das etwa die gleichen Abmessungen wie ein Torpedo vom Kaliber 53,3 cm sowie einen losnehmbaren Gefechtskopf mit 270 kg Sprengstoff besaß. Die Männer saßen rittlings auf ihrem todbringenden Beförderungsmittel, den »chariots«, und ihr Ziel war die TIRPITZ.

Nach ihrem kurzen Ausflug im Juli lag diese jetzt in der Bogenbucht vor Anker, gelegentlich führte sie im Westfjord Übungen durch. PRU-Aufnahmen ließen erkennen, daß auf den Geschütztürmen und auf der Brücke der TIRPITZ sowie auch an Land zusätzliche Flakgeschütze aufgestellt worden waren. Sie blieb ein furchterregendes Ziel. Im August 1942 bedurfte das Schlachtschiff dringend einer Überholung; Hitler verweigerte sein Einverständnis, sie nach Deutschland zurückkehren zu lassen. Am 23. Oktober nahm sie wieder Kurs auf den Faettenfjord. Operation »Title«, ihre Vernichtung durch Zwei-Mann-Torpedos, war für den 31. Oktober angesetzt werden. Im Schlepp eines ehemaligen Fischkutters, der die Besatzungen beförderte, drangen zwei Torpedoreiter in den Drontheim-Fjord ein. In einem unerwartet aufkommenden Sturm brachen jedoch die Schleppleinen keine fünf Meilen vor dem Ziel, und das phantasiereiche Unternehmen scheiterte. Die TIRPITZ war wieder einmal davongekommen.

Ein weiteres findiges Projekt eines Luftangriffs auf das Schlachtschiff sah den Einsatz »schwerer Bomber« vor, die vom Norden der Sowjetunion aus operieren sollten. Churchill hatte dies am 27. Juli in einer Note an den Ersten Lord der Admiralität und die Kommission der Stabschefs angeregt. Etwa drei Wochen zuvor hatten die Stabschefs vorgeschlagen, Hampdens in die Gegend um Archangelsk zu verlegen. Kurz darauf gab der Verteidigungsausschuß zu erkennen, daß diese eine abschreckende Wirkung auf die TIRPITZ haben könnten, falls sie außerhalb der Reichweite der eigenen landgestützten Jäger operierten. Am 12. Juli regte der Befehlshabende Luftwaffenoffizier des Bomber Command insbesondere an, die 455. Staffel, deren Maschinen für Torpedoangriffe ausgerüstet war, mit Zusatztanks auszustatten und am 20. Juli loszuschicken. Am Rand der Vorlage von Air Chief Marshal Sir Philip Joubert de la Ferte, ACAS (P) beim Luftfahrtministerium, kritzelte Air Vice-Marshal J.C. Slessor »kein ernstzunehmender Vorschlag« und benachrichtigte den Chief of the Air Staff, daß das 5. Geschwader Versuche mit Zusatztanks in Hampdens bereits mit wenig Erfolg durchgeführt habe. Es gibt deshalb guten Grund zu der Annahme, daß Churchill am 27. Juli seiner Enttäuschung Ausdruck verlieh, daß aus dem Plan nichts wurde; ferner ist es durchaus bezeichnend, daß das Luftfahrtministerium zwei Tage später die Abteilung 30 in Moskau über einen möglichen Einsatz einer Hampden-Staffel von sowjetischem Boden aus verständigte, die den PQ 18 schützen sollte. Am 31. Juli jedoch hegte Slessor noch immer Zweifel über einen wirksamen Einsatz der Hampden, obgleich er sie als »schwere Bomber« zu betrachten schien. Er meinte, daß »eine oder zwei Staffeln Torpedobomber« zur Verfügung gestellt werden könnten. Tatsächlich waren bereits im Juni und Anfang Juli von Leuchars und Wick aus intensive Erprobungen durchgeführt worden, die 144. Staffel unter Mitwirkung »eines Schlachtschiffs, eines Kreuzers sowie Zerstörern« für Torpedoangriffe zu schulen. Ende Juli und im August folgten Nachtübungen. Am 6. August mußte Slessor eingestehen, daß »praktische Versuche« die Möglichkeit einer Verlegung der Hampdens nach Archangelsk erwiesen hätten, zwei Tage später jedoch sollte er darlegen, daß diese von Langstreckenbombern »zur Bedrohung feindlicher Überwasserstreitkräfte« begleitet werden sollten. Die Vorbereitungen hatten jetzt einen solchen Schwung genommen, daß Abteilung 30 am 10. August davon auszugehen schien, die »Verlegung von 60 bis 80 Langstreckenbombern und 26 Torpedobombern« stehe unmittelbar bevor.

Am 13. August 1942 liefen der amerikanische Kreuzer TUSCALOOSA und drei Zerstörer mit dem Bodenpersonal und der Ausrüstung der 144. und 455. Staffel an Bord nach Archangelsk aus. 32 Hampden folgten ihnen drei Wochen später. Am 2. September landeten 18 Hampden der 144. Staffel unter Führung von Wg. Cdr. J. McLaughlin zum Nachtanken in Sumburgh, und zwei Tage später starteten sie um 22.00 Uhr DBST nach dem 240 Kilometer südlich von Murmansk gelegenen Afrikanda. Eine Maschine machte in der Nähe des Flugplatzes Bruch; drei landeten auf anderen sowjetischen Basen; eine kam über der Kola-Halbinsel an, als gerade ein deutscher Luftangriff stattfand und wurde von sowjetischen Jägern abgeschossen (außer dem Heckschützen haben sämtliche Besatzungsmitglieder überlebt). Eine Maschine prallte mit Triebwerksschaden in Schweden gegen einen Berg, zwei Besatzungsmitglieder kamen mit dem Leben davon und wurden später in die Heimat überführt. Drei Flugzeuge verschwanden spurlos. Bis zum 5. September landeten 24 Hampden (zwölf von jeder Staffel) in Begleitung von vier Spitfire der PRU ohne Probleme. Der Verband unter Führung von Gp. Capt. F.L. Hopps wurde bald darauf durch Catalina-Flugboote der 210. Staffel verstärkt, deren Einsatz von in der Umgebung befindlichen Seen aus geplant war. Am 14. September führte McLaughlin mit elf Hampden von einer anderen sowjetischen Basis – Vaenga nahe Murmansk – einen »operativen Einsatz gegen feindliche Flotteneinheiten durch, die möglicherweise den Altafjord verlassen wollten«; der eindreiviertelstündige Flug verlief ereignislos. Später wurde ein erneuter, etwas ausgedehnterer Abstecher von elf Maschinen der 144. und zwölf der 455. Staffel in Richtung des Altafjords abgebrochen, als sie von einem gegnerischen Flugzeug gesichtet wurden. Im Einsatzbuch der 144. Staffel wurde angedeutet, daß ihre Entdeckung in der Gegend feindliche Schiffe möglicherweise von einem Angriff auf den PQ 18 abgehalten habe. Das Staffelpersonal traf am 29. Oktober per Schiff wieder im Vereinigten Königreich ein. Die Männer waren zwar enttäuscht, kein Gefecht erlebt zu haben, aber auch zufrieden, daß »der Hauptzweck ihrer Verlegung nach Rußland erreicht worden sei, nämlich die Pläne des Gegners zunichte gemacht zu haben, mit Überwassereinheiten Geleitzüge zwischen Großbritannien und Murmansk anzugreifen«. Ihre Hampden ließen sie zurück; die Flugzeuge wurden nach einer beträchtlichen Zahl an Einsätzen wehmütig (obgleich, aus politischen Gründen, mit Zustimmung Churchills) den Sowjets übergeben; die Royal Navy hatte jedoch darauf bestanden, daß die Torpedos wieder zurück nach England gebracht wurden.

Daß die TIRPITZ sich aus Narvik herauswagen würde, lag tatsächlich im Bereich des Möglichen. Ein abgefangener Funkspruch des Oberkommandos vom 8. September enthüllte, daß durchgeführte Reparaturarbeiten so rasch vorangekommen wären, um für das Schlachtschiff Sechsstundenbereitschaft für Höchstgeschwindigkeit anordnen zu können. Nach dem Krieg erbeutete Unterlagen lassen jedoch erkennen, daß ein am 15. September erstellter Prüfbericht zu dem Ergebnis kam, eine Grundüberholung sei notwendig – die britische Seite hatte zu dieser Zeit jedoch darüber keine Kenntnis. Auch wußte man »unzutreffende und irreführende« nachrichtendienstliche Mitteilungen nicht als solche zu erkennen. So stellte sich die Behauptung eines russischen U-Bootes, die TIRPITZ während der Operation gegen PQ 17 beschädigt zu haben, erst nach dem Krieg als »unrichtig« heraus; die Annahme des Marineattachés in Stockholm vom 23. September, daß Kesselrohre in Deutschland geordert worden seien, erwies sich als »unzutreffend«. Noch im selben Monat ging eine Mitteilung aus Stockholm ein, die TIRPITZ liege in der Bogenbucht »mit schwerer Schlagseite und vier Löchern von etwa vier Metern Durchmesser im Rumpf«, angesichts ihrer Seeklarmeldung vom 8. September mußte dies jedoch mit Vorsicht aufgenommen werden. Nachdem der Prüfbericht eingegangen war, entschied die deutsche Marineführung, daß die TIRPITZ am 21. Oktober nach Drontheim verlegen solle, allerdings geschah dies erst zwei Tage später, da U-Boote in der Nähe vermutet wurden. Am Abend des 24. Oktober lag sie wieder im Faettenfjord. Während ihres Aufenthalts in der Bogenbucht, wo das Schiff durch Netzsperren und Tarnmaßnahmen geschützt war, hatten Flugzeuge der PRU sie erneut fest im Auge behalten. Am 27. August meldeten diese, daß ein Tanker längsseits gegangen sei; am 28. September lief sie mit 16 Knoten Geschwindigkeit auf westlichem Kurs, am 1. Oktober befand sie sich dagegen wieder im geschlossenen Netzkasten an ihrem Liegeplatz. Bis zum 21. Oktober waren keine besonderen Ereignisse zu vermelden, dann wurde sie in Begleitung der ADMIRAL SCHEER und dreier Zerstörer mit 16 Knoten Fahrt gesichtet: »die ausgeschwenkten Türme der Haupt- und Mittelartillerie deuten darauf hin, daß die Schiffe üben. Auf den Katapulten beider Einheiten sind keine Flugzeuge zu erkennen.«

Als die TIRPITZ am 29. Oktober im Faettenfjord entdeckt wurde, waren bereits Schutzmaßnahmen getroffen worden. Zwei Tage später kam die Meldung, daß sie ein auflösendes Tarnschema erhalten habe, am 5. November »waren die Tarnflöße und Tarnnetze wieder ausgebracht. Eine auf dem Vorschiff errichtete niedrige Sichtblende wirft einen langen Schatten über das Deck.« Am 2. und 16. Dezember wurde das Schlachtschiff im Lofjord vor Anker liegend gesichtet, wo sich kurz zuvor noch die ADMIRAL SCHEER (die wieder in Deutschland war) befunden hatte; der Netzkasten war geschlossen, Tarnnetze zwischen Schiff und Ufer gespannt. Spätestens am 5. November wußten die Deutschen von dem Vorhaben »eines britischen Kommandos, das aus sechs Engländern und vier Norwegern besteht, und das mit einem speziellen Torpedo die TIRPITZ in die Luft jagen will« – es war das gescheiterte Unternehmen der Torpedoreiter. Das Schiff wechselte nun öfter den Liegeplatz, der Rumpf wurde wiederholt von Tauchern abgesucht. Die im Prüfbericht vom September erwähnten Reparaturarbeiten im Schiffsinnern waren am 17. September abgeschlossen, der Antriebsmotor des Schiffskrans an Steuerbord war jedoch erst wieder am 8. Januar betriebsbereit.

Seit dem 29. April war abgesehen von den beiden im September in Aussicht genommenen Einsätzen der Hampden von Vaenga aus im Jahr 1942 kein weiterer Luftangriff mehr auf die TIRPITZ durchgeführt worden. Dies bedeutet jedoch nicht, daß keiner geplant worden wäre. Am 7. Mai hatte Harris, der die bestehenden Probleme durchaus erkannte, mit Lord Cherwell die Aussichten eines weiteren Einsatzes besprochen. Sechs Tage später schrieb Air Cdre. R. Harrison vom Bomber Command an Air Vice-Marshal W.A. Coryton, den AOC des 5. Geschwaders, und setzte diesen davon in Kenntnis, daß 24 CS-Bomben des 114,3-cm-Typs ab dem 19. Mai zur Verfügung stehen würden. Er wünschte die Ausarbeitung eines Plans für einen Nachtangriff zweier Lancaster-Staffeln gegen die in Drontheim liegende TIRPITZ, um diesen dem »Oberbefehlshaber zur Erwägung« zu unterbreiten. Harrison erinnerte Coryton daran, daß vom 23. Mai an die ganze Nacht über Dämmerlicht herrsche und es im Zielgebiet »nicht richtig dunkel« werde. Das »Frühwarnsystem könne ausgeschaltet werden, indem man bis zum Sichten von Land an der norwegischen Küste sehr tief fliege und dann zwischen diesem Punkt und dem Ziel auf Abwurfhöhe steige«. Harrison war der Meinung, daß es bislang »üblich« gewesen sei, die TIRPITZ nachts anzugreifen, wobei sich stets ein Nebelschleier über dem Liegeplatz befand, somit »schien Aufklärung kombiniert mit einem Bombenangriff« erforderlich zu sein.

Coryton antwortete umgehend am 16. Mai. Vom Ministerium für Flugzeugproduktion (MAP) sei er unterrichtet worden, daß die in Frage kommende CS-Bombe unter 2400 Metern nicht »richtig« funktioniere, dies war zufälligerweise eine ideale Flughöhe zur Verwendung des Mark XIV Bombenzielgeräts und lag »oberhalb der Zielreichweite der leichten Flak«. Er ging davon aus, daß lediglich sieben Flugzeugbesatzungen vor der nächsten Mondphase mit dem neuen Bombenzielgerät vertraut seien, also etwa ein Geschwader. Vom »taktischen Standpunkt« aus gesehen, schien der Einsatz durchführbar zu sein, jedoch glaubte er, daß die Zeit zum Üben nicht ausreiche, »um uns auch nur den Hauch einer Erfolgschance zu geben«. Der AOC beabsichtigte, »eine Schiffsattrappe auf einem Übungsgelände abstecken zu lassen«, allerdings war er der Meinung, es sei »unerläßlich«, daß die Besatzungen vor der Durchführung eines Einsatzes eine Trefferquote von 50–70 Prozent erzielten. Das konnte dauern. Falls der Einsatz »dringend« sei, müßten Besatzungen zu Übungszwecken abgestellt werden. Zudem gebe es noch »mehrere [andere] wichtige Gesichtspunkte«. Falls nicht eine Lücke in der Radarüberwachung erkannt werde, »müssen wir annehmen, daß Jäger vor Erreichen des Zieles angreifen«. Darüber hinaus bleibe genügend Zeit, einen Rauchschleier zu legen. Einen Tagangriff bezeichnete er als ein »gefährliches Unterfangen« und fügte dem hinzu, »mit nur zwölf Schuß im Magazin, sei die Wahrscheinlichkeit eines Treffers äußerst gering«. Wenn das Ziel so bedeutend sei, sollten mehr als zwölf Maschinen beteiligt sein, »um die Verteidigung zu beschäftigen und demzufolge eine größere Erfolgschance zu besitzen«. Dieser spezielle Vorschlag war von vornherein zum Scheitern verurteilt.

Mittlerweile war im 5. Geschwader ein weiterer Angriffsplan auf das Schlachtschiff herangereift. Am 14. Mai hatte Coryton eine umfassende Lagebeurteilung durch Wg. Cdr. P.S. Jackson-Taylor von der Abteilung Luftaufklärung erhalten. Jackson-Taylor wiederholte zwar vor allem bekannte Einzelheiten zum Aufenthaltsort des Schiffes, zum umliegenden Gelände, zu Radarstationen und Flakstellungen. Allerdings hatte er äußerst wichtige, besondere Zusätze und Anregungen eingearbeitet. Zwischen der TIRPITZ und dem Ufer war das Wasser keine neun Meter tief, obwohl die Tiefe »kurz danach« etwa auf etwa 40 Meter zunahm. Vom 23. Mai an würde es keine Dämmerung geben, was bedeutete, »daß das, was man sonst unter einem Nachtangriff verstehe, nicht möglich sei«; darüber hinaus könne der Feind seine Jagdflugzeuge ohne Nachtjägerleitung einsetzen. Auf zwei Flugplätzen in der näheren Umgebung – Vaernes (27 Kilometer östlich von Drontheim) und Lade (drei Kilometer nordöstlich) – waren Bf 190E stationiert, in Herdla (430 Kilometer südlich) und Bodö (320 Kilometer nördlich) befanden sich weitere dieser einmotorigen Jäger. Verstärkungen aus Herdla und Bodö konnten wegen der nur achtminütigen Radarvorwarnzeit nicht mehr rechtzeitig eintreffen. Vaernes besaß acht schwere und 30 leichte Flakgeschütze. Abgesehen von Flakstellungen in der unmittelbaren Umgebung der TIRPITZ standen leichte Batterien an beiden Seiten der Zufahrt zum Drontheim-Fjord. In Drontheim selbst (südwestlich des Schlachtschiffes) befanden sich schwere und leichte Flakstellungen sowie etwa zwölf bis 15 Scheinwerfer. Auf den vor der Küste liegenden Inseln Hitterden, Storfosen, Tarva, Froien und Smollen waren Flakgeschütze postiert.

Die Flugstrecke von Lossiemouth bis zum Faettenfjord mißt hin und zurück etwa 2300 Kilometer, bei Windstille und einer Fluggeschwindigkeit von 305 km/h beträgt die Flugzeit 7 Stunden und 32 Minuten – eine Lancaster konnte dies bequem schaffen. Mit einer angenommenen Bombenzuladung von 2700 kg bei 305 km/h konnte die Maschine eine Einsatzdauer von 9 Stunden und 45 Minuten erreichen. Ein Präzisionsangriff mit einer »Spezialbombe« mußte aus 1200 Metern Höhe durchgeführt werden und erforderte ein Stabilisiertes Automatisches Bombenzielgerät. Voraussetzung für den Zielanflug war »eine Annäherung in einer leichten Kurve von etwa 10 Kilometern Länge oder zwei Minuten Flugdauer«. »Ausweichmanöver« bei Flakbeschuß oder Angriffen von Jägern waren nicht möglich. Eine zusätzliche Schwierigkeit bei einem Einsatz gegen die TIRPITZ bestand darin, daß aus nördlicher Richtung keinerlei Licht kam, so daß das feindliche Kriegsschiff »im Schatten liegen und schwer zu erkennen [sein wird], wahrscheinlich wird ein Rauchschleier gelegt, um [es] zu verdecken«. Jackson-Taylor sprach sich dafür aus, in kastenförmiger Formation in 2400 Metern Höhe aus der Sonne heraus anzugreifen, ein Kompromiß, der die Reichweite der Flak mit einkalkulierte. Ablenkungsangriffe auf die Flugplätze der Jäger wurden ebenfalls erörtert. Allerdings »sollten wir auf schwere Verluste vorbereitet sein und die Tatsache akzeptieren, daß eine Beschädigung des Schlachtschiffes nur mit viel Glück gelingen kann, insbesondere wenn ein Rauchschleier gelegt wird, was sehr wahrscheinlich ist«. Eine Vorausabteilung bzw. die Bomber sollten den Angriff durchführen. Die erstere würde drei Gruppen zu je drei Bombern umfassen, eine Gruppe sollte direkt nach Drontheim fliegen, die anderen jeweils nördlich bzw. südlich der Zufahrt zum Fjord die Küstenlinie passieren. Dieser Einsatzverband sollte 45 Minuten vor Angriffsbeginn die Küste erreichen und die deutschen Jäger in Vaernes beschäftigen. Die Bomber sollten die TIRPITZ »15 Minuten vor Beginn der Dämmerung oder eine halbe Stunde nach Dämmerungsbeginn, falls der Mond scheint, ... aus verschiedenen Richtungen« angreifen; Angriffshöhe 2400 bis 2700 Meter, die Gruppen im Abstand von 150 Metern gestaffelt. Jede der Gruppen sollte auf ein Zeichen des Führers der Formation die Bomben ausklinken.

Coryton war mit der Einschätzung Jackson-Taylors offenbar einverstanden, denn am 1. Juli wurde sie zu einem detaillierten Plan ausgearbeitet. Zehn Flugzeuge aus fünf Staffeln plus einer Reservemaschine wurden für den Angriff in Betracht genommen: aus Lossiemouth (die 97. und 106.), Kinloss (207.), Tain (61.) und Faern (83.), der AOC leitete den Einsatz persönlich von Lossiemouth aus. Die Lancaster der einen Welle sollten eine einzige 2500-kg-CS-Bombe, jene der anderen Welle drei 900-kg-AP-Bomben mitführen, theoretisch würde dadurch ein Treibstoffvorrat für etwa zwei Stunden als Reserve übrigbleiben. Der Angriff war für einen geeigneten Tag zwischen dem 11. und 18. Juli angesetzt.

Allerdings wurden an Jackson-Taylors Vorschlag bedeutende Änderungen vorgenommen. Sämtliche Lancaster sollten die TIRPITZ angreifen, Beaufighter des Coastal Command übernahmen dafür die Flugplätze von Vaernes und Lade eine Stunde vor Angriffsbeginn. Drei Zerstörer waren entlang der Flugroute zwischen Lossiemouth und Drontheim postiert, Ziel des Einsatzes war, »dem deutschen Schlachtschiff TIRPITZ größtmögliche Beschädigungen zuzufügen«. Noch am selben Tag sandte Coryton den Plan zur Genehmigung an das Bomber Command. In einem Beischreiben wies er darauf hin, daß ein Nachtangriff verworfen worden sei. Ein Angriff gegen Mittag von fünfzig Lancaster in Gruppen zu drei werde bevorzugt; die Sonne stehe dann im Südwesten, somit könnten die Bomber sich zurückziehen und »in die Sonne ausweichen, falls sie von Jägern angegriffen werden«. Auf vier Übungsgeländen wurden Vorbereitungen für Abwurftests aus großer Höhe getroffen und die Eskorte durch Jagdflugzeuge geprobt. Die vorangegangenen Einsätze waren durch einen Nebelvorhang vereitelt worden, »und meiner [Corytons] Meinung nach können Treffer wirklich nur mit Glück erzielt werden«. Demnach waren Luftangriffe in kleinem Rahmen unrentabel: »50 Lancaster haben eine Aussicht auf Erfolg, wir werden unser möglichstes tun, diesen zu erzielen«.

Zwei Tage später wurde auf einer Zusammenkunft beim 5. Geschwader entschieden, der 106. Staffel die Führung zu übertragen; sechs Hampden mit Lindholm-Dingis verlegten nach Sumburgh, um während der Operation zusätzlich Rettungsaufgaben zu übernehmen. Damit sich Besatzungen und Bodenpersonal auf den vorgeschobenen Flugplätzen einfinden konnten, wurden vorbereitende Maßnahmen getroffen. Ein Vorschlag regte an, die Staffeln in einem Abstand von 120 bis 150 Metern in die Luft zu bringen. Eine Woche später hatten die vorgeschobenen Basen die genauen Anforderungen über Bombenzuladungen, Ladevorrichtungen, Öl und Treibstoff aufgestellt. Unterdessen war am 4. Juli ein Antwortschreiben von Harris eingegangen. Im großen und ganzen war er mit Corytons Planungen für den Einsatz und einer Beteiligung des Coastal Command einverstanden, ferner er schlug vor, sich an das Luftfahrtministerium zu wenden, um jeder Staffel drei Exemplare des neuen Stabilisierten Automatischen Bombenzielgeräts zur Verfügung zu stellen.

Trotz der anfänglichen Unterstützung durch das Bomber Command und der weiteren Ausarbeitung des Plans vom 1. Juli in den folgenden 14 Tagen, kam der Einsatz nicht wie geplant voran. Am 18. Juli (dem letzten für den Angriff vorgesehenen Datum) stellte Air-Vice Marshal R.H.M. Saundby, Harris dienstältester Stabsoffizier beim Bomber Command, die von Coryton gewählten Routen für den Hin- und Rückflug in Frage. Gleich am nächsten Tag änderte das 5. Geschwader mit besonderem Hinweis auf den Schriftwechsel vom 1.–4. Juli den Plan, jetzt waren sieben Staffeln (97., 106., 207., 61., 83., 44. und 50.) mit jeweils neun Flugzeugen und zwei Reservemaschinen vorgesehen. Lossiemouth, Kinloss und Tain blieben vorgeschobene Basen, Fearn wurde durch Peterhead ersetzt, Dyce und Wick kamen mit dem Hinweis hinzu, daß um Erlaubnis nachgesucht werden müsse, Tain und Dyce zu nutzen, dort war das Coastal Command verantwortlich. Angesichts der vermeintlichen Endgültigkeit der früheren Planungen schien dieser Einsatz noch immer in einem Stadium der Ungewißheit zu sein. Die Tatsache, daß die Admiralität Fearn erst am 25. Juli als ungeeignet für schwere Bomber bezeichnete, deutet wirklich auf einen Mangel an Abstimmung und Vorbereitung hin, bevor der Plan des 5. Geschwaders erstellt worden war. Coryton bestätigte dies indirekt am 20. Juli. In einem Schreiben an Harris ließ er weitere Zweifel erkennen. Angesichts neuester Erfahrungen am Himmel über Deutschland »haben wir einige Aspekte unseres Plans für den Drontheim-Angriff noch einmal überdacht«. Es sei »ziemlich wichtig«, den gesamten Angriff binnen zwei bis fünf Minuten zu beenden; jeweils eine Gruppe von drei Flugzeugen sollte aus 4500 bis 5400 Metern angreifen. Coryton glaubte nunmehr, daß »sehr viel Training« notwendig sei, damit sich verschiedene Staffeln an einem vorher festgelegten Sammelpunkt treffen könnten. »Zu diesem Zweck wurde eine Geschwaderübung vorbereitet, die, sobald es die Wetterverhältnisse erlauben, durchgeführt wird. Geprobt wird der Flug im Pulk über Land in einer losen Geschwaderformation, der Anflug auf das Ziel sowie Abfangübungen und Angriffe durch Jagd-Staffeln.« Die Angriffszeit wurde ebenfalls leicht verschoben, »etwa um Mittag herum, so daß das Schiff von der Sonne angestrahlt wird und wir weiterhin problemlos höher steigen können, ohne die Sonne im Rücken zu haben«. Zu jenem Zeitpunkt mußte dieses besondere Projekt jedoch auf Eis gelegt werden. Die TIRPITZ ankerte nach ihrem Ausflug gegen den PQ 17 in der Bogenbucht und nicht in Drontheim.

Folglich offenbarte Coryton in einem Schreiben an den Befehlshabenden AO vom 15. August, daß Harris ihn »vor ein paar Tagen« gebeten habe, einen möglichen Angriff auf das Schlachtschiff in Narvik zu untersuchen. Der Befehlshaber des 5. Geschwaders nahm bezug auf einen Schriftwechsel vom Mai, als sein Stab eine Anregung, das Flugfeld von Hofn auf Island oder Sumburgh für einen Einsatz gegen Narvik zu nutzen, als »undurchführbar« erachtet habe. Dann befaßte er sich mit einer anderen Möglichkeit: »Was den Vorschlag anbetrifft, die Lancaster im Raum Lossiemouth starten zu lassen und auf dem Weg nach Murmansk einen Angriff auf Narvik einzufügen«, seien die Ergebnisse von Vorstudien »ziemlich deprimierend« gewesen. Das deutsche Radar erfasse die Maschinen auf »mindestens« 80 Kilometer, dies biete Zeit genug, einen Rauchschleier legen; die Chancen, »auch nur einen einzigen Treffer zu erzielen«, seien »winzig«. Coryton nahm bezug auf den kürzlich erfolgten, völlig fehlgeschlagenen Angriff deutscher Stukas auf einen Kreuzer, der in Malta durch einem Nebelvorhang verdeckt wurde. Vaenga war der einzig nutzbare sowjetische Flugplatz im Raum Murmansk, er lag jedoch nur 40 Kilometer hinter der Front, war häufig das Ziel von Luftangriffen und konnte demnach jederzeit ausgeschaltet werden.

Darüber hinaus riskierten die Lancaster auf ihrem Weg dorthin Angriffe von 50 feindlichen Jägern aus Petsamo.

Coryton warf etwas trübes Licht auf ein weiteres Projekt. Da er wußte, daß das Coastal Command in Kürze zwei Staffeln Hampden (144. und 455.) in den Norden der UdSSR verlegen wollte, war er »natürlich der Ansicht, daß dieses über die dortigen Einrichtungen Bescheid weiß«. Er stattete dem Hauptquartier des Coastal Command einen Besuch ab und erfuhr, daß »dessen Informationen ... gelinde ausgedrückt ... sehr bruchstückhaft sind ... und somit müßte man die zwei Staffeln wohl aufs Geratewohl dort hinschicken«. Der Befehlshaber des 5. Geschwaders folgerte daraus, daß die Chancen, »einen Treffer zu erzielen, sehr gering sind und daß wir ohne besondere Vorbereitungen nurmehr wenige der Maschinen wiedersehen werden«. Es gab jedoch noch eine andere Möglichkeit. Die Lancaster sollten Norwegen und Schweden auf direktem Wege nach Kandalakša überfliegen, dies lag etwa 240 Kilometer südlich von Murmansk und galt als beste sowjetische Basis in der Gegend. Die TIRPITZ sollte dann auf dem Rückflug angegriffen werden, womit der größtmögliche Überraschungseffekt zu erzielen sei. Um die deutsche Seite zu verwirren, sollte die Presse erklären, die Maschinen seien zur Verstärkung der sowjetischen Luftwaffe verlegt worden. Coryton zog den wenig erfreulichen Schluß, daß »zum gegenwärtigen Zeitpunkt die Durchführung eines Angriffs auf die TIRPITZ in Narvik« ohne nähere Informationen über die Einrichtungen in der Sowjetunion »nichts erreiche und die daran beteiligten Flugzeuge verheizt würden«. Immerhin war der Plan eines Einsatzes schwerer Bomber der RAF gegen das deutsche Schlachtschiff von einer sowjetischen Basis aus erwogen worden.

Da er mit ziemlicher Sicherheit von der Vorlage Corytons erfahren hatte, reklamierte der Befehlshaber des Coastal Command das Urheberrecht rasch für sich. In einem Schreiben an Harris vom 23. August und unter Bezugnahme auf Corytons Besuch war Joubert ebenfalls der Ansicht, daß es keine Garantie dafür geben könne, die deutschen Verteidiger zu überraschen oder auszuschalten, ohne genaue Informationen über die Stellungen im Raum Narvik zu besitzen. »Mein Kommando« habe deshalb erkannt, ein Angriff von Ost nach West sei vorteilhafter, zugleich habe es auf die Bedrohung Vaengas durch feindliche Bomber hingewiesen und Kandalakša, »das am Endpunkt des westlichsten Meeresarmes des Weißen Meeres liege ... und leicht zu erkennen sei«, den Vorzug gegeben. Auch erweckte er den Eindruck, als ob das Coastal Command die Idee mit der irreführenden Pressemitteilung gehabt habe, demnach erhob er tatsächlich den Anspruch, für den Inhalt von Corytons Schreiben Anerkennung zu finden.

Nachdem er die Oberhand in einer bürokratischen Schlammschlacht gewonnen und Coryton unausgesprochen des Plagiats bezichtigt hatte, ging der Oberbefehlshaber des Coastal Command noch einen Schritt weiter und bot einer Lancaster-Staffel seine Mithilfe an, falls sie auf dem Weg in die Sowjetunion sei. Die Staffel Hampden, die planmäßig in die Sowjetunion verlegen sollte, wollte er südlich des Flugfeldes von Bodö vorbeifliegen lassen, um einen Angriff auf die TIRPITZ in Narvik vorzutäuschen. Die deutsche Seite sollte dadurch veranlaßt werden, einen Rauchschleier zu legen. Joubert ging davon aus, daß der Rauchvorhang kaum länger »zwei bis drei Stunden« aufrechterhalten werden könne (an dieser Stelle erscheint in der Abschrift des Bomber Command ein Fragezeichen am Rand). Somit habe sich der Nebel »wahrscheinlich wieder verzogen«, wenn die Lancaster angreifen würden; am besten drei bis dreieinhalb Stunden nachdem die Hampden die Küstenlinie erreicht hatten, um dann »im öden, kaum bewohnten Landesinnern, wo die Nachrichtenverbindungen langsam und unzuverlässig sind, zu verschwinden«. Zuversichtlich schloß er: »Meiner Meinung nach hat diese List eher Aussicht, einen Überraschungserfolg sowie durchschlagende Wirkung zu erzielen, als irgendeine andere«. Die Bomber sollten danach weiterfliegen und auf einer der sowjetischen Basen landen. Er wäre »erfreut«, seine Stabsoffiziere nach High Wycombe abzustellen, um die geänderten Flugrouten für die Hampden auszuarbeiten, falls dieser Plan ausgeführt werde. Eine Kopie des Schreibens ging auch an Coryton, eine Reaktion ist nicht überliefert. Unabhängig davon brachte Harris die Sache zu Fall. Am 26. August erinnerte Saundby den Befehlshaber des Bomber Command daran, daß ein Versuch, die Nebelbatterien in Brest zu erschöpfen, gescheitert sei; er sei »sehr skeptisch«, daß in Norwegen bessere Resultate erzielt würden. Auch war Saundby davon überzeugt, daß die Deutschen »viel zu gute Organisatoren seien und sich gegen solche Vorfälle wappnen« und, auf jeden Fall, »Nebel für mehrere Stunden in diesen Fjorden hängenbleibe, es sei denn, es weht eine starke Brise«. Harris' rechte Hand schlußfolgerte, »ein erfolgreicher Angriff auf das Schiff an seinem jetzigen Liegeplatz« sei unwahrscheinlich. Sein Chef war damit einverstanden. Am 30. August dankte Harris Joubert für »Ihr Hilfsangebot, Ihre Hampden zu verwenden, um den Feind zu einem verfrühten Einsatz der Nebelbatterien zu veranlassen«. Zugleich führte er aus, daß ein Angriff auf die TIRPITZ an ihrem jetzigen Liegeplatz »kein praktikabler Vorschlag ist«. Er beabsichtigte, »einen Einsatz aufzuschieben, bis das Schiff wieder näher an die Stützpunkte der Bomber verlegt habe oder sich eine Gelegenheit bei seinem Rückmarsch in einen deutschen Hafen biete«. Somit flogen die Lancaster keinen Angriff gegen das Schlachtschiff, als es in Narvik lag, und die Hampden verlegten wie geplant im September in dem Norden der UdSSR.

Am 23. Oktober kehrte die TIRPITZ nach Drontheim zurück und Jackson-Taylors Ausführungen vom 1. Juli wurden, obgleich infolge des Schriftwechsels zwischen dem 5. Geschwader und dem Bomber Command wesentlich geändert, wieder aufgelegt. Der Grund hierfür ist wohl in einer persönlichen Stellungnahme des Premierministers an den Ersten Seelord und den Stabschef der RAF vom 26. Oktober zu suchen: »Die Verlegung von TIRPITZ und SCHEER [*sic*] nach Drontheim erfordert jegliche Angriffsanstrengungen, während sie sich dort befinden. Ich bitte Sie, mir schriftlich, oder wenn Sie dies vorziehen, auch mündlich mitzuteilen, was Sie zu tun gedenken.« Portal antwortete am nächsten Tag, daß das Bomber Command »einen Massenangriff von mehr als 100 Lancaster« erwäge; Flughöhe 6000 Meter mit 1800-kg-Bomben. Am 30. Oktober sandte Gp. Capt. N.W.D. Marwood-Elton aus Wycombe ein Schreiben an Coryton, wünschte dem 5. Geschwader »alles Gute beim Versenken des Schiffes« und fügte einen Lagebericht des Geheimdienstes vom selben Tag in der Anlage bei. Dieser enthielt das Eingeständnis, daß keine genauen Angaben über die Zahl deutscher Jäger in Norwegen zu erhalten seien, und der Verfasser war der Ansicht, »daß es sehr unwahrscheinlich ist, den Jagdschutz für die TIRPITZ mit Hilfe von Flugzeugen ablenken zu können, die keine Bomber sind«. Im Gegenteil würde die Aufmerksamkeit lediglich auf einen bevorstehenden Angriff auf das Schlachtschiff gelenkt, welches das einzige lohnenswerte Ziel in der Gegend darstelle. Da das Coastal Command einem gemeinsamen Einsatz der Beaufighter aus Sumburgh mit dem 5. Geschwader zugestimmt hatte, wurde »dringend empfohlen«, daß diese entweder den Rückzug decken oder als Eskorte der Bomber mitfliegen sollten. Der nicht namentlich bekannte Geheimdienstoffizier schloß: »Ich halte außer einer moralischen Unterstützung für die Bomberbesatzungen keine dieser Aufgaben für notwendig, schon gar nicht für die Lancaster.«

Am 5. November schließlich fertigte der SASO des 5. Geschwaders, Gp. Capt. H. Satterly, den Einsatzbefehl B. 785 aus. Ziel war es, »so bald als möglich ... die größtmöglichen Beschädigungen auf dem deutschen Schlachtschiff TIRPITZ anzurichten«. Die Bombenzuladungen variierten zwischen einer 2400-kg-CS-Bombe, fünf 230-kg-SAP-Bomben oder einer 1800-kg-HC-Bombe sowie einer 230-kg-SAP. Da Ablenkungsangriffe weiterhin vorgesehen waren, folgte der Operationsbefehl den vereinbarten Richtlinien, allerdings sollten neun Staffeln (9., 44., 49., 50., 57., 61., 97., 106. und 207.) jeweils neun Lancaster plus zwei Reservemaschinen stellen. Der Angriffsverband setzte sich somit aus mindestens 81 Bombern zusammen, falls die Reservemaschinen mitflogen aus 99 Flugzeugen. »Geheimhaltung ist unerläßlich«, betonte Satterly nachdrücklich und ordnete an, daß genauere Informationen vor Eintreffen des Startbefehls Navigatoren und Fernmeldeoffizieren auf den Flugplätzen vorbehalten bleiben sollten. Der Befehl wurde jedoch nie erteilt. Der Einsatz war eine Totgeburt, offenbar wegen der schlechten Tageslichtverhältnisse in Norwegen infolge des einen Monat später bevorstehenden Winters.

Einsätze der anderen alliierten Luftstreitkräfte waren kurzzeitig ebenfalls erwogen worden. Am 21. Mai 1942 wies die Joint Services Mission in Washington darauf hin, daß President Roosevelt sehr erpicht darauf sei, amerikanische schwere Bomber auf den europäischen Kriegsschauplatz zu verlegen. Obwohl bis dahin lediglich acht B-17 Flying Fortress in England stationiert waren, berichteten die britischen Joint Chiefs of Staff am 12. Juli, daß diese nunmehr für einen Angriff auf die TIRPITZ in Drontheim zur Verfügung stehen würden, sollte das Schiff dorthin zurückkehren. Am folgenden Tag kritzelte ein Stabsoffizier »kein ernstzunehmender Plan« an den Rand seiner Notizen, und am 27. Juli führte Air Vice-Marshal J.C. Slessor, ACAS (P), seine Bedenken weiter aus. Major-General Carl Spaatz, kommandierender General der 8. Army Air Force, blieb jedoch an dem Projekt »sehr interessiert«. Die Anregung wurde, aus welchen Gründen auch immer, nicht weiter verfolgt. Ein Vorschlag des Luftfahrtministeriums vom Juli 1942, sowjetische Bomber gegen die TIRPITZ einzusetzen, blieb ebenfalls unberücksichtigt.

Hitler war von den Leistungen bzw. dem militärischen Nutzen der deutschen Großkampfschiffe nicht überzeugt. Am 14. November stellte er Raeder in Berchtesgaden wegen deren Untätigkeit seit Juli zur Rede. Der Oberbefehlshaber führte den Mangel an Heizöl als Erklärung an: So habe der kurze Einsatz der TIRPITZ gegen den PQ 12 im März 8000 Tonnen kostbaren Brennstoffs erfordert, eine ganze Monatslieferung aus Rumänien. Da die Marine nur ein Drittel ihres Gesamtbedarfs erhielt, hatte Raeder die Treibstofflage bereits zuvor als »sehr kritisch« bezeichnet. Hitler bestand jedoch auf einer beweglichen Streitmacht im Altafjord, um die Konvois bedrohen zu können; die TIRPITZ sollte in Drontheim die Alliierten von einer Invasion Norwegens abhalten. Zudem sorgte er sich, daß man sich auf die Schweden »nicht verlassen« könne. Die mangelnde Luftunterstützung war ein ständiger Anlaß für Spannungen zwischen der Kriegsmarine und der Luftwaffe, wobei die Marine behauptete, ihre Bedürfnisse würden nicht berücksichtigt. Im Dezember beschwerte sie sich darüber, daß lediglich 14 einsatzbereite Bf 109F bereitstünden, um den gesamten Raum Drontheim zu verteidigen. Trotzdem war die TIRPITZ im Feattenfjord ausgezeichnet geschützt, und am 28. Dezember war das Schlachtschiff nach einer Überholung bereit für die Seerprobungen. Drei Tage später riskierten LÜTZOW und ADMIRAL HIPPER zusammen mit sieben Zerstörern einen Angriff auf den Konvoi JW 51B, brachen das Unternehmen jedoch ab, nachdem der Kreuzer schwer beschädigt worden war.

Den Alliierten war nicht bekannt, daß die TIRPITZ nurmehr in Reserve verharren sollte. Ihre Einsätze hatten bis dahin Bestürzung hervorgerufen und waren, im Falle des PQ 17, für eine Tragödie verantwortlich. Sie blieb eine ständige Bedrohung. Im Jahr 1942 waren fünf schwere Luftangriffe gegen sie unternommen worden, keiner jedoch seit April, und alle blieben von einem Erfolg weit entfernt. Ein entschlossen durchgeführter Einsatz der Marine scheiterte wegen des Wetters buchstäblich kurz vor dem Ziel. Nach Ansicht der Alliierten blieb das Schlachtschiff eine latente Gefahr.

DRITTES KAPITEL

Die Höhle des Löwen, Januar 1943–August 1944

Im Grunde hatte das Jahr 1943 für die Alliierten gut begonnen. Die schweren Beschädigungen, welche die Home-Fleet der ADMIRAL HIPPER während ihres erfolglosen Unternehmens am 31. Dezember 1942 zugefügt hatte sowie die Beschwerde Görings, daß dic Luftwaffe ihre kostbaren Ressourcen in Norwegen verschwenden müsse, veranlaßten Hitler, Raeder am 11. Januar wegen der schlechten Leistungen seiner Großkampfschiffe zur Rede zu stellen. Einige sollten abgerüstet und die schweren Geschütze als Küstenartillerie verwendet, andere wiederum zu Flugzeugträgern umgebaut werden. Der Großadmiral erhielt Anweisung, die nötigen Vorbereitungen zu treffen. Am 14. Januar allerdings legte er eine ausführliche Denkschrift vor, in der er die Konzeption einer »Fleet in Being« verteidigte: auch wenn sie im Hafen lägen, würden die Kriegsschiffe Teile der gegnerischen Flotte binden, die somit auf anderen Kriegsschauplätzen fehlten. Der Oberbefehlshaber der Kriegsmarine war ferner der Auffassung, daß das Abwracken der schweren Einheiten »für den Feind einen Erfolg [bedeute], der ihm kampflos in den Schoß geworfen wird«. Hitler zeigte sich jedoch unnachgiebig, und am 30. Januar trat Raeder daraufhin zurück.

Vierzehn Tage später nahm Admiral Karl Dönitz, der Befehlshaber der U-Boote, dessen Stelle ein. Aus diesem Amtswechsel konnten die Alliierten jedoch keinen Nutzen ziehen. Am 26. Februar gab Hitler seine Abwrackpläne auf und stimmte darüber hinaus zu, die Flotte in Norwegen durch die SCHARNHORST zu verstärken. Unterdessen war die Überholung der TIRPITZ abgeschlossen, sie führte vor Drontheim Seerprobungen durch. Am 21. Februar wurde Kapitän z.S. Topp zum Vizeadmiral befördert, und Kapitän z.S. Hans Meyer übernahm das Kommando des Schlachtschiffes. TIRPITZ, SCHARNHORST und LÜTZOW, unterstützt von drei Kreuzern, acht Zerstörern und 80 U-Booten, stellten ein gewaltiges Bedrohungspotential entlang der Nordmeerküste dar; Dönitz unterstellte den gesamten Kampfverband Vizeadmiral Oskar Kummetz.

Für Churchill gab es genug Gründe, Forderungen nach Luftangriffen zu erneuern. Am 13. Februar lies er dem Chief of Combined Operations, dem Paymaster General, dem Ersten Seelord, dem Chef des Stabes der RAF sowie dem Befehlshaber des Bomber Command eine in wütendem Ton gehaltene Note zukommen: »Haben Sie jegliche Anstrengungen zur Beschädigung der TIRPITZ aufgegeben, während sie sich in Drontheim befindet? ... Es ist schlimm, daß die Trophäe nur darauf wartet, gewonnen zu werden, und keiner unternimmt etwas.« Am 30. März schrieb er an Stalin und hob hervor, daß die Deutschen in Norwegen eine »mächtige Schlachtflotte« zurückhielten und die Gefahr für die

Nordmeergeleitzüge unvermindert groß sei. Gegenüber dem Ersten Seelord ließ er am 5. Mai eine Tirade voller Kampfeslust folgen: »Ich verlasse mich darauf, daß alle sich über die Bedeutung der Versenkung dieses Schiffes im Klaren sind und begreifen, daß Verluste in einem vernünftigem Rahmen in Kauf genommen werden müssen, um dies zu erreichen«. Zugleich bezweifelte er, ob der Einsatz amerikanischer Höhenbomber weiterhin eine mögliche Option darstelle. Zwei Monate später, am 16. Juli, betonte der Premierminister gegenüber dem Ersten Seelord, Sir Dudley Pound, wie tief besorgt er sei: »Die Vernichtung der T [*sic*] bleibt weiterhin eine Sache von allergrößter Wichtigkeit, dies kann den Verlauf des gesamten Seekrieges beeinflussen«.

Zu diesem Zeitpunkt allerdings tauchte eine recht ungewöhnliche Lösung des Problems mit der TIRPITZ auf. Barnes Neville Wallis, ein hervorragender Luftfahrtingenieur und stellvertretender Chefkonstrukteur (Rumpfkonstruktion) bei Vickers-Armstrong in Weybridge, Surrey, hatte 1941 das Projekt einer 10-Tonnen-»Erdbeben«-Bombe ausgearbeitet, die von einem »Stratosphären-Bomber« aus 12 000 Metern Höhe gegen eine Vielzahl von Objekten wie Kohlegruben, Dämme, Ölraffinerien und Schleusentore eingesetzt werden sollte. Bezeichnenderweise war auch eine »Unterwasser«-Version der Bombe entworfen worden. Das Konzept jedoch, das aus einer 117 Seiten starken, illustrierten Abhandlung bestand, wurde abgelehnt. Die Notwendigkeit, Staudämme zu zerstören, rückte jedoch bald in den Blickpunkt des Interesses, und Wallis begann mit der Untersuchung, einen Sprengkörper solcherart von einem in niedriger Höhe fliegenden Bomber abzuwerfen, daß er über die Wasseroberfläche springend gegen eine Staumauer prallen sollte. Dies erlangte freilich auch Bedeutung für einen Einsatz gegen Schiffsziele. Im Jahr 1942 arbeitete er gleichzeitig zwei Versionen seiner sogenannten »hüpfenden Bombe« aus – die eine, um eine Talsperre zu zerstören, die andere, um gegen ein Schlachtschiff eingesetzt zu werden.

Am 14. Mai stellte Wallis seine Idee einer »Kugelbombe – Überwasser-Torpedo« in einer überzeugenden, detailliert ausgearbeitenen Abhandlung vor. Eine kugelrunde Bombe, führte er aus, »war im Moment des Abwurfs gegen die anfänglichen Verwirbelungen, welche durch die Turbulenzen unter dem Flugzeugrumpf hervorgerufen werden, unempfindlich«. Dies ließ eine mehr zielgerichtete Flugbahn im Vergleich zu einer »gewöhnlichen Bombe« erwarten. Der Flugzeugführer sollte im Sturzflug herabstoßen, um dann abzufangen und seine Bombenzuladung in einer »Mindestflughöhe von acht Metern bei einer Geschwindigkeit von 143 m/sec« abzuwerfen, »so daß der Auftreffwinkel nicht größer als fünf Grad sein sollte«. Die zur Verfügung stehenden Daten ergaben unter diesen Bedingungen, daß die Bombe eine Strecke von 1000 Metern in fünf Sprüngen über das Wasser zurücklegen würde, der fünfte Hüpfer sollte kaum einen Meter Höhe, der erste etwa die halbe Abwurfhöhe erreichen. Der Doppelboden des Flugzeugs sollte durch »eine Reihe von Sperrholzbalken oder behelfsmäßig zusammengeschweißter Stahlträger« überbrückt werden, um etwaige Einstellungen an der Bombe zu ermöglichen. »Der Sprengkörper wird in unmittelbarer Nähe des Ziels absinken und durch einen hydrostatischen

Zünder auf einer zuvor eingestellten Tiefe zur Detonation gebracht. Die Sinkgeschwindigkeit ist dabei vergleichweise niedrig.« Trotz der Überschrift »Luftangriff gegen Staudämme« enthielt eine Abhandlung vom Januar 1943 weitere Informationen, die insbesondere auf einen Einsatz gegen die TIRPITZ Bezug nahmen. So zeigt Zeichnung Nr. 9 einen »Kugelförmigen Überwassertorpedo«, der in 300 bis 600 Metern Entfernung vom Ziel abgeworfen, eine »Durchschnittsgeschwindigkeit von etwa 240 km/h« erreichen sollte, auf die Schiffsseite auftreffen, aufgrund der entgegengesetzten Rotation ins Wasser eintauchen und auf einer Tiefe von »etwa 4,5 bis 6 Metern« unter dem Rumpf detonieren sollte. Da das Fahrzeug auf der Zeichnung neben einem steilen Abhang verankert gezeigt wird, ist ein gewisser Bezug zur TIRPITZ im Faettenfjord herzuleiten.

Trotz großen Rückhalts in der Admiralität, trotz einer achtzehnmonatigen Test- und Versuchsreihe im National Physical Laboratory in Teddington sowie auf den Übungsgeländen von Chesil Beach und Reculver, auf dem Loch Cairnbawn und dem Loch Striven in Schottland, konnte die kleinere Version jener Bombe, welche mit Erfolg gegen Staudämme in Deutschland eingesetzt worden war, nicht vollendet werden. Anfang September 1943 trafen die Stabschefs deshalb die Entscheidung, die meisten der Mosquitos von der 618. Staffel, welche zum Einsatz der Wallis-Bombe (mit dem Decknamen »Highball«) aufgestellt worden war, »für andere Aufgaben freizugeben«; allerdings wurde ein Stamm zurückbehalten, um mit »der Entwicklung sowie Einsatzübungen« fortzufahren. Im Grunde genommen war dieser ungewöhnliche Angriffsplan gegen die TIRPITZ damit aufgegeben worden.

Bald darauf jedoch wurde den Briten die Dringlichkeit erneut vor Augen geführt, sich mit dem deutschen Schlachtschiff zu befassen. Sein neuer Zufluchtsort allerdings stellte eine gewaltige Herausforderung für jeden Angreifer dar, sei es, daß dieser sich über Land, über See oder in der Luft heranschleichen wollte. Am 24. März verließ die TIRPITZ den Drontheim-Fjord, legte einen Zwischenstop in Narvik ein und ging dann im Kaafjord vor Anker, einem Nebenarm des Altafjords in der Finnmark nahe des Nordkaps, etwa 320 Kilometer nördlich von Narvik; dort lauerte sie, um über die Nordmeerkonvois herzufallen. Vom Eismeer und dem Lopphavet abzweigend, bildet der Altafjord ähnlich einer ganzen Reihe von Meeresarmen und Fjorden einen Schlupfwinkel. Die Einfahrt zum Lopphavet wiederum wird im Norden von der Landspitze bei Hasvik, im Süden von den befestigten Inseln Loppa und Silda beherrscht. Um in den Altafjord zu gelangen, der ungefähr in nordwest- bzw. südöstlicher Richtung liegt, muß ein Fahrzeug den Rogn- oder den Stjernsund befahren, die jenseits der dünnbesiedelten, aber befestigten Insel Stjernøy verlaufen. Der Kaafjord bildet einen von Nordost nach Südwest weisenden Nebenarm ungefähr am untersten Ende des Altafjord. Der Oxfjord, welcher in nord-südlicher Richtung vom Stjernsund abzweigt, und der Langfjord, der von West nach Ost verläuft, werden in der Geschichte der TIRPITZ ebenfalls eine besondere Rolle spielen. Das Hinterland ist übersät mit Erhebungen bis zu 600 Metern Höhe.

Westlich des Kaafjord steigt die Hügelkette von St. Haldde bis auf 347 Meter an, und im Westen, Osten und Süden wird er durch hügeliges Gelände mit bis zu 300 Metern Höhe eingegrenzt. Der Kaafjord ist etwa 6,5 Kilometer lang und 2,8 Kilometer breit, eine Sandbank ragt wie ein Stalagmit vom südlichen Ufer hinein und teilt ihn praktisch in zwei Hälften.

Am 6. September nahm die TIRPITZ in Begleitung der SCHARNHORST und zehn Zerstörern Kurs auf die norwegische Inselgruppe Spitzbergen, 650 Kilometer nördlich des Nordkaps gelegen, von wo Wetterstationen wertvolle Informationen für die Alliierten übermittelten. Am Abend des 7. September erreichte der Verband den Isfjord, die TIRPITZ hatte zur Täuschung des Gegners das White Ensign gesetzt. Bis zum Rückmarsch am 8. September um 12.00 Uhr Ortszeit hatten Landungsabteilungen Einrichtungen in der Umgebung zerstört und Gefangene genommen (darunter ein Brite), während die Kriegsschiffe weitere Niederlassungen an Land beschossen. Die TIRPITZ feuerte 52 Schuß aus ihren 38-cm- und 82 Schuß mit ihren 15-cm-Geschützen; sie hatte insbesondere Barentsburg unter Feuer genommen. Am 9. September um 17.30 Uhr lag sie wieder im Kaafjord. In einem Anflug von Übertreibung gab das britische Informationsministerium bekannt, daß »dieser Einsatz ... der Schwanengesang der deutschen Kriegsmarine gewesen ist ... [weil] die deutsche Schlachtflotte sich wieder in ihre Schlupflöcher in den Fjorden Nordnorwegens zurückgezogen hat«. Die Admiralität urteilte etwas pessimistischer: »[d]ieser Angriff hat gezeigt, daß das deutsche Schlachtschiff etwas aktiver wird«.

Im Kaafjord stellte die TIRPITZ deshalb weiterhin ein äußerst wichtiges Ziel dar, und am 22. September fand die Operation »Source«, ein Angriff durch Kleinst-U-Boote, statt. Zwei der sechs von normalen U-Booten über die Nordsee geschleppten »X-Craft« gelang es, mit Zeitzündern versehene Sprengladungen unterhalb des Schlachtschiffes zu lösen. Die deutsche Seite spielte die durch die Detonationen hervorgerufenen Beschädigungen herunter, die Admiralität jedoch sprach nach eigener Einschätzung vom 7. Dezember völlig zurecht von »beträchtlichen Schäden«.

Unglücklicherweise war die TIRPITZ trotz dieser tapferen Tat weder versenkt noch auf die Dauer lahmgelegt worden. »Highball« war nicht zustande gekommen, und während des gesamten Jahres 1943 war kein einziger erfolgreicher Luftangriff auf das Schlachtschiff unternommen worden. Einige Pläne schienen erfolgversprechend zu sein, um dann verworfen zu werden. Der Einsatz amerikanischer schwerer Bomber, der 1942 abgelehnt und dann von Churchill im Mai 1943 erneut erwogen worden war, wurde im Sommer wiederum diskutiert. Am 5. Juni erkärte das Bomber Command der 8. USAAF in Großbritannien seine Bereitschaft, »jedes der deutschen Großkampfschiffe mit unseren Fortress anzugreifen, falls sie sich in Reichweite befinden« – zwangsläufig kam die TIRPITZ mit auf die Rechnung. Zwölf Tage später wandte das Luftfahrtministerium dagegen ein, daß sich das deutsche Kriegsschiff im Kaafjord, unweit des Altafjord, jenseits der Reichweite der B-17 befinde, obwohl »Pläne ausgearbeitet worden seien, es anzugreifen, sobald es in Reichweite komme (d.h. nach

Drontheim)«. Am 19. Juni schlug die Joint Services Mission (JSM) in Washington vor, daß die Maschinen die TIRPITZ bombardieren und dann in die Sowjetunion weiterfliegen sollten, der Angriff könne auf dem Rückweg wiederholt werden. Das Luftfahrtministerium erhob Einwände. Die B-17 habe mit einer Zuladung von zwei 725-kg-Bomben eine maximale Reichweite 2230 Kilometern, »während die Entfernung zwischen dem Norden Schottlands und der nächstgelegenen Landepiste im Raum Murmansk per Altafjord 2300 Kilometer beträgt«. Am 25. Juni erteilte die JSM eine schlagfertige Antwort: die Reichweite einer B-17F – »Maschinen dieses Typs stehen für diesen Einsatz in Großbritannien in ausreichender Zahl zur Verfügung« – betrage 3300 Kilometer. Zugleich bat man das London Bomber Board um eine erneute Prüfung des Vorschlags. Drei Tage später mußte das Luftfahrtministerium eingestehen, daß der Einsatz, »vom Standpunkt der Reichweite her betrachtet, durchführbar« sei. Mit Unterstützung der britischen Chiefs of Staff trat es der Sache jedoch mit dem Einwand entgegen, die »Haupt«-Bomberoffensive gegen Deutschland würde »ernsthaft« beeinträchtigt; mit starker Jagdabwehr müsse gerechnet werden; ein genaues Bombardement aus großer Höhe sei wegen des zu erwartenden Nebelschleiers unmöglich; und die B-17 »würden schweren Luftangriffen ausgesetzt sein, während sie in Rußland auf ihren Ruckflug warteten«. Gelinde gesagt, die Briten waren nicht gerade begeistert, und das Projekt verschwand von der Bildfläche.

Als das Jahr 1943 zu Ende ging, blieb die unangenehme Schlußfolgerung, daß die Fähigkeit der TIRPITZ, für ein maritimes Chaos zu sorgen, weiterhin bestand. Für die zweite Hälfte des Polarwinters, von Januar bis März 1944, während die Reparaturarbeiten an der TIRPITZ teilweise im Schutz der Dunkelheit vorangehen würden, bereiteten die alliierten Stäbe einen mit Entschlossenheit durchzuführenden Luftangriff auf das einsam im Kaafjord liegende Schlachtschiff vor. Die SCHARNHORST war am 26. Dezember 1943 versenkt worden, und die LÜTZOW befand sich wieder in Deutschland. Die Feststellung der durch die Kleinst-U-Boote verursachten Schäden und Schätzungen, wann die TIRPITZ wieder einsatzfähig sein würde, erlangten hierfür größte Bedeutung.

Über das deutsche Schlachtschiff herrschte kein Informationsmangel, zusätzlich zu den Ultra-Erkenntnissen gab es eine breite Palette von Nachrichtenquellen: zwischen dem 1. Januar und dem 31. März erhielt die Naval Intelligence Division (NID) 66 Berichte. Allerdings war bei der Interpretation Vorsicht angeraten. Am 6. Januar wurde behauptet, daß die Stimmung auf der TIRPITZ wegen des Angriffs der Kleinst-U-Boote, des Verlusts der SCHARNHORST, »der Bombenangriffe auf Deutschland ... [und] der langandauernden Dunkelheit« »schlecht« sei. Dies stand jedoch im Gegensatz zu einer Meldung, die eine Woche später von schwer schuftenden Besatzungsmitgliedern berichtete, die von 750 an Bord der MONTE ROSA nach Norden verbrachten zivilen Fachkräften unterstützt wurden. Zwei voneinander unabhängige Berichte (einer bezog sich auf Bemerkungen eines »deutschen Bootsmanns«) vom 10. Januar behaupteten, daß »Leckagen, die [bei vorhergehenden Reparaturen] mit Zement abgedichtet« worden seien, nach einem »Übungsschießen« erneut aufgebrochen waren. Drei Tage später widersprach dem eine andere Quelle: die Geschütze seien »ausgeschwenkt ... bis jetzt nicht abgefeuert« worden. Trotz dieser Ungereimtheiten konnte die NID ein Zwischenfazit vorlegen: »In Norwegen werden vorläufige Reparaturen durchgeführt und ... diese Reparaturen werden noch etwa ein oder zwei Monate Zeit benötigen. Ohne Dockaufenthalt in einer deutschen Werft wird sie [die TIRPITZ] für einen längeren Einsatz nicht zur Verfügung stehen«. Am 30. Januar wurden ihre Bordflugzeuge in der Seeflugzeugstation Bukta entdeckt, dies war eine indirekte Bestätigung der Annahme, daß sie nicht einsatzfähig war. Zwei Tage später machte ein auf einem Ponton errichteter 20-Tonnen-Kran steuerbord achtern fest, in der Nähe lagen fünf Zerstörer, ein Flakschiff, das Werkstattschiff NEUMARK, ein Ponton zur Energieversorgung und ein Tanker. Die norwegische Hohe Kommission bestätigte am 9. Februar die Anwesenheit dieser Fahrzeuge und daß auf einer Kaianlage in der Nähe des deutschen Schlachtschiffes »ein großer eiserner Caisson in Bau [sei]«. Von geheimen Funkstationen stammten Informationen, wonach sich 200 »kleinere Raucherzeuger im Kaafjord« befänden, aber »keine Änderung des Tarnschemas beobachtet wurde. Die Tarnung besteht, von der Seeseite her betrachtet, aus dreieckigen, fächerförmigen Feldern in drei Farben. Der Rumpf ist vor dem vordersten Geschützturm und hinter dem achteren Geschützturm hellgrau bemalt, um das Schiff kürzer aussehen zu lassen«. Die Errichtung eines Stegs, »damit die Arbeiter von und zur MONTE ROSA [ihrem Werkstattschiff und Unterkunft] gelangen können, läßt vermuten, daß die Reparaturen noch einige Zeit andauern«.

Während der zweiten Monatshälfte trafen in London weitere Einzelheiten zu den Reparaturarbeiten, den umliegenden Verteidigungsstellungen und den Tarnmaßnahmen ein. Am 15. Februar photographierte ein sowjetischer Aufklärer die versammelten Marinefahrzeuge und Hilfsschiffe; die TIRPITZ »machte Dampf auf«. In der letzten Februarwoche wurde die Besatzung verstärkt. Während sie noch im Kaafjord vor Anker lag, schossen die beiden vorderen Türme des Schlachtschiffs am 3. März Salven auf eine Schleppscheibe. Sechs Tage später kam die Meldung, daß zivile »Fachkräfte«, die auf der TIRPITZ arbeiteten, angeblich behauptet hätten, im März sei sie zum Auslaufen bereit, ein vorsichtiger Auswerter fügte jedoch hinzu, »bereit zum Auslaufen« heißt nicht, daß sie »auslaufen wird«.

Nachdem sie am 4. März nochmals alles Revue passieren ließ, riet die NID zur Vorsicht. Die TIRPITZ hätte nach der Beschädigung im September 1943 den Fjord im Schlepp verlassen können, somit würden die Reparaturarbeiten in der Absicht durchgeführt, daß sie aus eigener Kraft fahren könne, und mit einer Maschine könne sie 18 kn erreichen. Nach einem Dockaufenthalt in Deutschland sei sie mit Sicherheit wieder »voll einsatzfähig, aber die Möglichkeit, daß sie zuvor an einer Unternehmung teilnehme, sei nicht völlig zu verwerfen«. Diese Schlußfolgerung wurde am 13. März durch eine weitere Zusammenstellung verfügbarer Angaben über den technischen Stand der Arbeiten mit dem zusätzlichen Hinweis bestätigt, daß die Reparatur vor Ort nicht ausgeführt würde, »wenn eine Instandsetzung der Hauptmaschinen nicht mehr möglich wäre«. Für den 20. März wurde die Seeklarmeldung der TIRPITZ erwartet. Seit dem Angriff der Kleinst-U-Boote hatte sie jedoch weder Seerprobungen durchgeführt noch Ausbildung betrieben; um die »volle Gefechtsbereitschaft« herzustellen, benötigte sie deshalb noch einige Zeit. Allerdings hatte das Schiff eine Probefahrt und Schießübungen im Altafjord durchgeführt. Zudem war ungewiß, ob sie nach Deutschland zurückkehren oder in Norwegen bleiben sollte, »um unsere Konvoiroute nach Rußland zu bedrohen und die norwegische Küste gegen eine Invasion von der See her abzuschirmen«. Möglicherweise verblieb nicht mehr viel Zeit, um mit ihr fertigzuwerden, bevor sie erneut zu einer aktiven Bedrohung wurde.

Die Sowjets hatten während der Wintermonate einen einzigen Luftangriff geflogen. In der Nacht vom 10. auf den 11. Februar waren 15 Flugzeuge, jedes mit einer 900-kg-Bombe beladen, bei Vollmond und guter Sicht gestartet, kurz darauf gerieten sie jedoch in einen Schneesturm. Nur vier Maschinen fanden das Ziel. Norwegische Beobachter berichteten von »keinen nennenswerten Schäden«, die Sowjets behaupteten ihrerseits, beinahe einen Treffer erzielt zu haben. Die Schwierigkeit, die TIRPITZ zu treffen, geschweige denn sie auszuschalten, war erneut schlagend unter Beweis gestellt worden. In einer Bestätigung des Angriffs setzte Rear-Admiral F.R. Archer, »Dienstältester Britischer Marineoffizier (SBNO) in Nordrußland«, die Admiralität am 6. April in Kenntnis, daß er »Golovko [den Oberbefehlshaber der Sowjetischen Nordmeerflotte] während der letzten beiden Monate nahezu täglich gedrängt habe, die TIRPITZ anzugreifen«.

Unterdessen hatten britische Stabsoffiziere ein umfassendes Bild von der Verteidigung der TIRPITZ und dem Fortschreiten ihrer Einsatzbereitschaft gewonnen, um Planungen und Zeitpunkt für einen weiteren Luftangriff festzulegen. Am 13. Februar 1944 stimmten die Sowjets zu, daß drei PRU-Spitfire in Vaenga, 16 Kilometer nordöstlich von Murmansk, stationiert werden konnten. Fünf Tage später verlangte die Admiralität, daß diese vor allem die genaue Position des Schlachtschiffes feststellen sollten, da es Hinweise auf einen Wechsel des Liegeplatzes seit Operation »Source« gebe. Auch sollten sie Behauptungen überprüfen, wonach die Zahl der Flakschiffe im Kaafjord bedeutend erhöht worden sei. Am 28. Februar trafen Bodenpersonal der PRU und Photoauswerter in Murmansk ein. Das erste Catalina-Flugboot, welches Photos zurück nach England bringen sollte, erreichte die nahegelegene Kolabucht am 6. März, und am folgenden Tag landeten die Spitfire. Die Koordination der Aufklärungseinsätze über dem Altafjord zwischen RAF und Sowjets stellte die erste zu überwindende Hürde dar; diese war allerdings leichter zu nehmen als die Launen des Wetters. Wegen niedrig hängender Wolken mußte der RAF-Flug am 12. März abgesagt werden; am folgenden Tag war die »Admiral von Tirpitz« (wie manch alliierte Quelle das Schiff weiterhin bezeichnete) an ihrem »üblichen Liegeplatz«, im Schutze eines Abhangs an der Westseite des Kaafjord zu sehen. Der

Einsatzflug am 17. März bestätigte dies, zusätzlich wurden vier Zerstörer im benachbarten Langfjord entdeckt. Bei diesem Einsatz allerdings machten »schlechte Lichtverhältnisse« und drei Tage später ein Schneesturm die Hoffnung auf gute Bilder zunichte. Am 26. März gab die Admiralität eine dringliche Meldung durch, daß die Tirpitz »nunmehr ... fahrbereit sei« und tägliche Aufklärungsflüge durchgeführt werden sollten. Wegen der rauhen Wetterverhältnisse konnten zwischen dem 27. März und dem 2. April aber nur drei Einsätze geflogen werden.

Die durch Ultra entschlüsselten Funksprüche waren wesentlich ergiebiger. Im Januar zum Beispiel ließ ein mit scharfen Worten geführter Spruchwechsel zwischen der TIRPITZ, dem Bergungskommando und dem Marinearsenal Kiel auf eine Beunruhigung wegen des Ausbleibens versprochener Ausrüstungsgegenstände schließen, Kiel mußte Ölpumpen auf der außer Gefecht gesetzten GNEISENAU ausbauen, um die Wünsche des Schlachtschiffes zu befriedigen. Das bedeutete, daß alles unternommen wurde, um die TIRPITZ wieder flott zu bekommen. Am 13. Januar erlitt die deutsche Seite einen schweren Rückschlag, als ein 100-Tonnen-Kran, der von Tromsö zum Altafjord verlegen sollte, bei schwerem Wetter beschädigt wurde und umkehren mußte. Drei Tage später beschwerte sich die TIRPITZ darüber, daß ein Frachtschiff ohne die erwarteten Vorräte für Taucher eingetroffen sei: »Die bestellte Ausrüstung wird dringend benötigt, und jede weitere Verzögerung der Lieferung gefährdet den Fertigstellungstermin«. Und am 7. Februar entstand ein unziemliches Gerangel mit dem örtlichen U-Bootkommando wegen der vorrangigen Inanspruchnahme des Werkstattschiffs HUASCARAN.

Ultra gelang es, bestimmte Einzelheiten über dringliche Schutzmaßnahmen und die Bewegungen der TIRPITZ zu enthüllen. Der Einsatz der Kleinst-U-Boote hatte den Deutschen offensichtlich einen Schrecken eingejagt. Am 6. Januar forderte der Admiral Polarküste den »sofortigen« Schutz des Altafjords und eine Beschleunigung von Minenlegeaktivitäten. Vorbereitungen zur Verbesserung oder zur Einrichtung von tiefgehenden U-Bootnetzen bei Sopnes, Auskarneset und im Langfjord, die am 4. Februar erörtert worden waren, führten bei den Briten zu Spekulationen, ob die TIRPITZ entweder bald ihren Liegeplatz wechselte oder die Ankunft »einer weiteren schweren Einheit« zu erwarten stand. Meldungen über die Fertigstellung dieser Schutzmaßnahmen gingen in den folgenden Wochen hin und her, und am 22. März waren die Arbeiten im Langfjord noch immer nicht beendet. Anfang Februar stellte sich heraus, daß Seeflugzeuge regelmäßig und häufig U-Bootaufklärung entlang der Küste, über dem Alta- und dem Kaafjord flogen. Am 12. Februar wurde auf der TIRPITZ ein falscher U-Bootalarm ausgelöst, ein erneuter Hinweis auf einen hohen Grad an Nervosität.

Die Bedrohung durch Luftangriffe hatte eine große Bedeutung in den Überlegungen des Gegners erlangt. Am 14. Januar ließ eine Vernebelungsübung schwere Mängel erkennen, und der Befehlshaber der Kampfgruppe forderte »weitere zusätzliche Batterien in den Hügeln und fünf zusätzliche Fischkutter«

an, die neuen Geräte sollten von den Stellungen bei Bogen und am Nordkap abgezogen werden. Am 15. Februar sorgte die Sichtung des ersten PRU-Aufklärers in der Gegend seit dem 23. November für eine besondere Stellungnahme. Sechs Tage später wies der Befehlshaber der Kampfgruppe unter Berücksichtigung kürzlich erfolgter Angriffe mit Lufttorpedos gegen Minenleger auf »Schwächen in unserer Jagdabwehr« hin und verlangte sofortige Verstärkungen. Am 31. März erzeugten Meldungen über zwei Aufklärungsflugzeuge der RAF, die von Osten (d.h. der UdSSR) her über den Kaafjord geflogen waren, für einige Bestürzung. Am folgenden Tag hatte eine Spitfire die Liegeplätze der Kriegsschiffe im Raum Alta »mit Sicherheit erfaßt«.

Auf der britischen Seite sorgten abgefangene Enigma-Meldungen über die Fortschritte, die die TIRPITZ machte, für wachsende Beunruhigung. Am 14. März informierte das Schlachtschiff die vorgesetzten Dienststellen, daß es am 15./16. März Probefahrten im Altafjord durchzuführen beabsichtige. Und am 16. März diente die Ankündigung, daß die TIRPITZ und ihre Begleitzerstörer eine besondere Kampfgruppe unter dem Befehl des Kommandanten des Schlachtschiffes bilden würden, als Vorbote einer unmittelbar bevorstehenden Unternehmung: »Die Tragweite der Neugliederung in Verbindung mit den künftigen Bewegungen der TIRPITZ kann noch nicht eingeschätzt werden.« Am 17. März setzte das Schlachtschiff einen Bericht über die Probefahrten ab: »Schiffskörper, Geschütze und Antriebsanlage sind vom Standpunkt des Materials her betrachtet voll einsatzfähig.« Die Fernmeldeeinrichtungen waren jedoch noch unvollständig und »unannehmbare Vibrationen der Marschturbinen mittschiffs« bedeuteten, daß Teile der Antriebsanlage nach Mannheim zur Reparatur geflogen werden mußten: »Anmerkung. Eine Verlegung der TIRPITZ nach Süden scheint nicht unmittelbar bevorzustehen.« Ein weiterer Bericht des Nachrichtendienstes ging davon aus, daß sie während der Probefahrten 27 Knoten erreicht habe.

Am 22. März berichtete die TIRPITZ über weitere Probleme mit den Fernmeldeeinrichtungen: sämtliche Fernschreiber bedürften »dringend« einer Wartung durch einen Techniker. Innerhalb weniger Tage waren die Schwierigkeiten jedoch überwunden, und am 31. März bestätigte das Schlachtschiff, daß es an diesem Tag an seinem üblichen Liegeplatz im Kaafjord innerhalb des »Netzkastens Nr. 1« verbleibe – doppelte Netzsperre. Außerdem kündigte das Schiff an, daß die für den 1. April angesetzten Meilenfahrten auf den 3. April, 05.30 Uhr, verschoben worden seien. An diesem Tag sollte die TIRPITZ zu »MES-Meßfahrten in den Altafjord« auslaufen, danach waren Probefahrten mit Höchstgeschwindigkeit im Stjern- und im Vargsund vorgesehen, um 18.00 Uhr sollte sie in den Kaafjord zurückkehren.

Der Kaafjord liegt etwa 120 Kilometer von der Einfahrt zum Altafjord entfernt, die Zufahrt war mit einer Netzsperre gesichert; die TIRPITZ lag im Schutz eines verbesserten, neuen »Netzkastens«. Infolge der nicht zur Zufriedenheit verlaufenen Übung am 14. Januar waren weitere Nebelbatterien auf den umliegenden Hügeln aufgestellt sowie schätzungsweise 20 Fischkutter mit Nebelbatterien vor

Anker gegangen; acht Flakbatterien waren am Fjordufer verteilt worden. Während des Winters hatte das Schlachtschiff tatsächlich zwei Liegeplätze in Anspruch genommen, die am westlichen Arm des Fjordes einander gegenüberlagen. Es schien offensichtlich, daß der östliche der beiden genutzt wurde, während der »übliche«, westliche Liegeplatz im Barbrudalen im Ausbau begriffen war. Die leichte Flakbewaffnung der TIRPITZ war durch den Einbau von 2-cm-Vierlingslafetten C/38, die unter anderem auf den Decken der Türme B und C aufgestellt worden waren, verstärkt worden. Theoretisch konnte das Schlachtschiff nunmehr an jeder Schiffsseite aus neun 2-cm-Einzel- und neun 2-cm-Vierlingsflakgeschützen etwa 8500 Schuß pro Minute abfeuern.

In der dritten Märzwoche kam die Admiralität zu dem Schluß, daß ein Einsatz der TIRPITZ gegen einen »gutgeschützten Konvoi« unwahrscheinlich sei, »sie aber vielleicht auslaufen werde, falls gewiß sei, daß keine Gefechte mit Großkampfschiffen oder Flugzeugträgern zu erwarten stünden«. Da der Feind einiges darauf setze, den Nachschub für die UdSSR zu unterbinden, »mag dies einen Einfluß auf ihn ausüben, mit der TIRPITZ in ihrem jetzigen Zustand ein größeres Risiko als sonst einzugehen«. Man könne deshalb davon ausgehen, daß die TIRPITZ »voll einsatzbereit« sei und eine Konvoisicherung durch Schlachtschiffe für den JW 58 erforderlich werde. Im März traf eine Flut von Berichten aus Norwegen ein, die auf Beobachtungen von Land aus bzw. von Frachtschiffen im Fjord basierten und die Fahrbereitschaft des Schiffes bezeugten; in Wirklichkeit hatten jedoch noch keine Seerprobungen stattgefunden. Nichtsdestoweniger schien ein weiterer Einsatz dringend geboten, um die TIRPITZ auszuschalten.

Seit geraumer Zeit waren Vorbereitungen im Gange, das Schiff an seinem Liegeplatz anzugreifen. Am 19. März kam der Erste Seelord »zu dem Ergebnis, »daß wir eine sehr starke Streitmacht zur Verfügung haben, vorausgesetzt wir treffen die TIRPITZ an und wählen den richtigen Zeitpunkt für einen Einsatz. Es hängt ziemlich viel von der Gründlichkeit unserer Aufklärung und der Geheimdiensttätigkeit ab, um den Oberbefehlshaber der Home-Fleet in die Lage zu versetzen, den Auslauftermin zu bestimmen.« Operation »Tungsten« nahm Gestalt an.

In den Stäben der Marine und Luftwaffe waren die Pläne für eine solche Operation bereits seit Dezember 1943 erörtert worden, sie nahmen im neuen Jahr unter Leitung von Vice-Admiral Sir Henry Moore (dem Stellvertretenden Oberbefehlshaber der Home-Fleet) in Zusammenarbeit mit seinem Stabschef, Capt. L.D. Mackintosh, Gestalt an. Am 29. Januar wurde der Oberbefehlshaber der Home-Fleet von der Admiralität vorgewarnt: »Im Hinblick darauf, daß die Ausschaltung der TIRPITZ eine große Bedeutung besitzt, möchten wir Sie um einen Angriff mit Marinefliegern auf die TIRPITZ im Altenfjord in der Zeit vom 7.–16. März ersuchen.« Der Verband sollte aus den Flugzeugträgern VICTORIOUS (Farey Barracuda-Bomber und Jägern Typ Chance-Vought-Corsair), FURIOUS (eine Staffel Barracuda und so viele Jäger Typ Supermarine Spitfire wie möglich), EMPEROR (Jäger Typ Grumman Hellcat), PURSUER und SEARCHER (Jäger Typ Grumman Wildcat) bestehen. Die Seafire sollten den Schiffsverband aus der Luft decken, die Barracuda einen Tagangriff auf die TIRPITZ fliegen, begleitet von den »amerikanischen Jägern«, die mit abwerfbaren Zusatztanks ausgerüstet waren. Das Luftfahrtministerium »prüfte die Möglichkeit eines gleichzeitigen Bombenangriffs« – jedoch nicht mit dem nötigen Nachdruck, wie sich herausstellte.

Am 9. Februar informierte der ACAS (Ops) seinen Vorgesetzten. Meldungen des Geheimdienstes hätten die Admiralität davon überzeugt, daß die TIRPITZ »etwa Ende März« den Altafjord verlassen könne, somit sei ein Angriff von trägergestützten Flugzeugen für Mitte März mit 33 Barracuda (jede sollte eine 230-kg-Bombe tragen) in Planung, die von 70 oder möglicherweise auch 100 Jägern des Fleet Air Arm begleitet werden sollten. Der Erste Seelord habe bei der RAF bzw. der USAAF um koordinierte Bombenangriffe auf die TIRPITZ oder um Ablenkungsangriffe nachgesucht. Eine Studie sei angefertigt worden; der Flottenstab habe zugestimmt, daß das Bomber Command bei Nacht »keinerlei Aussicht auf einen erfolgreichen Angriff hat«. Die Amerikaner glaubten, daß 120 ihrer Tagbomber bei einem Angriff auf die TIRPITZ von sowjetischen Basen aus ein oder zwei Treffer mit 900-kg-AP-Bomben aus 3000 bis 6000 Metern Höhe erzielen könnten. Jedoch würden »die Unbeständigkeit des Wetters und die Schwierigkeiten, ihre Einsätze mit jenen des Fleet Air Arm zu koordinieren, [..] ihren Beitrag zur Operation als wenig sinnvoll erscheinen lassen«. Air Vice-Marshal W.A. Coryton war der Ansicht, daß die Royal Navy »übertriebenen Optimismus« an den Tag lege. Es sei unsinnig anzunehmen, daß die etwa fünf Treffer mit 230-kg-SAP-Bomben, von denen man ausgehe, die »Feuerleitanlage« der TIRPITZ schwer beschädigen würden. Coryton glaubte, daß lediglich eine »hauchdünne« Chance für einen solchen Erfolg bestehe und daß es »fraglich [sei], ob sich die [Operation] ›Thrustful‹ [die ursprüngliche Bezeichnung für ›Tungsten‹] in der Tat lohnen wird«.

Weder die Bomber der RAF noch jene der USAAF nahmen teil, und falls der Fleet Air Arm je über Corytons düstere Voraussage Kenntnis erhalten hat, zeitigte dies keinerlei Wirkung. Eine Denkschrift der Admiralität vom 18. Februar bemerkt, daß fünf Flugzeugträger 120 Jäger zur Verfügung stellen könnten, um mit der geschätzten Stärke der deutschen Jagdwaffe von 71 (darunter 27 Flugboote) Maschinen fertigzuwerden. Angesichts dieser dürftigen Präsenz der gegnerischen Luftwaffe im Raum Altafjord stellte der Erste Seelord die Frage, warum die Zahl der FAA-Jäger nicht vermindert und die Anzahl der Bomber dafür erhöht werde. Admiräle neigen dazu, ihre Ansichten durchzusetzen. Am 22. Februar wurden die Zahlen für Operation »Thrustful« richtiggestellt, nunmehr sollten 42 (nicht 33) Barracuda von 28 Corsair, 20 Hellcat und 40 Wildcat begleitet werden. Die Möglichkeit, noch 24 Avenger auf zwei weiteren Geleitträgern mitzunehmen, war verworfen worden, weil die Avenger als Bomber nichts taugte und sieben Flugzeugträger eine weit größere Zahl an Geleitschiffen erfordert hätten. Da die VICTORIOUS ins Dock mußte, wurde die Operation »um ungefähr zwei Wochen« verschoben.

Die Verzögerung erwies sich unerwartet als vorteilhaft, weil sie den beiden Corsair-Staffeln (1834. und 1836.), welche am 12. Februar bzw. am 8. März auf dem Träger landeten, Zeit gaben, sich auf die Operation vorzubereiten. In seinem nach dem Einsatz verfaßten Gefechtsbericht erachtete Vice-Admiral Moore den Dockaufenthalt der VICTORIOUS allerdings als Nachteil für die »erst vor kurzem aufgestellten Einheiten«. Darüber hinaus seien die beiden Barracuda-Staffeln (829. und 831.), welche die 8. Torpedobomber-Aufklärungs-(TBR-)Einheit bildeten, noch nie Einsätze im Verband geflogen. »Ein naturgetreues Übungsziel für Bombenabwürfe und Bordwaffenbeschuß«, das mit Bojen markiert war und die TIRPITZ im Kaafjord darstellen sollte, »wurde im Loch Eriboll nahe Caithness inklusive Nebelbatterien, Attrappen von Flakgeschützen und Knalleffekten eingerichtet«. Einige der damals Beteiligten behaupten, daß vielmehr eine geeignete Insel und keine Bojen die Rolle der TIRPITZ übernahm, mit Bändern markierte Flächen stellten Flakpositionen dar. Die Besatzungen erhielten Karten des Zielgebiets zur wirklichkeitsnahen Ausbildung. »Ungünstige Wetterverhältnisse« wurden durch »zahlreich durchgeführte Übungen [gemeistert] ... [welche] sich als unschätzbar wertvoll herausstellten«: bei der 827. Staffel wurden ab dem 14. März täglich intensiv Sturzflugbombardements geübt. Am 28. März erfolgte eine Generalprobe, die Moore als äußerst erfolgreich beurteilte, manche der Beteiligten aber als »heilloses Durcheinander« bezeichneten. Unterdessen wurde die Fertigstellung des Einsatzplans dadurch verkompliziert, daß Flugzeugträger von drei verschiedenen Schiffsklassen sowie fünf unterschiedliche Flugzeugmuster, von denen wiederum drei kaum einen Einsatz bei der FAA gesehen hatten, beteiligt waren. Zudem hatten die Besatzungen drei der vier vorgesehenen Bombentypen zuvor noch niemals abgeworfen. Um die gegnerischen U-Boote und Aufklärer nach Osten zu locken, sollte der Angriff am 4. April stattfinden, wenn der nach Murmansk bestimmte Konvoi JW 58 die Bäreninsel passiert hatte.

Einzelheiten der Planungen erfuhren im Februar und März Ergänzungen. Lt. Cdr. F.R.A. Turnbull, Führer der 47. Staffel, bestätigte im nachhinein, daß andere Staffelführer und Stabsoffiziere »während und nach den Übungen ... an Besprechungen teilnahmen«, um sich auf einen »sehr sorgfältig geplanten und durchexerzierten Einsatz« vorzubereiten, was darauf hindeutet, daß diese Offiziere zu einem recht frühen Zeitpunkt über das Ziel der Operation Bescheid wußten. Unter den Informationen, die während des Planungsprozesses zu beachten waren, befand sich auch ein Funkspruch des Luftwaffenattachés in Moskau: »Hinweise zur Flugzeugerkennung in russisch vielleicht hilfreich, meine jedoch, daß hoher Prozentsatz in Roter Armee Analphabeten. Beträchtliche Verwechslungsgefahr mit Deutschen wegen ähnlicher Uniformfarbe zwischen RAF und Luftwaffe.« Er riet dazu, daß beschädigte Flugzeuge nach Schweden fliegen sollten und nicht in die UdSSR. Am 4. März löste »Tungsten« »Thrustful« als Deckname für den Einsatz ab, und ein sechster Flugzeugträger, die FENCER, stieß zu den fünf bislang vorgesehenen hinzu.

Gemäß des endgültigen Plans transportierten die beiden Flottenträger den Angriffsverband: zwölf Barracuda Sturzkampfbomber von der 827. Staffel und neun von der 829. Staffel auf der VICTORIOUS; neun der 830. Staffel und zwölf der 831. Staffel auf der FURIOUS. Der Luftschirm für den Einsatz sollte jeweils aus 14 Corsair der 1834. und 1836. Staffel von der VICTORIOUS bestehen. Jeweils zehn Jäger der 800. und 804. (Hellcat) der EMPEROR, der 881. und 896. (Wildcat) der PURSUER, der 882. und 898. (Wildcat) der SEARCHER sollten den Jagdschutz für die Bomber übernehmen und die Flakstellungen ausschalten. 18 Seafire von der 801. und 880. Staffel der FURIOUS waren für den Schutz des Flottenverbandes vorgesehen und flogen Feindaufklärung. Zwölf Swordfish der 842. Staffel und acht zusätzliche Wildcat der FENCER übernahmen U-Jagd-Aufgaben.

Der Angriffsverband war in zwei Wellen von jeweils 21 Barracuda aufgeteilt, die eine Kombination aus einer 725-kg-AP- (0,08 Sek. Verzögerungszünder), einer 270-kg-Bombe zur U-Bootbekämpfung (hydrostatische Pistole eingestellt auf 10 Meter), 230-kg-SAP- (0,14 Sek. Verzögerung) und 230-kg-MC-Bomben (Aufschlagzünder) mitführten. Die 725-kg-AP-Bombe »konnte schwere Schäden verursachen, falls sie aus einer Höhe über 1000 Metern abgeworfen wurde«, die 230-kg-SAP-Bombe »konnte ernsthafte Schäden unter Deck anrichten«, die 270-kg-A/S-Bombe »konnte bei einem Nahtreffer schwere Unterwasserschäden verursachen«, und »der hauptsächliche Wert« der 230-kg-MC bestand darin, »die Verluste unserer eigenen Bomber gering zu halten, indem sie auf Deck explodieren und die ungeschützten Flakmannschaften ausschalten sollte«. Ein Vorschlag, die Hellcat der EMPEROR neben Zusatztanks mit 230-kg- oder 450-kg-Bomben auszurüsten, wurde als »undurchführbar« abgelehnt, obwohl diese Taktik bei späteren Angriffen auf die TIRPITZ angewandt wurde. VICTORIOUS und FURIOS sollten kurz vor Einsatzbeginn die 831. und 827. Staffel gegeneinander austauschen. Eine komplette Formation TBR konnte somit zugleich von den beiden Trägern aus gestartet werden. Die erste Welle setzte sich somit aus Barracuda der 827. und 830. Staffel zusammen, die Befehl hatten, ihren Sturzflug aus einer Höhe von 2400 Metern unter einem Winkel von 50–60 Grad zu beginnen, ihre 230-kg-Bomben aus 750 Metern und ihre 725-kg-AP-Bomben, überraschenderweise, aus 900 Metern »oder darunter« auszuklinken. Die Bomber sollte das Ziel »in Längsrichtung [angreifen], eine Staffel von vorn, eine von achtern«. Die zweite Welle aus Barracuda (52. TBR) der 829. und 831. Staffel sollte aus 3000 Metern Höhe unter einem Winkel von 45–55 Grad zum Sturzflug ansetzen und nach ähnlichem Muster wie die erste angreifen. Die Maschinen beider Wellen sollten ihre 230-kg-MC-Bomben zuerst abwerfen. 42 Jäger waren als Begleitschutz für jede Welle vorgesehen; sie waren jeweils zur Hälfte mit Leuchspur- und AP-Munition zum Bestreichen von Flakstellungen und zur Bekämpfung der Flugabwehr des Schlachtschiffes ausgerüstet.

Am 30. März gegen Mittag verließ die VICTORIOUS Scapa Flow als Teil eines mächtigen Verbandes der Home-Fleet. Dieser setzte sich aus zwei Schlachtschiffen, welche von zwei Kreuzern und Zerstörern begleitet wurden, zusammen und stand unter dem Oberbefehl von Admiral Sir Bruce Fraser. Die restlichen fünf Flugzeugträger in Begleitung von Kreuzern, Zerstörern und Versorgungsschiffen liefen unter dem Kommando von Rear-Admiral A.W. La T. Bisset (Rear-Admiral Geleitträger) am selben Tag als eigenständige Kampfgruppe um

17.15 Uhr aus. Am Nachmittag des 3. April sollten sich beide Verbände auf einem Treffpunkt etwa 250 Meilen nordwestlich des Altafjords vereinigen. Die VICTORIOUS sollte demnach zu Bissets Kampfgruppe stoßen, um während der Dämmerung des folgenden Tages einen Angriff auf die TIRPITZ zu führen. Kurz nach dem Auslaufen wurden sämtliche Piloten mit dem Ziel der Operation vertraut gemacht, unterwegs folgten weitere Einsatzbesprechungen. Das letzte Briefing sollte eine Stunde vor dem Start durchgeführt werden, die Flugzeuge mußten am Vorabend des Einsatzes bis 17.00 Uhr aufgetankt und gewartet, bis 18.00 Uhr mit Bomben ausgerüstet sein. Dioramen des Alta-, Kaa- und Langfjords, von der RAF in Medmenham angefertigt, wurden zusammen mit einer Vielzahl von Photos, die verschiedene Ansichten des Zielgebiets zeigten, an alle Träger verteilt. Der Kommandant der VICTORIOUS bestätigte später, daß er das »Geheimnis schon im Voraus« mehreren Offiziere gegenüber gelüftet habe, die Bordfunker wußten bereits 48 Stunden zuvor Bescheid. Piloten und Beobachter genossen zehn Stunden lang Einsatzbesprechungen an Bord. Am 29. März, kurz vor dem Auslaufen, waren in ähnlicher Weise auch auf der FURIOUS Einsatzbesprechungen im Vorraum der Offiziersmesse mit Hilfe eines großen Reliefmodels des Gebiets um den Altafjord [durchgeführt worden] ... das die Stellungen der leichten und schweren Flak, Flugfelder usw. zeigte ... Photos und Karten gab es«, nach den Worten des Beobachters einer Barracuda, »reichlich«. Eine Mitteilung des Oberbefehlshabers enthielt eine Warnung, daß sich die TIRPITZ nach dem Angriff der Kleinst-U-Boote wieder der Einsatzbereitschaft nähere.

Das Ausbleiben der feindlichen Luftaufklärung in Verbindung mit Informationen aus Ultra über den Fortgang der Probefahrten hatten Fraser davon überzeugt, daß »eine Bedrohung für den Konvoi« durch die TIPRITZ »unwahrscheinlich« war. Am 1. April um 14.35 Uhr erfuhr Bisset, daß der Einsatz um 24 Stunden vorgezogen werden sollte, was eine Kursänderung zur Folge hatte, um den Treffpunkt näher an das Nordkap heran zu verlegen. Die Geschwindigkeit wurde auf 16,5 Knoten erhöht, die beiden Tanker blieben deshalb zurück. Das Schlachtschiff ANSON (mit Vice-Admiral Sir Henry Moore an Bord, der den Einsatz leiten sollte) und die VICTORIOUS stießen somit am Sonntag, dem 2. April, um 16.00 Uhr zu Bissets Verband; die DUKE OF YORK und ihre Begleitzerstörer liefen Richtung Nordwest. Während einer Einsatzbesprechung für Stabsoffiziere um 17.15 Uhr auf der VICTORIOUS stellte sich heraus, daß auf dem Träger die Uhren um eine Stunde auf DBST vorgestellt worden waren, die FURIOUS und die ANSON dies aber versäumt hatten. Um 19.00 Uhr nahm Moore Kurs auf eine Position 120 Meilen nordwestlich des Kaafjord, unterwegs tauschten VICTORIOUS und FURIOUS ihre Staffeln aus. Moore hatte sein Flaggschiff und die beiden Flottenträger der Force 7 bei sich; die Force 8 unter Bisset auf dem Kreuzer ROYALIST bestand aus den vier Geleitträgern. Beide Verbände wurden von weiteren Kreuzern und Zerstörern begleitet. Um das Auslaufen von Bissets Verband abzuschirmen, war vom 30. März bis 5. April ein umfangreicher fingierter Funkverkehr in Gang gesetzt worden, der Mitteilungen seiner Schiffsein-

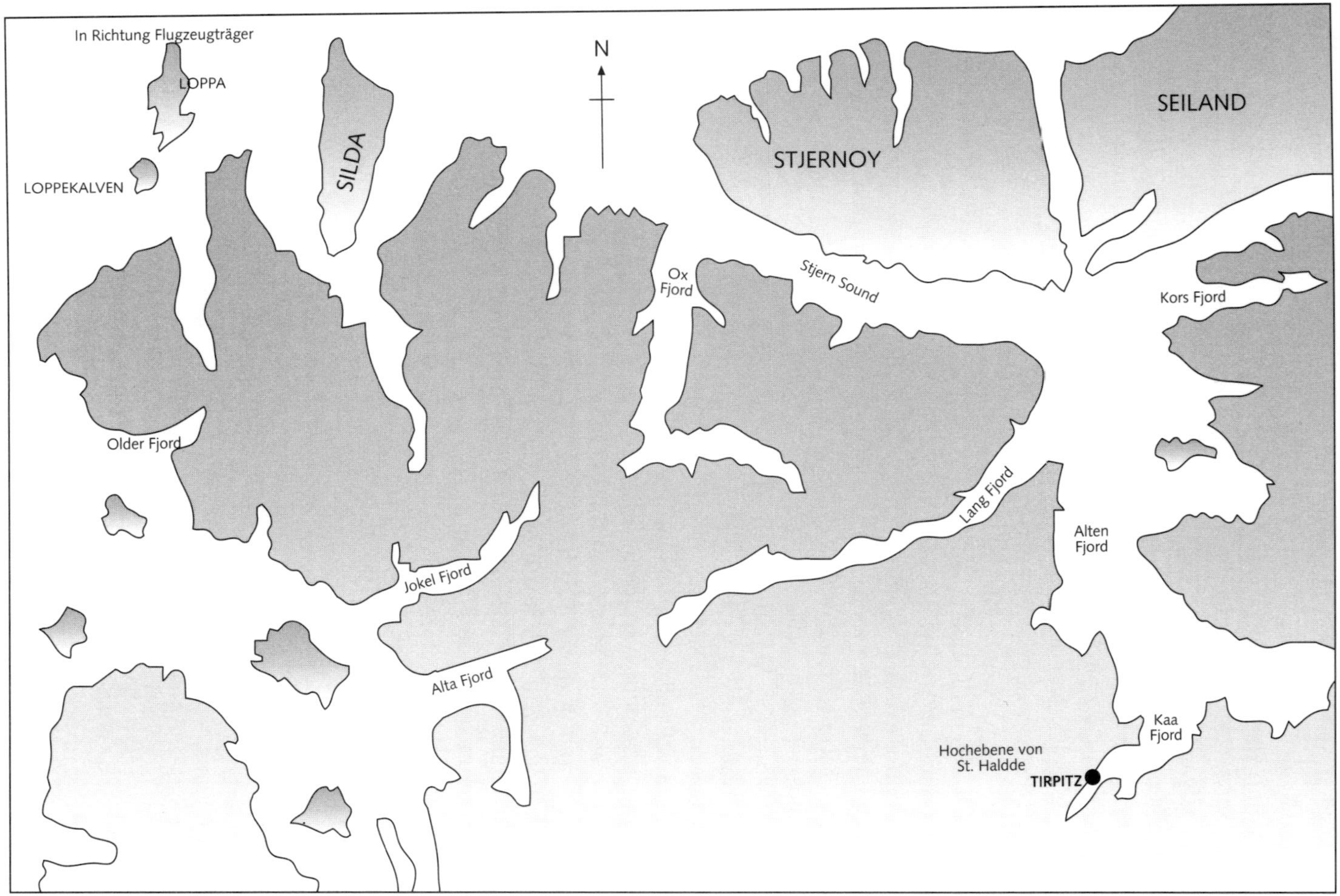

Das Zielgebiet der Angriffe von Trägerflugzeugen des Fleet Air Arm, April bis August 1944.

heiten nachahmte und den Flugplatz in Hatston, Loch Eriboll, Scapa Flow, die KENT, die RODNEY und das Troßschiff TYNE mit einschloß.

Der Beginn der Operation war für den 3. April, 04.15 Uhr DBST festgesetzt. Auf der VICTORIOUS wurde die Besatzung um 01.30 Uhr, einer »gräßlichen Uhrzeit«, geweckt, die letzte Einsatzbesprechung begann um 03.30 Uhr. Das Wartungspersonal ließ die Motoren um 03.15 Uhr warmlaufen, die Flugzeugbesatzungen stiegen etwa 45 Minuten später in ihre Maschinen. Zwischen 04.15 Uhr und 04.23 Uhr starteten zehn Corsair, gefolgt von zwölf Barracuda der 827. Staffel (zwei mit einer einzelnen 725-kg-AP-Bombe, acht mit drei 230-kg-MC- und zwei mit zwei 270-kg-A/S-Bomben) sowie einer weiteren Corsair (04.24–04.30 Uhr), sämtliche Maschinen benötigten 14 Minuten und 9 Sekunden, um in die Luft zu gelangen. Unterdessen, von 04.23 bis 04.24 Uhr, hatten auf der FURIOUS zwei Seafire zur Deckung des Flottenverbandes abgehoben, die neun Barracuda der 830. Staffel (fünf mit einer 725-kg-AP-Bombe, vier mit drei 230-kg-SAP-Bomben) starteten zwischen 04.24 und 04.28 Uhr. Nachdem sie sich formiert hatte, nahm die erste Welle um 04.36 Uhr unter Lt. Cdr. R. Baker-Faulkner Kurs auf die TIRPITZ. Rear-Admiral Bisset meinte, »daß der Flug dieses gutformierten Verbandes ein überwältigender Anblick war, die Sonne war gerade aufgegangen«; Capt. M.M. Denny auf der VICTORIOUS bemerkte, daß die Besatzungen »das Deck des Flugzeugträgers in fröhlichster Stimmung und überquellend vor Selbstvertrauen« verlassen hätten. Die erste Welle flog anfangs sehr niedrig, um nicht vom Radar erfaßt zu werden, dann stieg sie 40 Kilometer vor der Küste auf 3000 Meter, um 05.08 Ortszeit (gleich DBST) überflog sie die Küstenlinie 60 Kilometer nördlich der TIRPITZ. Da die Barracuda nur eine Geschwindigkeit von 250 km/h erreichten, mußte der aus Hellcat zusammengesetzte Luftschirm der Geleitträger mit 350 km/h in Schlangenlinien hin und her fliegen, um eine lose Formation zu halten. Drei Minuten zuvor hatte das gegnerische Radar die anfliegenden Maschinen erfaßt, aber aus unerklärlichen Gründen erhielt das Ziel diese Information erst um 05.24 Uhr, als es gerade dabei war abzulegen, um die verschobenen Probefahrten durchzuführen. Kapitän z.S. Meyer gab den Flakbedienungen unverzüglich Befehl, auf ihre Stationen zu gehen, und ließ die Schotten schließen, jedoch blieben etwa 20 Prozent der Türen geöffnet, als der Angriff begann. Die Barracuda und ihr Begleitschutz überquerten Loppa um 05.15 Uhr, um über Jokel und den Langfjord das Ziel anzufliegen. Als die Jäger um 05.28 Uhr den hohen Bergkamm erreichten, der den Kaafjord überragt, hatte sich der Nebelvorhang nur unvollständig ausgebreitet. Lt. Cdr. J. Cooper, Führer der 882. Wildcat-Staffel, schrieb später: »Wir jagten über bewaldete Berge hinab ... [und] schossen nebeneinander über den Fjord in einer unordentlichen Reihe, während wir mit unseren Bordwaffen auf das Schlachtschiff feuerten ... Einige der Geschosse schienen in sämtliche Richtungen auseinanderzuspritzen ... Es war sehr aufregend.« Als er die Felsen hinter sich gelassen hatte, verlor Cooper die Antenne an der Rumpfunterseite, auf dem Rückflug hatte er noch Zeit, Skispuren im Schnee wahrzunehmen, bevor er zwei Zerstörer in einem anderen Fjord überflog, auf die er »einen kurzen

Feuerstoß« abgab. Die Hellcat und Wildcat richteten rasch Verheerung unter den Flakmannschaften der TIRPITZ und den Flakbatterien am Ufer an, obwohl längst nicht alle dieser Geschütze zum Schweigen gebracht werden konnten. Hinter ihnen hatten die Barracuda südlich des Ziels eine Linkskurve geflogen und gingen um 05.29 Uhr in den Sinkflug, um in Längsrichtung über das Heck zum Bug hin anzugreifen. Das Bombardement dauerte gerade mal eine Minute und kostete eine Barracuda der 830. Staffel. Der Verband zog sich dann in nordwestlicher Richtung zurück. Die Flugzeuge der ersten Welle trafen gegen 06.10 Uhr wieder über der Flotte ein und landeten zwischen 06.19 und 06.25 Uhr auf der VICTORIOUS bzw. von 06.18 bis 06.38 Uhr auf der FURIOUS (außer der »M« der 830., die abgeschossen worden war); die elf Corsair erreichten die VICTORIOUS zwischen 06.32 und 06.42 Uhr. Denny berichtete, daß »alle [seiner] Maschinen im Formationsflug und die Besatzungen mit einem einheitlichen breiten Grinsen zurückkehrten«. Die Barracuda »5G« der 830. Staffel stieß bei ihrer Rückkehr auf die FURIOUS aber eher einen Seufzer der Erleichterung aus. Im festen Glauben, ihre 725-kg-Bombe in 800 Metern Höhe über dem Ziel ausgeklinkt zu haben, war ihre Besatzung überrascht, auf dem Rückflug von einer anderen Barracuda überholt zu werden, die per Sprechfunk durchgab: »Ihre Bombe hängt noch dran«. Im rechten Augenblick wies die FURIOUS den Piloten derb an, »halten Sie sich fern und versuchen Sie, das verdammte Ding abzuschütteln«. Sub Lt. D.E. Rowe RNZN schickte sich an, dem Befehl Folge zu leisten, aber, so erinnerte sich sein Beobachter, »wir kriegten das verfluchte Ei nicht los«. Die Besatzung war drauf und dran, in den eiskalten Arktischen Ozean abzustürzen, als der Flugzeugträger Rowe signalisierte, er solle landen. »Dann begann ein Sinkflug, daß einem die Haare zu Berg standen. Wir wußten, daß wir und einige der Besatzung in tausend Stücke zerrissen würden, falls wir die drei Bremsseile auf der FURIOUS (ohne Barriere) verfehlten«. Der Pilot jedoch »legte eine Bilderbuchlandung hin, und wir stiegen so schnell aus, wie wir nur konnten«.

Nachdem der Angriff der ersten Welle die TIRPITZ während des Manövrierens überrascht hatte, lag das Schlachtschiff nun quer zum Kaafjord, der Bug dicht am westlichen Ufer. Kontrollen hatten ergeben, daß die Hauptmaschinen unbeschädigt waren, aber wichtige Kabelverbindungen waren unterbrochen, und geflutete Abteilungen an Steuerbord verursachten eine leichte Schlagseite. Es wurde entschieden, auf die Probefahrten zu verzichten und in den Netzkasten zurückzukehren. Die TIRPITZ war gerade damit beschäftigt, als die zweite Welle erschien, um einen Angriff nach dem Beispiel der ersten durchzuführen. Die VICTORIOUS hatte von 05.15 bis 05.20 Uhr zehn Corsair und von 05.20 bis 05.34 Uhr elf Barracuda (eine der geplanten zwölf Maschinen mußte den Start abbrechen; vier waren mit drei 230-kg-SAP-, drei mit drei 230-kg-MC- und vier mit einer einzigen 725-kg-AP-Bombe ausgerüstet) gestartet, neun Barracuda (jede mit drei 230-kg-SAP-Bomben) hoben vom Deck der FURIOUS ab, so daß sich die zweite Welle unter Lt. Cdr. V. Rance um 05.38 Uhr auf den Weg machen konnte; eine Barracuda (»Q«) der 829. Staffel stürzte kurz nach dem Start in die See. Als die Flugzeuge unterwegs waren, lösten sich die patrouillierenden Seafire der FURIOUS ab, so daß stets vier Maschinen über dem Flottenverband in der Luft waren. Ähnlich der ersten Welle überquerte die zweite die Küstenlinie in 3000 Metern Höhe. In diesem Augenblick verriet der sich in der Ferne ausbreitende Qualm die Position der TIRPITZ, bei näherem Hinsehen aber wurden ihre Aufbauten nicht verhüllt. Angeblich behinderte der Rauch auch ihre Geschützbedienungen, deren Feuerleitgeräte zudem durch den Angriff der ersten Welle nicht mehr einsatzklar waren, als um 06.33 Uhr erneut Luftalarm gegeben wurde. Unmittelbar vor dem Hauptangriff schwächten Hellcat der 804. Staffel und Wildcat der 896. und 898. Staffel den Widerstand der Verteidiger. Lt. Cdr. S.G. Orr, Führer der 804., bemerkte, daß der Rauchschleier »etwa in halber Höhe der umliegenden Berge stand«, doch das Heck der TIRPITZ war gerade noch zu sehen. »Ich wußte nicht, auf was ich schießen sollte. Deshalb entschieden die meisten in meiner Gruppe, es mit der Flak auf den Klippen zu versuchen.« Nachdem sie um 06.36 Uhr gestartet waren, mußten die Flugzeuge der zweiten Welle durch den vorhergesagten Vorhang aus Sperrfeuer hindurchfliegen (die Besatzungen berichteten von zwei Vorhängen in 2400 und 600 Metern). Sub Lt. N.H. Bovey beschrieb das Sperrfeuer als einen »gewaltigen Schirm zerplatzender Granaten, durch den wir stießen ... [aber] weil wir die Blitze das Geschützfeuers nicht mehr sehen konnten, fühlten wir uns wohler«. Erneut wurde eine Barracuda (»M« der 829. Staffel) über dem Zielgebiet abgeschossen, der Bordfunker konnte abspringen und geriet in Kriegsgefangenschaft.

Die VICTORIOUS startete zwei Corsair, um die Patrouille über dem Flottenverband zu verstärken, als die Überlebenden der zweiten Welle sich um 07.14 Uhr näherten und zu Landung ansetzten – ihre eigenen Flugzeuge von 07.20 bis 07.56 Uhr, die der FURIOUS von 07.28 bis 07.58 Uhr. Da keine Fangbarrieren errichtet waren und der langsam arbeitende Lift zum Hangardeck den Zeitabstand zwischen zwei Landungen auf drei Minuten festlegte, war die FURIOUS unterdessen so nahe an die Küste herangekommen, daß Witzbolde unter Deck den bevorstehenden Landaufenthalt begrüßten. Eine Hellcat der 804. Staffel konnte während der Rückkehr zum Verband ihren Fanghaken nicht ausfahren, der Pilot plumpste in der Nähe des Zerstörers ALGONQUIN in die See und wurde gerettet. Barracuda »B-Baker« der 831. Staffel war es nicht gelungen, ihre 230-kg-Bombe auszuklinken, allerdings schaffte sie einen Notabwurf über See und eine sichere Landung. Eine Corsair jedoch verfehlte die Bremsseile auf der VICTORIOUS und »fiel etwa sieben bis neun Meter jenseits der zweiten Barriere auf die Nase« – wie durch ein Wunder wurde niemand verletzt. Die Agentur Reuters berichtete über die schwierige Rückkehr einer Barracuda der 829. Staffel mit anhängender Bombe: »Comdr. [Lt. Cdr. D.] Phillips flog nochmals eine Landeschleife und näherte sich dann im langsamen Gleitflug dem Heck des Flugzeugträgers, um eine perfekte Landung hinzulegen.« Ein Bordfunker, der den Einsatz hinter sich hatte, erblickte ein leeres Flugdeck, als Phillips erschien, einige Köpfe wurden verlegen in die Luft gereckt, während er sicher aufsetzte. Phillips selbst erinnerte sich: »Als ich mich näherte, mußte ich lächeln, da keine Menschenseele in Sicht war außer dem ›Schlagmann‹, der mich mit seinen Keulen einwies. Ich lachte, als mir der ›Schlagmann‹ das Zeichen zum ›Durchstarten‹ gab und dann sofort in seinem Fangnetz unterhalb des Landedecks verschwand.« Moore ließ einen Funkspruch an die Admiralität absetzen: »Tungsten abgeschlossen. Admiral von Tirpitz von mindestens einer 725-kg-Bombe und mehreren anderen Bomben getroffen. Drei Barracudas, ein Jäger verloren. Jägerpilot gerettet.«

Spätere Einsatzberichte brachten zu diesen mageren Informationen nähere Ausführungen. Am 5. April befand das Schiffskommando der VICTORIOUS die Angaben seiner Flugzeugbesatzungen als »wohlbegründet«, die Staffeln der ersten Welle (827. und 830.) hätten drei Treffer mit 725-kg-AP, vier mit 230-kg-SAP und drei mit 230-kg-MC-Bomben erzielt; eine 725-kg-Bombe sei »in der Nähe der vorderen Aufbauten« eingeschlagen, drei der 230-kg-Bomben »mittschiffs und mehrere vor der Brücke«. Die Barracuda der 829. und 831. Staffel erzielten Treffer mit vier 230-kg-SAP-, zwei 230-kg-MC- und einer der 270-kg-A/S-Bomben: »eine schlug an Steuerbordseite auf der Höhe des Großmastes ein und hatte eine riesige Explosion zur Folge; eine seitlich von Turm ›D‹; drei mittschiffs«. »Drei Nahdetonierer verursachten keine ›bedeutenden Schäden‹«. »Die TIRPITZ war vom Rauch ganz verhüllt, zwei Feuer brannten mittschiffs, und als die letzten Flugzeuge zum Sturzflug ansetzten, hatte sie das Feuer eingestellt.« Der Kommandant der VICTORIOUS schloß seinen Bericht an Moore mit den Worten: »Ich nehme an, die TIRPITZ ist jetzt als Kriegsschiff wertlos«, und er fügte wie zur Bestätigung hinzu: »Ich hege keinen Zweifel mehr daran, daß die TIRPITZ außer Gefecht gesetzt wurde. Ich habe 17 Treffer der gemeldeten 30 anerkannt, und das stellt wirklich ein Minimum dar.« In seinem Bericht an die Admiralität allerdings war Moore vorsichtiger und meinte, die TIRPITZ sei »schwer beschädigt« worden.

Weitere Einsatzberichte fügten diesen Zusammenfassungen Details hinzu. Lt. Cdr. Baker-Faulkner, Staffelführer der 8. TBR, schildert, wie er den Flottenverband um 04.36 Uhr hinter sich ließ und neun Minuten lang Kurs 139 Grad flog, um den Jägern Gelegenheit zu geben, ihre Position bei »schönem« Wetter einzunehmen – dichte Bewölkung in 3000 Metern Höhe. Um 04.57 Uhr stieg der Angriffsverband etwa 40 Kilometer vor der Küste höher, und um 04.59 Uhr wurde »Backbord voraus deutlich« die Insel Loppa gesichtet, was die Landkennung westlich der Insel und ein genaues Überfliegen der Küstenlinie ermöglichte. Die Maschinen hielten »sich etwa westlich zum vorderen Ende des Langfjords« und flogen dann das Tal hinunter nach Osten in Richtung des Kaafjords. Flakfeuer war erst fünf Kilometer vor dem Ziel wahrzunehmen; dann begann »schweres, aber ungenaues Schießen«. Etwa 16 Kilometer von dem Schlachtschiff entfernt ließ Baker-Faulkner die Barracuda der 830. Staffel eine Position hinter der 827. einnehmen, »kurz darauf, entsprechend der ›synchronisierten Taktik‹ einer Formation«, wies er die »rechte Hälfte der 827. Staffel« zu einem weiteren Positionswechsel an. Die TIRPITZ wurde an ihrem Liegeplatz entdeckt; Baker-Faulkner befahl den Wildcat und Hellcat vom Jagdschutz, das Schiff und die umliegenden Flakstellungen mit Bordwaffen anzugreifen. Währenddessen gingen die Barracuda in den »Sinkflug, um im Schutz der Hügel zu bleiben«, und nahmen Kurs auf das südliche Ende des Kaafjord. Baker-Faulkner erklärte, daß er über den Kamm [eines Berges] hochzog und dann selbst aus einer Höhe von etwa 1200 Metern den Sturzflug einleitete. Er griff »von achtern, in Längsrichtung zum Schiff [an] ... [und] klinkte seine Bomben in etwa 360 Metern Höhe aus«. Nebel verbreitete sich im Fjord, jedoch zu spät, um Wirkung zu zeigen: »Die Jäger hatten das Ziel zusammengeschossen und zweifelsohne die Schiffsflak auf der TIRPITZ zum Schweigen gebracht«. 21 Maschinen hatten »innerhalb von exakt 60 Sekunden« angegriffen, bevor sie sich nach Nordwesten in Richtung Silda zurückzogen, etwa parallel, jedoch etwas östlich zum Anflugkurs. Baker-Faulkner schwärmte davon, daß trotz der »ausgezeichneten« Sichtverhältnisse »ein bedeutendes Überraschungsmoment erzielt worden war«. Feindliche Jäger waren nicht zu sehen; die Flak schoß »sporadisch, ungleichmäßig und ungenau«. In den Medien sollte er mit weitaus lebendigeren Worten zitiert werden: »Wir haben sie mit heruntergelassenen Hosen erwischt. Der Angriff war wirklich kinderleicht.«

Lt. Cdr. F.R.A. Turnbull, Führer der 47. Jägerstaffel, bestätigte die Aussagen Baker-Faulkners nachdrücklich. Elf Corsair der VICTORIOUS nahmen »ohne Schwierigkeiten« ihre Position mit den Barracuda der ersten Welle ein. »Nachdem wir unsere Flughöhe erreicht hatten, war die Sonne schon aufgegangen und stand backbord voraus, dann jedoch, wie es bei einem Flug in 3300 Metern Höhe leicht vorkommen kann, auf der anderen, der Seite des Sonnenuntergangs während des Angriffs«. Obwohl »ausgezeichnete« Sichtverhältnisse herrschten, sorgte eine fast geschlossene Schneedecke dafür, daß es »schwierig« war, die tiefer fliegenden Maschinen zu erkennen. Die niedrige Geschwindigkeit der Bomber konnte problematisch »für die Freund-Feind-Erkennung [werden], falls die Jäger in den ›Bienenstock‹ eintauchten«. Nach einem Flug von 65 Minuten wurden die Zusatztanks zwischen dem Alta- und dem Langfjord abgeworfen. Als das Ziel in Sicht kam, wurde der Rauchvorhang immer dichter, und während die Bomber zum Sturzflug ansetzten, kreisten die Corsair über dem Lang- und dem Kaafjord; die Begleitjäger beschäftigten sich mit der Flak. Auf dem Flugfeld südlich des Kaafjord regte sich nichts, dafür nahmen zwei Zerstörer im Langfjord Fahrt auf, ein Tanker lag in ihrer Nähe. Um 06.00 Uhr, ungefähr 30 Minuten nach dem Angriff, flogen die Corsair zurück zur Flotte. Der längste ihrer Einsätze hatte 2 Stunden und 30 Minuten gedauert.

Lt. Cdr. V. Rance, Staffelführer der 52. TBR, schildert den Angriff der zweiten Welle. 19 Barracuda starteten von 05.25 bis 05.35 Uhr, formierten sich in einer Höhe von 15 bis 60 Metern und wählten um 05.37 Uhr (und nicht zur offiziell verlautbarten Zeit um 05.38 Uhr) einen Kurs von 150 Grad nach Magnetkompass. In einer solch niedrigen Höhe hatten die Flugzeuge Probleme, ihre Position in der Staffelreihe zu halten, nachdem sie jedoch bei Erreichen der Küste eine V-förmige Formation eingenommen hatten, war dies leichter. Gleich zu Beginn wurden drei Rauchflöße in einem Zeitabstand von jeweils einer Minute abgeworfen, um den nachfolgenden Jägern bei »schönem Wetter, leichtem Seegang, keine Dünung« Orientierungshilfe zu geben. Die Bewölkung im Zielgebiet betrug weniger als 1/10 in 4500 Metern, und die Bomber näherten sich dem Kaafjord in 3000 Metern Höhe in einer abgeflachten doppelten V-Form. Über dem norwegischen Festland flogen sie für zwölf Minuten mit 265 km/h über Grund, dann gingen sie in einen leichten Sinkflug und erhöhten die Geschwindigkeit auf 313 km/h über Grund. Da sich keine Jäger zeigten, befahl Rance seiner Formation, sich bei einer Geschwindigkeit von 337 km/h über Grund in zwei Kolonnen aufzuteilen, um der Flak besser ausweichen zu können. Nachdem die TIRPITZ an Backbordseite in Sicht gekommen war, ließ sich die Steuerbord-Kolonne zurückfallen, »um jene des Staffelführers etwa zwischen sich und dem Ziel zu lassen«. Der Sturzflug begann in einer Höhe von etwa 2200 Metern, nachdem die Hellcat die Flakbatterien am Ufer und die Wildcat die TIRPITZ angegriffen hatten. Rance bestätigte, daß ein Vorhang aus Sperrfeuer um die TIRPITZ herum gelegt worden war. Das »Feuer aus den Waffen der Nahbereichsflugabwehr wurde viel zu früh eröffnet« (wegen der Probleme mit der Feuerleitung, was Rance nicht wissen konnte), und der gesamte Angriff dauerte, ähnlich wie bei der ersten Welle, etwa eine Minute. Eine Barracuda zerschellte an einem Abhang, nachdem sie ihre Bomben abgeworfen hatte. »Ein mächtiger brauner Rauchschleier war von Nebelbatterien um das Schlachtschiff herum sowie von der TIRPITZ selbst gelegt worden ... Er hielt uns zwar nicht davon ab, unsere Bomben zu werfen, muß jedoch die leichte Flak sehr behindert haben«, was in der Tat auch zutraf. »Fraglos waren der Bordwaffenbeschuß durch Jäger und die Verwendung von Splitterbomben durch Flugzeuge der ersten Welle von größtem Nutzen, um sicherzustellen, daß die panzerbrechenden Bomben der zweiten Welle zum Einsatz kommen konnten.« Die zweite Welle, beendete Rance seine Aufzeichnungen, verließ die feindliche Küste auf einem Kompaßkurs von 335 Grad.

Der Führer der 7. Jagdstaffel, welche die zweite Welle begleitete, erläuterte seine Rolle während des Einsatzes. Nachdem die Jäger sich mit der 52. TBR vereinigt hatten, flog der Verband um 05.40 Uhr los, »nichts passierte ... alles verlief nach Plan«. 30 Kilometer vor der Küste gewann der Verband an Höhe, das »Land war ausgezeichnet zu erkennen«, und die Küstenlinie wurde in 2700 Metern Höhe erreicht. Der Verband näherte sich dem Ziel, indem er westlich des Langfjords flog, Kurs 133 Grad, dann wandten sich die Maschinen nach Osten. Auf der letzten Etappe schoß leichte Flak aus einer Talstellung südlich von St. Haldde. Da keine Jäger angriffen, zerstreuten sich die Hellcat, um Flakstellungen im Kaafjord anzugreifen. Lt. Cdr. M.F. Fell bemerkte jedoch, daß der »gesamte Altafjord« in Rauch gehüllt war, somit konnte man das Ziel schlecht markieren. Die Begleitjäger tauchten in den Rauch ein, allerdings waren nur drei Piloten in der Lage, die TIRPITZ anzugreifen, der Rest beschäftigte die Flakstellungen am Ufer. Der Rauch machte eine Einschätzung des Erfolgs der Bombardierung »praktisch unmöglich«. Die Piloten jener drei Jäger, die das Ziel erkennen konnten, sollten schriftlich niederlegen, daß sich das Schiff noch an seinem Liegeplatz befand, jedoch in Querrichtung statt »in Längsrichtung zum Fjord«. Der rechte Flügeltank einer Barracuda, der vom Abwehrfeuer der TIRPITZ getroffen worden war, als sie nach dem Abfangen wieder hochzog, fing Feuer, und 30 Sekunden später stürzte das Flugzeug ab, ein Besatzungmitglied konnte sich mit dem Fallschirm retten. Der Verband zog sich in einer geraden Linie in Höhe der Bergkämme aus dem Zielgebiet Richtung Silda zurück, die Begleitjäger flogen Zick-Zack-Kurse über den Bombern. Da immer noch keine gegnerischen Jäger zu sehen waren, lösten sich einige und griffen Gelegenheitsziele an, vor allem zwei Tanker im Lang- und im Oxfjord. Ab Silda flogen die Maschinen fast auf Wellenhöhe; es gab keine weiteren Zwischenfälle. Fell erteilte den Barracudas einen heftigen Tadel wegen »unnötigem und unnützem Geschwätz« beim Funkverkehr; in einer Entfernung von 16 Kilometern vom Flottenverband hatte einer auf dem Hinflug sich den »glänzenden Fehler« erlaubt, per Funk durchzugeben: »Man kann bereits die Küste Steuerbord voraus erkennen.« In einem positiveren Vermerk meinte er, die Tarnung der Flugzeuge hätte gut mit der Landschaft harmoniert, die in den Einsatzbesprechungen zur Verfügung gestellten Karten und Photos seien »hervorragend« gewesen: »sämtliche Piloten bemerkten, es wäre ihnen wie auf einem Flug über Gelände vorgekommen, das sie bereits kannten und zuvor schon oft überflogen hätten«. Ansonsten »verlief der Angriff genauso wie geplant« – abgesehen von den schlechten Sichtverhältnissen am Ziel.

Die erste Welle hatte der TIRPITZ zweifelsohne schwere Schäden zugefügt: die Feuerleitgeräte (ein besonderes Ziel), die Kommunikationseinrichtungen auf der Brücke und die Hangars wurden schwer in Mitleidenschaft gezogen. Als der Angriff begann, war das Schiff gerade dabei, mit Schlepperhilfe außerhalb der Netzsperre zu manövrieren und somit nicht in der Lage, sich richtig zu verteidigen. Als der zweite Luftalarm (für die zweite Welle) ausgelöst wurde, versuchte es gerade, Zuflucht im Netzkasten zu suchen. Die TIRPITZ wurde überrascht, als sie an ihren geschützten Liegeplatz zurückkehrte. Zu diesem Zeitpunkt hatte Kapitän z.S. Wolf Junge, Meyers Stellvertreter, das Kommando des Schlachtschiffes übernommen. Auch die zweite Welle fegte das Oberdeck leer, insgesamt fielen 122 Mann der Besatzung, 316 wurden verwundet (darunter Werftarbeiter und Aufsichtspersonal). Auf dem Deck an Backbordseite waren mehrere Löcher entstanden. Unter Deck war die Kombüse verwüstet worden und das Schiff hatte Schlagseite nach Steuerbord, etwa 875 Tonnen Wasser liefen durch verschiedene Lecks in die Bilge. Um 07.13 Uhr Ortszeit bestätigte die TIRPITZ, mehrere Treffer durch Trägerflugzeuge erhalten zu haben, die um 06.29 Uhr angegriffen hätten – die erste Welle. Ultra erfuhr wenig später, daß zwei Zerstörer dabei behilflich gewesen waren, ein Feuer auf dem Öltanker C.A. LARSEN zu bekämpfen, das jedoch nicht vor dem 3. April, 16.49 Uhr, gelöscht werden konnte. In dieser Nacht verließ ein Lazarettschiff Tromsö mit Kurs auf den Kaafjord. Ein abgefangenes Kommuniqué des Oberkommandos der Wehrmacht vom 4. April lautete: »Gestern unternahmen britische Flugzeugträger den Versuch, einen Stützpunkt der Marine in Norwegen anzugreifen. Unsere Verteidigung vereitelte den Angriff, der nie zu voller Entfaltung kam. Das Schlachtschiff TIRPITZ konnte vier der feindlichen Flugzeuge abschießen, und ein Vorpostenboot schoß zwei von ihnen ab.« Zwei Tage später erreichte eine etwas merkwürdige Mitteilung den Naval War Staff: »... etwa acht Mitglieder der Flakbedienung auf der TIRPITZ haben berichtet, daß sie mit absoluter Sicherheit Kreuze auf den Flugzeugen erkannt hätten«, eine Behauptung, die weder durch Offiziere noch durch aufgefundene Wrackteile von Flugzeugen bestätigt wurde. Dies mag ein unüberlegter Versuch von Seiten der Geschützmannschaften gewesen sein, von Kritik an der unzureichenden Luftabwehr abzulenken. Die völlige Abwesenheit feindlicher Jäger konnte nicht hinlänglich geklärt werden. Nach dem Krieg jedoch erfuhren Offiziere des Fleet Air Arm, daß die zur Verteidigung der TIRPITZ abgeteilte Bf 109-Staffel anscheinend zeitweilig nach Deutschland verlegt worden war, ihre Rückkehr hatte sich durch schlechtes Wetter verzögert. »Gott sei Dank«, erinnerte sich Lt. Cdr. Orr.

Auf den Flugzeugträgern wurden die Maschinen für einen weiteren Angriff mit Torpedos ausgerüstet, was Sub Lt. N.H. Bovey zwar für »riskant«, aber »machbar« hielt. Die Erfolgsaussichten eines Angriffs mit Torpedos standen jedoch schlecht, auch wenn die TIRPITZ ihren geschützten Liegeplatz verlassen sollte. Moore hatte mit Sicherheit erwogen, »Tungsten« am folgenden Tag zu wiederholen, er gelangte jedoch zu der Überzeugung, daß die Angriffe am 3. April schwere Schäden verursacht hatten. Darüber hinaus entschied er, daß »die Müdigkeit der Besatzungen und ihre natürliche Reaktion auf die erfolgreiche Durchführung eines Einsatzes« zu berücksichtigen seien. Zudem verschlechterten sich über Nacht die Wetterverhältnisse. Somit lief der »Tungsten«-Verband am 6. April um 16.30 Uhr »in Scapa-Flow ein und die Mannschaften der Schiffe jubelten den Flugzeugbesatzungen an Deck der Träger zu«. Für Lt. G.C. Russell-Jackson von der 831. Staffel war dies »ein unvergeßliches Ereignis«. Gemäß den Aufzeichnungen der 804. Staffel mußte der Kampfverband auf dem Rückmarsch »den üblichen Alarm wegen ›Gespensterflugzeugen‹ und U-Booten« über sich ergehen lassen.

In Scapa lagen bereits Nachrichten von König George VI. – »Herzlichen Glückwunsch für Ihren tapferen und erfolgreichen Einsatz« – und Winston Churchill vor – »Bitte darum, den beteiligten Piloten und Besatzungen für diese glänzende Waffentat meinen Glückwunsch auszusprechen«. Infolge einer Pressemitteilung der Admiralität gerieten Zeitungen und Wochenzeitschriften über die Leistung des Fleet Air Arm ins Schwärmen und bestätigten damit indirekt die Furcht, die das deutsche Schlachtschiff erzeugte. Die *Times* leitartikelte: »Überfall im Morgengrauen. TIRPITZ gelähmt«, und informierte ihre Leser darüber, daß die TIRPITZ mittschiffs in Flammen stand und nunmehr als »ein wertloses Kriegsschiff« bezeichnet werden könne. Zudem verwies das Blatt »auf das einzige deutsche Schlachtschiff, das übriggeblieben sei ... [und das zuvor] wieder einsatzbereit schien«. Der *Evening Standard* brachte einen Bericht darüber, »Wie ein Jägerpilot die TIRPITZ sah«, wobei Flugzeugführer ihren Einsatz in allen Einzelheiten schilderten, einer von ihnen endete damit: »Als die Party vorbei war, entkamen wir über See«. Fraser war jedoch besorgt darüber, daß das

Kriegsschiff nicht versenkt wurde. Churchill ebenfalls. Die Admiralität ging davon aus, daß die Reparaturarbeiten in sechs Monaten beendet sein würden; Junge schaffte es in der Hälfte der Zeit.

Am 14. April überreichte Fraser der Admiralität seinen offiziellen Bericht, es handelte sich in erster Linie um einen Auszug aus Moores Vorlage. Allerdings war er jetzt in einen, wie Stephen Roskill formuliert, »Zank an der Spitze der Marinehierarchie« mit dem Ersten Seelord, Admiral of the Fleet Sir Andrew Cunningham, verwickelt. Laut Cunningham verhielt sich Fraser am 13. April ihm gegenüber »sehr aufsässig und starrsinnig«, als er ihn am Telephon darum ersuchte, den Angriff auf die TIRPITZ rasch zu wiederholen. Der Erste Seelord nahm an, daß sich Fraser »mit Unterstützung seiner Admiräle und Kapitäne« weigerte, einen solchen Einsatz zu erwägen. Obwohl Cunningham »vernünftig mit ihm redete«, »deutete« der Oberbefehlshaber der Home-Fleet an, »er würde lieber seine Flagge niederholen, als den Befehl zu einer Wiederholung von ›Tungsten‹ zu erteilen«. Cunningham riet ihm, eine Nacht darüber zu schlafen, und vertraute seinen Tagebuchaufzeichnungen an, daß er wegen Frasers »unhaltbarem Standpunkt« vor einem Rätsel stehe. Am nächsten Morgen rief er Fraser um 09.45 Uhr erneut an und »gab ihm zu verstehen, daß er sich fügen solle«. Kurz darauf erfuhr er jedoch von Admiral Sir Neville Syfret (VCNS), daß Fraser sich weigere, erneut einen Angriff durchzuführen und wirklich »seine Flagge niederhole«, falls er entsprechende Anweisung erhalte. Cunningham konnte dies nicht hinnehmen, zögerte jedoch den Befehl hinaus, »um der Vernunft [*sic*]« Zeit einzuräumen, die Oberhand zu gewinnen; Fraser wurde daraufhin »zugänglicher«.

Fraser besaß eine andere Erinnerung an die Abfolge der Ereignisse und stritt ab, daß er jemals seinen Rücktritt erklärt habe. Er führte aus, daß eine Wiederkehr der günstigen Wetterbedingungen vom 3. April in nächster Zukunft unwahrscheinlich sei. Darüber hinaus hätten sich die Deutschen in falscher Sicherheit gewogen, da es seit der Ankunft des Schlachtschiffes im Kaafjord im März 1943 keinen einzigen Luftangriff gegeben habe (außer der kleineren sowjetischen Veranstaltung im Februar 1944), künftig seien sie vorbereitet. Fraser glaubte fest daran, daß eine Aussicht auf Erfolg nicht mehr bestehe und weigerte sich deshalb, unnötige Verluste zu riskieren. Er behauptete unnachgiebig, daß er am 14. April einer Wiederholung der Operation nicht zugestimmt habe, wie Cunningham behauptete. Stillschweigend gestand er damit jedoch ein, daß es einen unschicklichen Wortwechsel (wobei der Oberbefehlshaber der Home-Fleet den Hörer aufgelegt hatte) zwischen Scapa Flow und Whitehall gegeben hatte.

Nichtsdestoweniger wurden weiterhin Anstrengungen unternommen, den Erfolg der Operation »Tungsten« einzuschätzen. Infolge schlechten Wetters waren PRU-Einsätze jedoch lediglich am 7. und 24. April möglich gewesen, bei keinem der Flüge konnten aussagekräftige Photos der Schäden auf der TIRPITZ geschossen werden. Eine optische Bestätigung war weiterhin nur anhand jener Aufnahmen zu erhalten, welche die Barracuda am 3. April angefertigt hatten; fünf Tage später lag dann ein ausführlicher, streng geheimer Bericht der RAF in

Medmenham vor: Es gebe »unverkennbar Hinweise für einen Erfolg und die Genauigkeit des Angriffs«. Zwei, höchstwahrscheinlich aber vier Detonationen »in der Nähe des Kommandoturms, achterlich des Großmastes, neben dem Kommandoturm an Steuerbordseite und in der Nähe der beiden achteren Geschütztürme« könnten der ersten Welle zugeschrieben werden. Während des Angriffs der zweiten Welle »stieg eine hohe Rauchsäule an der rechten Seite des Schornsteins empor«, was auf »ein ausgedehntes Feuer« hindeute, zwei weitere »schwere Brände« seien an Steuerbord weiter achterlich zu erkennen. Auch waren während den beiden Angriffe »gekräuselte Wellen« zu sehen, die möglicherweise durch Nahtreffer verursacht worden seien.

Da die PRU-Aufklärungstätigkeit nur mangelhafte Anhaltspunkte lieferte, stieg die Bedeutung anderer Informationen. Am 4. April traf ein Bericht aus Norwegen mit den dramatischen Worten ein: »Sie kamen gerade noch rechtzeitig. Sie hatte losgeworfen und war unterwegs.« Allerdings wurde bestritten, daß zwei der Bordflugzeuge der TIRPITZ vernichtet worden waren: »Back vor vorderem Geschützturm aufgeschlitzt, Schlitz scheint in horizontaler Richtung nach unten zu weisen. Sämtliche Geschütze nach Backbord geschwenkt, sie hat jedoch weiterhin Schlagseite nach Steuerbord.« Fünf Tage später behauptete eine ähnliche Mitteilung, daß »Krankenwagen seit zwei Tagen hin und her fahren«, fünf Löcher seien »im Deck auf der Steuerbordseite« zu erkennen, und die Schlagseite nach Steuerbord sei noch immer nicht korrigiert worden. Die Offiziersmesse und die Bordküche hätten Volltreffer erhalten, die Bomben hätten jedoch die Munitionsräume nicht in Mitleidenschaft gezogen. Die Deutschen seien der Ansicht, die TIRPITZ sei »für mehrere Monate« außer Gefecht. Am folgenden Tag berichtete die Mannschaft der Fähre ARSVIK von drei Treffern auf dem Schlachtschiff. »Eine glaubwürdige deutsche Quelle vom 15./4.« bestätigte Schäden an Deck, behauptete jedoch, daß die »Wasserbomben« am Rumpf Leckagen verursacht hätten, die Reparaturarbeiten von acht Wochen Dauer benötigten. Der Frachter C.A. LARSEN sei schwer beschädigt worden, mehrere kleinere Schiffe seien während des Angriffs entweder versenkt oder beschädigt worden. Am 29. April kam die Nachricht, daß sämtliche Geschütze der TIRPITZ, außer einem Turm der Mittelartillerie, »in Ordnung« seien; »tonnenweise Schrott« sei an Land abgeladen worden, besondere Flugabwehrübungen hätten stattgefunden und, sehr wesentlich, Jagdbomber seien eingetroffen – allerdings blieb offen, ob letzteres eine vorübergehende Teilnahme an Luftabwehrübungen oder eine dauerhafte Stationierung im Raum Altafjord bedeutete. Die Warnung des Marinenachrichtendienstes vom 11. April, daß »verläßliche Angaben aufgrund der verfügbaren Anhaltspunkte unzulänglich« seien, unterstrich die immerwährenden Sorgen der Auswertung nachrichtendienstlicher Quellen.

Die Feststellung, wieviele Bomben und welche Bombentypen die TIRPITZ getroffen hatten, war eine unvermeidliche Voraussetzung dafür, die Schäden abzuschätzen. In seinem Bericht vom 10. April faßte Vice-Admiral Moore den Erfolg des Bombenangriffs aufgrund der ihm zur Verfügung stehenden Einsatzmeldungen zusammen. Die erste Welle hatte sechs 725-kg-AP-Bomben abgeworfen, zwei »sichere Treffer wurden von verschiedener Seite bestätigt«, »die Auswertung der Photos unterstützte« die Annahme eines weiteren Treffers; die entsprechenden Zahlen für die zweite Welle lauten 2-1-0. Was die 230-kg-Bomben anbetrifft, betrugen die Angaben für die erste Welle 27-5-2, für die zweite Welle 39-3-2. Die erste Welle warf neun 230-kg-MC-Bomben ab, zwei wurden als Treffer bestätigt, eine dritte »aufgrund der Photoauswertung« zum Treffer erklärt. Für die 230-kg-Bomben der zweiten Welle, die mit Torpex gefüllt waren, lauten die entsprechenden Angaben 9-1-2. Die erste Welle hatte vier 270-kg-A/S-Bomben abgeworfen, nur eine wurde als Treffer anerkannt; die zweite Welle setzte eine A/S-Bombe ein, die als Treffer bestätigt wurde. Insgesamt hatten 40 Flugzeuge an dem Angriff teilgenommen, sie hatten 97 Bomben abgeworfen und 16 Treffer erkannt, acht weitere wurden aufgrund der Photoauswertung bestätigt. Nach Untersuchung dieser Angaben und weiterer Einsatzberichte, unter anderem aus Medmenham, sowie geheimdienstlicher Quellen entschied die Admiralität am 3. Mai, daß acht »sichere« (darunter drei 725-kg-Bomben) und fünf »wahrscheinliche« Treffer erzielt wurden, spätere Veröffentlichungen machten daraus 14 bestätigte Treffer und einen gefährlichen Nahdetonierer. Der Unterschied war jedoch kaum gravierend. Das Schlachtschiff war zweifelsohne angeschlagen, aber offenbar hatte das Panzerdeck standgehalten, die Hauptmaschinen und Kesselräume blieben intakt. Im Jahr darauf traf Lt. I.G.W. Robertson einen deutschen Kapitän z.S., anscheinend der »Wachhabende Offizier« auf der TIRPITZ während des Angriffs, welcher meinte, eine Bombe sei in den Schornstein eingeschlagen und habe das Feuerleitsystem des Schiffes in Mitleidenschaft gezogen. Seiner Meinung nach sei das Schiff ohne einen längeren Werftaufenthalt nicht mehr einsatzfähig gewesen. In den Unterlagen des Gegners, die nach dem Krieg eingesehen werden konnten, fand dies keine besondere Erwähnung, allerdings gibt es Hinweise darauf, daß zwei der Bomben bis zum Panzerdeck durchgedrungen waren, ohne es zu durchschlagen, zwei weitere prallten vom Oberdeck ab, und eine fünfte blieb stecken. Eine 725-kg-Bombe fiel in der Nähe des Schiffs ins Wasser und »durchschlug die Außenhaut unter dem Gürtelpanzer, detonierte aber nahe dem Torpedoschott«. Sie verursachte schwere Wassereinbrüche, und Taucher mußten die notwendigen Reparaturen durchführen.

Korvettenkapitän Eichler, der Leitende Ingenieur der TIRPITZ, gestand zwölf direkte und vier Nahtreffer ein, die, so behauptete er aber, »keine merklichen Schäden an der Hauptarmierung und keine größeren Brände verursacht hätten«. Während einer Befragung nach dem Krieg bestätigte Kapitän z.S. Junge, daß man »völlig überrascht« worden sei. Die ersten Meldungen – die Flugzeuge waren 80 Kilometer entfernt – ließen der TIRPITZ kaum Zeit, sich auf den Angriff vorzubereiten, und Junge bekräftigte, daß weder die Flakbedienungen klar noch sämtliche wasserdichten Schotten geschlossen waren, als die erste Welle angriff. Als er das Kommando übernahm, nachdem Meyer schwer verwundet worden war, hatte sich der enge Fjord mit Rauch gefüllt und das Schlachtschiff lief beinahe auf Grund. Er bestätigte 16 Treffer oder Nahdetonierer und behauptete, daß fünf Bomben bis zum Panzerdeck durchgedrungen waren, dieses aber nicht durchschlagen hätten.

Der Gefechtsbericht der TIRPITZ führt diese Details noch weiter aus. Das Schiff sollte um 05.30 Uhr Ortszeit (Stillwasser) auslaufbereit sein. Das Netz war dementsprechend geöffnet worden, drei Heckleinen waren losgeworfen und der Backbordanker um 06.35 Uhr eingeholt worden. Gerade als der Steuerbordanker hochgehievt wurde, »war zu erkennen, daß ein Rauchschleier sich von den umliegenden Ufern ausbreitete«. Unterdessen war um 06.24 Uhr ein Funkspruch eingegangen, daß sich »mehr als 32 Flugzeuge etwa 43 Meilen nordwestlich« des Kaafjord befinden würden. Die ersten Maschinen, »wahrscheinlich Martlets«, wurden um 06.28 Uhr gesichtet: elf »einmotorige und zweimotorige Flugzeuge« an Backbord, 15 oder 18 an Steuerbord und weitere voraus des Schiffes. Da der Nebelvorhang »noch sehr dünn war und das Schiff nur teilweise ... [verdeckte]«, blieb der Vortopp sichtbar, als sie »gleichzeitig ... etwa um 06.30 Uhr« zum Sturzflug ansetzten und das Schiff mit Bordwaffen bestrichen. »Die leichte Flak hatte, vor allem weil die bestellten Schutzschilde noch nicht eingebaut waren«, schwere Verluste. Die TIRPITZ war gerade dabei, ihren Liegeplatz zu verlassen, lediglich 80 Prozent der wasserdichten Schotten waren »wegen der kurzen Vorwarnzeit« geschlossen. »Die anfliegenden Maschinen an Backbord (etwa 20 an der Zahl) flogen die Bergkämme entlang, nutzten jede Mulde, kamen so tief parallel zum Schiff, daß sie selbst nur den Vortopp erkennen konnten, deshalb war es für die tieferliegenden Geschütze und die Feuerleitung unmöglich, auf sie zu feuern ... In einem Winkel von etwa 220 bis 240 Grad vom Schiff hüpften sie (in einer Entfernung von 2000 Metern) im Tiefflug über den Berg und kamen im Sturzflug auf das Schiff zu, während sie aus sämtlichen Bordwaffen schossen. Die Bomben wurde aus einer Höhe von 180 bis 300 Metern abgeworfen.« Dies beschrieb den Angriff der ersten Welle. Die TIRPITZ erhielt um 06.31 Uhr den ersten Treffer, als »der immer dichter werdende Rauch eine wirksame Verteidigung zunehmend schwieriger machte ... und einige der Mannschaft noch damit beschäftigt waren, die wasserdichten Schotten zu schließen«. Um 06.45 Uhr zogen sich die Angreifer »voraus des Schiffes im Tiefflug zurück und schossen mit ihren Bordwaffen auf jedes Fahrzeug, das in der Nähe lag«.

Wegen der leichten Schlagseite nach Steuerbord, schweren Schäden an den Aufbauten und einem in Rauch gehüllten Fjord wurde auf die Durchführung der Probefahrten der TIRPITZ verzichtet, und das Schlachtschiff begann damit, sich in den Netzkasten zurückzuziehen. Um 07.33 Uhr kam per Funk eine Warnung, daß sich weitere feindliche Maschinen im Anflug befinden würden. Als der Angriff begann, die Sicht war gleich null, »feuerten sämtliche Geschütze blind in den Rauch hinein«. Darüber hinaus »wurde die Ermittlung von Geräuschen empfindlich durch eine heulende Sirene gestört, die nicht sofort abgeschaltet werden konnte«. Das Schiff erhielt sechs weitere Treffer, aber die Panzerung bis 50-mm-Stärke hielt stand. Nach dem Angriff der zweiten Welle, die TIRPITZ führte kein Fahrmanöver mehr durch, versuchte sie erneut, in den

Schutz ihres Netzkastens zu gelangen. Ein weiterer, falscher Luftalarm führte gegen 08.19 Uhr zu einem kurzen Stopp, derweil »drehte das Schiff erneut, so daß es nun mit der Breitseite zum erwarteten Kurs der sich nähernden Flugzeuge lag«; dies schien die Annahme zu bestätigen, daß ein solches Manöver vor dem Angriff der zweiten Welle absichtlich durchgeführt worden war.

Wegen einer erneuten Falschmeldung um 08.25 Uhr, diesmal schien die Laufbahn eines Torpedos gesichtet worden zu sein, verzögerte sich die Rückkehr des Schlachtschiffes erneut. Um 08.47 Uhr wurde Entwarnung gegeben. Bis dahin hatte die Schiffsflak der TIRPITZ 506 10,5-cm-, 400 3,7-cm- und 8260 2-cm-Granaten verfeuert.

Operation »Tungsten« war hervorragend geplant, geprobt und durchgeführt worden. Die TIRPITZ war jedoch nicht außer Gefecht gesetzt. Am 16. April bestätigte Air Vice-Marshal Coryton, ACAS (Ops) im Luftfahrtministerium, daß die Admiralität beabsichtige, »›Tungsten‹ zu wiederholen«. Da die PRU-Staffel in Vaenga zu diesem Zeitpunkt nur noch ein einziges einsatzbereites Flugzeug besaß, benötigte sie Verstärkung. Ebenso gab er zu erkennen, daß ein Plan vom selben Tag, die Bomber der 8. USAAF vom Norden der UdSSR aus gegen die TIRPITZ einzusetzen, »fallengelassen« worden sei, weil die Vorkehrungen zur Nutzung sowjetischer Flugfelder zuviel Zeit in Anspruch nehmen würden. Inoffizielle Erörterungen hatten ähnlich wie im Februar zu der Erkenntnis geführt, daß die Alternative eines Fluges von schottischen Stützpunkten aus eine inakzeptable Treibstoffreserve für lediglich 10 bis 20 Minuten Flugzeit erlaube. Die Admiralität entschied deshalb gegen eine formelle Anfrage bei den Amerikanern, und der Fleet Air Arm mußte die Operation allein auf sich gestellt wiederholen. Am 17. April wurde der SBNO in Nordrußland darüber in Kenntnis gesetzt, daß der Einsatz am 23. oder 24. April unter dem Decknamen »Planet« stattfinden solle, falls das Wetter mitspiele. Schlechte Wetterbedingungen verhinderten jedoch die Aufklärung der PRU, deshalb standen keine aktuellen Photos für Planungen und Einsatzbesprechungen zur Verfügung.

Moore lief am 21. April erneut aus, diesmal jedoch ohne Frasers Begleitverband oder der Unterstützung eines zur Ablenkung dienenden Nordmeergeleitzuges; er beabsichtigte, am 24. zuzuschlagen. Die beteiligten Träger waren dieselben, jedoch war die FENCER durch die STRIKER ersetzt worden. Frasers Pessimismus war berechtigt. Die guten Wetterbedingungen vom 3. April wiederholten sich nicht. Moore wartete auf der Angriffsposition auf Besserung, bis die Kraftstoffvorräte der Zerstörer erschöpft waren, dann wandte er sich wieder nach Süden. Gemäß des Gefechtstagebuchs der 804. Staffel »fiel« der geplante Angriff auf die TIRPITZ »ins Wasser«. Sechs Flugzeuge gingen verloren, als sie drei Frachtschiffe in der Nähe von Bodö, etwa 480 Kilometer südlich des Kaafjord, versenkten; Hafen und Schiffahrtsverbindungen waren als Ausweichziele ausgewiesen worden. Trotz dieser Verluste unterstrich Operation »Planet« nochmals die latente Furcht vor der TIRPITZ, die Admiralität bezweifelte, daß das Schiff seine Einsatzfähigkeit nicht mehr erlangen würde. Es durfte keine Gelegenheit erhalten, die Raparaturarbeiten ungestört durchzuführen.

Am 3. Mai sichtete ein Aufklärer der PRU die TIRPITZ an ihrem üblichen Liegeplatz; für die nächsten zwölf Tage sollte dies der letzte Einsatz gewesen sein. Drei Tage später entschied die Admiralität, Operation »Planet« am 15. Mai unter dem Decknamen »Brawn« erneut anzusetzen. Unterdessen waren weitere Nachrichten über den Zustand der TIRPITZ aus nachrichtendienstlichen Quellen durchgesickert; sie haben diese Entscheidung mit Sicherheit beeinflußt. Am 2. Mai waren Einzelheiten einer deutschen Meldung vom 15. April aufgesammelt worden, die »Decktreffer und Schäden an der Bordflak während des letzten Luftangriffs [Tungsten]« bestätigten. Sechs Tage später traf der Bericht aus »einer norwegischen Quelle in Alta« ein, daß die Hauptmaschinen des Schlachtschiffes unbeschädigt und »der Versuch eines Durchbruchs nach Deutschland wahrscheinlich« sei – dies war von der deutschen Seite kaum ernsthaft erwogen worden und somit reine Spekulation. Bezeichnenderweise sprach ein Bericht vom 9. Mai etwas genauer von »kanonenartigen Nebelanlagen, [welche] auf den umliegenden Bergspitzen an beiden Ufern des Altafjords aufgestellt« worden seien, auch habe die TIRPITZ »Standproben« durchgeführt und 200 zusätzliche Werftarbeiter seien eingetroffen, weitere würden erwartet. Die Reparaturarbeiten gingen offenbar zügig voran.

Am selben Tag, dem 9. Mai, behauptete ein weiterer Bericht, daß die deutsche Seekriegsleitung um »130 Werftfacharbeiter für Reparaturarbeiten« gebeten wurde, »welche die Schäden durch den britischen Luftangriff auf die TIRPITZ bis 1. Juli. 1944« beheben sollten. Eine Verlegung des Schiffes nach Aalborg sei als »zu gefährlich« verworfen worden, da es kaum manövrierfähig und deshalb auf dem Marsch gefährdet sei. Die Reparaturarbeiten, für die »das notwendige Material und Werkzeug … nunmehr in Oslo bereitgehalten wird«, müßten im Kaafjord erledigt werden. Der Schutz der Arbeiten sei durch zwei schwere und vier leichte Flakbatterien gewährleistet.

Ebenfalls am 9. Mai traf eine Nachbetrachtung zu Operation »Tungsten« ein, die zu anderen Informationen in gewisser Weise in Widerspruch stand. »Ein Matrose der TIRPITZ« habe behauptet, daß das Schlachtschiff »neun Treffer um den Schornstein herum erhalten habe. Die gesamte leichte Artillerie auf einer Schiffsseite sei zerstört. Einige Abteilungen im Schiff seien noch nicht zugänglich. Man gehe davon aus, daß viele der noch vermißten Besatzungsmitglieder dort eingeschlossen seien.« Die Ankunft von 300 Werftarbeitern war bereits am 13. Mai angedeutet worden, eine »gute Quelle« bestätigte dies am folgenden Tag. Vom britischen Marineattaché in Stockholm traf die Nachricht ein, daß »entgegen einiger Pressemitteilungen Besatzungsmitglieder an Bord festgehalten würden und nicht in Blockhäusern an Land untergebracht seien«. Dies ließ darauf schließen, daß die Schäden in den Unterkünften nicht sehr ausgedehnt sein konnten und uniformiertes und ziviles Personal alles daran setzte, das Schlachtschiff wieder einsatzbereit zu machen.

Am Vorabend der Operation »Brawn« trafen beunruhigende Nachrichten ein. Die TIRPITZ hatte den Liegeplatz mit dem Wohnschiff MONTE ROSA gewechselt. Sie »liege nunmehr exakt gegenüber ihrem vorherigen Ankerplatz … unter dem

Sakkobadnefjell in der Langstroehnesbukta«. Dies wurde von einer PRU-Maschine am 15. Mai gegen 15.15 Uhr, 95 Minuten bevor die Angriffsflugzeuge starteten, mit der Zusatzinformation bestätigt, daß ein Schwimmkran längsseits liege.

Unterdessen näherte sich der für die Operation »Brawn« abgeteilte Flottenverband der Startposition 160 Meilen nordwestlich des Kaafjord. Der Angriffsverband, der sich erneut auf die VICTORIOUS und die FURIOUS konzentrierte, bestand aus 27 Barracuda der 8. und 52. TBR mit 230-kg-SAP-, 230-kg-MC- und 270-kg-A/S-Bomben. Er wurde von 28 Corsair (1834. und 1836. Staffel), vier Seafire und vier Wildcat begleitet. Am 15. Mai um 16.50 Uhr DBST hoben die ersten Maschinen ab, während Jäger über dem Flottenverband Feindaufklärung flogen. Das Zielgebiet wurde durch eine geschlossene Wolkendecke in 300 Metern Höhe verhüllt, und kurz bevor sie die Küste erreichten, wurden die Barracuda zurückgerufen; eine Barracuda, die zum Wetterdienst abgeteilt und vorausgeflogen war, war bereits verlorengegangen. Der Angriffsverband kehrte genau zwei Stunden nach dem Start wieder zu den Trägern zurück; erneut war ein Versuch fehlgeschlagen, die TIRPITZ zu versenken.

Innerhalb von 14 Tagen wurde Operation »Tiger Claw« angesetzt; die VICTORIOUS und die FURIOUS bildeten erneut die Vorhut. Am Einsatztag jedoch (28. Mai) durchkreuzte das Wetter die Pläne, und der Flottenverband marschierte nach Süden, um nach Küstengeleiten zu suchen. Drei Tage später fielen ihm vier Handelsschiffe in der Nähe von Aalesund zum Opfer – ein schwacher Trostpreis. »Tiger Claw« wurde wie »Planet« abgesagt, noch bevor die Flugzeuge gestartet werden konnten. Aber die Admiralität lehnte es ab, auf eine erfolgreiche Wiederholung von »Tungsten« zu verzichten. Am 24. Juni erfuhr das Luftfahrtministerium, daß »Tiger Claw« Mitte Juli wiederholt werden solle; PRU-Luftaufklärung wurde für die Woche ab dem 1. Juli angefordert.

Da die TIRPITZ ihren Liegeplatz vor dem geplanten Angriff vom 15. Mai kurzfristig und unerwartet verlegt hatte, war es von großer Bedeutung, näheres über ihre Einsatzbereitschaft und ihre genaue Position zu erfahren. Auf der Suche nach diesbezüglichen Informationen war mit Sicherheit jene Flut an Geheimdienstberichten von Nutzen, die weiterhin in der Admiralität eintraf. Ende Mai stand fest, daß die TIRPITZ mit Schlepperhilfe an ihren östlichen Liegeplatz (69° 57' Nord, 23° 04' Ost) verlegt hatte und nicht mit eigener Maschinenkraft. Der neue Ankerplatz war seichter, dies mag Reparaturen unter Wasser erleichtert haben; ihr Bug wies Richtung 84 Grad Ost, und sie lag 100 Meter vom Ufer entfernt. Das Werkstattschiff NEUMARK (nicht die MONTE ROSA) hatte den alten Liegeplatz der TIRPITZ eingenommen, neue Nebelanlagen waren in den umliegenden Bergen des Kaafjord aufgestellt worden. Darüber hinaus wurde ein Beobachtungsposten auf der Spitze einer benachbarten Klippe eingerichtet, um anfliegende Maschinen besser erkennen und die Schiffsflak leiten zu können, falls ähnliche Probleme mit der Feuerleitung und Zielbeobachtung wie am 3. April auftreten sollten.

Am 5. Juni traf eine mysteriöse Mitteilung aus Stockholm ein: »Aus höheren Marinekreisen in Berlin wird gemeldet: Kapitän z.S. Junge, Freund Davidsons [der Marineattaché in Stockholm], jetzt zum Kommandanten ›T‹ ernannt«: Junge hatte das Kommando eigentlich schon am 21. Mai übernommen. Am nächsten Tag ging die Meldung ein, daß die Hangars der TIRPITZ »sowie die achteren Aufbauten« umfassende strukturelle Reparaturen erfahren würden, die dadurch entstehende Beeinträchtigung sei so groß, daß das Schlachtschiff für einige Zeit nicht einsatzbereit sei. Am 10. Juni allerdings behauptete eine andere Quelle, daß »intensive Reparaturarbeiten« an den beschädigten Geschützen ausgeführt worden seien und daß die »deutschen Offiziere der Meinung wären, das Schiff sei wieder gefechtsbereit«, worüber die Mannschaften nur »lachen« könnten. Eine weitere Nachricht vom selben Tag, daß Geschützmannschaften des Schlachtschiffes in Flensburg eingetroffen seien, »um die Küstenartillerie zu verstärken«, trug weiter zu der herrschenden Verwirrung bei. »Nicht glaubwürdig«, fügte ein scharfsinniger Nachrichtenoffizier hinzu. All dies zeigt aber nochmals sehr deutlich, daß eine sorgfältige Prüfung erhaltener und oft wiedersprüchlicher Informationen stets notwenig ist. Eine Meldung vom 11. Juni bestätigte die Beendigung der Reparaturarbeiten an den Geschützen; der Schwimmkran hatte abgelegt. Bedenklich war, daß die TIRPITZ weiterhin ihrem üblichen, westlichen Ankerplatz gegenüberlag, ein Zerstörer sowie das ehemalige Walfangmutterschiff C.A. LARSEN befanden sich in der Nähe.

Mitte Juni faßte der Marineattaché in Stockholm Informationen zusammen, die er kurz zuvor erhalten hatte: obwohl sich die TIRPITZ »nur langsam fortbewegen könne und ihr Tiefgang ungewöhnlich groß sei«, bereite sie sich auf den Marsch nach Süden vor. Seit April hätten 400 bis 600 Arbeiter Tag und Nacht auf ihr geschuftet, die Schlagseite sei am 6. April ausgeglichen worden. Bis zum 15. Juni seien sämtliche äußerlich sichtbaren Schäden behoben worden und, nach Verlautbarungen der Marine vor Ort, sei das Schlachtschiff ab 1. Juli wieder seeklar. Die TIRPITZ war bereits bei Probefahrten im Altafjord gesichtet worden. Am 25. Juni wurde über weitere Erprobungen in der Vorwoche vom östlichen Liegeplatz aus berichtet, »man habe jedoch nicht den Eindruck, daß sie sich ernsthaft auf einen Verlegungsmarsch vorbereite«. »Etwa am 21. Juni ... habe ein Beobachter auf Finsja (70° 04' Nord, 22° 59' Ost) die TIRPITZ mit geringer Geschwindigkeit fahrend« entdeckt, sie wurde »von zwei Vorpostenbooten und einem Flugboot« begleitet; als dieser gegen 18.45 Uhr im Innern des Kaafjords angekommen sei, fand er sie auf Position 69° 57' Nord, 23° 08' Ost vor Anker liegend vor.

Diese Quelle schätzte, daß das Schlachtschiff 15 bis 20 Knoten gelaufen sei. Sie bestätigte zudem, daß die gesamte schwere Artillerie geschwenkt werden könne und die Arbeiten an den Aufbauten beendet waren. Unabhängig davon berechnete ein Funkspruch die von der TIPRITZ während der Probefahrten erreichte Geschwindigkeit auf 20 Knoten.

Am 14. Juni löste Admiral Sir Henry Moore Fraser als Oberbefehlshaber der Home-Fleet ab. Die Admiralität war nunmehr davon überzeugt, daß die TIRPITZ begrenzte Vorstöße unternehmen könne, und während des folgenden Monats reifte Operation »Mascot« heran. Drei Flottenflugzeugträger sollten daran teilnehmen. Die INDEFATIGABLE, auf der Rear Admiral R.R. McGrigor, Kommandeur des Ersten Kreuzergeschwaders, seine Flagge gesetzt hatte, führte die 820. und 826. Staffel der 9. TBR (jede mit zwölf Barracuda), die 1770. Staffel mit zwölf Zweisitzern vom Typ Fairey Firefly als Begleitjäger und sechs Swordfish der 842. Staffel für die U-Bootaufklärung mit. Die FORMIDABLE hatte die 827. und 830. Staffel der 8. TBR (jede mit zwölf Barracuda) und 18 Corsair der 1841. Staffel als Begleitjäger an Bord. Die FURIOS nahm bei dieser Gelegenheit keine Angriffsbomber mit, hatte jedoch zwölf Seafire der 880. Staffel zum Schutz des Flottenverbandes, 20 Hellcat als Begleitjäger und drei Swordfish der 842. Staffel zur U-Bootaufklärung dabei. Während der zehn Tage vor Beginn der Operation übten diese Staffeln gemäß des Einsatzbefehls McGrigors vom 4. Juli und weiterer Anweisungen, welche acht Tage später ausgegeben worden waren, gemeinsam »sowohl von Land als auch von Bord ihrer Schiffe aus«.

Eine PRU-Maschine entdeckte die TIRPITZ am 12. Juli an ihrem östlichen Liegeplatz, es waren »keinerlei Anzeichen von Schäden zu erkennen, lediglich ein Bordkran und ein Beiboot an Steuerbord fehlten«. Sämtliche Geschütztürme, auch die Bordflak, seien »intakt«, das mit »Sprenkeln« versehene Oberdeck war offenbar der Versuch einer Fleckentarnung. Längsseits des Schlachtschiffes hatten kleinere Fahrzeuge festgemacht, »unter denen sich eine Taucherplattform oder ein Caisson« befand. Am folgenden Tag erfuhren die Flugzeugbesatzungen, daß der Einsatz für die frühen Morgenstunden des 17. Juli geplant war; vom 13. bis zum 16. Juli fand eine Reihe »sehr ausführlicher« Einsatzbesprechungen statt, während das Wartungspersonal sich bemühte, die Maschinen vorzubereiten. Mit Hilfe von Photos und Reliefmodellen nutzten die Besatzungen »jede Gelegenheit«, um sich mit der Umgebung der TIRPITZ vertraut zu machen. Es wurden sogar Vorträge zu »Überlebenstraining« gehalten und »Ausrüstungen mit verschiedenstem Zubehör wurden ausgegeben«.

Der Flottenverband lief am Freitag, den 14. Juli, um 08.30 Uhr »bei Nebel und Sprühregen« aus. Moore befand sich auf dem Schlachtschiff DUKE OF YORK, drei Flugzeugträger, vier Kreuzer und zwölf Zerstörer hielten Kurs auf die Startposition (71° 15' Nord, 19° 25' Ost), die ohne besondere Zwischenfälle und ohne entdeckt zu werden, nach »Überquerung« des Polarkreises am 15. Juli erreicht wurde. Die Überfahrt wurde von Nebel begleitet, der sich aber am 16. Juli gegen Abend auflösen sollte, so daß am nächsten Tag »leichter Ostwind und gute Bedingungen« zu erwarten waren.

Am Montag, den 17. Juli, um 00.40 Uhr DBST, startete die FURIOUS zwei Seafire zur Feindaufklärung sowie neun Hellcat, um 01.11 Uhr wurden elf weitere Hellcat startklar gemacht (zwei von ihnen hatten Probleme mit der Treibstoffzufuhr und kehrten unverzüglich auf den Träger zurück). Im Gefechtstagebuch der 1841. Corsair-Staffel der FORMIDABLE stand die Eintragung: »Um Mitternacht, die Sonne schien noch immer, stiegen wir alle in unsere Taxis und setzten uns schließlich für das ›große Ereignis‹ in Bewegung.« Ein Dutzend Corsair waren mit Kameras ausgerüstet, um Aufnahmen des Bombenangriffs zu machen, die restlichen sechs sollten Ziele an Land unter der Voraussetzung angreifen, daß keine feindlichen Jäger zu sehen waren. Zur gleichen Zeit, um 00.40 Uhr, drehte die INDEFATIGABLE mit 30 kn in den Wind und begann ihre Flugzeuge zu starten. Die Luftarmada flog gemäß eines Eintrags im Gefechtstagebuch der 826. Staffel »in hervorragender Formation« los: 18 Hellcat und 12 Firefly zur Flakbekämpfung, 18 Corsair als Höhensicherung, 44 Barracuda (eine der 45 vorgesehenen Maschinen mußte den Start abbrechen), um die TIRPITZ anzugreifen – die 8. TBR folgte der 9. Sämtliche Barracuda führten eine 725-kg-AP-Bombe mit Verzögerungszünder (0,08 Sekunden) mit, zwei trugen jeweils drei 230-kg-MC.

Der Verband flog in 15 Metern Höhe Richtung Küste und stieg zehn Minuten vor Erreichen der Insel Loppa, die südlich der Zufahrt zum Lopphavet und nordwestlich des Kaafjord liegt, auf 2700 Meter; die Begleitjäger flogen im Zick-Zack darüber. Indem sie den Funkverkehr störten, ließen die Deutschen erkennen, daß die anfliegenden Maschinen etwa zehn Meilen vor der Küste aufgefaßt worden waren. Als er sich über feindlichem Gebiet befand, formierte sich der Angriffsverband bei guter Sicht um. Der Staffelführer der Firefly, Maj. V.G.B. Cheesman RM, blieb von der »grausig aussehenden Landschaft da unten« unbeeindruckt und meinte, ein Motorenausfall würde »himmlische Chöre, Heiligenschein und Guten Tag Heiliger Petrus« bedeuten. Wolken zogen auf, und das Ziel im Kaafjord war bald bis in 300 Meter Höhe in Nebel gehüllt, der die TIRPITZ sowie die umliegenden Berge vollständig zudeckte. Die Hellcat der 840. Staffel erreichten den Kaafjord oberhalb der Barracuda in 3300 bis 3600 Metern Höhe; sie hatten Order, die Küstenbatterien im Osten und Flakschiffe im Fjord mit Bordwaffen anzugreifen, die Ziele konnten jedoch nur »durch die Bahnen der Leuchtspurgeschosse, die durch den Nebel drangen, ausfindig gemacht werden ... Von den Schiffen konnte man durch den Rauch nur einen flüchtigen Blick erhaschen und sie wurden, falls möglich, angegriffen«. Erschwerend kam hinzu, daß sie den Fjord am oberen Ende von Nordwesten her erreicht hatten und nicht, wie geplant, genau aus Westen mit direktem Kurs auf das Schlachtschiff. Obwohl es »reichlich« Ziele gab, waren diese unmöglich zu entdecken, falls sie nicht zuerst das Feuer eröffneten. Neben Flakstellungen wurden auch ein Flugfeld im Landesinnern, ein Feldlager und »Blockhäuser« angegriffen. Firefly der 1770. Staffel brachten zwei Flakstellungen, die südlich des Liegeplatzes der TIRPITZ an Land standen sowie eine dritte auf einem Hügel östlich davon zum Schweigen. Die Jäger »machten sich aus dem Staub«, indem sie sich im Süden des Kaafjord hochschraubten; nur ein einziger behauptete, das Hauptziel erkannt zu haben. Der Treffpunkt für den Rückflug lag über einer Hochebene acht Kilometer nordwestlich der TIRPITZ, hier schlossen sich die Jäger wieder den Barracuda an, bevor sich kleinere Gruppen auf den Weg zurück zum Flottenverband machten.

Während des Rückflugs »feuerten eine Vielzahl von Batterien sowie einzeln stehende Geschütze, die während des Anflugs völlig untätig geblieben waren, auf sämtliche vorbeifliegenden Maschinen«. Die Hellcat beschossen sie und griffen auch einen Tanker im Langfjord und Motorleichter in bombensicheren Unterständen in der Nähe des Alteidet (70° 03' Nord, 22° 06' Ost) an. Drei Zerstörer, die am oberen Ende des Langfjords lagen, schossen auf die zurückfliegenden Maschinen, eine Barracuda der 8. TBR der FORMIDABLE erzielte einen Bombentreffer auf einem der Schiffe. Die Barracuda der 9. TBR der INDEFATIGABLE näherten sich dem Zielgebiet aus West-Südwest, oberhalb und etwas achterlich der 8. TBR; knapp 32 Kilometer vor der TIRPITZ nahmen sie ihre Position in vier Kolonnen ein (drei zu je sechs und eine zu fünf Maschinen, die Flugzeuge flogen stufenförmig hintereinander). Im Zielgebiet trafen sie auf Cumuluswolken, Bedeckung 5/10 in 1800 Metern Höhe, das Schlachtschiff war durch Rauch verhüllt. »Ununterbrochenes«, aber »ungenaues« Flakfeuer schlug ihnen entgegen, und alle, außer vier Maschinen, griffen Geschützblitze an, da nichts zu erkennen war. Von den vier Flugzeugen, die ihre Bomben wieder mitnehmen mußten, entledigten sich drei ihrer Last mit Notabwurf über See, die vierte hatte Probleme beim Ausklinken, landete jedoch problemlos mit ihrer anhängenden Bombe auf dem Deck eines der Träger. Eine Barracuda stürzte voraus der INDEFATIGABLE ins Meer, die Besatzung konnte unverletzt geborgen werden. Die anderen 21 Barracuda des Flugzeugträgers (eine schwer beschädigt) konnten zwischen 03.05 und 03.50 Uhr sicher landen. Unterdessen waren auch alle 18 Hellcat der FURIOUS wieder zurückgekehrt, fünf von ihnen hatten Treffer erhalten. Vier konnten wieder repariert werden, die fünfte war während eines Angriffs auf einen bewaffneten Fischkutter in der Einfahrt zum Oxfjord von 2-cm-Geschossen getroffen worden und hatte irreparable Schäden. Einige der Barracuda hatten ebenfalls Trefferschäden, eine mußte neben der FORMIDABLE notwassern, eine Corsair der 1841. Staffel des Trägers war abgeschossen worden (der Pilot geriet in Gefangenschaft). Während der Operation flogen Seafire und Swordfish der 880. und 842. Staffel Feind- bzw. U-Bootaufklärung über dem Verband. Ein zweiter Angriff, der für 08.00 Uhr geplant war, wurde zwei Minuten vor dem Start abgesagt, »da Nebelfelder aufkamen«. Die Flotte kehrte daraufhin nach Scapa zurück.

Die verbesserte deutsche Radaraufklärung über Norwegen hatte die anfliegenden Maschinen um 02.00 Uhr Ortszeit aufgefaßt (dies war der Grund für den Störfunk gewesen), und das Schlachtschiff erhielt vier Minuten später die erste Warnung. Um 02.14 Uhr traten die Nebelanlagen auf der TIRPITZ in Aktion, und um 02.25 Uhr war sie völlig verhüllt. Die wasserdichten Türen waren um 02.17 Uhr geschlossen. Die Hauptarmierung des Schlachtschiffes eröffnete um 02.20 Uhr das Feuer, die Geschütze der Mittelartillerie fielen kurze Zeit später ein, als die Flugzeuge näher kamen. Während des 33minütigen Angriffs verschoß die TIRPITZ 39 38-cm-, 359 15-cm-, 1973 10,5-cm- 3967 3,7- und 28 550-cm-Granaten. Sie hatte keine direkten Treffer erhalten, Schätzungen ergaben, daß sie ein bis sieben Nahtreffer erzielt wurden. Die deutschen Geschützbedienungen behaupteten, zwölf Flugzeuge abgeschossen zu haben, allerdings stürzte nur eine Corsair im Zielgebiet ab. Unmittelbar nach dem Angriff meldete die TIRPITZ keine direkten und lediglich einen Nahtreffer.

Während einer auf den Einsatz folgenden Untersuchung kritisierte Moore, daß nach »Tungsten« erfahrenes Flugpersonal versetzt worden sei, deshalb habe man auf unerfahrene Piloten während der darauffolgenden Operationen, darunter auch jene vom 17. Juli, zurückgreifen müssen. Auch erhob er gegen den Angriffsführer Vorwürfe, weil dieser Ausweichziele nicht deutlich genug zugewiesen habe, als sich herausstellte, daß die TIRPITZ nur schwer zu treffen war. Bei der 826. Staffel ließ man aufgrund des Umstandes, daß keine ihrer Maschinen »das Ziel wirklich gesehen« hatte – obwohl sämtliche Barracuda, außer dreien, ihre Bomben ungefähr in die richtige Richtung geworfen hatten – Niedergeschlagenheit erkennen; man würdigte die reibungslose Durchführung des Einsatzbefehls, fand die »Show« aber dennoch »enttäuschend«. Die 880. Staffel bemerkte: »Angriff als erfolglos erachtet, Ziel war durch Rauchvorhang verhüllt.« Die Admiralität bestand weiterhin auf der Versenkung der TIRPITZ. Ein Vorschlag wurde erörtert, eine ganze Serie andauernder Luftangriffe über einen Zeitraum von 48 Stunden durchzuführen, um die gegnerische Verteidigung zu zermürben und die Nebelbatterien zu erschöpfen.

Der Marinenachrichtendienst war unmittelbar nach Operation »Mascot« aufgrund einer Analyse der Berichte der Flugzeugbesatzungen in der Lage, ein umfassendes Bild der vorhandenen Verteidigungsstellungen im und in der Gegend um den Kaafjord zu entwerfen. Die Maschinen stießen auf Flakbatterien mit Geschützen verschiedener Kaliber – darunter einige »schwere« – auf Silda und Umgebung, entlang der meisten Fjordufer südlich und westlich der Insel, vor allem im der südwestlichen Ecke des Langfjord, der anscheinend Marineeinheiten einen ausgedehnten Ankerplatz bot. Östlich Silda und nordwestlich des Kaafjord war an der Zufahrt zum Oxfjord, auf den Inseln Stjern und Hasvik und am nördlichen Ende des Lopphavet Flakkonzentration zu erkennen ebenso auf der Hochebene entlang des Altafjord. Kasernenähnliche Anlagen wurden bei Alteidet am Altafjord und an der Zufahrt zum Oxfjord entdeckt. Auf dem Hinflug war eine Funkstation auf einer Landzunge genau südlich der Insel Loppa angegriffen worden. Zwei Zerstörer waren an der Einfahrt zum Korsfjord gesichtet worden, einem östlichen Nebenarm des Altafjords: ein nicht »identifiziertes Fahrzeug« vor Hasvik, wahrscheinlich einzelne Zerstörer vor Loppa und im Oldfjord genau südlich davon, ein Radarschiff lag vor Silda. In der unmittelbaren Umgebung der TIRPITZ waren, abgesehen von mehreren Flakschiffen und Küstenbatterien, ein Militärlager aus Zelten und Hütten, das etwa drei Kilometer jenseits des östlichen Ufers des Kaafjord lag, sowie Blockhäuser (wahrscheinlich Flaktürme) an einer Straßenkreuzung etwa 5 Kilometer südöstlich des rechten Liegeplatzes und 1,5 Kilometer südlich des Fjordendes entdeckt worden. Eine Arado 196 wurde, einem Bericht zufolge, auf einem drei Kilometer südlich des Kaafjord gelegenen See gesichtet. Ein andere Meldung besagte, daß ein Flugfeld von etwa 2000 Metern Länge und 150 Metern Breite angelegt werde, die Stelle konnte aber nicht genau markiert werden – entweder in der Nähe des Militärlagers am Ostufer oder südlich des Kaafjord. Die Glaubwürdigkeit dieser Beobachtung erfuhr durch weitere Einzelheiten Bestätigung, so wurde nicht nur ein Flugzeug in einem Hangar entdeckt, sondern auch eine Fw 190 beim Start beobachtet.

Operation »Mascot« war in der Tat eine Enttäuschung gewesen. Man konnte die TIRPITZ jedoch nicht in Ruhe lassen. Nach dem Einsatz berichtete der britische Marineattaché in Stockholm: »TIRPITZ führt täglich Probefahrten im Altafjord durch. Sie läuft für gewöhnlich gegen 08.00 Uhr aus und kehrt 16.00 Uhr zurück.« Ihre Geschwindigkeit wurde auf 20 kn geschätzt, ihre Geschütze seien »voll einsatzbereit«. Ein ähnlicher Bericht eines Informanten in Alta bestätigte »tägliche Probefahrten«, ihre Geschütze seien »in Ordnung«, die Geschwindigkeit werde auf 18 kn geschätzt. An zwei Tagen, am 31. Juli und 1. August, führte das Schlachtschiff in Begleitung der 4. Zerstörer-Flottille Übungen vor der Küste durch; die Sorge wuchs, daß es einen Vorstoß plane. In London trafen Informationen darüber ein, daß die furchteinflößende Verteidigung, der man bei Operation »Mascot« begegnet sei, weiter verstärkt wurde. Spekulationen wurden genährt, daß der Kaafjord zu einem sicheren Stützpunkt für künftige Einsätze ausgebaut werden solle. Ein Abriß nachrichtendienstlicher Erkenntnisse vom 28. Juli bemerkte, daß etwa acht bis zehn Nebelanlagen entlang des Ufers stehen würden und nicht auf den Hügeln, die nächste befinde sich etwa 750 Meter von Bossekop entfernt. Die Anlagen würden riesige Vorräte besitzen, aber es sei »unmöglich zu sagen, wie lange diese reichen würden«. Wann immer seit dem letzten Angriff das Wetter während der Nacht schön gewesen sei, habe ein Rauchvorhang über den Fjord gelegen – dies deute darauf hin, daß die Deutschen wegen der Luftangriffe sich langsam einer Paranoia näherten.

Die TIRPITZ hatte einen teilweise schwarzen Anstrich erhalten und erfreute sich am 27. Juli eines erfolgreichen »Ausflugs«. Ein Bericht vom 3. August machte Angaben darüber, daß das »Zeug« für die Nebelanlagen auf zwei Tankschiffen gelagert und von kleineren Fahrzeugen transportiert werde. Die derzeitigen Liegeplätze der Schiffe seien unbekannt, wahrscheinlich befänden sie sich im Langfjord. Zwei Berichte von Mitte August deuteten an, daß die TIRPITZ während der »nächstbesten, mondlosen Nacht« nach Süden durch dänische Gewässer geschleppt werde, um »wahrscheinlich« in Kiel generalüberholt zu werden. Dies stimmte jedoch nicht mit anderen, verläßlichen Informationen überein, daß sie bereits in den Fjorden und auf See Probefahrten durchgeführt habe. Am 28. Juli übermittelte der SBNO Nordrußland glaubwürdigere Einzelheiten aus russischer Quelle: Die TIRPITZ befinde sich an ihrem »ehemaligen Liegeplatz«, drei kleinere Fahrzeuge lägen in der Nähe.

Die Einsatzplanungen für Operation »Goodwood« waren mittlerweile sehr weit gediehen. Sie sahen eine Reihe von Angriffen während der dritten Augustwoche vor und beruhten auf der Annahme der Admiralität, daß die Verteidigung zermürbt werden könne. Erneut waren vorbereitende Übungen auf dem Loch Eriboll durchgeführt worden, ein »vortreffliches maßstabgetreues Modell des [Kaa]Fjords und Umgebung sowie hervorragende Photos, welche das ganze Gebiet abdeckten«, waren für verschiedene Einsatzbesprechungen zur Vorbereitung der Operation angefertigt worden. Diesmal sollten die drei Flottenträger durch zwei Geleitträger ergänzt werden, die TRUMPETER und die NABOB. Die INDEFATIGABLE führte zwölf Barracuda der 820. Staffel als Angriffsverband, die 1770. (zwölf Firefly) und 1840. (zwölf Hellcat) für Begleitschutzaufgaben und für den Angriff sowie die 887. und 894. Staffel mit jeweils 16 Seafire zum Schutz des Flottenverbandes mit. Die FORMIDABLE sollte zwei Angriffsverbände (826. und 828.) mit jeweils zwölf Barracuda sowie die 1841. und 1842. Staffel mit 18 bzw. zwölf Corsair stellen, letztere waren für die Höhensicherung sowie für Sturzflugangriffe eingeplant. Die FURIOUS nahm zwölf Barracuda der 827. Staffel für Angriffszwecke sowie zwölf Seafire jeweils von der 801. und 880. Staffel zum Schutz der Flotte mit. Die große Zahl an Flugzeugen zum Schutz des Flottenverbandes läßt darauf schließen, daß die Admiralität wegen der Bedrohung durch feindliche Luftangriffe beunruhigt war, vor allem weil die Schiffe wegen der aufeinanderfolgenden Angriffe mehrere Tage lang vor Norwegen stehen mußten. Die TRUMPETER hatte acht Avenger der 846. Staffel sowie sechs Wildcat, die NABOB zwölf Avenger und vier Wildcat an Bord. Die Avenger der 852. Staffel auf der NABOB sollten ihre Minen »mit unterschiedlich eingestellten Zeitzündern« neben die TIRPITZ werfen, »wobei einige während des Absinkens detonieren sollten«; die Maschinen der TRUMPETER von der 846. Staffel sollten »in einem synchronisierten Angriff« ein Minenfeld quer zur Zufahrt des Kaafjord legen. Cdr. J.W. Powell, ein zeitgenössischer Beobachter, bemerkte hierzu: »Man vertraute darauf, daß die neben das Schiff geworfenen Minen sie davon überzeugen würden, daß es am klügsten sei, den Liegeplatz zu verlassen, um dann rasch aus dem Kaafjord in den Altafjord auszulaufen – damit würden die quer zur Landenge gelegten Minen aktiviert und griffen die TIRPITZ von unten an, wo sie kein Panzer schütze«. Beide Staffeln sollten in einer Höhe von 15 Metern angreifen. Während einer Einsatzbesprechung am 11. August hielten die Staffelführer dies für einen »sehr guten Plan«, hinter vorgehaltener Hand äußerten sie jedoch Zweifel hinsichtlich der Überlebenschancen »beim geraden Formationsflug in gleichbleibender Höhe« bei Tageslicht in einer solch gutverteidigten Gegend. Daß ein gefährliches Unterfangen dieser Art überhaupt im Rahmen eines großangelegten Bombenangriffs mit Bordwaffenbeschuß eingeplant wurde, verdeutlichte erneut die akute Bedrohung durch die TIRPITZ.

Drei Tage nachdem der Konvoi JW 59 Loch Ewe verlassen hatte, lief Admiral Sir Henry Moore in den frühen Morgenstunden des 18. August, einem Freitag, auf der DUKE OF YORK zusammen mit drei Flottenträgern (Rear Admiral R.R. McGrigor hatte seine Flagge erneut auf der INDEFATIGABLE gesetzt) und zwei Kreuzern, gefolgt von zwei Geleitträgern und einem weiteren Kreuzer, aus Scapa aus. Bei den Färöer-Inseln trafen beide Verbände auf ihre Begleitzerstörer. An Bord fanden am nächsten Tag ausführliche Einsatzbesprechungen statt; die Operation war für den 21. August geplant, wenn sich der JW 59 östlich der Bäreninsel befand. Am 20. August stand der gesamte Flottenverband auf dem Treffpunkt vor der norwegischen Küste, ohne entdeckt worden zu sein. Schlechtes Flugwetter allerdings brachte die Zeitplanung bald durcheinander.

An einen Einsatz war am 21. August nicht zu denken, an diesem Montag ließ Moore sieben Zerstörer durch Geleitträger und Kreuzer Kraftstoff ergänzen. Hauptsächlich weil »die Kraftstoffsituation keine unbegrenzte Verzögerung erlaubte«, entschied Moore trotz »zweifelhaften Wetters« am 22. August um 05.30 Uhr, die Operation »Goodwood« anlaufen zu lassen. Der Start der Maschinen sollte exakt drei Stunden später erfolgen, wurde jedoch auf 10.00 Uhr verschoben. Schließlich waren die Flugzeuge um 11.00 Uhr startklar. Die Avenger hoben »wegen niedrighängender Wolken« und aus Sorge vor einem Abbruch der Oparation nicht ab. Die Minen hätten sonst ins Meer geworfen werden müssen, da den Maschinen untersagt war, mit diesen zu landen; auf den Trägern waren für einen weiteren Anlauf nicht genügend Minen vorhanden. Der Hauptangriffsverband hatte sich um 11.50 Uhr formiert und machte sich auf den Weg. 24 Kilometer vor der Küste, die Flugzeuge begannen gerade mit dem Steigflug, gerieten sie in 450 Metern Höhe in dichte Bewölkung, und, gemäß des Einsatzbefehls, drehten die 31 Barracuda und ihre 24 Begleitjäger vom Typ Corsair (unter dem Kommando von Lt. Cdr. A.J.L. Temple-West, 9. TBR) wieder um. Neun Hellcat (1840. Staffel), elf Firefly (1770. Staffel) und acht Seafire (887. Staffel) flogen weiter. Die Seafire griffen das Flugfeld und die Seeflugzeugstation von Banak und Kolvik an und machten geltend, eine He 115 sowie vier Blohm & Voss BV 138-Flugboote vernichtet zu haben, ein Hangar sei in Brand geschossen worden. Die Firefly und Hellcat flogen unterhalb der Wolkendecke und hatten mittlerweile den Kaafjord erreicht. Um 12.49 Uhr griffen die Firefly Flakstellungen an, und nachdem sie weiter an Höhe gewonnen hatten, warfen die Hellcat ihre 230 kg-SAP-Bomben (mit Verzögerungszünder eingestellt auf 0,14 Sek.) auf die TIRPITZ (ein Treffer »hinter der Brücke« wurde beobachtet) sowie auf »weitere Schiffe« durch Lücken in der Wolkendecke ab. Auf dem Rückflug wurde zwei Arado 196-Bordflugzeuge der TIRPITZ an ihrem Liegeplatz in Bukta zerstört und ein U-Boot in Hammerfest beschädigt. Während des Einsatzes waren Radar- und Funkstationen in Gaasnes, Kolvik und Ing vermeintlich »schwer beschädigt« worden. Eine Hellcat und eine Seafire »kehrten nicht zurück«, eine Barracuda der FURIOUS stürzte auf dem Rückflug von ihrer erfolglosen Mission ins Meer. Um 17.10 Uhr meldete die 887. Staffel die Vernichtung zweier weiterer B&V-Flugboote, die am Flottenverband Fühlung hielten. 15 Minuten später (17.25 Uhr) beschädigten die Torpedos eines U-Boots die NABOB und die Fregatte BICKERTON – die Zeitangabe ist Moores Funkspruch vom 26. August zu entnehmen.

In seinem Einsatzbericht erläuterte Moore auf der DUKE OF YORK, daß er nach der Beendigung von »Goodwood I« die INDEFATIGABLE und die sieben am 21. August mit Kraftstoff versorgten Zerstörer bei sich behalten, die FORMIDABLE, die FURIOUS, zwei Kreuzer und die restlichen Zerstörer jedoch zu den Flottentankern detachiert habe. Die Force 3, die sich aus den beiden Geleitträgern, einem Kreuzer und der 5. Geleitgruppe zusammensetzte, zog sich in Richtung Westen zurück, um die Zerstörer aus eigenen Beständen mit Kraftstoff zu versorgen. Unglücklicherweise lief dieser Verband »einem U-Boot vor die Rohre, das vermutlich aus Narvik ausgelaufen war«. Die NABOB und die BICKERTON erhielten um »17.55 Uhr [*sic*]« Torpedotreffer, »letztere sank«. Diese Zeitangabe weicht natürlich von jener ab, die unmittelbar nach den Geschehnissen angegeben worden war; ferner behauptet das Einsatztagebuch der 880. Staffel, die BICKERTON sei von »eigenen Einheiten versenkt worden«. Als das U-Boot angriff, befand sich Moore zehn Seemeilen entfernt und entließ die ALGONQUIN und die VIGILANT, um näheres zu erfahren. Als ihm schließlich mitgeteilt wurde, daß die NABOB mit eigener Maschinenkraft laufen könne, teilte er die TRUMPETER, die ALGONQUIN und die 5. Geleitflottille ab, um das Schiff in einen britischen Hafen zu eskortieren, die VIGILANT und der Kreuzer KENT stießen zum Flottenverband. Die Avenger-Staffeln fuhren auf den beiden Geleitträgern nach Hause, »die Besatzungen beider Schiffe waren niedergeschlagen«. Mit ihnen fuhr jede noch so kleine Chance, die auf den ehrgeizigen Minenplan gesetzt worden war.

An diesem Abend ließ Moore »Goodwood II« anlaufen; es sollte der Beginn einer »Abnutzungsstrategie« werden, die aus kleineren Luftschlägen bestehen sollte. Gerade mal sechs Hellcat und acht Firefly der INDEFATIGABLE waren daran beteiligt. Um 18.30 Uhr verließen sie den Flottenverband »bei ausgezeichneten Wetterbedingungen«; die Hellcat griffen die TIRPITZ um 19.10 Uhr im Sturzflug mit 230-kg-SAP-Bomben aus 2400 Metern Höhe an und behaupteten, zwei Treffer erzielt zu haben, die Firefly beschäftigten derweil die Flak. (Moore korrigierte die Zahl der Flugzeuge später auf sieben Hellcat und sieben Firefly.) Eine Überraschung war insofern erzielt worden, als der Nebelvorhang das Ziel nicht richtig verhüllte; auf dem Rückflug wurden der Schiffsverkehr oder Gelegenheitsziele angegriffen. Keines der Flugzeuge ging verloren.

Tatsächlich hatte die TIRPITZ weder während »Goodwood I« noch »Goodwood II« Treffer erhalten; ihre Geschützbedienungen waren nicht untätig gewesen. Während der Angriffe am Morgen und am Abend feuerten ihre 38-cm-Geschütze 62 bzw. 13 Schuß ab, die 15-cm- 363 bzw. 124, die 10,5-cm etwa 1300 bzw. 750 Schuß, die 3,7-cm rund 1600 bzw. 1538 mal, die 2-cm 15 000 bzw. 15 800 Schuß. Die mit nur leichten Kräften durchgeführten Einsätze hatten den Verteidigern einige Mühe bereitet, die große Zahl an Flakbatterien verfeuerte ebenfalls eine beträchtliche Menge an Munition. Die deutsche Seite gab die genaue Zeitspanne der Luftangriffe auf die TIRPITZ mit 12.49 bis 13.12 Uhr an und bestätigte, daß Banak von »etwa zehn Spitfire« angegriffen worden, daß Schiffe im Kaafjord mit Bomben belegt und daß ein U-Boot in Hammerfest getroffen worden sei. Während des zweiten Angriffs am Abend, von 19.16 bis 19.27 Uhr, hätten, so wurde bekanntgegeben, erneut 15 Trägerflugzeuge den Kaafjord angeflogen, der Schiffahrt jedoch keine Schäden zugefügt. Die Deutschen gaben an, während des ersten Angriffs acht, während des zweiten vier Maschinen abgeschossen zu haben. Ein etwas eigenartiger Nachtrag erwähnte, daß zwei Trägerflugzeuge um 19.25 Uhr »vor Loppa ein größeres Objekt in die See« geworfen hätten. Die Avenger allerdings waren nicht zum Minenabwurf eingesetzt worden, da die Geleitträger sich zu jenem Zeitpunkt bereits auf dem Rückmarsch nach Scapa befanden.

Obwohl die INDEFATIGABLE jetzt der einzige Träger in der Gegend war, wurde ein weiterer Angriff für den 23. August ins Auge gefaßt, Nebel verhinderte jedoch den Start. Gegen 07.00 Uhr am folgenden Tag schlossen sich die beiden anderen Flottenträger und ihr Kreuzergeleit der INDEFATIGABLE an. Somit wurde »Goodwood III« für den 24. August angesetzt. Schlechte Flugbedingungen machten den Einsatzplänen jedoch an diesem Morgen einen Strich durch die Rechnung. Trotz einer »wenig optimistischen Vorhersage« begannen sämtliche Träger um 14.30 Uhr damit, ihre Maschinen »bei hervorragendem Flugwetter« zu starten: 33 Barracuda der 820., 826., 827. und 828. Staffel (jede trug eine 725-kg-AP-Bombe, der Verzögerungszünder war auf 0,08 Sek. eingestellt), zehn Hellcat (jede mit einer 230-kg-AP-Bombe mit 0,14 Sek. Verzögerung) und zehn Firefly (1770. Staffel) waren für den Kaafjord bestimmt, acht Seafire sollten erneut das Flugfeld von Banak angreifen. Moore vermerkte, daß die »Bedingungen fast ideal [gewesen seien]«; die Piloten konnten die norwegische Küste schon auf 100 Kilometer Entfernung erkennen. Der Verband wurde auf dieselbe Entfernung durch das gegnerische Radar erfaßt. Sechs Minuten später erhielt das Schlachtschiff die erste Warnung und begann sich einzunebeln; als die Hellcat und die Firefly gegen 16.00 Uhr Flakstellungen beschossen, war der Rauchvorhang schon sehr dicht. Der Angriffsverband war bereits vor dem Kaafjord in heftiges Abwehrfeuer geraten. Als Sub Lt. H.K. Quilter in seiner Corsair der 1842. Staffel über das westliche Ende des Kaafjord flog, er hatte noch etwa drei Minuten bis zum Ziel, konnte er unter sich vier feindliche Kriegsschiffe erkennen, auf einem der Schiffe blitzte irgendetwas auf: »Mein erster Gedanke war, daß sie uns mit deutschen Flugzeugen verwechselt hatten und das Erkennungssignal verlangten«. Dann tauchten hinter ihm schwarze Wölkchen auf und er erkannte seinen Irrtum. Später sollte der Pilot einer Barracuda, Sub Lt. R. Fulton, der »wirklich kaltblütigen Tapferkeit« der Corsair Anerkennung zollen, die Berichten zufolge über den Kaafjord flogen, um die 8,8-cm-Flak anzugreifen.

Die Piloten der 826. Staffel sahen Sperrfeuer über dem Kaafjord, als die Barracudas sich näherten. Nach dem Angriff der Jäger habe das Feuer jedoch »mächtig an Wirkung verloren«. Sie bestätigten, daß der Nebelvorhang »dick und wirksam« gewesen sei, da sich der Rauch wegen der herrschenden Windstille nicht auflöste. Nach einem »steilen Gleitflug« von 3000 bis auf 1200 Meter herab, der auf die vermutete Position des Ziels gerichtet war, wurden die Bomben abgeworfen. Ein Beobachter der 828. Staffel erinnert sich: »Das Hochziehen aus dem Sturzflug, der Rauch, die umliegenden Berge, Flugzeuge überall um uns herum, das lief wie im Film ab, so etwas vergißt man nicht.« Während des Rückflugs trafen die Barracuda der 826. Staffel im Langfjord auf Zerstörer und ein »Frachtmotorschiff«, die »4Z« wurde von einer 2-cm-Granate getroffen. Die 827. Staffel, die auf der FURIOUS gestartet war, konnte die Angaben nur bestätigen: Die TIRPITZ sei »völlig von einem wirksamen Rauchvorhang verhüllt gewesen«, die Bomben fielen ins Nichts, Treffer wurden nicht erkannt. Gemäß den Berichten der 1841. Staffel wurde das Feuer der leichten Flak als »nicht so heftig wie bei dem Angriff am 17. Juli« empfunden, »die schweren Brocken waren jedoch bei weitem schlimmer«. Der Verfasser des Staffelberichts jedoch vermerkt demgegenüber, »daß keine der brennenden Zwiebeln umherflogen«. Zwei Hellcat gingen bei diesem Angriff verloren, darunter jene der Führers der 1840. Staffel, Lt. Cdr. A.R. Richardson RNZNVR. Er wurde während seines dritten Angriffs bei dem Versuch abgeschossen, mit dem ausgefahrenen Fanghaken seiner Maschine das Kabel einer Funkstation wegzureißen. Maj. Cheesman beteuerte: »Der Mut und die Entschlußkraft Richies waren unvergleichlich.« Eine Hellcat behauptete, eine 230-kg-Bombe auf dem Turm B abgeladen zu haben.

Fünf Minuten nach den Jägern trafen die Barracuda und die Corsair ein; da die TIRPITZ völlig von Rauch verhüllt war, mußten sie ihre Bomben blind abwerfen. Eine 725-kg-Bombe traf das Schlachtschiff neben der Brücke an Backbord, eine Corsair behauptete, möglicherweise einen Treffer mit einer 230-kg-Bombe erzielt zu haben: Moore jedoch sollte später von »offenbar drei Treffern« ausgehen. Neben den beiden Hellcat gingen drei Corsair verloren, eine weitere plumpste auf dem Rückflug neben der FORMIDABLE in die See. Die zurückgekehrten Maschinen wiesen schwere Trefferschäden auf, nach einem fast verzweifelten Kraftaufwand des Wartungspersonals der 826. Staffel jedoch standen am 26. August wieder elf Barracuda zur Verfügung. Auf dem Ruckflug waren auch Gelegenheitsziele angegriffen worden, darunter Zerstörer und Flakschiffe; die Flugzeuge behaupteten, einen Minensucher und eine Radarstation getroffen zu haben.

In Bukta war eines der Bordflugzeuge der TIRPITZ zerstört worden. Als zwei Firefly um 19.30 Uhr über dem Kaafjord erschienen, um Aufklärungsphotos zu schießen, wurden sie von einem undurchdringlichen Rauchvorhang begrüßt, der durch den farbenfrohen Sprühregen der Flak erleuchtet wurde. Weder ihre Photos noch andere Aufnahmen, die während Operation »Goodwood« angefertigt wurden, ließen etwas anderes als Rauch erkennen. Seafire hatten während »Goodwood III« pausenlos Feindaufklärung über dem Flottenverband geflogen, und um 20.50 Uhr teilte die 880. Staffel zwei ihrer Maschinen für die INDEFATIGABLE ab, um deren Bestand an Jagdmaschinen zur Vorbereitung eines weiteren Angriffs auf die TIRPITZ aufzufüllen. Wiederum nahm die Landung der Maschinen auf dem Träger viel Zeit in Anspruch und, nach der Aussage von Sub Lt. Quilter, hatte es den Anschein, als ob die FORMIDABLE »geradewegs in einen Fjord hineinfahren wollte ... die Küste war deutlich zu erkennen«.

Das Schlachtschiff hatte 72 Schuß 38-cm-, 510 15-cm-Granaten und etwa 30 Prozent der verfügbaren 10,5-cm-, 3,7-cm- und 2-cm-Munition verschossen. Die TIRPITZ hatte 21 Mann Verluste (darunter acht Gefallene); es waren keine schweren Schäden aufgetreten, sie war glücklich davongekommen. Die Bombe der Hellcat hatte auf Turm B kaum einen Kratzer hinterlassen, da sie die daraufmontierte 2-cm-Vierlingsflak zerstörte. Schwerwiegendere Folgen hätte die 725-kg-Bombe haben können, die das Haupt- sowie vier weitere Decks durchschlagen hatte und ohne zu detonieren in der Schaltstelle Nr. 4 liegengeblieben war. Um 17.07 Uhr sandte die TIRPITZ einen Funkspruch nach Banak und forderte ein Kommando an, das eine 230-kg-Bombe entschärfen sollte. Dieses fand einen weit größeren Sprengkörper vor, der einen defekten Zünder besaß; die Bombe war nur zur Hälfte mit der vorgesehenen Sprengstoffmenge gefüllt. Um 19.48 Uhr erklärte die Tirpitz den Angriff für »unbedeutend«. Ein darauffolgender, mit etwas mehr Bedacht zusammengestellter Bericht urteilte, daß »Goodwood III« »ohne Zweifel der bis dahin schwerste und am entschlossensten durchgeführte« Angriff gewesen sei. Daß die schwere Bombe »nicht detonierte, muß als außerordentlicher Glücksfall bezeichnet werden, weil die Folgen dieser Detonation nicht abschätzbar gewesen wären«. Die deutsche Seite zollte den Angreifern wegen »ihrer großen fliegerischen Leistung« Anerkennung und räumte schwere Verluste unter den Flakbedienungen an Land ein. Ein Glückstreffer verursachte eine farbenfrohe Explosion in einem Munitionsdepot der Marine.

Im Gefolge von »Goodwood III« wurden zwei Seafire und zwei Barracuda von der FURIOUS auf die INDEFATIGABLE verlegt, um Verluste auszugleichen; dann trennte sich der Flottenverband am 25. August um 03.00 Uhr vorübergehend erneut. Unter dem Kommando McGrigors zogen sich die INDEFATIGABLE und die FORMIDABLE, zwei Kreuzer und sieben Zerstörer nach Westen zurück, um aus den Flottentankern Kraftstoff zu ergänzen, während Moore mit der DUKE OF YORK, der FURIOUS, einem Kreuzer und fünf Zerstörern zur Materialergänzung die Färöer-Inseln anlief. Unterwegs führte Moore eine aktuelle Bestandsaufnahme der Erfolge von Operation »Goodwood« durch. Sechs feindliche Flugzeuge waren in Banak beschädigt oder vernichtet worden, ein Hangar in Brand gesetzt; die Bordflugzeuge (der TIRPITZ) waren zerstört oder beschädigt worden; die Radarstationen bei Soroy und Ingoy waren »unter heftigen Beschuß« geraten; ein U-Boot war in Hammerfest »durch Jäger beschossen« worden; eine Vielzahl von Schiffen und Ziele an der Küste waren mit Bordwaffen bestrichen worden, »darunter zwei Zerstörer im Langfjord sowie Flakschiffe«. Dies wich ein wenig von den Berichten der einzelnen Staffeln ab und klang im Grundtenor eher konservativ.

Nach Erreichen der Färöer-Inseln entließ Moore die FURIOUS mit einem Begleitschiff nach Scapa, während er selbst Richtung Norwegen lief, da er den SBNO in Nordrußland darum gebeten hatte, den Konvoi RA 59A am Montag, den 28. August, auslaufen zu lassen. Am 29. August um 03.00 Uhr trafen sich die Verbände Moores und McGrigors auf Position 71° 00' Nord und 10° 00' Ost, die Kreuzer KENT und BERWICK waren mittlerweile nach Scapa entlassen worden. Gemäß den Erinnerungen des Oberbefehlshabers der Home-Fleet nahm der Schiffsverband, »trotz eines nahezu allumfassenden Pessimismus, was das Wetter anbetraf«, Kurs auf die Startposition. Wider Erwarten besserten sich jedoch die Bedingungen und wurden »als geeignet erachtet«. Nach offiziellen Angaben startete »der letzte kombinierte Angriff« um 14.30 Uhr von der INDEFATIGABLE und der FORMIDABLE, sieben Seafire führten einen »Ablenkungsangriff« auf Hammerfest durch. In einigen Berichten wird behauptet, daß wegen Regens eine weitere Stunde Verzögerung eintrat und die Flugzeuge nicht vor 15.30 Uhr abhoben.

Der Angriffsverband während Operation »Goodwood IV« bestand aus 26 Barracuda, jede führte eine 725-kg-AP-Bombe mit (0,08 Sek. Verzögerung), zwei Corsair, mit je einer 450-kg-AP-Bombe (ebenfalls 0,08 Sek. Verzögerung), und drei Hellcat mit 230-kg-MC-Bomben (Aufschlagzünder). 15 Corsair und zehn Firefly flogen Nahdeckung und sollten Flakstellungen im Zielgebiet angreifen. Neu war, daß vier Hellcat die Vorhut bilden und die TIRPITZ mit Zielmarkierungsbomben kennzeichnen sollten. Informationen sowjetischer Aufklärer vom 29. August, daß zwei Flakschiffe, zwei »Transporter« und ein Werkstattschiff im Kaafjord lagen bzw. drei Zerstörer im Altafjord, trafen vor dem Einsatz nicht mehr rechtzeitig ein.

Deutschen Aufzeichnungen war später zu entnehmen, daß man wegen der verstärkten Feindaufklärung der FAA seit den frühen Morgenstunden sämtliche Radarstationen alarmiert hatte. So konnte um 16.40 Uhr ein aus wenigen Feindflugzeugen bestehender Verband etwa 80 Kilometer vor dem Kaafjord erfaßt werden – mit ziemlicher Sicherheit die Seafire, die Richtung Hammerfest flogen. Zu dem verspäteten Start kam eine ungenaue Windvorhersage hinzu und wirkte zusätzlich störend auf den Verlauf der Operation. Die Küste wurde südlich Loppa erreicht und nicht über der Insel. Die angreifenden Flugzeuge näherten sich dem Kaafjord demnach aus südwestlicher Richtung, nicht aus Nordwest. Die 826. Staffel berichtet hierzu: »Die Formation schnell eingenommen und abgeflogen, unglücklicherweise jedoch die Küste auf falscher Position gesichtet, mußten Umweg nach Kaa nehmen«; dies ließ den Verteidigern mehr Zeit zur Vorbereitung. Wegen dieser nicht eingeplanten Störungen hatte sich der Rauchvorhang bereits zugezogen, ehe die Zielmarkierungsbomben abgeworfen werden konnten. Als die Barracuda eintrafen, war die Gegend in »dichten Rauch« gehüllt. Trotz der neuen Angriffsmethode mußten die Bomber ihre Last blind werfen. Über Hammerfest erzielten die Seafire dagegen ein »gutes Resultat«.

Im Kaafjord wurden 52 Tonnen Bomben auf die TIRPITZ geworfen: mehrere Nahtreffer und zwei direkte Treffer wurden beobachtet; die Jäger beschossen die Küstenbatterien. Erneut war den teilnehmenden Piloten aufgefallen, daß die deutsche Jagdwaffe durch Abwesenheit glänzte. Eine Firefly und eine Corsair gingen über dem Kaafjord verloren, wo eine Barracuda der 826. Staffel »von einem Sprengstück an der linken Tragfläche gestreift« wurde, eine von mehreren beschädigten Maschinen. Zwei Barracuda der 826. Staffel machten bei der Landung »Bruch«, eine mußte seitwärts über Bord gekippt werden. Sub Lt. Quilter von der 1842. Staffel schaffte es in seiner Corsair nur mit viel Glück. Nachdem er gerade mit dem Problem fertiggeworden war, daß seine Maschine ungemütlich nach links zog, weil ein Seilzug zum Querruder durchschossen war, fand er nach der Landung heraus, daß eine Granate zwei seiner Munitionskästen durchschlagen hatte und im dritten steckengeblieben war. Glücklicherweise war es keine Leuchspurmunition gewesen.

Am 26. August erfuhr man auf der TIRPITZ, daß die Anfrage nach Jagdflugzeugen zur Verteidigung des Kaafjord an das Luftwaffenkommando in Finnland vom »Oberkommando der Luftwaffe« abschlägig beschieden worden war. Angesichts der allgemeinen Lage – die alliierten Truppen näherten sich von Osten und Westen der Reichsgrenze, Deutschland lag im Bombenhagel – war die Entscheidung nachvollziehbar. Sie erklärt den Mangel an Gegenwehr in der Nähe des Schlachtschiffs. Jäger wurden in der Heimat dringend benötigt. Am 29. August um 17.00 Uhr meldete der Kommandant Altafjord einen Angriff von 60 Trägerflugzeugen auf den Kaafjord und behauptete, daß »mehrere« abgeschossen wurden, unter den Verteidigern habe es nur wenige Verluste gegeben. Zwischen 17.02 Uhr und 17.25 Uhr Ortszeit hatte die TIRPITZ 54 Schuß 38-cm-, 161 Schuß 15-cm- und im Durchschnitt 16 Prozent des Munitionsbestandes an 10,5-, 3,7- und 2-cm-Granaten verfeuert. Sechs Besatzungsmitglieder waren verwundet worden, an einem Munitionsaufzug für 10,5-cm-Granaten war leichter Schaden entstanden. Ansonsten hatte das Schlachtschiff keinen Kratzer erhalten. Am 30. August fand ein merkwürdiges Nachspiel statt, als der Altafjord wegen des Verdachts einer Minenverseuchung gesperrt wurde.

»Goodwood« (die kostspieligste Operation des Fleet Air Arm) war beendet, als die Flotte sich nach Westen zurückzog, um den Konvoi RA 59A zu begleiten. Wegen Kraftstoffmangels wurde die INDEFATIGABLE mit drei Geleitzerstörern am Abend des 29. August nach Scapa entlassen (wo sie am Nachmittag des 1. September, einem Freitag, »nach einem ereignislosen Marsch« eintraf), die FORMIDABLE folgte ihr mit zwei Zerstörern 24 Stunden später. Die DUKE OF YORK nahm mit sechs Zerstörern erst am 1. September um 11.00 Uhr Kurs auf Scapa, als sich der Konvoi in Sicherheit befand. Der Angriff vom 29. August stellte den letzten Versuch des Fleet Air Arm dar, die TIRPITZ zu versenken, aber das konnte zu diesem Zeitpunkt noch keiner wissen. Die Auswertung der Einsätze hatte nämlich ergeben, daß sehr bald ein weiterer Luftschlag erfolgen mußte. Die Presse veröffentlichte Einzelheiten über den »größten Marinefliegereinsatz des Krieges« in farbenfrohen, enthusiastischen Schilderungen, die von Schlagzeilen wie »Sie schlugen von See aus zu« … »Sechsmal angegriffen« … »Wie wir die TIRPITZ schlugen« gekrönt wurden. Die Leser erfuhren, daß das deutsche Schlachtschiff bei vier Angriffen zwischen dem 23. und 29. August getroffen worden war, allerdings wurde das Kleingedruckte oft übersehen: »Man behauptet, einige Treffer erzielt zu haben, aber weil der Gegner einen dichten Rauchschleier gelegt hatte, war es unmöglich, ein Ergebnis festzustellen«.

Rear-Admiral R.R. McGrigor, der Kommandeur des ersten Kreuzergeschwaders und taktischer Befehlshaber während »Goodwood«, resümierte am 1. Oktober: Die Wettervorhersagen hatte sich als »recht unbefriedigend« herausgestellt, da »die Wetterbedingungen im Zielgebiet selten jenen entsprachen, die der Flottenverband auf See vorfand«. McGrigor gelangte zu der Überzeugung, daß »es die beste Methode sei, sich zu nähern, bis die Wolkenverhältnisse über den Bergen beobachtet werden können«. Er hatte schwere Bedenken gegen den geplanten Anflugkurs über Loppa geäußert, und zog jenen vor, der sich am 29. August zufällig ergeben hatte. »Der günstigste Startpunkt für den Angriff« liege westlich einer Position 22° 00' Ost (d.h. südlich Loppa), dann den Kvaengenfjord entlang, hinter der Hochebene von St. Haldde vorbei, um das Ziel von Süden her zu erreichen, oder genauer noch aus südöstlicher bis südwestlicher Richtung, »gemäß des Sonnenstandes«. Somit müsse man sich kurz vor der TIRPITZ nur »mit wenigen Flakstellungen« herumschlagen. Der Rückflug müsse in nordwestlicher Richtung über Loppa oder Silda erfolgen, um die Flak zwischen dem Ziel und dem seeseitigen Ende des Altafjord zu umkurven. McGrigor bevorzugte Zielmarkierungsbomben.

Dann zog er über die Erfolge von »Goodwood« Bilanz: »[M]ögliche« Treffer durch eine Corsair (eine 450-kg-AP-Bombe) und eine Hellcat (eine 230-kg-MC-Bombe) auf der TIRPITZ – das war bedeutend weniger als die ursprüngliche Schätzung. Die Marinefunkstation auf Loppa sei »erneut beschädigt« worden; ein U-Boottender im Hellefjord angegriffen; drei Zerstörer im Leirbotn »beschossen« (zwei »zum Schweigen gebracht«), ein kleineres Schiff vor Bossekop »rauchend zurückgelassen«; ein Tanker im Stjernsund »in Brand geschossen«; ein kleines Handelsschiff in Hammerfest und ein Netzleger im Kaafjord »beschädigt«; drei kleinere Fahrzeuge bei Silda, Auskarneset und Bukta »angegriffen«; Öltanks bei Lervik »brennend zurückgelassen«. McGrigor war der Ansicht, daß die Barracuda »zu langsam« seien, nach Operation »Tungsten« hätten sie »den Kaafjord nicht eher erreicht, bis die TIRPITZ von einem Nebelvorhang verdeckt worden war«. Jagdbomber wie die Hellcat oder die Corsair könnten am Ziel sein, bevor der Rauchschleier aktiviert werde, aber die Größe und die Zahl der Bomben, die sie mitführen könnten, seien nur »von begrenztem Wert«. Die Besatzungen müßten »ein besonders intensives Training für den Bombenabwurf« erhalten, »um aus den wenigen Möglichkeiten, die sich noch bieten werden, das Beste zu machen.« Er beendete seine Ausführungen mit dem Vorschlag, daß ein künftiger Angriff auf die TIRPITZ durch Flugzeugträger entweder mit »Mosquitos ... oder so vielen Hellcat und Corsair wie möglich« durchgeführt werden müsse, »falls ein wirksamer Schutz gegen Flak bereitgestellt und die Jäger für die Mitnahme von 725-kg-Bomben umgerüstet werden könnten«.

In seinem Schlußbericht vom 3. November unterstützte Moore McGrigors Ansicht über die mangelnde Geschwindigkeit der Barracuda beim Angriff auf Ziele, »die wie der Kaafjord so weit im Landesinnern liegen«; somit bleibe genug Zeit, einen Rauchschleier zu legen. Jäger der Marineflieger »mögen zwar das Wettrennen gegen den Rauchvorhang knapp gewinnen, seien aber weder dazu ausgebildet noch ausgerüstet, Bomben mitzuführen«. Ähnlich wie der Kommandeur des Ersten Kreuzergeschwaders war auch er der Ansicht, daß sogar »Sachkundige, die über die örtlichen Verhältnisse Bescheid wüßten«, nicht selten »unzutreffende« Wettervorhersagen ablieferten. »Am besten geht man so vor, daß man zur Startposition marschiert, um dann zu sehen, wie das Wetter sich entwickelt«. Dies wich von McGrigors Beitrag insofern ab, als dieser einem in der Luft befindlichen Verband die Entscheidung zum Angriff überlassen wollte. Gegenüber der »Abnutzungsstrategie« – einer Reihe kleinerer Luftschläge, um die Verteidigung zu zermürben – nahm er einen kritischen Standpunkt ein: »Nur das Wetter bietet uns manchmal die flüchtige Chance zum

Angriff; [und] die Polarnacht erteilt den Verteidigern Aufschub ... Deshalb ist es nicht möglich, eine ununterbrochene Serie von Angriffen aufrechtzuerhalten, und das Ziel der Abnutzungsstrategie kann deshalb nicht erreicht werden«.

Offenbar war Moore und McGrigor nicht bekannt, daß die 1943 verworfene Idee, Mosquitos von Trägern aus starten zu lassen, während Operation »Goodwood« erneut aufgegriffen worden war. Am 2. August hatte der Stabschef der Luftwaffe (Portal) einen solchen Angriff auf die TIRPITZ vorgeschlagen, »falls wir davon überzeugt sind, daß die Erfolgsaussichten in einem rechten Verhältnis zu den zu erwartenden Verlusten stehen«. Ein »angemessenes Trainig« sei jedoch Voraussetzung. Er könne nicht erkennen, so Portal, warum General D.D. Eisenhower, Supreme Commander Expeditionary Force (SCAEF), dazu gehört werden solle, da man die »Highball Staffel« (618.) – welche Eisenhowers Kommando nicht unterstehe – verwenden könne.

Nichtsdestoweniger wurde Eisenhower die Angelegenheit vorgetragen, und am 14. August lehnte dieser den Abzug einer Mosquito-Staffel vom Einsatz über Deutschland ab, obwohl er zu würdigen wußte, »daß eine weitere Beschädigung der TIRPITZ bedeutende Auswirkungen auf die künftige Strategie zu See haben wird«. Fünf Tage später legte der Erste Seelord den Vereinigten Stabschefs ein Memorandum vor: »Wegen der bedeutenden Auswirkungen, die die Vernichtung der TIRPITZ auf die weltweite Dislozierung von Schlachtschiffen und Flottenträgern besitzt bzw. um die Fernostflotte rasch zu verstärken, hat die Admiralität nichts unversucht gelassen, dieses Schiff anzugreifen«. Sie sei nun dazu bereit, einen Bombenangriff mit Mosquitos zu wagen. Unter Bezugnahme auf Eisenhowers Ablehnung war Cunningham der Ansicht, daß der Oberbefehlshaber sich »nicht in einer Position befinde, in der er die weltweiten Auswirkungen eines Angriffs, der die Vernichtung der TIRPITZ zur Folge hat, abschätzen kann. Dies muß einer Entscheidung auf allerhöchster Ebene vorbehalten bleiben«. Der Erste Seelord spielte mit hohem politischen Einsatz, insbesondere weil er hinzufügte, daß diese Angelegenheit im erweiterten Zusammenhang mit Eisenhowers Befehlsgewalt über die Luftoperationen nach der Invasion betrachtet werden müsse.

Am 23. August legte der Inter Service Joint Planning Staff einen Bericht gemäß den Anweisungen der Chiefs of Staff vor, dieser wurde somit vor Operation »Goodwood« entworfen. Er begann, indem er auf »kürzlich erfolgte Angriffe durch Flugzeuge des Fleet Air Arm« Bezug nahm: Diese seien »wegen der geringen Geschwindigkeit der Barracuda ohne Erfolg geblieben«, weil sie »eine effektive Vernebelung« ermöglicht hätten. Der JPS schlug deshalb vor, »daß ein Angriff mit einem Verband von 8 bis 15 [*sic*] Mosquitos durchgeführt werden solle, die von einem oder zwei Flugzeugträgern starten und in Nordrußland landen sollten«. Der Air Staff war der Ansicht, es bestehe eine »leidliche Chance«, daß die Mosquito die TIRPITZ erreichen, bevor der Rauchvorhang sich geschlossen habe. Es werde einen Monat in Anspruch nehmen, um die vorgesehenen Flugzeuge für die Mitnahme einer 900-kg-AP-Bombe oder einer 1800-kg-Bombe gegen Großkampfschiffe (CS) umzurüsten, ein Mark XIV-Bombenzielgerät einzubauen und die Besatzungen auszubilden. »Ein gutes Training, keine Störung durch Jäger und wenige Ausweichmanöver wegen Flakbeschuß vorausgesetzt«, konnten 15 Mosquitos (jede mit einer 900-kg-Bombe, obwohl zwei möglich waren) »eine gute Chance besitzen, zwei wirkungsvolle Treffer zu erzielen«, und falls die Bomben bis »unter das Panzerdeck« durchschlagen sollten, war das Schlachtschiff »für mindestens vier Monate« außer Gefecht gesetzt. »Die Möglichkeit einer Versenkung des Schiffes oder schwerster Schäden hängt sehr von der Stelle eines Einschlags ab, so daß dies nur erreicht werden kann, falls eine größere Zahl an Treffern erzielt wird«. Der Air Staff bestand auf mindestens einem Monat Übungszeit.

Der Bericht des JPS unter dem Titel »Angriffe auf die TIRPITZ« untersuchte daraufhin die Aussichten für eine weitere Operation. Dies zeigt nochmals sehr deutlich, daß die Alliierten das Schiff weiterhin als Bedrohung empfanden. »Obwohl sie nicht völlig einsatzklar ist, ist die TIRPITZ zur Zeit dazu in der Lage, begrenzte Einsätze zu unternehmen oder nach Deutschland zurückzukehren. Nach einem Werftaufenthalt von wenigen Monaten wird sie, davon sind wir überzeugt, wieder ihre volle Einsatzbereitschaft erlangt haben«. Der Bericht fuhr fort, die Notwendigkeit der »Vernichtung« der TIRPITZ hervorzuheben. Zunächst stelle sie, »solange sie existiert, eine potentielle Gefahr für unsere überseeischen Verbindungen dar«. Dies war bereits seit Kriegsausbruch ein wesentliches strategisches Argument gewesen. »Ein erfolgreicher Durchbruch, *auch in ihrem jetzigen Zustand* [Hervorhebung Verf.], hat unter Umständen schwere Verluste unter den Rußland- und möglicherweise den Konvois im Atlantik zur Folge, den Nachschub für Frankreich eingeschlossen« – das Gespenst einer Neuauflage der BISMARCK-Episode ging um, nunmehr mit schrecklichen Auswirkungen auf die Vereinigten Staaten. Das JPS führte hierzu weiter aus: Die Home-Fleet sowie unsere Luftstreitkräfte können nicht garantieren, daß die TIRPITZ, auch in ihrem jetzigen Zustand, nicht durchbrechen kann, vor allem, wenn sie darauf vorbereitet ist, alles in einem letzten Anlauf zu riskieren.« Falls es dem Schlachtschiff sodann gelingen sollte, für einen Werftaufenthalt nach Deutschland zurückzuschleichen, »sei die potentielle Gefahr später noch viel größer«. Es müsse deshalb unverzüglich angegriffen werden. Das zweite Hauptargument des Berichts konzentrierte sich auf jene Kriegsschiffe der Home-Fleet, welche zur Überwachung der TIRPITZ zurückbehalten werden mußten: »zumindest ein schnelles Schlachtschiff und ein Flottenträger, die sonst einen wichtigen Teil unserer Fernostflotte bilden könnten«. Das waren keine neuen Schlußfolgerungen, sie zeigten jedoch erneut, daß die Alliierten ihre Einstellung gegenüber der TIRPITZ seit 1939 nicht geändert hatten: sie mußte versenkt werden. Zumindest konnte ein Ausfall von vier Monaten das Schiff für den Rest des Krieges in Europa, der Weihnachten beendet sein sollte, außer Gefecht setzen.

Das JPS, das von Portals Vorschlag eines Einsatzes der 618. Staffel offenbar nichts wußte, bestätigte, daß ein Angriff von Mosquitos auf die TIRPITZ die Verlegung einer der sechs derzeit unter dem Befehl Eisenhowers stehenden Staffeln, die über Deutschland Bombardements durchführten, erforderlich machen mußte. Dies würde eine Verminderung von »etwa 500 Tonnen Bomben« bedeuten. »Wir sind der Meinung, daß ... dies keine spürbaren Auswirkungen auf den Verlauf der Operationen in Europa haben wird«. Falls die Sowjets bereit seien, den Mosquito die Landung in Nordrußland zu gestatten, sei »die durch die Admiralität vorgeschlagene Operation durchaus machbar«. Jedoch, »um eine leidliche Chance zu besitzen, die TIRPITZ für mindestens vier Monate bewegungsunfähig zu machen ... [müßten] 15 Mosquitos« für sechs Wochen über Deutschland abgezogen werden; »... die Vorteile, die aus einem solchen Angriff gewonnen werden können, rechtfertigen diese Maßnahme«.

So verlockend das Projekt auch sein mochte, und obwohl es von einem gewissen Säbelrasseln der Stabschefs begleitet wurde, damit Eisenhower »aufgrund der Sicherheitsinteressen dieses Landes ... überstimmt« werden konnte, mußte ein vorläufiger Einsatzplan vorgelegt werden. Am 24. August studierte der Stellvertretende Stabschef in Anlehnung an den JPS-Bericht den Vorschlag unter »praktischen« Gesichtspunkten. Auch war er der Meinung, daß die Verlegung einer Mosquito-Staffel für sechs Wochen keine Katastrophe darstelle. Für einen Einsatz gegen die TIRPITZ sollte jede Mosquito zwei 900-kg-AP-Bomben mitführen. Sie seien 1800-kg-CS-Bomben vorzuziehen, welche, aus einer Höhe von mindestens 1800 Metern abgeworfen, senkrecht auf dem Deck aufschlagen mußten. Eigene Interessen konnten ebenfalls unterstrichen werden: »Falls die Operation erfolgreich verlaufe, werde sie das Prestige der Royal Air Force gegenüber der Royal Navy heben.« Glücklicherweise gewannen die sachlichen Argumente die Oberhand. Am 26. August informierte Sir Douglas Evill das Chiefs of Staff Committee, daß im Luftfahrtministerium »einige Zweifel an der taktischen Durchführung des geplanten Angriffs [mit Mosquitos]« bestünden. Der Rauchvorhang im Kaafjord sei bereits nach 10 bis 15 Minuten sehr dicht (Evill konnte nicht ahnen, daß die Deutschen die Vorwarnzeit auf sieben Minuten verringert hatten), und die Mosquitos würden »mit Sicherheit« erfaßt, während sie noch acht oder neun Minuten Flugzeit von Ziel entfernt seien, die Marge für einen Fehlschlag sei somit »sehr eng«. Er folgerte daraus, daß »die Chance, einen Treffer zu erzielen, in jedem Falle relativ gering ist«. Detaillierte Planungsarbeiten für dieses Projekt wurden nie in Angriff genommen, und die bereits früher aufgetretenen Schwierigkeiten, Mosquitos von einem Flugzeugträger starten zu lassen, mögen ebenfalls ein entscheidender Hinderungsgrund gewesen sein.

Einen weiteren Angriff von Trägerflugzeugen auf die TIRPITZ sollte es nicht mehr geben. Das RAF Bomber Command übernahm nunmehr wieder die führende Rolle.

VIERTES KAPITEL

Das russische Projekt, September 1944

Mit dem Aus für das Mosquito-Projekt übernahm Air Chief Marshal Sir Arthur Harris die Verantwortung dafür, der TIRPITZ vor Einbruch des Polarwinters ein Ende zu bereiten. Er hatte nur drei Monate Zeit.

Ende August traf ein Bericht aus Norwegen ein, der besagte, daß die TIRPITZ nach »Goodwood IV« bei Probefahrten im Altafjord beobachtet worden sei – eine Information, die am 2. September durch den britischen Marineattaché in Stockholm bestätigt wurde. Sie war also nicht beschädigt worden. Aufgrund dieser und weiterer Informationen zog die Naval Intelligence Division die Schlußfolgerung, daß die notwendigen Reparaturarbeiten infolge der Angriffe »der Kleinst-U-Boote vom 22. September 1943 und des FAA vom 3. April 1944 ... nunmehr wahrscheinlich beendet [worden sind]«. Die TIRPITZ konnte sich zwar nur mit verminderter Geschwindigkeit fortbewegen, ihre Hauptbewaffnung jedoch war »scheinbar intakt«. Da eine geeignete Dockmöglichkeit außerhalb Deutschlands nicht zur Verfügung stand, würde sie »in nächster Zukunft« wohl nach Süden marschieren. Bedenklicher sei jedoch, daß »die Möglichkeit eines begrenzten Einsatzes ... nicht ausgeschlossen« werden könne. Dies war der Grund für das vorgeschlagene Mosquito-Projekt und freilich auch der Anlaß für Operation »Goodwood« gewesen. Nach Auffassung der Admiralität stellte das Schlachtschiff eine wirkliche Bedrohung dar, und weitere Berichte ließen erkennen, daß es am 16. September mit den Seerprobungen beginnen würde.

Die Aufgabe, sich um die TIRPITZ zu kümmern, wurde dem 5. Geschwader übertragen, obwohl einige der Besatzungen davon überzeugt waren, daß der AOC, Air Vice-Marshal the Hon. R.A. Cochrane, mit Hilfe einer Lobby versuchte, Harris mit diesem Privileg auszustatten. Zunächst jedoch kam es darauf an, eine geeignete Bombe zu finden, welche die gepanzerten Decks des Schlachtschiffes durchschlagen konnte und in den lebenswichtigen Bereichen irreparable Schäden anrichtete. Unmittelbar nach der Zerstörung der Möhne- und Edertalsperren während des gefeierten »Dambuster-Raid« im Mai 1943 lenkte Cochrane die Aufmerksamkeit auf einen früheren Vorschlag von Barnes Wallis. Dieser hatte den Einsatz einer 10-Tonnen-Bombe vorgesehen, die unter einem Ziel in den Boden eindringen, dort detonieren und eine verderbenbringende Explosion erzeugen, das Ziel also sprichwörtlich unterminieren sollte. Der AOC des 5. Geschwaders richtete sein Interesse auf einen Einsatz gegen Kanäle und die Flußschiffahrt in Deutschland, Ziele, die den Bombern bislang entgangen waren. Auf einer Sitzung des Luftfahrtministeriums am 8. Juni 1943 kam man überein, daß Wallis nochmals die Möglichkeit eines Angriffs mit der von ihm entwickelten Bombe prüfen solle.

Während der Sitzung wurde Wallis die Aufgabe übertragen, einen Bericht der zu erwartenden Zerstörungswirkung beim Abwurf dieser Bombe aus 6000 Metern und nicht aus der vorgesehenen Höhe von 12 000 Metern zusammenzustellen – diese Vorgabe bewegte sich innerhalb der Möglichkeiten einer Lancaster. Am 26. Juni lag der abgeänderte Vorschlag dem DB Ops im Luftfahrtministerium vor: eine Zwischenlösung von 5400 kg war in Betracht gezogen worden. Zu diesem Zeitpunkt blieb die 10-Tonnen-Bombe, die einer *Note* aus dem Jahr 1941 zugrundelag und später den Decknamen »Grand Slam« erhielt, als »Tallboy (L)« im Hintergrund. Es gab noch eine kleinere, 1800 kg-Version unter der Bezeichnung »Tallboy (S)«, die 5400 kg-Bombe hieß offiziell »Tallboy (M)«, obwohl sie allgemein einfach unter dem Namen »Tallboy« geläufig war – angeblich benannt nach ihrem Erfinder, der 1,84 Meter maß.

Unmittelbar nachdem Wallis seinen Bericht vorgelegt hatte, ging alles sehr schnell. Im August wurden kurzzeitig Kalibrierungstests durchgeführt, und am 12. September 1943 war der Prototyp fertig. Ende 1943 waren 325 Tallboys bestellt, 125 davon sollten unter Lizenz in den USA gefertigt werden. Ausgedehnte Test- und Versuchsreihen waren notwendig, um nicht allein Größe, Form und Inhalt (2200 kg Sprengstoff, circa 42 Prozent des Gesamtgewichts), sondern auch den Zündmechanismus (drei separate Zündpistolen waren nahe des Schwanzstücks eingebaut, um eine Funktionsstörung zu verhindern), das Beladesystem und den Abwurfmechanismus zu vervollkommnen. Nicht alle Probleme konnten sofort gelöst werden. Auf einer Sitzung am 9. Januar 1944 in Wallis zeitweiligem Büro im Golfclub Burnhill, an der auch Cochrane teilnahm, wurden die »Tallboy Einrichtungs- und Entwicklungstests« besprochen. Wallis schilderte die Versuchsreihen im Road Research Laboratory in Hammondsworth (eine Einrichtung, die mit den Tests zum Dambuster-Raid in engem Zusammenhang stand), um die beste Methode zu ermitteln, wie man die gewaltigen Verteidigungsanlagen der Schnellboot- und U-Bootbunker knacken könne. Entgegen dem in der *Note* gemachten Vorschlag, eine Bombe neben das Ziel zu werfen, damit sie sich in die Erde bohren sollte, schienen »die größtmöglichen Sprengladungen, die wir verwenden können, nicht ausreichend, um etwaige materielle Schäden zu verursachen«. Einen Angriff auf das Bunkerdach war der einzig gangbare Weg. »Ich schätze«, bemerkte Wallis, »daß Tallboy ›M‹ etwa 2,4 Meter tief in massiven Stahlbeton eindringen kann.« Unabsichtlich hatte er damit den Weg gewiesen, wie man eine Tallboy gegen die TIRPITZ einsetzen konnte: streiche Bunkerdach und setze Panzerdeck. Mit speziell umgerüsteten Lancaster wurden im Februar 1944 auf dem Aeroplane and Armament Experimental Establishment (A&AEE) in Boscombe Down Tests zu Flugreichweiten durchgeführt.

Eine weitere Besprechung über den Entwicklungsverlauf am 22. März im Luftfahrtministerium befaßte sich in allen Einzelheiten mit der »zukünftigen Verwendung der (mittelgroßen) ›Tallboy‹«. Der DB Ops, der die Sitzung leitete, eröffnete diese mit den Worten, daß man »die Entwicklung und Lieferung« der Tallboy besprechen wolle. Wallis konnte ausführen, daß kürzlich durchgeführte Tests mit Musterbomben bei einer Abwurfhöhe von 6000 Metern eine Eindringtiefe von 18 Meter in »günstigen Boden« ergeben hätten. Ein verderbenbringender Effekt sei aus dieser Höhe nicht zu erwarten, aber in lehmigen Boden werde ein Krater von etwa 30 bis 33 Meter Durchmesser mit einer Tiefe von 13 Metern gerissen. Professor Solly Zuckermann warf im Hinblick auf die bevorstehende Operation »Overlord« die Frage eines Einsatzes der Tallboy gegen Stellungen der Küstenartillerie auf. Wallis war der Ansicht, daß ein Nahtreffer die Betonbauten nicht zerstören könne, »falls der Treffer aber nur 40 Meter danebenliege, würde eine Schieflage von etwa einem Grad erzeugt«, das genüge, um die Geschütze unbrauchbar zu machen. Er »hoffe«, daß Tallboy bei einem Volltreffer »1,5 Meter tief in Beton eindringen könne« (nicht 2,4 Meter, wie noch im Januar verlautbart). »Da umfassende Tests noch nicht durchgeführt worden seien«, könne ein Zerbrechen beim Aufschlag auf den Boden nicht ausgeschlossen werden.

Die auf dem Übungsgelände Ashley Walk in der Nähe von Fordingbridge in the New Forrest, Hampshire, im März durchgeführten Abwurftests bestätigten die Zweifel gegenüber der Widerstandskraft des vorgesehenen Gehäuses beim Aufschlag auf den Boden. Daraufhin wurde dieses verstärkt und bei einem erneuten Abwurftest auf dem Übungsgelände von Crichel Down in Dorset aus 4800 Metern von einer von Ost nach West fliegenden Lancaster am 27. März um 13.00 Uhr erprobt. Nach Beendigung der Übung legte ein Räumkommando der RAF aus Braodclyst in der Nähe von Exeter bzw. Middle Wallop on Salisbury Plain unter Sgt. B.C. Westbrook schrittweise einen 11,5 Meter tiefen Schacht an, von dem aus seitlich ein 6,4 Meter langer Tunnel gegraben wurde. Ziel war es, die ohne Sprengstoffüllung abgeworfene Bombe, die sich tief in die Erde gebohrt hatte, zu bergen. Westbrook erinnerte sich später: »Wir stießen zuerst auf die Nase der Bombe. Diese hatte sich am Ende ihrer Flugbahn komplett umgedreht«. Als Wallis und Gp. Capt. Winterbotham eintrafen, waren sie »hellauf begeistert ... [weil] zwei der drei Zünder im Schwanzstück einwandfrei funktioniert hatten«. Westbrook erhielt »zwei Pfund, um das Kommando auf ein Gläschen nach Christchurch einzuladen«. Am 24. und 25. April durchgeführte weitere Versuche in Ashley Walk bestätigten die Wirksamkeit der nachträglich durchgeführten Änderungen am Gehäuse.

Im folgenden Monat befaßte sich ein Bericht über eine weitere, in der Oxfordness Research Station in East Anglia unter Aufsicht des MAP durchgeführte Testreihe mit anderen Problemen: »Abwurftests, die mit dem ursprünglichen Muster einer Tallboy durchgeführt wurden, haben ergeben, daß die Bombe nach einem Fall von etwa 4500 Metern beträchtlichen Schwingungen ausgesetzt ist. Ein abgeändertes Schwanzstück, bei dem die Flossen etwa 5 Grad zur Längsachse geneigt sind, hat zufriedenstellende Resultate gezeigt.« Mit dem Problem der Schwingungen konfrontiert, hatte Wallis diese Anordnung entwickelt, um der Neigung zum Trudeln entgegenzuwirken. Tallboy rotierte nunmehr vor allem um die Längsachse und gewann dabei an Geschwindigkeit, so daß die Bombe sich wie ein Brummkreisel stabilisierte. Wallis erläuterte später, daß Tallboy eine »perfekte aerodynamische Form« besessen habe und aufgrund der »zunehmenden Drehbewegung« während des Falls die Schallmauer durchbrach. Nachdem zwei Tallboy im Bombenschacht hängengeblieben waren, wurden auch hier Abänderungen notwendig, dann folgten fünf erfolgreiche Abwürfe aus 5400 Metern Höhe bei einer Fluggeschwindigkeit über Grund von 305 km/h. Die modifizierte Waffe erreichte eine Endgeschwindigkeit von 1005 m/sek, »flog sehr beständig« und erzielte eine Durchschlagsgeschwindigkeit von 329 m/sek. Sämtliche abgeworfenen Tallboys waren jedoch im Durchschnitt 27 Meter weit nach links abgetrieben. Am 27. Mai 1944 fand das MAP heraus, daß dies auf die Drehbewegung zurückzuführen war, ein genauer arbeitendes Bombenzielgerät (SABS Mk. II/A) sollte hierfür einen Ausgleich schaffen.

Seit der Sitzung im Luftfahrtministerium von 1943 war ein Jahr vergangen, als die 617. Staffel am 8./9. Juni 1944 in Frankreich zum ersten Mal eine Tallboy gegen den Eisenbahntunnel bei Saumur einsetzte, etwa 200 Kilometer südlich des Brückenkopfes in der Normandie. Die erfolgreiche Verwendung gegen andere Ziele wie etwa die Abschußbasen der V-Waffen hoben den Wert von Wallis neuester Bombe hervor und führten dazu, daß die Bestellung auf 2000 Exemplare (die Hälfte davon sollte in den USA gefertigt werden) erhöht wurde. Am 25. Juni 1944 analysierte das Hauptquartier des 5. Geschwaders die mit Tallboy in diesem Monat durchgeführten Einsätze. Es war keine Abdrift nach links aufgetreten, doch die Versager beim Abwurf wirkten störend. Eine kurze Verzögerung beim Ausklinken sorge »auf diese Entfernung für ein leichtes Überschießen, falls die Verzögerung länger als einen Augenblick andauert, für einen Schuß ins Blaue«. Ein Nachsatz auf einem Bericht eines Photoauswerters vom 27. Juli, der auf Einsätzen gegen die Abschußbasen der V-Waffen basierte, beschäftigte sich mit dem Abwurf einer Tallboy gegen vor Anker liegende Schiffsziele. Er kam zu dem Ergebnis, daß kleinere Fahrzeuge zum Kentern gebracht werden könnten, falls eine Bombe in der Nähe ins Wasser treffe; bei einem größeren Schiff könnten die »Rumpfplatten unter Wasser« beschädigt werden. Die Auswirkungen auf die TIRPITZ sollten nur zu bald offensichtlich werden.

Trotz des allgemein gebräuchlichen Namens »Tallboy« hieß die offizielle Bezeichnung noch im Herbst 1944 »Bombe, HE, Flugzeug, MC, 12 000 lb«. Dies spiegelte das bürokratische Argument wider, daß die Waffe mit einem teilweise auf 0,025 Sek. eingestellten Verzögerungszünder keine Bombe mit großer Eindringtiefe sein könne. Ergo, handele es sich um eine MC- (Medium Capacitiy) Bombe. Da Tallboy jedoch bewiesen hatte, daß sie Stahlbeton durchschlagen und einem Schiff vor Anker möglicherweise schwere Unterwasserschäden zufügen konnte, wurde die Bombe zum Spitzenkandidaten für einen Angriff gegen die TIRPITZ. Fg. Off. D.A.L. Bell, ein Navigator der 617. Staffel, beschrieb die Tallboy als »an der Nase spitz wie ein Stecknadelkopf, dann folgten 1,5 Meter gehärteter Nickelstahl ... und Flossen am Schwanzstück, mit denen sie wie ein Pfeil flog, eine richtige Präzisionswaffe«. Ein anderer Navigator der Staffel, Flt. Lt. T.

Air Marshal A.T. Harris, der bereits als Group Captain davon überzeugt war, daß Flugzeuge Schlachtschiffe versenken konnten. (Imperial War Museum – IWM)

September 1941. Die TIRPITZ hat in Kiel an der Einfahrt zum Innenhafen der Deutschen Werke festgemacht. (IWM)

Die TIRPITZ bei der Erprobung der achteren beiden Türme der schweren Artillerie. (IWM)

Februar 1942. Die TIRPITZ im Faettenfjord in der Nähe von Drontheim; Tarnflöße sind am Vorschiff und am Heck festgemacht worden. (IWM)

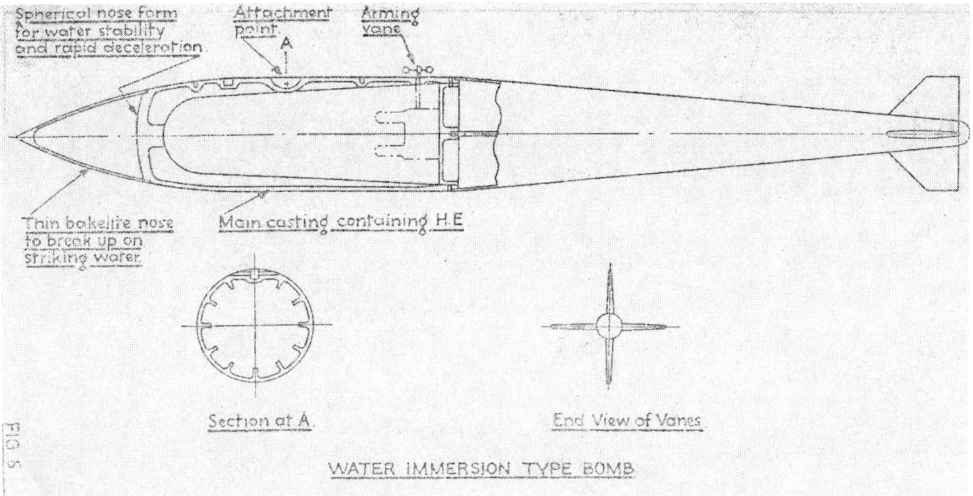

1941. Graphische Darstellung von Barnes Willis 10-t-Bombe. Bei der drei Jahre später gegen die TIRPITZ eingesetzten Tallboy handelte es sich um eine verkleinerte Version. (Verfasser)

Barnes Neville Wallis (links) und A.D. Grant, sein Verwaltungsassistent bei Vickers-Armstrong, der an den Entwicklungsversuchen für Highball und Tallboy beteiligt war. (Vickers)

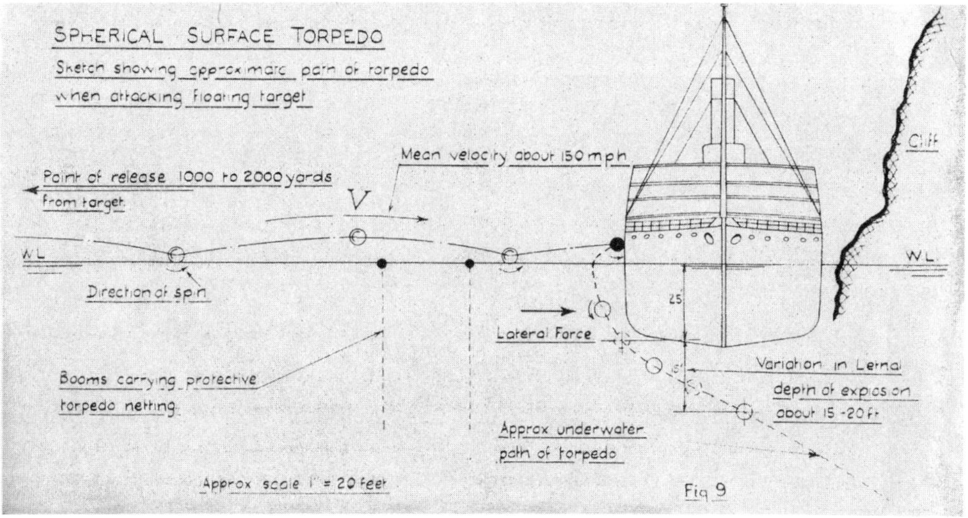

Barnes Wallis' Projekt zur Vernichtung von Kriegsschiffen mittels einer kleinen »hüpfenden Bombe«, Deckname Highball, 1942. (Autor)

Juli 1942. Bereits ein drohender Vorstoß der Tirpitz genügte, um den Eismeergeleitzug PQ 17 zu zerstreuen; auf dieser Aufnahme liegt die TIRPITZ innerhalb ihres Netzkastens in der Bogenbucht nahe Narvik. (IWM)

Der Kaafjord, Nordnorwegen. Die Aufnahme stammt von einem sowjetischen Aufklärer, Mai 1943. (IWM)

Piloten von Hellcat-Jägern auf dem Geleitträger EMPEROR befassen sich in Vorbereitung der Fleet-Air-Arm-Operation »Tungsten« mit einem Diorama des Kaafjord, April 1944. (IWM)

Lt. Cdr. J. Cooper, Führer der Wildcat-Jäger der 882. Staffel des Fleet Air Arm während Operation »Tungsten«; auf dem Photo ist er noch als Mitglied der 881. Staffel zu sehen. (Bovey)

Lt. Cdr. S.G. Orr, Führer der 804. Staffel des FAA auf dem Geleitträger EMPEROR bereitet sich auf Operation »Tungsten« vor, 3. April 1944. (Orr)

Hellcats der 804. Staffel des FAA auf dem Geleitträger EMPEROR bereiten sich auf den Start vor, Operation »Tungsten«, 3. April 1944. (Orr)

Bomberbesatzungen des FAA bei der Einsatzbesprechung durch Cdr. S.T.C. Harrison, Operation »Tungsten«, April 1944. (IWM)

Ein Geschenk für die TIRPITZ vom Fleet Air Arm, das während Operation »Tungsten« im April 1944 »überreicht« werden sollte. (IWM)

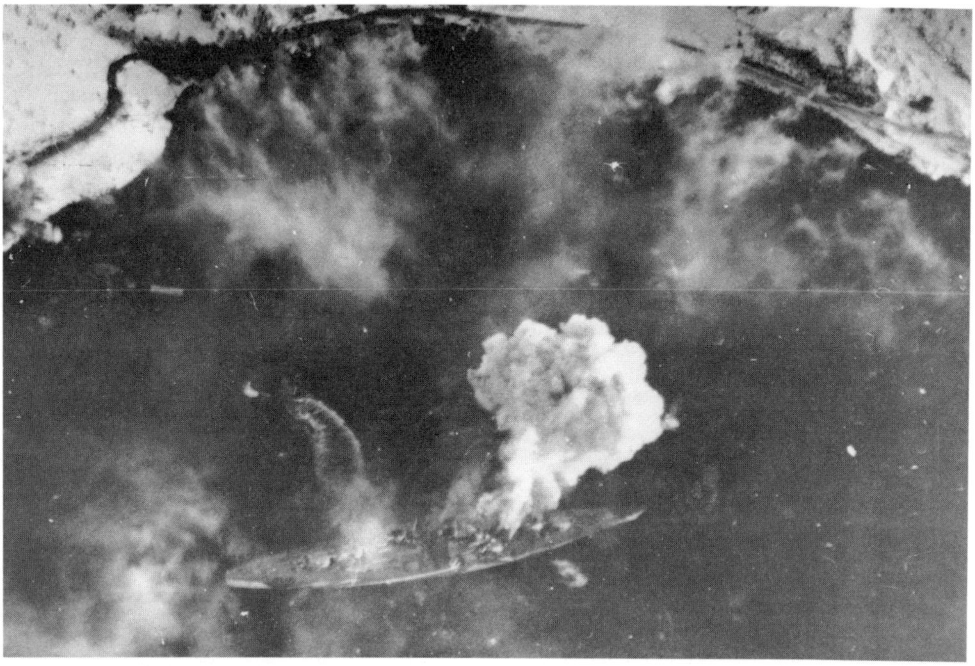

Operation »Tungsten«. Bomben, die von Barracuda des Fleet Air Arm abgeworfen wurden, schlagen auf der TIRPITZ ein, Kaafjord, 3. April 1944. (IWM)

Tallboy, 5,4-t-Bombe im Bombenschacht einer Lancaster. (Bennett)

Roy Chadwick (links), der Konstrukteur des Lancaster-Bombers. Er war an dessen Modifizierung zur Mitnahme einer Tallboy beteiligt. Auf dieser Aufnahme ist er zusammen mit Wg. Cdr. G.P. Gibson zur sehen, der die 617. Staffel beim Angriff auf die deutschen Staudämme mit Barnes Willis »hüpfenden Bomben« kommandierte.

Air Vice-Marshal the Hon. R.A. Cochrane, AOC 5. (Bomber) Geschwader RAF, dessen Stab die Angriffspläne mit Tallboy-Bomben gegen die Tirpitz für die 9. und 617. Staffel ausgearbeitet hat.

Die Besatzung der Lancaster »KC-D« der 617. Staffel aus Woodhall Spa nach dem Angriff auf die TIRPITZ von Jagodnik in der Nähe von Archangelsk aus, 17. September 1944; vierter vor rechts der Pilot, Wg. Cdr. J.B. Tait. Der Name des zweiten »Passagiers« von links sowie jener des rechts außen Stehenden sind nicht bekannt. (Reed)

Ein auf der Dvina nahe des Flugfeldes von Jagodnik bei Archangelsk fest vertäuter Dampfer im September 1944. Dies war der feste Wohnsitz von »menschenfressenden« Wanzen und der zeitweilige Aufenthaltsort des RAF-Personals während Operation »Paravane«. (Bennett)

Die Besatzung der Lancaster »KC-O« der 617. Staffel nach ihrer Rückkehr aus Jagodnik, 22. September 1944. Der Pilot, Flt. Lt. R.E. Knights, als dritter von links. Die Klappen der Bombenschächte waren auf dem sowjetischen Flugplatz eingebaut worden, nachdem die Originalteile beim Entladen der Tallboy beschädigt worden waren. (Knights)

Die TIRPITZ an ihrem letzten Liegeplatz vor Haakoy in der Nähe von Tromsö, November 1944. Der Netzkasten ist gut zu erkennen. (IWM)

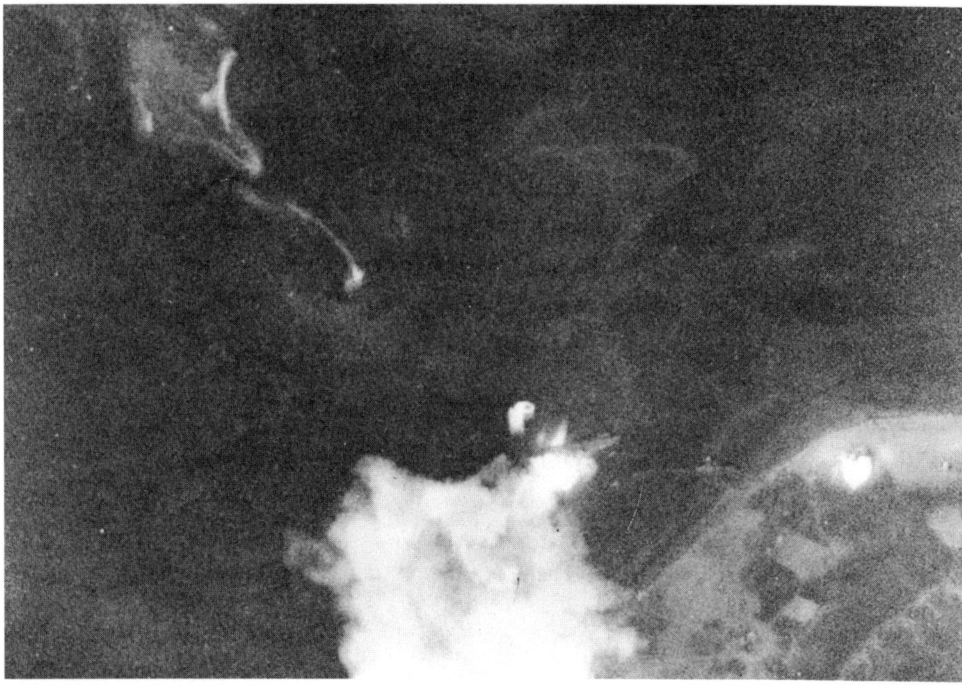

Die TIRPITZ ist nach Bombeneinschlägen von Rauch verhüllt, 12. November 1944. Auf der benachbarten Insel ist der Blitz einer verirrten Tallboy zu erkennen. (IWM)

Ein Amerikaner in Woodhall Spa. Die Besatzung von Fg. Off. J.H. Leavitt (Mitte), einer von zwei amerikanischen Piloten, die mit der 617. Staffel die TIRPITZ in Norwegen angegriffen haben. (Cole)

Die Besatzung von Fg. Off. R.J. Harris (dritter von links) von der 9. Staffel; der MG-Schütze des Turms auf dem Rumpfrücken fehlt. Die Maschine griff die TIRPITZ während Operation »Obviate« am 29. Oktober 1944 an. (Harris)

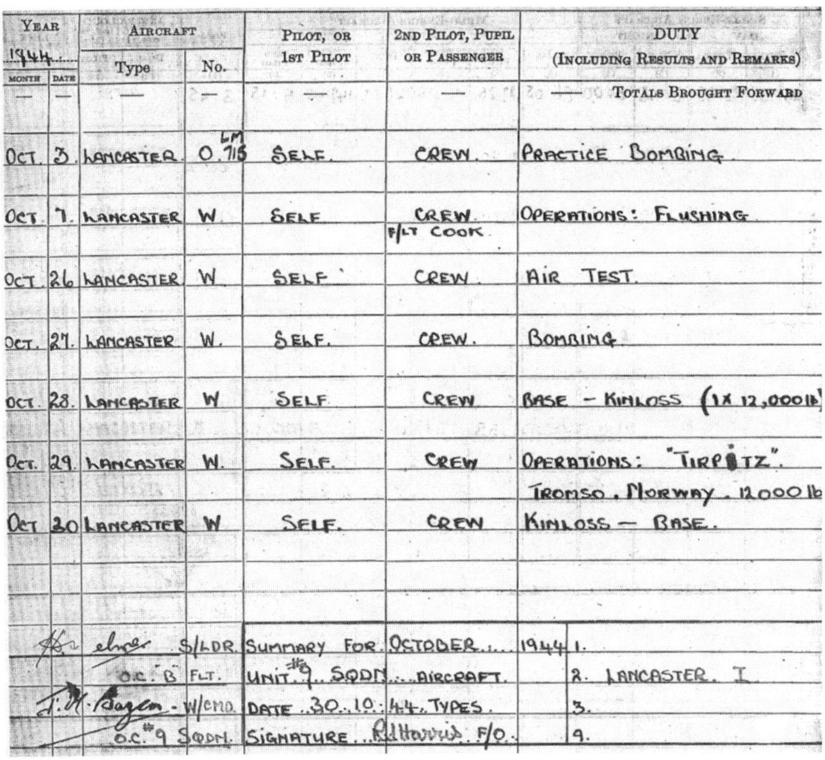

Year 1944 Month	Date	Aircraft Type	Aircraft No.	Pilot, or 1st Pilot	2nd Pilot, Pupil or Passenger	Duty (Including Results and Remarks)
—	—	—	—	—	—	— Totals Brought Forward
Oct.	3.	Lancaster	O. LM 715	Self.	Crew.	Practice Bombing.
Oct.	7.	Lancaster	W.	Self.	Crew. F/Lt Cook.	Operations: Flushing.
Oct.	26	Lancaster	W.	Self.	Crew.	Air Test.
Oct.	27.	Lancaster	W.	Self.	Crew.	Bombing.
Oct.	28.	Lancaster	W	Self.	Crew	Base – Kinloss (1 x 12,000 lb)
Oct.	29.	Lancaster	W.	Self.	Crew	Operations: "Tirpitz". Tromso. Norway. 12000 lb
Oct	30	Lancaster	W	Self.	Crew	Kinloss – Base.

[illegible] S/Ldr.	Summary for October 1944	1.
O.C. "B" Flt.	Unit #9 Sqdn. Aircraft	2. Lancaster. I
[illegible] W/Cmd.	Date 30.10.44. Types.	3.
O.C. #9 Sqdn.	Signature R.J. Harris. F/O.	4.

Auszug aus dem Logbuch von Flg. Off. R.J. Harris, 9. Staffel RAF; beachte den Eintrag zu Operation »Obviate« gegen die TIRPITZ vom 29. Oktober 1944.

»Sic transit gloria mundi«. Die Tirpitz an ihrer letzten Ruhestätte vor Haakoy nahe Tromsö. (IWM)

Fähnrich z.S. Alfred Zuba, der am 12. November 1944 während Operation »Catechism« seine Station in der Feuerleitzentrale der TIRPITZ hatte. Er wurde durch ein in den umgedrehten Schiffsrumpf geschnittenes Loch gerettet. (Bennett)

617 Squadron Aircrew Association

Tirpitz Commemoration Dinner

Petwood Hotel
Woodhall Spa, Lincs

13th November 1999

13. November 1999. Speisekarte der 55. Gedenkfeier, an der sieben der an Operation »Catechism« beteiligten Piloten teilgenommen haben. [Verfasser]

Sgt. J.C. Pinning, Flugingenieur auf der »WS-T« der 9. Staffel, die am 12. November 1944 von zwei deutschen Jägern in der Nähe von Tromsö angegriffen wurde; hier nach dem Krieg neben dem Krater einer Tallboy auf Haakoy. (Pinning)

Bennett, bemerkte, daß Wallis eine Treffgenauigkeit von zehn Metern anstrebte. Weitere Kommentare übten sich in farbenfrohen Vergleichen: »blitzender, blauer und schwarzer Stahl, dünn und vollkommen stromlinienförmig« oder »schön, wie ein Kleinst-U-Boot«. Die Einsatzvariante (»M«) der Tallboy besaß eine Länge über Alles von 6,4 Metern, einen größten Durchmesser von 96 Zentimetern, eine spitze Nase und ein langes Schwanzstück, die vier herausragenden Flossen endeten kurz vor der Spitze. Das Gehäuse war im Mittelteil, der 2350 kg Torpex enthielt, 10,4 cm stark, am Schwanzstück 3,1 cm. Tallboy war vor allem für einen Einsatz gegen Land- und nicht gegen Schiffsziele entwickelt worden, obwohl Wallis die Bombe nicht ausschließlich für ersteren Zweck erfunden hatte.

Tallboy war nicht der einzige potentielle Gegner der TIRPITZ. Im Juli 1942 rief das MAP nach einer Waffe, die die Rumpfunterseite eines Großkampfschiffes vor Anker aufreißen könne – damit war die »JW« (Johnny Walker) Luftmine aus der Taufe gehoben. Anfänglich wurden Experimente mit einem 60 cm langen und 20 cm breiten, verkleinerten Übungskörper durchgeführt, später folgten Abwürfe aus einer Hampden oder einer Beaufort über Porten Down und Gare Loch in Schottland. Ein Bericht des Marine Aircraft Experimental Establishment der RAF in Helensburgh vom 16. Januar 1943 betonte die Notwendigkeit »sicherzustellen, daß die Fallschirme dazu in der Lage sein müssen, den Flug der Bombe zuverlässig zu steuern und sie flugstabil zu halten«. Im Gegensatz zu einer Tallboy war die JW-Mine nicht stromlinienförmig, und ein anhängender Fallschirm (der beim Auftreffen auf die Wasseroberfläche abfiel) sorgte nicht nur für Flugstabilität, er verringerte auch die Fallgeschwindigkeit. Das Luftfahrtministerium wies das Bomber Command am 29. Januar 1943 an: »Aufgrund der Verwendung einer unter Druck stehenden Wasserstofflasche sollte die Bombe nicht von Flugzeugen abgeworfen werden, die von Jägern oder Flak beschossen werden könnten«. Am Rande dieses Satzes findet sich eine von Harris gekritzelter, herablassender Satz: »Da macht das Ganze zur Farce.« Er hatte Recht.

Am 17. Februar 1943 sandte Air Chief Marshal Sir Charles Portal (CAS) eine persönliche Note an Air Marshal F.J. Linnell (CRD im MAP), mit der er hervorhob, daß die JW-Mine, obwohl noch nicht ausgereift, dringend benötigt werde. Portal war der – falschen – Ansicht, daß »diese speziell für Einsätze in den Fjorden Norwegens entwickelt worden ist« und ließ erkennen, daß der Premierminister »in nächster Zukunft« eine Sitzung einberufen wolle, um die Fortschritte zu besprechen. Linnell antwortete am folgenden Tag: »Die Fallbewegung in der Luft und das Auftreffen auf dem Wasser sind nunmehr zufriedenstellend, bis jetzt hat es aber noch keinen Testversuch gegeben, bei dem die Mine nach Eintritt in das Wasser zuverlässig funktioniert hat.« Am 2. März konnte der CRD genauere Angaben machen. Zwölf Minen seien während der ersten Testserie in Schottland abgeworfen worden. Vier weitere seien nach durchgeführten Veränderungen und Korrekturen aus 900 Metern Höhe bei 220 km/h ausgeklinkt worden – erneut nicht zufriedenstellend. Weitere Versuche seien für den 5. März in Helensburgh geplant. Offenbar hatten diese Tests dann Fortschritte gezeigt, denn am 3. April wurden die Anweisungen für den Zielabwurf festgesetzt: Die Mine sollte »in einer vorausberechneten Verhältniszahl von zwei Metern pro Meile Windgeschwindigkeit und pro tausend Höhenmeter vor dem beabsichtigten Aufschlagpunkt« gegen den Wind abgeworfen werden. Bei glatter Wasseroberfläche reichten die »voraussichtlichen Abweichungen« von 60 Metern in 600 Metern Abwurfhöhe bis 1000 Meter in 4500 Metern. Hierbei handelte es sich um Werte, die für ideale Bedingungen errechnet wurden, ohne jene unwägbaren Faktoren zu berücksichtigen, die im realen Einsatz auftreten konnten. Zu jenem Zeitpunkt waren die von Harris bemängelten Einschränkungen fallengelassen worden. Nichtsdestoweniger stellte der Kaafjord eine weit größere Herausforderung als der Gare Loch dar. Am 1. Juli 1943 schrieb Gp. Capt. N.W.D. Marwood-Elton in weiser Voraussicht: »Die Sache mit der JW-Bombe wird, wenn diese einsatzbereit sein sollte, der 617. Staffel übertragen«.

Nach offiziellen Angaben wog die JW-Mine Mark I »etwa 180 kg« und war mit »ungefähr 40 kg Torpex in einer formbaren Ladung, die wie ein grober Kegel aussah«, gefüllt; diese war »zumindest so wirksam wie eine Ladung aus fester Masse von 54 kg«. In späteren Quellen wird behauptet, daß die betreffenden Werte 226 und 45 kg Torpex betrugen, in einem Dokument des Luftfahrtministeriums wurden nach den Testreihen »158 kg« angegeben. Der Unterschied ist jedoch kaum gravierend. Bei 182 cm Länge und einem größten Durchmesser von 50 cm war der Sprengsatz von rechteckiger Form und besaß »etwa die gleiche Dichte wie Wasser«. Die Ladung wurde in die mittlere Sektion eingesetzt, und im Schwanzstück befand sich »eine kleine Auftriebskammer, die abwechselnd in Intervallen von einer Minute durch ein Druckluftsystem geflutet und ausgeblasen wurde«. Ein Spezialzünder besaß zwei zusätzliche Vorrichtungen. Er wurde beim Aufschlag auf eine feste Oberfläche (ein Schiff oder Boden) scharfgemacht, und ein Selbstzerstörungsmechanismus ließ die Bombe detonieren, wenn das Gas verbraucht war. In der Theorie sollte dies verhindern, daß die Mine geborgen und entschärft werden konnte, falls sie an Land gespült wurde. Am Heck war ein spezieller Fallschirm angebracht, der von einer Leinenverbindung geöffnet wurde, wenn die Mine den Rumpf des Flugzeugs verließ; im selben Moment wurde sie auch scharfgemacht, indem sich ein Sicherheitsstift vom Zünder löste. Wenn die Mine auf dem Wasser aufschlug, wurde der Fallschirm automatisch abgetrennt und, weit wichtiger, ein Schlagbolzen im Aufschlagventil setzte den Gasfluß in Gang. In etwa sechs Metern Wassertiefe unterbrach ein hydrostatisches Ventil die Gaszufuhr zur Auftriebskammer, und auf 18 Metern Tiefe ging die Mine in einen Schwebezustand über. Dann begann sie aufzusteigen und detonierte, falls exakt geworfen, am Schiffsziel. Geschah dies nicht, sank sie erneut ab, hüpfte (oder »marschierte«, deshalb der Name) neun Meter zur Seite und wiederholte das Prozedere, falls notwendig auch mehrmals. Diese besondere Fähigkeit veranlaßte Bell dazu, ihr den Spitznamen »Wandermine« zu geben. Flt. Lt. T.C. Iveson von der 617. Staffel, der die TIRPITZ dreimal mit Bomben belegt hatte, hielt das Ganze »für eine verrückte Idee«, als man ihm erklärte, »die Mine hüpfe herum und detoniere an der

Rumpfunterseite eines Schiffes«. Ein unmittelbarer Nachteil bestand darin, daß ein Einsatz der Mine nur in einer Mindestwassertiefe von 15 Metern erfolgen konnte, die Werften in Kiel und Gotenhafen kamen demnach nicht in Frage. Ein weitaus verlockenderes Ziel stellte die im Kaafjord liegende TIRPITZ dar.

Im September 1944 besaß das Bomber Command somit zwei Spezialwaffen, um die TIRPITZ anzugreifen: die Tallboy, die die Decks durchschlagen oder ihr mit einem Nahtreffer Unterwasserschäden zufügen sollte; und die JW-Mine, um den Rumpf von unten zu treffen. Air Cdre. C.N.H. Bilney setzte Harris jedoch darüber in Kenntnis, daß er mit Cochranes Ansicht über »J.W. als einer wirksamen Waffe gegen die TIRPITZ nicht einverstanden ist. Diese Bombe kann praktisch nicht zielgenau abgeworfen werden, da sie eine T.V. [terminal velocity; Endgeschwindigkeit, d.Ü.] von nur 48 m/Sek. erreiche, die Chance, eine Bombe in den Netzkasten zu werfen, ist deshalb gering. Die Mindestabwurfhöhe liege bei 3600 Metern.« Bilney hob hervor, daß das »Endmuster« nur zehn Mal zur Übung aus 1500 Metern bei 220 km/h abgeworfen wurde; zwei Minen hätten versagt – davon eine »zweifellos«, weil sie in seichtem Wasser eingesetzt worden war. Enttäuscht zog er den Schluß: »Da die »Marsch«richtung dieser Bombe völlig dem Zufall überlassen bleibt, denn falls sie sich einmal in Bewegung gesetzt hat, setzt sie ihren Weg nicht unbedingt in einer Richtung fort, erweist sich die Chance, ein so gut verteidigtes Ziel wie die TIRPITZ zu treffen, als gering.«

Anfangs war die 617. Staffel in Woodhall Spa die einzige, die dazu ausgerüstet war, Tallboys einzusetzen. Nach ihrer Feuertaufe mit dem Präzisionsangriff auf die Talsperren in Westdeutschland – dafür erhielt sie den Beinamen »Dambusters« – hatte die Staffel eine Vielzahl von Angriffen gegen Punktziele durchgeführt und unter dem Kommando von Wg. Cdr. G.L. Cheshire zum ersten Mal die Zielmarkierung in niedriger Höhe für einen Bomberpulk erprobt. Im September 1944 lag die Führung der Staffel bei Wg. Cdr. J.B. »Willy« Tait DSO & 2 Balken DFC & Balken, der nach dem Tagangriff auf Kiel im Jahr 1941 ausgezeichnet wurde und am 7. Mai 1942 die 10. Staffel übernahm, nachdem der Kommandeur (Wg. Cdr. D. Bennett) während eines der Halifax-Einsätze gegen die TIRPITZ abgeschossen worden war. Anfang Dezember wurde Tait von Cochrane ins Vertrauen gezogen, daß er die TIRPITZ angreifen solle. Der Legende nach soll der AOC eingangs ihrer Unterredung die barsche Feststellung getroffen haben: »Tait, Sie sollen die TIRPITZ versenken.« Kurz darauf setzte Tait die Besatzungen seiner Staffel in groben Zügen darüber in Kenntnis, indem er ihnen erklärte, »daß ein ungewöhnlicher Einsatz bevorsteht, nicht mehr und nicht weniger, und daß Formationsflug erwartet wird«. Sie begannen damit, bei Nacht im Gänsemarsch mit eingeschalteten Positionslichtern Übungen zu absolvieren; diese wurden bald darauf eingestellt, weil sie sich als zu gefährlich erwiesen. Iveson war erleichtert: »Gott sei Dank. Wer will denn schon in einer kalten Nacht über der Nordsee rumfliegen, wenn er dafür in einem Pub sein könnte?« Der Gänsemarsch stellte eine Flugformation für vier bis fünf Maschinen dar, die in einer Tiefe von 760 Metern gestaffelt waren; dies bot gegen

Angriffe von Jägern gute Verteidigungsmöglichkeiten. Für die Flak stellte sie nur ein flüchtiges Ziel dar. In der Luft gab man sich gegenseitig Feuerschutz, und man hielt noch ausreichend Abstand, um den Bombenabwurf auf ein Ziel konzentrieren zu können. Als sie erkannten, daß der bevorstehende Einsatz über eine längere Flugstrecke und über See führen würde, wurde die TIRPITZ von »einem oder zwei« Piloten erwähnt, nicht jedoch von allen.

Zu jenem Zeitpunkt wurde auch die 9. Staffel in Bardney, Lincolnshire, auf Einsätze mit der Tallboy vorbereitet. Am 31. August verzeichnete das Einsatzbuch, daß die Waffe »bei der 9. Staffel eingeführt worden ist und ein Exemplar zur Übung abgeworfen wurde«. Am nächsten Tag fuhr der Waffenoffizier in die Rüstkammer von Woodhall Spa, »um Ausrüstungsgegenstände für die Tallboy zu sammeln«. Während der vergangenen beiden Monate waren Angriffe »gegen sehr kleine Ziele«, etwa die Schnellbootbunker in Ijmuiden, zur Vorbereitung im Umgang mit der neuen Waffe geflogen worden. Es stellte sich heraus, daß die Zielgenauigkeit durch technische Veränderungen verbessert werden mußte. Das Mark XIV-Bombenzielgerät erfuhr eine spezielle »Einstellung«; »Untersuchungen zum Gebrauch des A.P.I. Windmeßzusatzgeräts wurden ebenfalls durchgeführt, um die beste Methode für den operativen Einsatz herauszufinden«.

Das Hauptquartier des 5. Geschwaders wurde »Ende August [angewiesen] ... die Möglichkeit eines Angriffs auf das deutsche Schlachtschiff TIRPITZ zu untersuchen und einen Plan vorzubereiten, sollte ein solcher Angriff durchführbar sein«. Stabsoffiziere erkannten vier Hauptprobleme, die sie gemäß des Schwierigkeitsgrades auflisteten: Wetter, Rauchschleier, Waffen und Reichweite. Die Überprüfung der zur Verfügung stehenden Informationen verbunden mit »Erfahrungen aus erster Hand«, welche Sqn. Ldr. D.R.M. Furniss lieferte, der eine »Vielzahl« an PRU-Einsätzen in der Gegend geflogen hatte, ergaben, daß nur an drei Tagen im September eine Bewölkung von weniger als 3/10 über dem Kaafjord anzutreffen war. Bereits bekannte meteorologische Daten wurden wiederholt: vorherrschende Winde aus nördlicher und westlicher Richtung, die über den warmen Golfstrom strichen, sorgten »ständig« für Schichtwolken an der Küste; »wolkenfreier Himmel war nur zu erwarten, falls die Winde über Land aus südöstlicher oder südlicher Richtung wehten«.

Während der Angriffe des FAA war die Effizienz des Rauchvorhangs im Kaafjord »bei mehreren Gelegenheiten unter Beweis gestellt worden«. Photos, die bei den Einsätzen geschossen wurden (insbesondere jene von Operation »Goodwoood« im August, die der Fleet Air Arm zur Verfügung stellte) zeigten, daß »nicht nur die TIRPITZ selbst, sondern auch der ganze Kaafjord in einen dichten Rauchschleier gehüllt werden konnte, der bis in einige Dutzend Meter Höhe reichen konnte«. Die Windrichtung spielte dabei keine Rolle, und die TIRPITZ »konnte innerhalb von etwa zehn Minuten, nachdem der Nebel aktiviert worden war, komplett verdeckt sein«. Verständlicherweise wies das 5. Geschwader deshalb darauf hin, daß das Überraschungsmoment »entscheidend ist und die Vorwarnzeit für den Feind auf ein absolutes Minimum reduziert werden muß«. Da bekannt war, daß ein leistungsfähiges Radarsystem die

Annäherung von der Seeseite her überwachte, lag »die einzige Hoffnung, eine gewisse Überraschung zu erzielen«, darin, sich von Süden oder Südosten »mit so hoher Geschwindigkeit wie nur möglich« zu nähern, um die Vorwarnzeit auf höchstens acht Minuten zu verringern.

Als Antwort auf das dritte, durch die Stabsoffiziere definierte Problem »bewies eine Studie über konstruktionstechnische Details der TIRPITZ, daß nur die schwersten und stärksten Bomben den Horizontalpanzerschutz durchschlagen und im Schiffsinnern detonieren konnten«. Falls eine Tallboy treffe, »könne sie gewaltige Schäden verursachen, unvergleichlich schwerer als jene, die von irgendeiner anderen existierenden Bombe verursacht werden können«. »Obwohl das Schiff [durch Rauch] verhüllt sei«, könne ein Einsatz der zur Verfügung stehenden 150-JW-Minen »die Chance bieten, einen Treffer zu erzielen«. Auf Photos war zu erkennen, daß bei einer Vernebelung des Fjords die Bergspitzen jeseits der TIRPITZ weiterhin sichtbar waren. »Um sich gegen einen völligen Fehlschlag abzusichern«, sollte beim Abwurf der JW-Minen »auf einen deutlich erkennbaren See an der Spitze des nördlichen Ufers des Fjords gezielt« werden, der im allgemeinen nicht durch Rauch verhüllt sei. Wenn man die Bombenzielgeräte mit »falschen Einstellungen füttert ... und geeignete Wurfabstände wählt«, könne man darauf hoffen, »einen Teppich aus [JW-] Bomben von ungefähr 750 Quadratmetern über das Ziel zu legen«.

Blieb nur noch das Problem der Reichweite – merkwürdigerweise auf dem letzten Rang der Problemliste. Unter Aufsicht Cochranes führte Tait auf Langstreckenflügen über verschiedene Entfernungen mit variierender Treibstoffmenge und Bombenzuladung Tests mit Lancaster-Bombern der 617. Staffel durch, um endgültig sicherzugehen, daß sich das Schlachtschiff außer Reichweite der Stützpunkte in Schottland befand. Scatsta, nordwestlich Lerwick auf den Shetlands gelegen, wurde als Probeflugfeld in Betracht genommen; »obwohl es in hügeligem Gelände liegt«, seien die »Anflugmöglichkeiten schlecht«, und es besitze keine Einrichtungen für den Nachtflug. Dann wurden alte Akten aus verstaubten Regalen hervorgekramt, und der Gedanke, ein sowjetisches Flugfeld zu nutzen, erhielt neue Nahrung. Zwei mögliche Flugplätze lagen in der Nähe von Murmansk. Nachdem die sowjetische Regierung zu Rate gezogen worden war, informierte Abteilung 30 in Moskau das Luftfahrtministerium, daß Vaenga II auf der Halbinsel Kola 22 Kilometer nordöstlich von Murmansk – zwei Landebahnen (1500 und 1200 Meter lang), »guter« Belag und Anflugmöglichkeit, 570 Kilometer von der TIRPITZ entfernt und zuvor bereits von der RAF genutzt – zur Verfügung stehe. Unabhängig davon richtete das Luftfahrtministerium am 30. August seine Aufmerksamkeit auf das nur 15,6 Kilometer von Murmansk entfernte Vaenga I mit drei Landebahnen (2000, 1750 und 1350 Meter lang). Die 141. Staffel hatte das Flugfeld 1941 genutzt, und man schien dort in der Lage, 180 Flugzeuge zu warten. Es hatte aber auch seine Nachteile: »Sand, kleinere Unebenheiten – kein Gras; sehr staubig; man droht einzusinken; Schwierigkeiten entstehen durch Spritzer in Mulden; für Flugzeuge werden Sandfilter empfohlen«. Darüber hinaus wies die Hauptstraße nach Murmansk, die entlang des Rollfeldes verlief, einen Belag aus schlechtem Kopfsteinpflaster auf. Trotzdem fragte das Bomber Command am 31. August zur Sicherheit beim Luftfahrtministerium an, ob ausreichend Flugbenzin mit einer Oktanzahl von 100, Öl und Glykol für 30 Lancaster in Vaenga I ab dem 7. September bereitgestellt werden könnten.

Dann, am 1. September, sollte das Bomber Command lauwarme Begeisterung des PRU-Personals für beide Basen in Vaenga feststellen, was Harris zu der Aussage veranlaßte, daß diese »wahrscheinlich ... unbrauchbar« seien. Es gab weitere Bedenken: »die Nähe einer bedeutenden deutschen Jagdwaffe« und ein »nahezu völliger Mangel an Unterkünften und Dienstleistungseinrichtungen.« Somit erhielt Jagodnik, 24 Kilometer südöstlich von Archangelsk gelegen – ebenfalls mit »guten« Anflugmöglichkeiten, aber einer einzigen 1600 Meter langen Bahn aus »arktischem Gras auf sandigem Untergrund«, 1090 Kilometer von der TIRPITZ entfernt – den Vorzug; Vaenga wurde stillschweigend fallengelassen. Die »Flugstrecke« von Lossiemouth nach Jagodnik via Kaafjord betrug 3370 Kilometer, dies war »für eine Lancaster mit einer normalen Tankfüllung durchaus akzeptabel«. Ein vorläufiger Einsatzplan wurde aufgestellt, der einen Flug der Lancaster von Nord-Lossiemouth zu den Shetlands und dann zu einer Position 65° 00' Nord 06° 00' Ost, einem Punkt vor der norwegischen Küste nordwestlich Drontheims, vorsah. Von dort aus sollten die Maschinen in Richtung Ost-Nordost zur Position 65° 60' Nord 16° 30' Ost und von dort wiederum in Richtung Nord-Nordost zum Kaafjord weiterfliegen. Nach dem Angriff sollten die Staffeln nach einem Flug in Richtung Südosten über Lappland und das Weiße Meer Jagodnik erreichen. Interessanterweise enthielt die überarbeitete Karte von 1872, die zum Abstecken der Route diente, keine eingezeichneten politischen Grenzen, somit war unklar, ob auf dieser Etappe der schwedische Luftraum berührt würde oder nicht. Nach dem Auftanken und eventuellen notwendigen Reparaturen sollten die Maschinen genau nach Westen über Finnland, den Bottnischen Meerbusen, Schweden und Norwegen zum Wendepunkt bei Drontheim, und vor dort über die Shetlands nach Lossiemouth fliegen.

Am 6. September bestätigte das Luftfahrtministerium, daß Jagodnik als sowjetisches Flugfeld vorgesehen sei und fügte zur Kenntnis des 5. Geschwaders hinzu: »Man wisse den Flugplan deshalb zu würdigen, weil die sowjetische Marineluftwaffe daran interessiert ist, zur gleichen Zeit einen Angriff auf die Flugplätze der deutschen Jäger zu fliegen«. Das 5. Geschwader antwortete noch am selben Tag »zur Weiterleitung an die Abteilung 30«, daß 24 Lancaster etwa um 07.30 Uhr GMT in Jagodnik landen würden, nachdem sie die TIRPITZ angegriffen hätten. »Die Operation findet statt am ersten Tag, wenn Wetter günstig, aber nicht vor 10. September«. Zwei Liberator mit Wartungspersonal, Ersatzmaterial und dem befehlshabenden Offizier sollten von Position 65° 00' Nord 06° 47' Ost direkt nach Jagodnik fliegen und am Tag der Operation, etwa drei Stunden vor den Bombern, eintreffen. Der Funkspruch endete: »Große Anerkennung für Angebot Luftschlag gegen Flugfelder GAF [German Air Force, Deutsche Luftwaffe, d.Ü], hoffen aber, keine sowjetischen Flugzeuge fliegen westlich

28° Ost bis 04.30 Uhr GMT, um möglichen Rauchvorhang Kaafjord zu verhindern«. Am folgenden Tag informierte das 5. Geschwader das Bomber Command sowie die Admiralität über die voraussichtlichen Flugrouten nach und von Jagodnik und bat darum, daß Zerstörer entlang der Strecke auf Position 63° 00' Nord 02° 00' Ost und 64° 30' Nord 05° 30' Ost sowie ein weiteres Schiff in Rufbereitschaft in Sullum Voe stationiert werden sollten. Unterdessen war Tait am 6. September mit Bardney zusammengetroffen, um Verbindung mit der 9. Staffel aufzunehmen. Der Chefnavigator der Staffel (Flt. Lt. T. Bennett) war bereits über das Ziel informiert und von Tait zur RAF in Northholt abgestellt worden, um Karten von Nordnorwegen zu zeichnen sowie, aus Tarnungsgründen, auch von Nordafrika und Westeuropa. Nach seiner Rückkehr drängte Bennett seinen Vorgesetzten, andere Offiziere ins Vertrauen zu ziehen, worauf Tait in scharfem Ton antwortete: »Selbstverständlich nicht«. Geheimhaltung war oberstes Gebot. Die Langstreckenflüge über Land und die Testreihen über See jedoch boten in den Gasthäusern von Lincoln einen Nährboden für Spekulationen. Photos der TIRPITZ in sämtlichen Zeitungen und die Kurzberichte des Geheimdienstes, *Evidence in Camera*, mit Einzelheiten über kürzlich erfolgte Probefahrten vermochten die Gerüchte über einen Einsatz gegen die TIRPITZ kaum einzudämmen. Sqn. Ldr. G.E. Fawke und seine Besatzung von der 617. Staffel wurden nach Scatsta beordert, um zu untersuchen, ob die Basis als Ausweichflugfeld geeignet war. Sie waren jedoch geschockt, als sie erfuhren, daß sie zur Sicherheit vor der Landung per Funk anfragen mußten, ob die Schafe von der Rollbahn vertrieben seien. Nach ihrer Rückkehr auf die Basis wurden alle Piloten angewiesen, »sehr kurze Landungen« zu üben – dies war, zweifelsohne, eine Vorbereitung für einen außerplanmäßigen Besuch in Scatsta.

Der Einsatzplan des 5. Geschwaders Nr. B. 393, ausgegeben am 7. September, begann mit der Feststellung, daß »zahlreiche Angriffe« auf die im Kaafjord liegende TIRPITZ das Schiff beschädigt hätten, »insbesondere die Kleinst-U-Boote sowie, in geringeren Ausmaß, die Flugzeuge des FAA«. Ein entscheidender Erfolg sei nicht erzielt worden. »Sie ist nunmehr rapariert und bereit, in See zu gehen«. Die Enge des Fjords und »ausgedehnte Schutznetzeinrichtungen« würden Angriffe mit Torpedos von vornherein ausschließen. Trägerflugzeuge könnten keine »Bomben mit ausreichender Sprengwirkung« mitführen, deshalb sei man nun dazu entschlossen, daß ein Verband schwerer Bomber mit einer speziellen, geeigneten Waffe die TIRPITZ angreifen solle«. Die Deutschen hätten »außerordentliche Vorsichtsmaßnahmen« ergriffen, »um die Sicherheit der TIRPITZ zu gewährleisten«. So sei sie »tief im Landesinnern unter den steilen Abhängen eines engen Fjords« verankert worden. Zusätzlich zu den 16 schweren und 16 leichten Flakgeschützen der TIRPITZ seien »ungefähr 38 schwere und 22 leichte« Geschütze an den Ufern des Fjords in Stellung gegangen. Zudem gebe es »eine leistungsfähige Kette von R.D.F.-(Radar-)Stationen« – allerdings gebe es guten »Grund zur Annahme, daß Flugzeuge, die sich über Land näherten, möglicherweise erst eine Viertelstunde vor Erreichen des Kaafjord entdeckt würden... Ein äußerst wirkungsvolles Vernebelungssystem« trete »innerhalb von zehn Minuten« in Aktion. »... Aus bitterer Erfahrung des Fleet Air Arm ist bekannt, daß der gesamte Fjord sehr schnell in dichten Rauch gehüllt werden kann ... Das Überraschungsmoment spielt deshalb für einen Erfolg des Unternehmens eine große Rolle.«

Der Einsatzbefehl fuhr fort: »Die Hauptpanzerung des Schlachtschiffes ist dazu entworfen worden, um es vor Bombenangriffen und Steilfeuer bestmöglich zu schützen, und sein Horizontalpanzerschutz besteht aus zwei Panzerdecks, ein oberes mit 50 mm, und im Abstand von sechs Metern darunter, ein unteres mit 80 mm Stärke. Das untere Deck ist über den Magazinen verstärkt«. »Die Unterseite des Rumpfes [jedoch] ist ungeschützt und besteht aus einem Doppelboden von jeweils etwa 25 mm Dicke«. Dies bedeute, daß »von oben nur die schwersten Bomben einigermaßen wirksam sind«, während »eine Waffe von relativ geringer Sprengkraft ausreicht, falls sie unter dem Schiffsboden angebracht werden kann«. Um diese Aufgabenstellung zu lösen, »stehen dem Bomber Command zwei Waffen einsatzbereit zur Verfügung«: Tallboy und die JW-Mine.

Eine Lancaster war nicht in der Lage, mit einer Tallboy, vollen Tanks und einem Gesamtgewicht, das 30390 kg überstieg, zum Kaafjord und zurück zu fliegen. Zusatztanks vergrößerten das Gewicht unzulässig, deshalb war eine vorgeschobene Basis im Raum Archangelsk »unentbehrlich«. Andererseits besaß eine Lancaster mit Zuladung einer JW-Mine ein Gesamtgewicht von weniger als 28120 kg. Sie konnte somit Treibstoff in zusätzlichen Tanks mitführen und nach Schottland zurückkehren. Der MG-Turm auf dem Rumpfrücken sollte »auf allen an diesem Einsatz beteiligten Flugzeugen« ausgebaut werden. Rückblickend bestreiten einige Teilnehmer, daß diese Anweisung befolgt wurde; die Tatsache, daß nahezu sämtliche Lancaster beider Staffeln mit sieben Besatzungsmitgliedern flogen, ist dabei nicht von Belang. Von größerer Bedeutung scheint, daß einige Maschinen nur einen MG-Schützen mitnahmen; Flt. Lt. T. Bennett (Chefnavigator der 617. Staffel) ist sich sicher, daß die MG-Türme ausgebaut wurden.

Vorgesehen war, sämtlichen Besatzungen 48 Stunden für eine »gründliche« Besprechung des Einsatzes anhand eines Modells in Woodhall einzuräumen, die Abfolge der Briefings ist jedoch unklar. Zweifelsohne reisten einige Crewmitglieder aus Bardney nicht zu den gemeinsamen Besprechungen in Woodhall an; bei einer dieser Gelegenheiten, so erinnert sich ein Pilot, sei Sir Archibald Sinclair zugegen gewesen. Der Luftfahrtminister gab bekannt, daß ein ehemaliger Kommandeur der 617. Staffel, WG. Cdr. G.L. Cheshire, mit dem Victoria Cross ausgezeichnet worden sei – dies wurde am 9. September veröffentlicht. Deshalb ist es wahrscheinlich – so behaupten zwei weitere Flugzeugführer –, daß die gemeinsame Einsatzbesprechung am 8. September stattfand: am Tag nach der Verteilung des Einsatzbefehls und zwei Tage vor dem frühestmöglichen Beginn der Operation. Eine zusätzliche Vorbereitungszeit zum Studium der Einsatzrichtlinien war somit gewährleistet. Den Anwesenden wurde mitgeteilt, daß, falls im Zielgebiet »geeignete« Wetterbedingungen herrschten, die Maschinen »mit voller Bombenzuladung« zum Auftanken nach Lossiemouth,

Kinloss und Milltown verlegen sollten, wo sie weitere Befehle abzuwarten hätten. Einige der Besatzungen legten später Wert auf die Feststellung, daß es nur eine einzige Einsatzbesprechung gegeben habe. Sie konnten sich auch nicht daran erinnern, sich jemals auf einen Flug über Lossiemouth vorbereitet zu haben, um auf dem Weg nach Jagodnik die TIRPITZ mit Bomben anzugreifen. Drei Piloten erinnerten sich an eine gemeinsame Einsatzbesprechung am 8. September, dies mag insofern eine Bedeutung haben, als nur bestimmte Besatzungsmitglieder zugegen sein mußten und die Teilnahme nicht für alle verbindlich war. Trotzdem wurden sämtliche Besatzungen auf ihren jeweiligen Basen über den neuen Plan informiert, am Morgen des 11. September direkt nach Jagodnik zu fliegen.

Gemäß B.393 war es das Ziel, »die TIRPITZ zu versenken«. Für den Einsatz wurden die Lancaster zu einer Force A (zwölf Maschinen der 617. und 9. Staffel jeweils mit einer Tallboy) formiert, die die TIRPITZ bombardieren und nach Jagodnik weiterfliegen sollte, eine Strecke von geschätzten 2968 Kilometern. Force B (sechs Maschinen von jeder Staffel mit JW-Minen) sollte nach dem Angriff zu ihrer vorgeschobenen Basis in Schottland zurückkehren, falls notwendig unterwegs in Scatsta auf den Shetlands auftanken und dabei etwa 3670 Kilometer zurücklegen. Besaß eine Maschine der Force B im Zielgebiet weniger als 1000 Gallonen Kraftstoff oder waren Störungen an den Motoren zu erwarten, hatte sie Order, mit Force A nach Jagodnik weiterzufliegen. Vaenga stellte die Alternative zu Jagodnik dar, es war über Position 68° 50' Nord 28° 00' Ost zu erreichen, um feindlichen Jägern in Kirkenes auszuweichen. Eine Lancaster mit Kameraausrüstung sollte sich Force B anschließen, keine Bomben mitführen, 2954 Gallonen Treibstoff tanken und nach dem Einsatz direkt Northholt erreichen. Jede Maschine der Force A nahm eine Tallboy mit (Zeitzünder 0,07 Sek.), der »innere, mittlere und die Außentanks [2154 Gallonen] voll aufgefüllt«; jedes der Flugzeuge der Force B sollte zwölf JW-Minen sowie eine volle Tankfüllung wie jene der Force A plus »250 Gallonen in speziellen Zusatztanks« zuladen (den Tank einer Wellington für Langstreckenflüge im Rumpf und den abwerfbaren Zusatztank einer Mosquito, allerdings unterblieb die Ausrüstung für diesen Einsatz).

Von ihren vorgeschobenen Basen aus sollten die Maschinen langsam in Richtung Position 63° 00' Nord 02° 00' Ost auf 600 Meter steigen, von dort rasch bis auf Position 65° 40' Nord 16° 40' Ost auf 300 Meter herabstoßen, um dann via 65° 00' Nord 02° 00' Ost zu fliegen, wo ein schrittweiser Anstieg begann, um die norwegisch-schwedische Grenze in 1800 bis 2100 Metern Höhe zu überqueren. Nachdem sie die hohen Bergkämme passiert hatten, war bis zum Treffpunkt (67° 26' Nord 19° 10' Ost), der bei Tageslicht erreicht werden sollte, eine Flughöhe von 1200 bis 1500 Meter einzuhalten. Unter Anleitung des Staffelführers wurde der Treffpunkt mit Rauchbomben markiert. Maschinen, die zu früh eintrafen, sollten in einer Höhe von 1500 Metern in Linkskurven kreisen, bis sämtliche Flugzeuge versammelt waren, um in der vorgesehenen Formation das Ziel anzufliegen; derweil sollten alle auf Abwurfhöhe steigen. Vier Maschinen der

Force B flogen fünf Minuten voraus, um Windrichtung und -geschwindigkeit festzustellen. Force A waren »Abwurfhöhen in gleichgestaffelten Abständen zwischen 3900 und 5100 Metern zugewiesen«; Force B hatte ähnliche Vorgaben zwischen 3000 und 3600 Metern Höhe. Sollten Schwierigkeiten wegen der Wolkenbildung auftreten, war die Mindestabwurfhöhe auf 2400 Meter festgelegt. Force A sollte sich in 300 Metern Höhe vom Ziel entfernen, Force B in höchstens 1500 Metern nach dem Vereinigten Königreich zurückfliegen. Falls das Ziel gut zu erkennen war, sollten die Tallboy-Bomber optisch anvisieren. Falls nicht, waren sie gehalten, »das Ziel zu überqueren und Photos von dem Rauchschleier zu schießen in der Absicht, die Stellungen der Nebelanlagen festzulegen, um sie bei nachfolgenden Angriffen als Visierpunkte zu nutzen«. Die Bomben sollten dann nach Jagodnik mitgenommen werden. Falls die TIRPITZ durch Rauch verhüllt war, hatte Force B Befehl, dennoch ihre Bomben abzuwerfen vorausgesetzt, der indirekte Zielpunkt konnte ausgemacht werden. Die Uhren waren auf GMT zu stellen und die Funkstille einzuhalten, die Funker waren angewiesen, ständig auf Empfang zu bleiben. Die Piloten sollten »den Anflug beginnen, um bei einer TAS [True Air Speed; wahre Geschwindigkeit, d. Ü.] von 320 km/h Boden gut zu machen«. Die TIRPITZ lag voraussichtlich im rechten Netzkasten (Punkt A im Einsatzbefehl). Ihr früherer Liegeplatz auf der linken Fjordseite erschien als Punkt B, die Besatzungen wurden jedoch darauf hingewiesen, daß das Schiff sich an jedem der beiden Liegeplätze befinden könne. Die Stunde »H« war je nach Angriffstag festzulegen, sie sollte jedoch auf eine Uhrzeit »ungefähr eineinhalb Stunden nach der Dämmerung im Zielgebiet« angesetzt werden. Es folgten detaillierte Vorkehrungen hinsichtlich des Transports der Ausrüstung sowie des aus 69 Mann bestehenden Wartungspersonals, der Besatzungen und des Stabes des Einsatzhauptquartiers nach Milltown, Kinloss und Lossiemouth. Zur Kalkulation der Zuladung wurde die Verwaltung darauf hingewiesen, daß das »durchschnittliche Gewicht eines vollausgerüsteten Mannes 90 kg beträgt«.

Am 10. September wurde eine ganze Reihe chiffrierter Nachrichten zwischen dem SBNO in Archangelsk, dem Luftfahrtministerium und dem 5. Geschwader, die detaillierte Vorbereitungen für den Empfang der Force A in Jagodnik betrafen, hin und her geschickt. Zum Beispiel sollten die Flugzeuge eine Route nördlich Archangelsk zum Ijmozeru-See wählen, dann in 300 Metern Höhe Jagodnik erreichen; sowjetische Funkstationen hatten eine maximale Reichweite von 100 Kilometern; eine Vielzahl an Sendezeichen und Decknamen wurde ausgetauscht. Der SBNO äußerte seine Zweifel über die Fähigkeit zur Flugzeugerkennung bei einigen Geschützbedienungen »an der Front« – die leidvolle Erfahrung einer Lancaster sollte dies bestätigen. Aus unerfindlichen Gründen sandte das Luftfahrtministerium Abteilung 30 in Moskau und den beiden SBNO in Archangelsk und Jagodnik erst am Abend des 11. September folgende Meldung: »Wetterbedingungen im Zielgebiet zur Zeit sehr wechselhaft, um Erfolgsaussichten nach langer Reise von den Basen in UK zu bieten.« Der gesamte Angriffsverband sollte somit direkt nach Jagodnik fliegen und den Einsatz von dort aus organisieren. 41 Maschinen (38 Lancaster, zwei Liberator und eine Mosquito – die Lancaster mit der Filmcrew ist hier nicht mitgezählt) mit 290 Mann fliegendem Personal sollten nacheinander am 12. September ab 02.39 Uhr GMT zur Landung in Jagodnik ansetzen. Die Flugroute führte von Lincoln nach North Unst, dann im Tiefflug über die Nordsee, über die Berge Skandinaviens zur russischen Grenze, die auf Position 65° 00' Nord 29° 40' Ost in 1800 Metern Höhe etwa um 01.15 Uhr erreicht werden sollte. Das Luftfahrtministerium bat Abteilung 30 darum, den sowjetischen Behörden gegenüber »wegen der kurzen Vorwarnzeit« sein Bedauern auszusprechen, »da die Gelegenheit günstiger Wetterbedingungen unterwegs unverzüglich ausgenutzt werden muß, sonst ist der Einsatz gefährdet«. Es handelte sich tatsächlich um eine »kurze Vorwarnzeit«, denn zum Zeitpunkt dieser Meldung sollten sich die Maschinen bereits in der Luft befinden, bevor die Sowjets überhaupt Bescheid wußten, daß sie schon unterwegs waren.

Neben anderen Adressaten gingen auch bei der Admiralität und der Home-Fleet am 11. September aufgeregte Funksprüche ein, die die späte Abänderung des Plans bekanntgaben. Im Einsatztagebuch des 5. Geschwaders findet sich folgender Eintrag: »Am Morgen des 11. September bestand weiterhin keine Aussicht für Winde aus südöstlicher Richtung über dem Zielgebiet, außerdem war es unmöglich, eine zuverlässige Vorhersage für eine unterbrochene Wolkendecke zu machen, um dem Verband genaue Instruktion für einen Flug zunächst nach Lossiemouth und dann, nach dem Auftanken, direkt zum Ziel zu erteilen.« Der »ursprünglich aufgestellte« Plan sah vor, daß die Flugzeuge die norwegische Küste bei Dunkelheit erreichen und eine oder zwei Stunden vor Beginn der Dämmerung angreifen sollten. »Deshalb wurde an diesem Morgen eine schnelle Entscheidung gefällt, den Verband unverzüglich nach Jagodnik zu verlegen, die Maschinen dort aufzutanken und zu warten, um bei günstigen Wetterbedingungen sofort loszuschlagen.« Die Flugzeuge sollten »etwa um 17.00 Uhr GMT starten ... und am folgenden Morgen bei Tageslicht Archangelsk erreichen«.

Beim 5. Geschwader notierte man am 10. September, daß die für eine »Geheimoperation« bestimmten Besatzungen der 617. und 9. Staffel sowie das Bodenpersonal wegen unbeständiger Witterung festgehalten würden. Dann erfolgte am 11. September die Änderung des Einsatzplans. An jenem Abend, zwischen 18.59 und 19.26 Uhr DBST, starteten 18 Lancaster der 9. Staffel unter dem Kommando von Wg. Cdr. J.M. Bazin nach Jagodnik »in der Absicht, einen Einsatz gegen das deutsche Schlachtschiff ›T‹ zu fliegen, das zur Zeit im Kaafjord liegt, einem Nebenarm an der südwestlichen Ecke des Altafjord in Norwegen«. Sie wurden von einer Lancaster der 463. Staffel begleitet, die ein Kamerateam an Bord hatte. Zwei Liberator des Transport Command der 511. Staffel aus Lyneham in Wiltshire verließen Bardney »kurz vor« dem Angriffsverband. Eine Mosquito der 540. Staffel, die zur Photoaufklärung abgeteilt war, startete erst am 12. September in Bardney; sie sollte die sowjetisch-finnische Grenze um 10.26 Uhr GMT in einer Flughöhe von 6000 Metern überqueren und um

11.40 Uhr GMT in Jagodnik landen (sie verspätete sich in diesem Falle nur um 20 Minuten). Mittlerweile hatte Sqn. Ldr. G.E. Fawke Fg. Off. J.H. Leavitt, einen Amerikaner, der eben erst seinen Dienst bei der RAF angetreten hatte, am 11. September in Woodhall Spa gegenüber erklärt: »John, Du hast jetzt das Kommando über die Staffel. Ich fliege mal kurz nach Rußland«. Leavitt hatte wie ein anderer Neuankömmling bei der Staffel, Fg. Off. A.W. Joplin RNZAF, an den Einsatzbesprechungen für die Operation teilgenommen, war aber nicht zum Einsatz eingeteilt worden. Zwischen 18.56 und 19.15 Uhr DBST starteten 19 Lancaster der 617. Staffel; eine weitere (Flt. Lt. G. Stout) hob um 19.37 Uhr ab. Exakt die Hälfte der 617. Staffel bestand aus Maschinen des Typs Lancaster I, die anderen waren Lancaster III mit Merlin-Motoren, die von der Packard Motor Company in Detroit unter Lizenz gebaut wurden. Gemäß den Aufzeichnungen des 5. Geschwaders waren sämtliche Maschinen »ohne Zwischenfall ... bei klarem Wetter« gestartet.

Keine der Lancaster des Angriffsverbandes mußte, wie ursprünglich geplant, in Schottland zwischenlanden; sie flogen an der Ostküste Englands entlang, um jene Flugroute gemäß Einsatzbefehl einzuhalten, die an Nordspitze der Shetlands vorbeiführte. Eine Lancaster der 9. Staffel (»R«, geflogen von Fg. Off. R.C. Lake) mußte sich ihrer Bombe im Notabwurf über der Nordsse entledigen und kehrte vorzeitig zurück, nachdem sich die Tallboy im Bombenschacht losgearbeitet hatte. Somit flogen 37 Lancaster, zwei Liberator und die Lancaster mit dem Kamerateam vom 11. auf den 12. September durch die Nacht Richtung Sowjetunion. Keine ging durch Feindeinwirkung verloren, dennoch hatten die Besatzungen haarsträubende Erlebnisse.

Die Männer in den Liberator, geflogen von Flt. Lt. G.H. Capsey und Flt. Lt. Adams, machten hier keine Ausnahme. Normalerweise flog die 511. Staffel Maschinen vom Typ York, für diesen Einsatz wurden jedoch Liberator ausgewählt, da man glaubte, in Jagodnik Ersatzteile für diese Maschinen vorzufinden. Da sie normalerweise Einsätze in den Mittleren und Fernen Osten flogen, hatten die Besatzungen vor der Verlegung nach Bardney ihre Tropenausrüstung eingepackt. Als Befehlshabender Offizier hatte Capsey an den Einsatzbesprechungen teilgenommen, war jedoch zur Geheimhaltung vergattert worden. Als er erkannte, daß wichtige Ersatzteile für die Lancaster, die die Liberator transportieren sollten, keine Aufschrift mit Empfänger trugen, erhielt er die Erlaubnis, einen erfahrenen Unteroffizier aus Lyneham mitzunehmen. Nachdem eine Lancaster mit Merlin-Motor ordnungsgemäß mit einem Fahrwerk und Reifen, Ersatzteilen für Funkgeräte, anderem Gerät zur Wartung und Reparatur sowie mehreren Kisten mit Konserven beladen war, hatte jede der Maschinen noch Platz für 14 Passagiersitze. Diese wurden von Gp. Capt. C.C. McMullen, dem Verwaltungsstab des Einsatzhauptquartiers, vorgesehen für Jagodnik, sowie dem Bodenpersonal eingenommen. Da sie wegen der schweren Zuladung und aufgrund des gesonderten Einsatzplans befürchteten, daß der Treibstoff nicht ausreichen könnte, erhielten die Piloten der Liberator die Erlaubnis, in Lossiemouth zwischenzulanden, um nachzutanken.

Beim Anflug auf die Basis in Schottland waren Capsey und Adams beunruhigt, als Beaufighter auf sie zuhielten. »Da unsere gesamte Bewaffnung aus einer Signalpistole bestand, beteten wir zum Himmel«, daß sie unterrichtet waren. Glücklicherweise waren sie es, und nachdem sie Lossiemouth verlassen hatten, setzten die Liberator ihre Reise in einer Höhe von 120 Metern unterhalb der gegnerischen Radarerfassung bis 65° 00' Nord fort, dann stiegen sie über den Bergen Norwegens bei wolkenlosem Himmel auf 2400 Meter. Bis das Wetter sich über Finnland verschlechterte, war eine genaue Navigation nach Karte möglich, dann verloren die Maschinen den Kontakt zueinander, da sie Funkstille wahren mußten. Capseys Liberator verließ sich auf das Bendix-Funkpeilgerät und hatte die Frequenz von Archangelsk eingestellt, die zur Erleichterung der Besatzung um 07.00 Ortszeit (04.00 Uhr GMT) zum Leben erwachte. Von den Signalen geleitet, setzte der Pilot den Kurs nach Solomabla ab und flog dann entlang der Dwina nach Süden. Plötzlich tauchten die Dächer von Archangelsk auf, die linke Tragfläche der Liberator verfehlte knapp den Sendemast der Funkstation. Sie waren, die Rettung schon vor Augen, knapp einer Katastrophe entronnen. Als Capsey die Stadt überflog, wurde er durch einen Scheinwerfer zu einem »schrecklich kleinen Flugfeld [geleitet] ... das auf drei Seiten von Hangars umgeben war und auf der vierten durch ein Flußbett begrenzt wurde«. Das Flugfeld besaß überhaupt keine Ähnlichkeit mit dem Flugziel aus der Einsatzbesprechung. Aber mehrere Lancaster, darunter eine, die eine Bruchlandung hingelegt hatte, waren schon da. Ziemlich aufgeregt setzte Capsey zur Landung an. Seine Zweifel waren berechtigt. Es handelte sich um Kegostrov, eine Insel in der Nähe von Archangelsk, und nicht um Jagodnik, das etwa 19 Kilometer stromaufwärts liegt. Noch am gleichen Morgen startete Capsey nach Jagodnik, wo er Adams traf. Das Hauptquartier und das Bodenpersonal für Operation »Paravane« befanden sich nun auf der vorgeschobenen Basis.

Vor der Ankunft Capseys wurde man in Kegostrov Zeuge eines ungewöhnlichen Zwischenfalls. Plt. Off. R.J. Harris von der 9. Staffel (»WS-E«) hatte hinter Sqn. Ldr. D.R. Wyness von der 617. Staffel zur Landung angesetzt, als er auf dem Flugfeld ein Pferd in vollem Galopp beobachtete, während »KC-Y« gerade aufsetzte. Wyness riß seine Maschine herum und konnte die Lancaster abschreiben, als das Fahrwerk zusammenbrach. In der allgemeinen Aufregung schlug die Nase von Harris' Lancaster in einem Kartoffelacker auf, das Flugzeug wurde so schwer beschädigt, daß es für den bevorstehenden Einsatz ausfiel. Der Bombenschütze, Plt. Off. H.F.C. Parsons, konnte zu dem Vorfall folgendes ausführen: Das Flugzeug kreiste über Archangelsk, die Wolkenuntergrenze lag »bei etwa 200 Metern«, als Parsons ein Flugfeld und eine Lancaster entdeckte, die zur Landung ansetzte. Harris folgte der anderen Maschine, da schoß ihnen ein Regenbogen von Leuchtkugeln entgegen. Sie nahmen an, dies sei eine Warnung, daß sie mit dem Wind landen würden. Nachdem sie jedoch die Lage überdacht hatten, schien es so, als ob man ihnen mitteilen wollte, daß dies nicht der richtige Platz wäre. Parsons sah Gestalten, die auseinanderstoben, als das Flugzeug den Rand eines Brückengeländers streifte. Als die Maschine auf ihrem ungewöhnlichen Rastplatz zum Stehen kam, war sie in einem Graben gelandet, das Heck ragte hoch in die Luft. In einer unwirklichen Dunkelheit gefangen, Erde umgab seinen Platz im Flugzeug, und da es ihm nicht möglich war, die Luke für den Notausstieg zu öffnen, krabbelte Parsons ins Cockpit. Dort erkannte er, daß der Rest der Besatzung aus der Luke über dem Pilotensitz ins Freie gelangt war. Besorgt kletterte er zu ihnen auf die Tragfläche, um dieser »fürchterlichen Erfahrung« ein Ende zu bereiten.

Zwei weitere Flugzeugbesatzungen verzeichneten ebenfalls eine unplanmäßige Landung unter sonderbaren Umständen. Fg. Off. D.A.L. Bell, Navigator einer Lancaster der 617. Staffel – geflogen von Lt. H.C. »Nick« Knilans USAAF, der zunächst bei der RCAF angemustert hatte, anschließend zur USAAF wechseln wollte und gerade seinen letzten Einsatz für die RAF absolvierte – erinnerte sich daran, wie er »einen lodernden Sonnenuntergang [beobachtete], der über den Orkneys hing und dann langsam im Nordatlantik versank«. Danach mußte er bei völliger Dunkelheit und Funkstille navigieren. Erst über dem Bottnischen Meerbusen, wo die Lichter des neutralen Schweden deutlich zu erkennen waren, war er wieder in der Lage, eine verläßliche optische Positionsbestimmung durchzuführen. Bei Tagesanbruch zwangen Nebel und Sprühregen Knilans bis auf 15 Meter Flughöhe herunter, die nebelverhangenen Wälder stellten eine ständige Gefahr dar, und die von den Sowjets versprochene Hilfe mit Funkpeilsendern glänzte durch Abwesenheit. Später stellte sich heraus, daß den Flugzeugen des Angriffsverbandes das falsche Sendezeichen zugeteilt worden war (8 BP statt 8 VP) und möglicherweise auch die falsche Frequenz. Die in der Wettervorhersage angegebene Wolkenuntergrenze bei 450 Metern bzw. zehn Kilometer Sicht im Raum Archangelsk stellte sich als geschlossene Wolkendecke in 45 bis 90 Metern Höhe bei einer Sicht von 600 Metern heraus. Der nach dem Unternehmen angefertigte Einsatzbericht des 5. Geschwaders verzeichnet für Jagodnik »sehr schlechte« Wetterbedingungen, die »Wolkenuntergrenze schwankte zwischen Null bis 30 Meter bei heftigem Regen«. Da sie einen flüchtigen Blick auf Wasser erhaschen konnte, gelangte Knilans Besatzung zu der Überzeugung, daß sie sich zu weit östlich befand und kehrte wieder um. Nachdem er beinahe die Masten zweier Fahrzeuge vor der Küste gestreift hätte, setzte Knilans auf einem schmalen Acker mit weicher Erde kurz hinter der Küste auf. Die Lancaster war zwölfeinhalb Stunden in der Luft gewesen und zwei der Motoren setzten während der Landung aus. Knilans ließ die Maschine gefährlich nahe bis an ein Waldstück heran ausrollen. Seine eigene Schilderung der außerplanmäßigen Landung war noch weitaus lebendiger: Nachdem er auf Gegenkurs gegangen war, kreiste er über einem kleinen Fischerdorf und erblickte ein Feld mit Heu. Während er über das Feld flog, sah er »fünf kleine barfüßige Buben etwa zehn Jahre alt ... die lebhafte Bewegungen mit ihren Köpfen und Händen [machten]. Ich nahm an, daß sie uns zuwinkten, es wäre O.K. hier zu landen«. Indem er sich mit dem Wind im Rücken dem etwas abschüssigen Boden über einen Graben näherte, streifte Knilans einen Stacheldrahtzaun, der an den hervorstehenden Geschützen des Heckturms entlangschabte und »plumpste« auf schlammigen Boden, was die Bremsen in Mitleidenschaft zog; es gelang ihm, vorsichtig um einen Heuhaufen herumzumanövrieren, ohne die Ölfederbeine oder die Reifen zu beschädigen. Verständlicherweise reckte er gegenüber den fünf grinsenden Kindern vor Erleichterung bzw. vor Freude beide Daumen in die Luft.

Es klingt unglaublich, aber Knilans war an diesem Tag nicht der einzige Pilot der 617. Staffel, der auf diesem unter Wasser stehenden Grasboden landete. Flt. Lt. T.C. Iveson war bereits um 07.15 Uhr GMT (10.15 Uhr Ortszeit) eingetroffen. Ebenso wie Knilans Funker hatte Fg. Off. A. Tittle mit den Sowjets keine Verbindung aufnehmen können. Gerade als der Treibstoff auszugehen drohte, entdeckte Iveson das Feld. Er war jedoch wegen seiner Minenzuladung in Sorge, sicher landen zu können (fälschlicherweise, wie sich herausstellte), deshalb warf er sie über einem See ab. Nachdem auch Knilans gelandet war, entschieden beide Piloten, bei ihren Maschinen zu bleiben. Kurz darauf fuhr ein Jeep vorsichtig im Kreis um sie herum. Nachdem ihre Identität feststand, »erschien ein Pritschenwagen mit russischen Soldaten, einige trugen deutsche Wintermäntel, die meisten waren unrasiert«. 14 Mann RAF-Personal saßen auf, und ab ging es über holprige Straßen zu einer nahegelegenen Garnisonsstadt, wo sie am Ende einer matschigen, unasphaltierten Hauptstraße, die der Kulisse eines Wildwest-Films ähnelte, abstiegen. Die Gruppe wurde über einen erhöht angelegten Gehweg geführt, auf dem durchgebrochene oder fehlende Bretter dem Unaufmerksamen mit einem Abrutschen in den schleimigen Untergrund drohten. Dann wurden sie sicherheitshalber in ein Zimmer gesperrt, Wachposten standen vor der Tür, und sie erhielten eine Mahlzeit aus Fisch (»roher Fisch«, wie einige behaupteten, »Lachs« meinten andere) und Schwarzbrot. Zu dieser Kost wurden Wasserkrüge gereicht – es schien jedenfalls so, bis einige durstige Flieger die Flüssigkeit gierig schluckten. Wodka wurde normalerweise in den Offiziersmessen der RAF nicht ausgeschenkt – und schon gar nicht in solchen Mengen. Das Ergebnis war vorhersehbar und unangenehm. Der örtliche Kommandant war erstaunt, als Iveson ihm auf einer Wandkarte zeigte, daß sie in Lincolnshire gestartet und unterwegs nach Jagodnik waren. Mit dem Flugfeld wurde Verbindung aufgenommen, und Tait erschien in einem altersschwachen Doppeldecker, um Iveson am späten Nachmittag dorthin zu begleiten.

Knilans hatte weniger Glück. Da seine Maschine keinen Treibstoff mehr hatte, mußte er über Nacht bleiben. Am Morgen war das Flugzeug, nach Angaben Bells, zum Abflug auf dem vom Regen durchnässten Boden von »manskis« (ein origineller Ausdruck des Dolmetschers für körperliche Schwerstarbeit) umgedreht worden. Der Start erwies sich alles andere als problemlos. In seinem Logbuch notierte Knilans, »bekommen keinen Auftrieb«, Bell jedoch behauptete, daß der Flugingenieur »Landeklappen einfahren« mit »Fahrwerk einfahren« verwechselt hatte. Aus welchem Grund auch immer: die Lancaster streifte die Bäume, der Staurohrkopf, das Bombenzielgerät und die Klappen der Bombenschächte gingen verloren, beide Höhenruder waren beschädigt. Die Tallboy blieb jedoch sicher verstaut, allerdings war die Windschutzscheibe im Cockpit von einem 90 mal 6 cm messenden Ast durchlöchert worden, der seinen Weg durch den Hauptholm in den Rumpf fortsetzte. Später wurde er an der Wand der Offiziersmesse in Woodhall Spa (Petwood Hotel) mit der Aufschrift angebracht: »Ob Du's glaubst oder nicht«. Unterdessen mußte Knilans eine Hand dazu benutzen, sein Gesicht vor dem Windzug zu schützen und sich mit dem heißlaufenden steuerbord äußeren Motor herumschlagen, der mit Laubwerk und Kiefernnadeln gespickt war. In Jagodnik wurden Reparaturen mit Teilen anderer verunfallter oder nicht einsatzfähiger Maschinen durchgeführt; um die Klappen für den Bombenschacht zu ersetzen, mußte jedoch die Tallboy auf den Boden herabgelassen werden, vermutlich waren wieder »manskis« herbeigerufen worden.

Obwohl er einen problemlosen Flug von Onega nach Jagodnik hatte, war Iveson nicht ungeschoren davongekommen. Am 13. September startete er mit sechs Mann sowjetischem Bodenpersonal an Bord in Kegostrov, um dabei behilflich zu sein, Ersatzteile aus der beschädigten Maschine von Sqn. Ldr. Wyness zu bergen. Als er die erforderliche Reisegeschwindigkeit nicht erreichen konnte, entdeckte er, daß die Schutzhülle des Staurohrs nicht entfernt worden war. Sgt. J.D. Phillips gelang es, diese zu lösen, indem er die Heizung einschaltete, und die »KC-F« flog weiter, um Wyness aufzulesen (der während des Einsatzes als Copilot bei Iveson einstieg) und nach Jagodnik zurückzukehren, wo die JW-Minen von Fg. Off. Careys beschädigter Maschine in seinen Bombenschacht wechselten.

Bevor er seinen wackligen Ausflug nach Onega unternahm, hatte Wg. Cdr. Tait wie auch andere Maschinen erfahren müssen, was es nach Auskunft der RAF in Bardney mit den »schrecklichen Wetterbedingungen« während des letzten Abschnitts des Fluges auf sich hatte. Auch das 5. Geschwader sollte später auf »besonders tief hängende Wolken und Regen ... in etwa 240 Kilometer Entfernung von Archangelsk« hinweisen. »Die Maschinen flogen in Höhe der Baumwipfel über einer unvorstellbar trostlosen Gegend – Seen, Wälder und Sümpfe. Navigation nach Karte war unmöglich, schon die Wetterbedingungen bereiteten Schwierigkeiten, zudem stellte sich heraus, daß die Karten ungenau waren – viele Dörfer und sogar Eisenbahnlinien waren nicht eingezeichnet.« Über Finnland und der UdSSR ging Tait bis auf 90 Meter herunter. Sein Bordfunker (Fg. Off. A.J. Ward) versuchte vergeblich, mit Jagodnik Verbindung aufzunehmen, im Nachhinein war er der Ansicht, daß man ihm die falsche Frequenz mitgeteilt hatte. Dann sah der Bombenschütze (Fg. Off. W.A. Daniel RCAF) einen Fluß – die Dvina, in der Jagodnik auf einer Insel liegt. Tait ging noch tiefer, fand das Flugfeld und konnte um 08.09 Uhr Ortszeit sicher landen. Nur 23 weitere einsatzfähige Lancaster, zwölf der 617. und elf der 9. Staffel, folgten ihm nach. Die Maschine von Fg. Off. R.F. Adams (»9/W«) überstand einen besonders unangenehmen Flug. Bei der Annäherung an die norwegische Küste, er hätte immer noch zurückfliegen können, schmückte Adams seinen steuerbord äußeren Motor mit einem Leck im Kühler, aber er drängte weiter. Wie die anderen Piloten auch geriet er in schlechtes Wetter und flog zwei Stunden lang in einer Höhe von 100 Metern; er lehnte es ab, sich der Tallboy im Notabwurf zu entledigen, bis er sicher in Jagodnik landen konnte – die Insel ist etwa fünf Kilomter lang und 1,5 Kilometer breit, eine sowjetische Marineflieger-station besaß ein 1800 Meter langes, von nordöstlicher in südwestlicher Richtung verlaufendes Flugfeld mit Grasbelag. Unglücklicherweise hatte das Bodenpersonal so viel zu tun, daß der defekte Motor nicht mehr rechtzeitig für den Einsatz ausgetauscht werden konnte.

Als die voraussichtliche Ankunftszeit näherrückte, bemerkte der Flugingenieur von Sqn. Ldr. Fawkes Maschine, F/Sgt. A. W. Cherrington, »daß das Benzinproblem sein Haupt erhob, ich mußte die Treibstoffzufuhr für die Motoren regeln«. Das war aber nicht das einzige Problem. Wie andere Bordnavigatoren auch sah Flt. Lt. Bennett jenseits des Bottnischen Meerbusens hinunter »auf eine Szene wie in einem Horrorfilm aus Hollywood: die Kronen der Kiefern ragten aus einem Nebelmeer hervor«. Er erinnerte sich an die Einsatzbesprechung mit einem Meteorologen des Luftfahrtministeriums: »In dieser Jahreszeit sind Wolken unterhalb 450 Metern in dieser Region unbekannt«. Eine Stimme über die Gegensprechanlage wirkte wie ein Echo seiner Gedanken: »Ich wünschte verdammt noch mal, der wäre jetzt hier«. Bennett jedoch fand die Mündung der Dvina und folgte dem Fluß bis nach Jagodnik. Als er einen sowjetischen Platzeinweiser erblickte, der eine rote und grüne Fahne mit Aplomb zu schwenken vermochte, setzte Fawke zur Landung an, gerade als eine andere Lancaster dies von der gegenüberliegenden Seite ebenfalls versuchte. Cherrington war fassungslos, da die »KC-J« »beinahe in der Flugüberwachung ihr Ende gefunden hätte«. Allerdings wurde »als Teil einer großen Begrüßungsfeier ... ein typisch russisches Essen aus Schwarzbrot, starkem Kaffee, Rentierfleisch, einigem Gemüse – was es war, weiß ich nicht – Pfannkuchen und Unmengen Wodka« gereicht.

Fg. Off. F.H.A. Watts in der »KC-N« der 617. Staffel erachtete den »Marconi-Empfänger« von unschätzbarem Wert, als das Lesen der Karte in dieser »konturenlosen Landschaft« unmöglich wurde. »Beim Einschalten«, erinnert er sich, »richteten sich die Zeiger auf dem Armaturenbrett des Piloten auf und, obwohl das Gerät nur einen Wirkungsgrad von 40 Prozent besaß, schafften sie es, solange aufrecht stehenzubleiben, daß ich die nötigen Kurskorrekturen vornehmen konnte; das Gerät ermöglichte uns, die Dvina und dann Jagodnik zu finden. ›O, die ihr ohne Glauben seid‹, seufzte mein Bordfunker«.

In Bardney war sich Flt. Lt. J.D. Melrose, der die »WS-J« bei ihrem 100. Einsatz für die 9. Staffel flog, völlig über das ungewöhnliche Fluggewicht im klaren. Als er sich dem Ende der Startbahn näherte, »versuchte ich so viel Anlauf wie nur möglich zu nehmen, wir rollten dahin, alle fingen an zu schwitzen, dann zog ich sie knapp über einen Zaun hoch. Ich fuhr das Fahrwerk und dann die Klappen so schnell als möglich ein. Ted [Sgt. E. Selfe] und ich rackerten wie wild, um sie auf 300 Meter zu bringen, dann beruhigten wir uns etwas.« Wie die anderen Besatzungen auch geriet Melrose Maschine in schlechtes Wetter, nachdem er Norwegen hinter sich gelassen und die Warnungen vor der schwedischen Flak befolgt hatte, die um die Stadtzentren in Stellung gegangen war. Dann flog er tiefer und sprach 40 Player-Zigaretten zu, bis seine Karte sie zuverlässig nach Jagodnik leitete.

Mehrere Maschinen berichteten über »vereinzelte Zwischenfälle wirkungslosen Flakbeschusses über Schweden und Finnland«; die »KC-E« der 617. Staffel (Fg. Off. D.W. Carey RAAF) war das einzige Flugzeug, das Schäden davontrug. Um 04.22 Uhr GMT brach Carey in einer Höhe von 300 Metern auf Position 64° 42' Nord 33° 32' Ost durch die Wolkendecke und wurde von zwei leichten Flakgeschützen unter Feuer genommen. Beide Querruder wurden getroffen, das Höhenruder war beschädigt; der Rumpf und die Zusatztanks waren durchlöchert und eine Antenne weggeschossen worden. Der Heckschütze (Fg. Off. C.A. Witherick) antwortete (dabei störte er jemanden, der gerade in einem unverwechselbaren, kleinen Häuschen zugange war, herausstürmte und hastig seine Hosen hochzog); die Lancaster erreichte wieder den Schutz der Wolken und »landete sicher« in Jagodnik.

Am 12. September, 08.00 Uhr GMT (11.00 Uhr Ortszeit), der Treibstoff mußte bereits zur Neige gegangen sein, war in Jagodnik das Schicksal von 13 Lancaster noch ungeklärt. Allmählich sickerten Nachrichten von Landungen und Abstürzen in entlegenen Gegenden durch: fünf nahe Kegostrov (64° 33' Nord 40° 26' Ost), zwei in der Nähe von Vaskova (64° 16' Nord 40° 48' Ost und 64° 30' Nord 40° 00' Ost), zwei bei Onega (ungef. 63° 50' Nord 38° 00' Ost), eine bei Chubalo-Navolsk (64° 30' Nord 40° 14' Ost), Belomorsk (63° 32' Nord 32° 00' Ost dem Bericht nach, aber ungef. 64° 30' Nord 35° 00' Ost), Molotovsk (64° 30' Nord 40° 00' Ost) und eine im Raum Talagi (ungef. 64° 45' Nord 40° 45' Ost). Die 9. Staffel urteilte in scharfem Ton über diese Phase des Unternehmens. Die im Vereinigten Königreich ausgegebenen Wettervorhersagen für »die Ankunft in Archangelsk verhießen ›gute Bedingungen‹, Unterstützung durch die Funkstationen Murmansk und Archangelsk ist versprochen.« Ab der russisch-finnischen Grenze jedoch herrschte eine geschlossene Wolkendecke ab 100 bis 150 Metern Höhe, heftiger Regen verringerte die Sicht auf drei Kilometer während der letzten 320 bis 480 Kilometer des Fluges. »Darüber hinaus boten die Bodenstationen keine Hilfe, da sie mit einem völlig anderen technischen System arbeiteten und einen Funkschlüssel erforderten, der nicht bekannt war« – ein weiterer Grund für die nicht zustande gekommene Funkverbindung. Der Staffelbericht fügte verärgert hinzu, daß die sowjetische Wettervorhersage, die die meteorologischen Bedingungen treffend vorausgesagt hatte, 24 Stunden im Voraus zur Verfügung gestanden habe: »Unglücklicherweise war diese Vorhersage nicht vor dem Abflug in England bekannt.« Indem er auf die späte Benachrichtigung von Abteilung 30 in Bezug auf den Wechsel des Einsatzplans Bezug nahm, fuhr der Bericht fort: »Es war ebenso bedauerlich, daß der Funkspruch, der Archangelsk über den Abflug informieren sollte, nur wenige Stunden vor der Ankunft der Flugzeuge eintraf«. Nur »ausgezeichnetes fliegerisches Können, um die Maschinen und die Bombenzuladung zu retten«, habe ein »komplettes Desaster« abwenden können. Auch der Pilot der Lancaster, die die Filmcrew an

Bord hatte, verteilte zwar Komplimente, hatte aber auch beißende Kritik übrig: »Navigatorisches Können bei miserablen Wetterbedingungen war der Grund dafür, daß das Gros der Maschinen Jagodnik überhaupt erreichte. Dort gab es keine Einrichtungen, das Leuchtfeuer stammte aus Amerika ... Daneben waren die Karten ungenau, die Landmarken ohne Wert.« Flt. Lt. B.A. Buckham RAAF hatte diese Erfahrung mit Sicherheit nicht genossen.

Trotz dieser außergewöhnlichen Umstände mußte das 5. Geschwader dennoch anerkennen, daß die sowjetischen Behörden »Wunder vollbrachten, indem sie jede erdenkliche Hilfe gewährten«. Über der entlegenen Gegend um Talagi wurde sogar ein Fallschirmspringer abgesetzt, der sich jedoch bedauerlicherweise fortwährend selbst verirrte – gleich wie die Besatzung, die er in Sicherheit bringen sollte. Glücklicherweise wurde niemand verletzt, die Lancaster »M«, »D«, »Q« und »H« der 9. Staffel waren jedoch »schwer beschädigt« und »anschließend aufgegeben« worden; »B« und »Y« der 617. Staffel wurden ebenfalls abgeschrieben. Die fünf zugänglichen Wracks (außer jenem in Talagi) wurden als Ersatzteillager genutzt, um weniger schwer beschädigte Maschinen wieder einsatzklar zu machen. Schließlich waren 31 Bomber »in Jagodnik versammelt, wo es Unterkünfte gab und die Möglichkeit zum Auftanken bestand«, obwohl nicht alle Maschinen für den Angriff auf die TIRPITZ klargemacht werden konnten. Eine zusätzliche Komplikation bestand darin, daß nur kleine Benzinkanister zur Verfügung standen, somit dauerte das Auftanken der einsatzbereiten Flugzeuge 18 Stunden. Darüber hinaus waren die Reparaturarbeiten auch mit Unterstützung durch sowjetisches technisches Personal mühsam und zogen sich in die Länge: die umfassenden Arbeiten an Knilans Maschine dauerten bis tief in die Nacht vom 14. auf den 15. September – die Besatzung konnte am Angriff auf die TIRPITZ teilnehmen. Das offizielle Untersuchungsergebnis zu den Unfällen lautete, daß die Maschinen »entweder mit eingezogenem Fahrwerk gelandet oder gegen ein Hindernis gestoßen sind, worauf eines oder beide Beine des Fahrwerks beschädigt wurden«. Der Bericht kam zu dem Schluß, »daß der Hauptgrund für die Unfälle am widrigen Wetter lag ... Ein weiterer Grund war Treibstoffknappheit. Jeder Pilot hat sein Möglichstes getan, um sein Flugzeug zu retten, und in Anbetracht dessen ist die Ergreifung disziplinarischer Maßnahmen nicht notwendig. Im Gegenteil, viele der Besatzungen haben für ihre Entschlußkraft und ihre Mühe, ein Flugfeld zu finden bzw. für ihr exzellentes fliegerisches Können, zu landen, ohne daß ein Besatzungsmitglied verletzt wurde, unseren Glückwunsch verdient.«

Am Morgen des 14. September waren 20 Tallboy und sechs Lancaster mit JW-Minen sowie die Maschine mit der Filmcrew einsatzbereit. Die PRU-Mosquito startete rechtzeitig gegen 02.10 Uhr DBST (03.10 Uhr Ortszeit) in Richtung TIRPITZ; dies war der Auftakt für die anderen Besatzungen, die um 08.00 Uhr losfliegen und vier Stunden später angreifen sollten. Um 06.45 Uhr kam die Mosquito zurück und meldete, daß im Zielgebiet schlechtes Wetter herrsche; der Angriff wurde verschoben. Dafür sorgten die sowjetischen Gastgeber für Unterhaltung. Tait hielt dies nicht davon ab, das Personal der 617. Staffel am

Morgen auf dem Flugfeld aufmarschieren zu lassen und es in »Leibesübungen« zu unterweisen. Auf ein offizielles Mittagessen, das von reichlich Trinksprüchen mit Wodka unterbrochen wurde, folgte am Nachmittag ein Fußballspiel, »bei dem«, nach der Erzählung eines britischen Sanitätsoffiziers, »eine guttrainierte und flott herausgeputzte Mannschaft der SNAF [Sowjetische Marineluftwaffe] ein zusammengewürfeltes Team der RAF schlug«. Andere Zuschauer kommentierten die endlose Zahl an Ersatzspielern, die vom Gegner eingesetzt wurden, unter ihnen der Kommandeur des Flugplatzes, der das ihm gebührende Tor des Dientsältesten Offiziers erzielte – ein Beobachter meinte, es sei glücklich mit dem Knie erzielt worden, ein anderer, es sei ein Elfmeter gewesen. Jedes Tor der Gastgeber wurde mit einer Fanfare der anwesenden Militärkapelle gefeiert, die für ungeübte Ohren verdächtig wie »Seht, es kommt der Eroberer« aus Händels Oratorium *Judas Makkabäus* klang. Die Sowjets gewannen die Begegnung problemlos, das Ergebnis schwankt je nach individueller Erinnerung oder, vielleicht, der Menge flüssiger Erfrischungen, die zum Mittagessen konsumiert worden waren, zwischen 4:0 und 7:0. Ein Zuschauer meinte sogar, ein Tor für die RAF zum Spielstand von 16:1 gesehen zu haben. Flt. Lt. Bennett ist immer noch der Überzeugung, daß der Torwart der Sowjets nach dem Krieg während einer »Goodwill«-Tour für Dynamo Moskau bei den Begegnungen gegen Arsenal und Chelsea mitgespielt habe. An diesem Abend wurde im Lagerkino ein Kriegsepos mit Überlänge (ohne Untertitel) gezeigt. Für weitere Unterhaltung war ebenso gesorgt, wie ein Berichterstatter in *»V« Group News* erklärte: »Bei einer Gelegenheit dauerte ein Vortrag über einen sowjetischen Komponisten 75 Minuten, er hatte mit 55minütiger Verspätung angefangen und blieb von Anfang bis Ende für sämtliche britischen Zuhörer im Publikum ein völliges Rätsel.« Vierschrötige Tanzpartnerinnen, in sackartige Uniformen mit steifem Kragen gekleidet, fanden ebenfalls nicht gerade allgemeine Anerkennung. Ein Möchtegern-Schönling der RAF erinnerte sich 50 Jahre später etwas unhöflich, daß sie »dick, stämmig und ungelenk« waren. Falls dies zutraf, hat es die zu Besuch weilenden Flieger nicht daran gehindert, sich anderer sportlicher Fraternisierung hinzugeben. Trotz der Sprachbarriere fand womöglich »in der Tundra etwas von gegenseitigem alliierten Beschnüffeln und zufriedenstellender Ausgelassenheit« statt. Weniger umstrittene Aktivitäten betrafen eine Vorführung von »Hokey-Pokey« durch die 617. Staffel unter Leitung ihres unerschrockenen Kommandeurs auf dem Tanzboden.

Ausflüge nach Archangelsk waren ebenfalls ein Ereignis. Eine Tagesexkursion hatte unter anderm ein Essen im Hotel Intourist zur Folge, ein Konzert, bei dem Opernarien zum Besten gegeben wurden, und den Konsum des örtlichen Gebräus (Wodka) in rauhen Mengen. Ein mutige Seele wollte danach nach Jagodnik zurückschwimmen. Während eines weiteren Ausflugs gelang es zwei Piloten, sich dem festgelegten Programm zu entziehen und eine Menge Gläser der alkoholhaltigen klaren Flüssigkeit zu kosten. Sie machten keine Anstalten Johnny Weismüller nachzueifern, zogen sich aber den Zorn ihres Kommandeurs zu, weil das Boot für die Rückfahrt warten mußte. Es folgte ein finanzieller Nachklapp. Am 25. Oktober reichte Abteilung 30 beim Luftfahrtministerium eine Rechnung über 9239 Rubel ein »für Personalausgaben, die in Archangelsk für die Unterhaltung von RAF und russischem Militärpersonen während der Teilnahme an Operation ›Paravane‹ entstanden sind.« Die Abteilung meinte, das Programm sei »die Sache wert« gewesen. Die Summe solle aus einem Fundus der RAF bezahlt und nicht auf die beteiligten Offiziere und Mannschaften umgelegt werden. Für die emaillierten roten Sterne mit bossiertem gelbem Hammer und Sichel, welche feierlich jedem überreicht wurden, der beim Angriff auf die TIRPITZ teilgenommen hatte, wurden keine Gebühren erhoben. Später erließ das Luftfahrtministerium eine Vorschrift, wonach das unbefugte Tragen von Auszeichnungen auf der Dienstbekleidung verboten war.

Der Sanitätsoffizier der RAF, Flt. Lt. R.M.S. Matthews, zollte der sowjetischen Verpflegungsamt sowie dem Dolmetscher Anerkennung, »die unermüdlich Anstrengungen unternahmen, uns zufriedenzustellen«. Das 5. Geschwader wies ebenfalls darauf hin, daß die Sowjets »etwa 250 Gäste erwartet hätten, Änderungen in letzter Minute erhöhten die Zahl auf 325« – Force B zusammen mit Force A. Ein Offizier erkrankte an einer »mäßig schweren Ruhr«, und »eine Unmenge an Desinfektionsmittel war nicht in der Lage, die Unannehmlichkeiten für ihn auf der Latrine der Krankenstation zu mildern«. Falls der »Ausbruch einer ähnlich schlimmen Dysenterie ein epidemisches Ausmaß erreicht hätte«, bemerkte Matthews, »wäre es bei der Krankenpflege zu ernsthaften Problemen gekommen«. Die Stechmückenplage und die Wanzen, welche die Besatzungen heimsuchten, erwähnte er gar nicht. Am nördlichen Ende des Flugplatzes beherbergten dauerhafte und weniger feste Holzgebäude die Büros der Verwaltung und die Unterkünfte der Sowjets. Westlich davon gab es ein paar Schützengräben, die halbversteckt in den Boden eingegraben waren, die Dächer waren mit Erde bedeckt. Dort lebten die Unteroffiziere und Mannschaften. Offiziere und Portepeeunteroffiziere genossen den vermeintlichen Luxus eines Dampfers, der auf der Dvina vor Anker lag. Über das Elend in diesen Unterkünften schrieb ein Leidtragender später: »Die Unterbringungsmöglichkeiten bestanden aus einem Raddampfer, der am Flußufer vertäut lag, und Hütten unter der Erde. In diesen Hütten war es im Winter warm, jedoch ging nicht das leiseste Lüftchen durch, und die Tatsache, daß ein riesiger Kachelofen den größten Teil der Inneneinrichtung darstellte, führte zu einer stickigen Atmosphäre, die schwer zu ertragen war, und schien eine Brutstätte für die verschiedensten Lebensformen zu sein. Die ersten Nächte ließen eine nicht geringe Zahl von Wanzen angenagter Opfer zurück, bis mörderische Gegenmaßnahmen ergriffen wurden. Um die Gastgeber nicht zu beleidigen, wurde der Sanitätsoffizier verstohlen herbeigerufen, damit er die Laken ausräuchern sollte – unglücklicherweise nicht mit dem gewünschten Erfolg. Flt. Lt. Iveson beschrieb das Leben an Bord aus eigener Erfahrung: Nach einer ungemütlichen ersten Nacht zog er Socken und die Fliegerunterwäsche über seinen Pyjama, dann den Schal, die Handschuhe und die Balaklavas – ohne Erfolg, wie die Bisspuren am Morgen bewiesen. Nur ein Offizier (Wg. Cdr. Tait) mußte keine Schutzmaßnahmen ergreifen, er entging völlig der Aufmerksamkeit der lästigen Insekten, was Fg. Off. Witherick zu der Bemerkung veranlaßte, daß »sogar kommunistische Wanzen« Achtung vor Dienstgraden hätten. Die leidige und ärgerliche Geschichte hatte in England ein lästiges Nachspiel, als Flt. Lt. J.D. Melrose und die Besatzungen seiner 9. Staffel in einer Londoner Unterkunft gleichzeitig von einem heftigen Juckreiz befallen wurden. Die Aufregung und Bestürzung der anderen Bewohner und der Geschäftsführung ließ sie schleunigst um Hilfe bei der medizinischen Abteilung der RAF in der Great Portland Street nachsuchen.

Trotz der Unannehmlichkeiten und Verwirrungen gingen die fieberhaften Anstrengungen für den Angriff auf die TIRPITZ weiter; und der übelriechende unterirdische Filmsaal, der am Tag durch Öllampen in ein düsteres Licht getaucht war, wurde zum Treffpunkt für die letzte Einsatzbesprechung. Die verringerte Zahl an Flugzeugen und die neue Operationsbasis veranlaßten Abänderungen am Einsatzbefehl B. 393. Beide Staffeln sollten zur gleichen Zeit angreifen: Force A (Tallboy-Maschinen) sollte die Bomben in vier Wellen (»Gänseschar«) zu je fünf Lancaster in Linie nebeneinander aus 4200 bis 5400 Metern Höhe abwerfen; Abstand zwischen den Wellen »einige hundert Meter«, jede Welle war in sich um 300 Höhenmeter gestaffelt. Die Maschinen sollten die TIRPITZ von Süden her längsschiffs angreifen, »die fünf Maschinen jeder Welle in der Linie mit leicht konvergierendem Kurs gemäß des Abstandes zueinander fliegen«. Die Lancaster, die zum Abwurf der Tallboy bestimmt waren, sollten optisch anvisieren; falls dies nicht möglich war, sollten sie mit ihrer Bombenzuladung zum Stützpunkt zurückkehren. Force B (JW-Minen) sollte in zwei Linien nebeneinander fliegen, die eine »unmittelbar hinter« der anderen (Flugrichtung Südost nach Nordwest) und aus 3000 bis 3600 Metern Höhe ausklinken. »Indirekter Visierpunkt war ein kleiner See, der sich unmittelbar nördlich der vermuteten Position der TIRPITZ befand. Angesichts der Schwierigkeiten, eine Bombenzuladung mit einer Endgeschwindigkeit von 48 m/sek. zielgenau abzuwerfen, wurde entschieden, einen Minenteppich von etwa 750 mal 750 Metern Fläche zu legen und ihn über dem Ziel zu zentrieren«. Bei Berücksichtigung der Windverhältnisse richtete sich die Wurfweite nach einem etwa 750 Meter betragenden Wurfabstand, die Wurftiefe nach den in vorgeschriebenen Intervallen von 340 bis 005 Grad fliegenden Maschinen. Nach dem Start sollte die ganze Armada in einer Höhe unter 300 Metern bis zur finnischen Grenze fliegen, dann stieg Force A auf Abwurfhöhe plus 600 Meter, Force B auf 4800 Meter. Drei Maschinen der 9. Staffel waren dazu bestimmt vorauseilen, um Windrichtung und Windgeschwindigkeit im Zielgebiet festzustellen. Etwa 100 Kilometer vor der TIRPITZ (»ab diesem Punkt konnte sie voraussichtlich nicht mehr überrascht werden«) sollten sich die Pfadfinder »hinter der Force A ... in der letzten Welle auf niedrigster Abwurfhöhe einreihen«, während Force B schließlich um zehn Grad nach Steuerbord abfallen sollte, um den Anflug von Südost nach Nordwest über den Kaafjord zu beginnen. Zum selben Zeitpunkt sollten beide Gruppen gleichzeitig in den Sinkflug auf Abwurfhöhe gehen und die Geschwindigkeit erhöhen. Fg. Off. J.A. Sanders mußte ein-

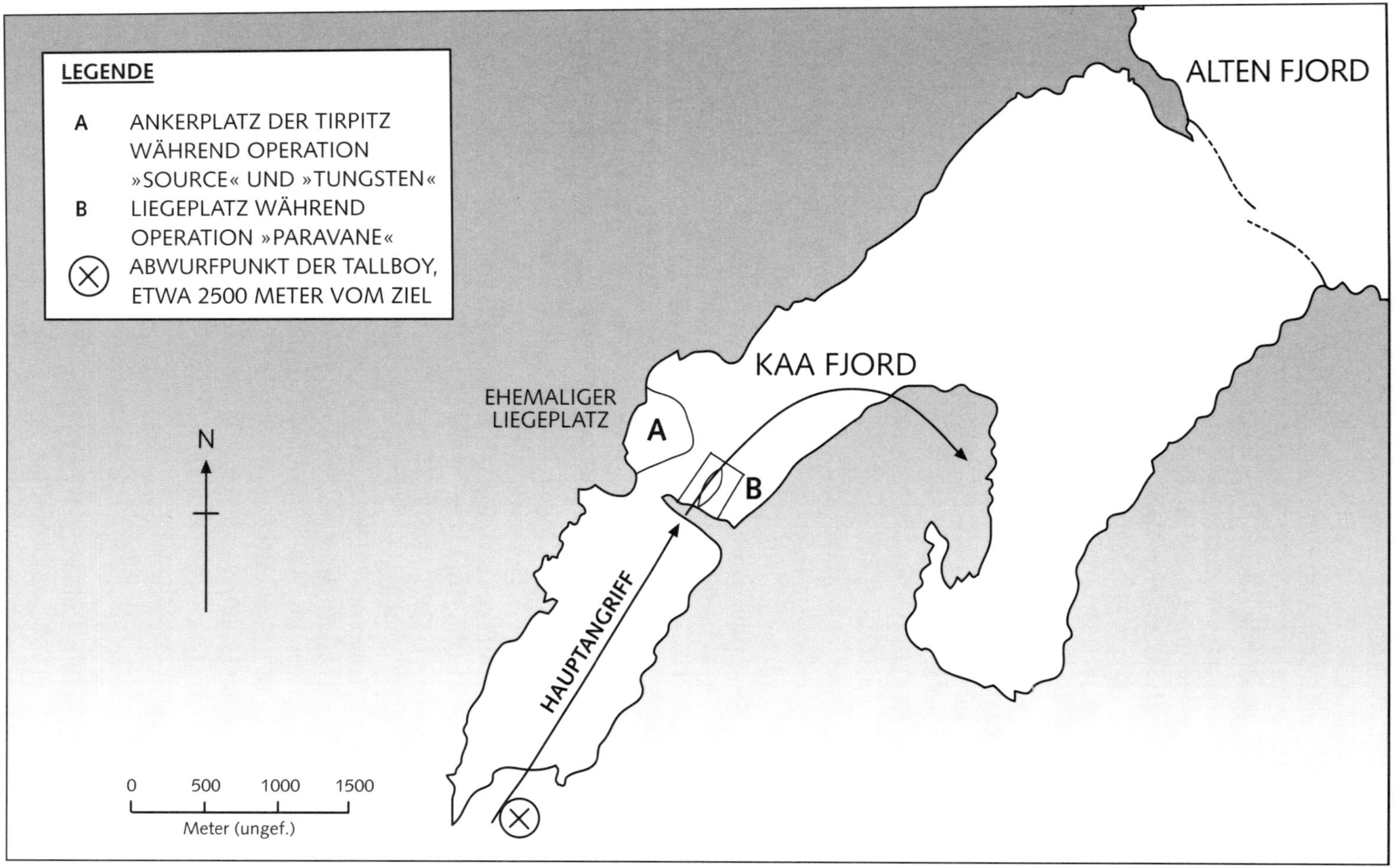

Operation »Paravane«, Angriff durch das RAF Bomber Command von Jagodnik bei Archangelsk, 15. September 1944.

gestehen, »etwas beunruhigt« gewesen zu sein, als er sein Flugzeug bestieg. »Der Waffenmeister kletterte gerade auf einer kleinen Holzleiter aus dem Bombenschacht herab«. Er grüßte den Pilot: »Bitte bringen Sie keine (JW-Mine) zurück, in 15 Stunden wird der Selbstzerstörungsmechanismus ausgelöst.« »Ich hoffte inständig, daß die Bombenbauer ihre Sache richtig gemacht hatten«, erinnerte sich Sanders.

Am 15. September um 14.23 Uhr Ortszeit ließ Gp. Capt. McMullen über den SBNO Archangelsk an Air-Vice Marshal Cochrane einen Funkspruch absetzen, daß Operation »Paravane« im Gange sei. Die PRU-Mosquito war um 04.00 Uhr GMT (07.00 Uhr Ortszeit) zurückgekehrt und berichtete: »Zielgebiet wolkenlos, keine Wolken bis 120 Kilometer SSW vor dem Ziel. Zwischen Jagodnik und dem Ziel kein schlechtes Wetter. Sicht ausgezeichnet.« McMullen fuhr fort: »Habe entschieden, daß die Gelegenheit, bei günstigen Wetterbedingungen anzugreifen, genutzt werden müsse, vor allem, weil wir doch noch Zweifel hinsichtlich des guten Wetters hegen.« Er bestätigte, daß der Ablauf der Operation Cochranes »Empfehlungen« vom 13. September folgte. Dieser hatte vorgeschlagen, bis zur Position 25° 00' Ost in 300 Metern Höhe zu fliegen, um nicht von der Radarkette aufgefaßt zu werden, die um Kirkenes herum konzentriert war, und sich dann dem Ziel via Position 68° 00' Nord 22° 00' Ost zu nähern. Eine detaillierter ausgearbeitete Flugroute, welche »besiedeltes Gebiet« vermied, wurde vom Luftfahrtministerium am 14. September nach Grantham weitergereicht, und am 15. September um 12.35 Uhr DBST traf bei McMullen eine Anweisung des 5. Geschwaders ein, einen Kurs zu wählen, der mindestens 80 Kilometer südlich an der Radarstation auf Position 68° 10' Nord 27° 10' Ost vorbeiführen sollte. Allerdings war es hierfür sowie für folgenden Nachsatz bereits zu spät: »Das Wetter ist nicht unbeugsam und möglicherweise schön«.

Knilans Maschine war über Nacht fertiggestellt worden, und gemäß einer geheimen Mitteilung des 5. Geschwaders vom 21. September starteten in Jagodnik »21 Flugzeuge der Force A und sechs der Force B sowie eine Maschine mit Filmcrew« ab 08.30 Uhr DBST. Um 09.00 Uhr, 23 Minuten später, hatten sie sämtliche Flugzeuge in 300 Metern Höhe formiert und flogen los. Von den 17 Lancaster der 617. Staffel führten 13 je eine Tallboy, vier JW-Minen mit; die Maschinen der 9. hatten acht Tallboy an Bord, zwei waren Flugzeuge »mit Spezialbomben«. Der letzte Ansteuerungspunkt im Norden Richtung Kaafjord – Tait erreichte ihn um 11.06 Uhr, die Piloten begannen auf Abwurfhöhe zu steigen – war zum einen auf Cochranes Informationen über Radarstationen, zum andern auf einen Kurs zurückzuführen, der einen Angriff auf Narvik vortäuschen sollte.

Die nach Beendigung der Operation verfaßten Einsatzberichte wichen in wesentlichen Details voneinander ab oder widersprachen sich vielfach. Einer dieser Berichte erwähnt eine geschlossene Wolkendecke in 300 bis 450 Metern Höhe auf dem Weg zum Ziel; gemäß den Angaben der 9. Staffel gerieten die Maschinen mit Tallboy-Zuladung zeitweilig »mehrere Kilometer in westlicher Richtung vom Kurs (ab), und mußten eine Korrektur durchführen«. Bei der 617. Staffel war man zwar der Ansicht, daß »der Flug gemäß Plan verlief«, allerdings mußte man eingestehen, daß die Flak bei Luleå, Åbo und Göteborg »Warnschüsse« abgegeben habe. Bell, Knilans Navigator, erinnert sich, daß seine Lancaster über einen leeren Flugplatz flog, auf dem die Lichter der Rollbahn eingeschaltet waren. Er machte sich sorgen, daß Jäger über ihnen lauerten. Aber nichts geschah. Einer weiteren lebhaften Schilderung zufolge schlugen die tieffliegenden Bomber eine Herde Rentiere in die Flucht. Ob sie nun vom Kurs abgekommen waren oder nicht, bei beiden Staffeln stimmte man darin überein, daß der Angriffsverband pünktlich um 12.55 Uhr DBST das Zeil erreicht hatte. Als er aus der Ferne beobachtete, wie die TIRPITZ sich an einen Abhang schmiegte, meinte einer der Piloten, sie sehe dem Modell der Einsatzbesprechung in Woodhall sehr ähnlich; ein Navigator verglich sie mit einem »schwarzen Streichholz«.

Am 16. September schickte McMullen seinen ersten Bericht aus Jagodnik ab. Der Angriff habe gegen 11.00 Uhr GMT am vorhergehenden Tag bei »exzellenten« Bedingungen stattgefunden, 2/10 Stratocumulus über dem Kaafjord. »Die Überraschung war mit Sicherheit gelungen, ein Rauchschleier wurde erst acht bis zehn Minuten vor dem ersten Bombenabwurf gelegt«. Diejenigen, die frühzeitig ihre Bomben abwerfen konnten, hatten die TIRPITZ »an ihrem üblichen Liegeplatz am östlichen [*sic*] Fjordufer entdeckt, und die Besatzungen waren sich bei der Identifizierung sicher«. Wegen des Rauchschleiers konnten die später eintreffenden Besatzungen »nurmehr ein Drittel des Schiffes oder gerade noch die Aufbauten erkennen«. Drei Maschinen der Force A (Tallboy) warfen ihre Bomben nicht ab, zwei hatten Probleme beim Ausklinken. »Im allgemeinen konnten die Besatzungen berichten, daß mit der Tallboy ein genauer Abwurf möglich ist; mehrere waren der Meinung, daß ein Treffer erzielt wurde, dies kann jedoch nicht bestätigt werden.« Einige Bomben trafen das Ufer; JW-Minen konnten in der Nähe des Schiffes nicht beobachtet werden, obwohl »ein paar« östlich Zieles ebenfalls am Ufer landeten. »Der Flakbeschuß war bescheiden und sehr ungenau«, obwohl drei Lancaster »geringe Schäden« davontrugen. Jäger wurden keine beobachtet. Die PRU-Mosquito flog zwei Stunden und 20 Minuten später über den Kaafjord, konnte die TIRPITZ jedoch aus 2700 Metern bei einer Bewölkung von 9/10 nur durch eine »kleine Wolkenlücke« entdecken. Das Schlachtschiff »schwamm, ob irgendwelche Schäden verursacht wurden oder nicht, war schwer zu erkennen«.

Am folgenden Tag, dem 17. September, bestätigte McMullen erneut, daß »eine Detonation mit roter Stichflamme und schwarzem Rauch« im Zielgebiet beobachtet worden sei; er blieb jedoch vorsichtig, da der »sehr wirkungsvolle« Rauchschleier genauere Angaben über die Trefferstelle nicht zuließ. »Die Explosion kann entweder auf der TIRPITZ oder auf der NEUMARK oder an Land stattgefunden haben«. Filme waren in Jagodnik nicht entwickelt worden, das wichtigste Photomaterial sollte der ersten heimkehrenden Maschine mitgegeben werden. McMullen gab zu erkennen, daß er an eine Wiederholung des Angriffs dachte, allerdings standen ihm nur zwei Tallboy und eine Ladung JW-Minen zur Verfügung. Das Wetter war unbeständig (am 16. September fand eine Mosquito eine geschlossene Wolkendecke vor) und es gab eine »Unmenge ... kleinerer Probleme«, so daß ein erneuter Einsatz frühestens ab dem 17. September hätte durchgeführt werden können. »Absolut widerstrebend« mußte McMullen somit den Gedanken an einen weiteren Angriff auf die TIRPITZ fallenlassen. Mit trockenem Humor fügte er hinzu: »Wir scheinen den Kampf mit der TIRPITZ verloren zu haben, und wir werden auch von den Insekten besiegt werden, die hier prächtig gedeihen.«

Die Aufarbeitung des Einsatzes durch die beteiligten Besatzungen zunächst in Jagodnik und dann in England erfüllte die Funksprüche und Berichte mit Leben. Fg. Off. D.W. Carey von der 617. bestätigte, daß seine Lancaster (»E«) so schwer beschädigt wurde, daß an einen Einsatz gegen die TIRPITZ nicht zu denken war; die JW-Minen waren an Ivesons »KC-E« abgegeben worden. Die Lancaster von Sqn. Ldr. D.R. Wyness (»Y«), die in Kegostrov am 12. September um 05.40 Uhr GMT mit ihren JW-Minen eine Bruchlandung hingelegt hatte, und die Maschine von Fg. Off. I.S. Ross RAAF (»B«) mit einer Tallboy als Zuladung, konnten sofort unter Kategorie E als Totalschaden abgeschrieben werden. Am 15. September hatten 13 Maschinen der 617. Staffel (»H«, »J«, »M«, »O«, »D«, »A«, »G«, »Q«, »R«, »S«, »W«, »U«, »Z«) eine Tallboy an Bord. »H«, »J« und »D« führten darüber hinaus eine 54-kg-Rauchbombe und eine Zielmarkierungsbombe Mark 2 mit, die »D« (Tait) auch eine rote Markierungsbombe – keine kam zum Einsatz. Vier Lancaster der 617. Staffel (»K«, »N«, »F«, »V«) trugen JW-Minen.

Fünf Maschinen – Flt. Lt. G.S. Strout (»R«) aus 4300 Metern, Flt. Lt. H.J. Pryor (»U«) aus 4380 Metern, Wg. Cdr. J.B. Tait (»D«) aus 4500, Flt. Lt. C.J.G. Howard (»M«) aus 4870 und Fg. Off. A.E. Kell RAAF aus 5303 Metern, alle aus der ersten Welle – hatten ihre Bomben um 12.56 Uhr DBST abgeworfen. Stout berichtete, er habe »Explosionen in der Nähe des Schiffes beobachtet, der Treffer wurde jedoch durch Rauch verdeckt. Nach dem Ende des Bombenangriffs stand eine schwarze Rauchsäule über dem Nebelvorhang.« Pryor bemerkte: »Schätzung wegen des Rauchschleiers unmöglich. Eine Detonation beobachtet, Trefferstelle aber nicht erkannt.« Howard berichtete: »Anlauf begann, Schiff war schnell durch Rauchschleier verhüllt. Bomben auf Geschützfeuer gezielt. Fünf Bomben in der Nähe des Schiffes detoniert.« Kell gab zu Protokoll: »Ziel im Fadenkreuz bei Anlaufbeginn, vor dem Abwurf war das Schiff von einem Rauchschleier verhüllt. Erfolg der Bombardierung unmöglich einzuschätzen.« Um 12.56 Uhr und 30 Sekunden klinkte Flt. Off. D.J. Oram (»Z«) seine Tallboy in einer Höhe von 4690 Metern aus: »Ergebnis nicht beobachtet, Bomben scheinen um das Schiff herum eingeschlagen zu sein. Schäden durch Flakbeschuß«; Lt. H.C. Knilans USAAF (»W«) folgte um 13.00 Uhr aus 4750 Metern: »Bombeneinschläge durch Rauch erkannt, genaues Ergebnis nicht«; Sqn. Ldr. Fawke (»J«) um 13.05 Uhr aus 4750 Metern: »Bomben auf vermutliche Position des Schiffes und Ansammlung von Flakfeuer geworfen. Nur einen [Bomben-] Einschlag erkannt, der eine große Detonation und eine Rauchwolke zur Folge hatte. Flammen beobachtet, Wirkung durch Rauchschleier verhüllt.« Fawkes Flugingenieur (Cherrington) bemerkte, daß »das Ziel bei unserer Ankunft teilweise verdeckt war«; Bennett erinnert sich, daß »WC-J« mehrere Anläufe nahm, um dann aus einer völlig anderen Richtung (fast genau aus Osten) anzugreifen. Fg. Off. J. Castagnola (»S«) »flog das Ziel zweimal an. Erster Anlauf: Bombe hängt fest. Ziel war bereits teilweise verhüllt, als wir angriffen. Wir nehmen an, daß wir 20 bis 30 Meter danebenlagen. Mehrere Bomben waren Nahdetonierer, Ergebnisschätzung aber wegen Rauchschleiers unmöglich.« Er gab an, die Tallboy um 12.58 Uhr DBST aus 5330 Metern abgeworfen zu haben, was jedoch nicht stimmen kann. Falls er einen zweiten Anlauf genommen hatte, nachdem der Abwurf beim erstenmal nicht gelungen war, muß die TIRPITZ zu dieser Zeit völlig verdeckt und nicht »teilweise verhüllt« gewesen sein. Zum andern hätte er um »12.58 Uhr« keine Zeit für einen zweiten Anlauf gehabt; der genaue Zeitpunkt, wann Castagnola die neunte Tallboy geworfen hat, ist somit unklar. Flt. Lt. R.E. Knights (»O«) griff dreimal erfolglos an, während er versuchte, das Ziel ausfindig zu machen. Er nahm seine Tallboy ebenso mit zurück nach Jagodnik wie Fg. Off. J. Gingles (»A«) und Sqn. Ldr. J.V. Cockshott (»H«), der »das Ziel um 13.57 Uhr Ortszeit (12.57 Uhr DBST) überflog«, aber seine Bombe nicht abwarf, da die TIRPITZ »völlig verdeckt« war. Flt. Lt. M.D. Hamilton (»G«) versuchte es ebenfalls dreimal, konnte aber seine festsitzende Tallboy nicht lösen, die schließlich 6,5 Kilometer südlich des Zielgebiets um 14.15 Uhr aus 4500 Metern abgeworfen werden konnte. Er berichtete: »Große Detonation etwa 20 bis 30 Meter an Steuerbord des Zieles, keinen Volltreffer beobachtet«.

Von den Maschinen der Force B aus der 617. Staffel warfen zwei ihre JW-Minen um 13.04 Uhr ab: Fg. Off. F.H.A. Watts (»N«) aus 3650 Metern, »Rauchvorhang verhindert Feststellung eines Erfolgs«; Fg. Off. J.A. Sanders (»K«) aus 3450 Metern, »Ziel im Visier. Einschätzen des Abwurfs unmöglich wegen Rauchvorhang.« Flt. Lt. T.C. Iveson (»F«) war um 13.04 Uhr und 30 Sek. aus 3600 Metern an der Reihe: »Ziel völlig verdeckt durch Rauchvorhang«; da Fg. Off. F. Levy (»V«) auf dem Rückflug nach England verschollen ist, sind die Abwurfzeit und -höhe der vierten Ladung JW-Minen nicht bekannt, er kann jedoch nicht nach 13.05 Uhr ausgeklinkt haben. Die überlieferten Unterlagen enthalten keine Angaben über die Ankunftszeit der Maschinen der 617. Staffel in Jagodnik. Da der Bombenangriff länger gedauert hatte, als geplant und einige Maschinen auf dem Rückflug in Schwierigkeiten gerieten, kann die Angabe nicht stimmen, daß der Verband in geschlossener Formation eintraf und innerhalb 30 Minuten gelandet war.

Die zehn Lancaster der 9. Staffel starteten zwischen 09.46 und 10.12 Uhr sowjetischer Ortszeit, welche der in den sonstigen Unterlagen verwendeten DBST um eine Stunde vorausgeht. Seltsamerweise wurden die Zeiten während des Angriffs in GMT angegeben, was zur Verirrung beiträgt – Fg. Off. W.D. Tweddle zum Beispiel startete um 10.07 Uhr und griff um 10.56 Uhr an. Flt. Lt. J.D. Melrose warf seine Tallboy nach offiziellen Angaben um 10.55 Uhr (12.55 Uhr DBST, eine Minute vor Tait) aus 4500 Metern. Er sah das »Heck des Schiffes im Visier. Fünf ›Tallboy‹ zwischen Schiff und Torpedonetz detoniert.« Tait war jedoch felsenfest davon überzeugt, daß vor ihm kein anderes Flugzeug seine Bombe abgeworfen habe. Das mag durchaus zutreffen. Melrose erinnerte sich, daß Tait an seiner Steuerbordseite mit einem leicht konvergierendem Kurs heranschloß und, entgegen der offiziellen Angabe, »einen Augenblick« vor ihm seine Bombe löste. »Ich habe mich nie lange im Zielgebiet aufgehalten, nachdem ich abgeworfen hatte. Das hat keinen Zweck. So schnell weg wie möglich. Das hab' ich immer gemacht und werde es auch weiter so halten«, fügte er dem hinzu. Tweddle gab an, um 10.56 Uhr (12.56 Uhr DBST), als die fünf Lancaster aus Taits Gänseschar ihre Tallboys lösten, aus 4800 Metern ausgeklinkt zu haben: »Umrisse des Schiffes waren beim Anflug zu erkennen, Bombe auf vermutliche Position gezielt. Dichter Rauchvorhang verhindert weitere Beobachtung des Ergebnisses. Riesige Rauchsäule steht über dem Schiff.« Sqn. Ldr. H.R. Pooley folgte ihm um 10.57 Uhr (12.57 Uhr DBST) aus 4620 Metern: »Drei Einschläge beobachtet. Einer sah wie Volltreffer aus, Rauchvorhang behinderte weitere Beobachtung«; Fg. Off. B. Taylor löste seine Bombe ebenfalls um 10.57 Uhr aus 5480 Metern – »Umrisse des Schiffes durch Rauchschleier erkennbar. Detonationen zweier ›Tallboy‹ beobachtet, ein Einschlag möglicherweise nahe am Schiff.« Fg. Off. A.F. Jones RAAF warf seine Bombe um 11.00 Uhr (13.00 Uhr DBST) aus 3800 Metern ab, »Geschützfeuer des Schiffes zu erkennen. Ergebnis des Abwurfs nicht. Eine Rauchfahne steht über vermeintlicher Position des Schiffes«; Wg. Cdr. J.M. Bazin warf die sechste Tallboy der 9. Staffel um 11.04 Uhr (13.04 Uhr DBST) aus 4570 Metern, »Ziel aufgrund intensiven Flakfeuers auf vermuteter Position des Schiffes ausgemacht. Rauchschleier um 10.55 Uhr aktiviert. Beim ersten Anflug schien das Schiff erkennbar zu sein, zweiter Anlauf, um sicherzugehen; Rauchschleier verhindert genaue Beobachtung, Ergebnisse nicht zu erkennen.« Die Tallboy von Fg. Off. J.J. Dunne RAAF »löste sich nicht wegen technischer Probleme«, er nahm sie wieder mit zurück nach Jagodnik; Fg. Off. M. Scott unternahm vier Anläufe über dem Ziel, um seine Tallboy loszuwerden, die letztlich auf dem Rückflug, so steht zu vermuten, »durch die geschlossenen Bombenklappen fiel«. Fg. Off. D. Macintosh warf seine JW-Minen um 11.04 Uhr (13.04 Uhr DBST) aus einer Höhe von 3300 Metern ab, »Fjord völlig von Nebel verhüllt. Einige JW-Bomben auf dem Wasser, andere auf der östlichen Uferseite aufgeschlagen«; Fg. Off. Stowell warf seine Minen um 11.07 Uhr (13.07 Uhr DBST) ebenfalls aus 3300 Metern ab: »Rauchvorhang umhüllt Schiff. Etwa 20 Bomben fielen in den Fjord. Sind überzeugt, eigene Bomben lagen im richtigen Abschnitt«. Die lange Zeitdauer, welche die Piloten der 9. Staffel zum Abwurf ihrer Tallboy benötigten, läßt vermuten, daß sie nicht in seitlicher Staffelung, sondern jeder einzeln für sich angegriffen haben. Auch schien der ursprüngliche Plan, daß die Pfadfinder der 9. Staffel sich hinter der letzten Welle der 617. einreihen sollten, nicht befolgt worden zu sein. Möglicherweise waren bei der Einsatzbesprechung abweichende Anweisungen erteilt worden.

Die Lancaster der 463. Staffel, die mit dem Filmteam unterwegs war, gab an, gegen 08.48 Uhr DBST mit kompletter Besatzung, zwei Kameraleuten und »Vertretern der BBC bzw. der Presse« an Bord gestartet zu sein. »Sämtliche Maschinen folgten exakt nach Zeitplan dem Kurs des Staffelführers [Tait].« Die Wettervorhersage erwies sich als »sehr zutreffend«. Eine »Batterie mittelschwerer Flak« eröffnete auf Position 69° 30' Nord 22° 10' Ost das Feuer, der »erste Eindruck« bestanden darin, daß sie die TIRPITZ alarmiert hat, da sich der Rauchschleier fünf Minuten vor Erreichen des Kaafjord zu auszudehnen begann. Das Schlachtschiff wurde »visuell ermittelt«, als die Lancaster sich näherten, Tait bestätigte dies per Sprechfunk. »Der Angriff des Staffelführers und der nächsten beiden Maschinen bewies außerordentliches Können, Sekunden später erfolgte eine Detonation«, »schwarzer Rauch folgte, der später turmhoch stand«. Als die JW-Maschinen zum Angriff ansetzten, war der Rauchvorhang geschlossen; der Pilot der Lancaster, die die Filmcrew an Bord hatte, beobachtete, wie die Minen »inmitten des Rauchschleiers fielen«. Der Flakbeschuß »durch die Batterien am Ufer, durch Kreuzer und Zerstörer erwies sich als wenig intensiv und ungenau«. Es war nicht zu erkennen, ob Flugzeuge beschädigt wurden, und nach dem Ende des Angriffs nahm Buckingham Kurs auf Position 71° 00' Nord 17° 00' Ost, als er die Küste bei »schlechtem Wetter« hinter sich gelassen hatte, flog er fast auf Meeresniveau. »In der Nähe von Aberdeen« kam Land in Sicht, und die Kamera-Lancaster erreichte Waddington um 22.55 Uhr DBST.

Die Besatzungen, die nach Jagodnik zurückgekehrt waren, mußten etwas länger darauf warten, nach Hause zu kommen; die Crews der Liberator bis zum 28. September. Abgesehen von jenen Besatzungen, deren Maschinen zu Bruch gegangen und nicht mehr einsatzfähig waren, kehrten auch andere Flieger nicht an Bord der Lancaster zurück, die sie in die UdSSR gebracht hatte. Flt. Lt. L.W. Curtis (Knilans Funker) flog mit Flt. Lt. G.S. Stout zurück; Fg. Off. R.J. Harris (9. Staffel) überführte die »WS-N« am 19./20. September nach Lossiemouth und am 22. September weiter nach Bardney; er war mit der »WS-E« in England gestartet. Das Gros der Maschinen von der 617. Staffel flog zwischen dem 16. und dem 19. September jeweils während der Nachtstunden Richtung Heimat. Tait verließ Jagodnik mit der »KC-D« am 16. September um 18.34 Uhr Ortszeit (16.34 Uhr GMT) in Begleitung von 15 weiteren Lancaster (»J«, »S«, »H«, »K«, »F«, »U«, »R«, »A« & »V« der 617., »B«, »U«, »J«, »T«, »Z« & »O« von der 9.; die »9/Z« mußte mit Motorenproblemen nach Jagodnik zurückkehren). Der Führer der 617. landete am 17. September um 03.33 Uhr DBST in Woodhall. Für die meisten Maschinen verlief der Rückflug »ohne besondere Zwischenfälle, über Schweden und Dänemark geriet man unter leichten Flakbeschuß«; Ivesons Logbuch enthält eine Eintragung, daß er auch über Finnland beschossen wurde. Der gewählte Kurs lag etwas weiter südlich und folgte einem direkteren Weg als auf dem Hinflug nach Jagodnik; er führte über den Süden Finnlands, nordlich Stockholms über Schweden, das Skagerrak, die dänischen Inseln und die Nordsee zum Wash. Die »V« der 617. Staffel (Fg. Off. F. Levy), die auch die Besatzungsmitglieder von Sqn. Ldr. Wyness an Bord hatte, ging verloren. Levys Funker hatte am 17. September um 02.21 Uhr DBST noch einen Mitteilung der RAF-Basis in Dyce bestätigt, dann herrschte Stille. Die RAF wurde später darüber informiert, daß er in den frühen Morgenstunden des 17. September südlich

Drontheims in etwa 1000 Metern Höhe bei stürmischem Wetter vom Kurs abgekommen und auf einer Hochebene bei Syningen in der Nähe von Nesbyen in Norwegen aufgeschlagen war. Angaben örtlicher Quellen zufolge hatte er noch versucht, das Gelände zu beleuchten, indem er Signalmunition abfeuerte, außerdem brach er die Funkstille, um durchzugeben, daß er Probleme mit den Motoren habe. Elf Leichen wurde im Wrack gefunden und in einem Massengrab beigesetzt. Nach dem Krieg wurden sie exhumiert, und an jedem Jahrestag des Unglücks legen Schulkinder während einer Gedenkveranstaltung Blumen auf die Gräber.

Am 17. September um 16.15 Uhr GMT verließen fünf weitere Lancaster der 617. (»G«, »M«, »N«, »Q«, »W«) und vier der 9. Staffel (»L«, »P«, »Z«, »C«) Jagodnik – allerdings erst, nachdem Knilans einen etwas haarsträubenden Rundflug in einer einmotorigen, zweisitzigen Jak unternommen hatte, wobei ein Flugingenieur auf gefährliche Art und Weise auf seinem Schoß hockte. Ein sowjetischer Pilot nahm sie mit zu einer »16 Kilometer entfernten Rollbahn mit Holzbelag«; Knilans und sein Flugingenieur sollten eine Lancaster startklar machen, die sich seit dem 12. September dort befand. Knilans wollte das Kunststück gerne vollbringen, trotz einer kurzen Startbahn und einem Berg mit dichtem Baumbewuchs, der »direkt in Abflugrichtung« lag. Sein Kollege von der RAF war weniger begeistert, deshalb traten sie den ungemütlichen Rückflug in der Jak an.

Watts, der die »KC-N« flog, geriet über Schweden »in eine gewaltige Okklusion«, verlor den Staurohrkopf »und damit die Geschwindigkeitsanzeige«, um dann zu erfahren, daß Woodhall wegen Nebels geschlossen war; er mußte nach Lossiemouth ausweichen. Drei Lancaster der 9. Staffel (»N« unter dem Kommando von Harris mit einer Ladung JW-Bomben, »W« und »V«) sowie zwei der 617. (»E« und »Z«) starteten am 18. September. Bell, der in Knilans »KC-W« am 17. September als Navigator mitflog, erinnert sich, daß »unsere Maschine einen geknickten Spant hatte, kaum unter Kontrolle zu halten war, und der steuerbord äußere Motor bedurfte dringend einer Generalüberholung«. Er hatte es versäumt, drei zusätzliche Passagiere einer zu Bruch gegangenen Maschine zu erwähnen. In der Nähe von Stockholm kam das Flugzeug vom Kurs ab und zog die feindselige Aufmerksamkeit der schwedischen Flak auf sich. (»Verdammt noch mal, ich dachte, die Kerle wären neutral«, brüllte Knilans.) Sie machten in Woodhall die gleiche Erfahrung wie Watts und flogen nach Lossiemouth weiter. Am 19. September schließlich kehrte Knilans nach Woodhall zurück, und die »KC-W« wurde ohne besondere Feierlichkeiten zum Verschrotten abtransportiert. Am 21. September um 15.45 Uhr GMT folgten die letzten beiden Lancaster (9./»E« und »617./»O«). Die Maschinen waren in der Sowjetunion repariert worden. Die »WS-E«, die bei der Landung in Kegostrov von Harris beschädigt worden war, ließ ihre Tallboy zurück und wurde von einem anderen Piloten überführt. Bei der »KC-O« (die Lancaster von Flt. Lt. Knights) wurden unter der Aufsicht eines Flugingenieurs (Fg. Off. E. Twells) die Motoren ausgetauscht. Beim Entladen der Tallboy, die vom Kaafjord wieder mitgebracht worden war, beschädigten die örtlichen Flugzeugmechaniker die Klappen des Bombenschachts so schwer, daß diese ebenfalls ersetzt werden mußten.

Nachdem die Beschußschäden, die sie beim Einsatz gegen die TIRPITZ erhalten hatte, repariert worden waren, hob auch die Mosquito der PRU am 24. September Richtung Heimat ab, wegen »Problemen mit dem rechten Motor« mußte sie jedoch umkehren. Schließlich startete sie am 26. September gegen 00.10 Uhr GMT (03.10 Uhr Ortszeit) nach Lossiemouth. Die Liberator wurden wegen eines Lecks im Zusatztank einer Maschine aufgehalten, dies gestattete den Besatzungen weitere Besuche von Sehenswürdigkeiten in Archangelsk. Sie starteten am 27. September gegen 19.55 Uhr GMT (Capsey notierte hingegen 20.55 Uhr Ortszeit, 17.55 Uhr GMT) als letzte nach Bardney; McMullen ließ folgenden Funkspruch an Cochrane absetzen: »Erbitte Benachrichtigung der Zollbehörden wegen der notwendigen Formalitäten«. Dem Group Captain wurde ein sonderbarer Sinn für Humor nachgesagt, den sein Vorgesetzter angeblich nicht teilte. Allerdings hatte McMullen bereits ein in scharfem Ton gehaltenes Schreiben an den Kommandeur des 5. Geschwaders gerichtet, das jeglichen Humor vermissen ließ: »Erbitte, daß eine Untersuchung eingeleitet wird, welche Piloten am 18. September beim Start in Jagodnik in gefährliche Tiefflugmanöver verwickelt waren. Ich habe jeden Flugzeugführer darauf hingewiesen, daß Tiefflüge verboten sind, zumindest einer hat kraß gegen meine Anweisung gehandelt. Zwei Leuchtkugeln wurden von einem Flugzeug in etwa 15 Metern Höhe abgeschossen, eine ging in einem nahegelegenen Waldstück nieder und hätte beinahe einen größeres Feuer verursacht. Die Russen mögen solche Disziplinlosigkeiten nicht, und diejenigen von uns, die sich weiterhin dort aufhalten mußten, gerieten arg in Verlegenheit. Ich beabsichtige, nach meiner Ankunft einen Bericht vorzulegen, unterdessen werde ich Anhaltspunkte sammeln, welche Maschine an diesem Vorfall beteiligt war«. Nach der sechswöchigen, umständlichen Schnitzeljagd einer offiziellen Untersuchung waren zwei (nicht ein) Übeltäter der 617. Staffel, die die Lancaster der 9. beim Start hindern wollten – eine Art Fortsetzung »groben Unfugs« zwischen den Staffeln – dingfest gemacht. Einer der Missetäter befand sich gerade in Schweden, da er bei einem anderen Einsatz gegen die TIRPITZ Bruch gemacht hatte, deshalb mußte sein Kollege im Büro des Flughafenkommandeurs in Bardney die Strafe für beide abbrummen. Mehrere Besatzungen hatten während der Landung ein unliebsames Ereignis anderer Art. Die Lancaster flogen mit sowjetischem Flugbenzin zurück, das eine deutlich geringere Oktanzahl als 100 aufwies und beinahe dafür sorgte, daß die Zündkerzen wegschmolzen.

Bereits am 18. September hatte McMullen bei Cochrane dringend um die Erlaubnis nachgesucht, die vier irreparabel beschädigten Lancaster der 9. und die beiden der 617. Staffel in Jagodnik zu übergeben: »Werde alles, was wir mitnehmen können, aus den Maschinen ausbauen lassen« – das im Raum Talagi verunfallte Flugzeug war nur schwer zugänglich. Zwei Tage später erklärte er gegenüber Cochrane, daß es »außerordentlich schwierig« sei, die sechs noch vorhandenen Tallboy sowie zwei beschädigte Motoren (ein Merlin 24 und ein

Merlin 38) zum Transport über See vorzubereiten; er schlug vor, alles den Sowjets zu übergeben.

Mittlerweile gab es Anhaltspunkte, daß die TIRPITZ beschädigt worden war. Die Auswertung der Photos, die von den angreifenden Maschinen am 15. September geschossen worden waren, ließ erkennen, daß »der dichte Rauchvorhang den Liegeplatz der TIRPITZ komplett verhüllt hatte, aber auf einigen Photos sind die schwachen Umrisse eines Teils eines großen Schiffes zu sehen. Einschläge von 5,4-t-Bomben deuten auf Nahtreffer oder möglicherweise auf einen Volltreffer hin, mindestens vier Einschläge liegen innerhalb des durch Torpedonetze geschützten Abschnitts«. Gelinde gesagt, dies überzeugte nicht ganz. Ein norwegischer Geheimdienstbericht vom 20. September behauptete, daß »am Freitag, den 15. September, 17 russische Flugzeuge [ein verständlicher Irrtum, wenn man die Anflugrichtung berücksichtigt] die Von Tirpitz [*sic*] angegriffen haben. Ein Treffer auf der Back wurde beobachtet, drei kleinere Fahrzeuge wurden versenkt. Vom Ufer aus kann man erkennen, daß Von Tirpitz beschädigt wurde. Seit diesem Angriff liegt über dem Kaafjord ein dichter Nebelvorhang.« Dieser Nebel hinderte die PRU-Mosquito bis zum 20. September, 09.30 Uhr GMT, daran, auch nur eine einzige Aufnahme zu schießen, und dann waren die »Photos zu verschwommen, als daß sie eine detailiierte Aussage zuließen«. Nichtsdestoweniger war zu erkennen, daß die TIRPITZ sich an ihrem »üblichen Liegeplatz« befand, »das Schiff liegt etwas versetzt. Auf dem Oberdeck vor Turm ›A‹ ist eine große verfärbte Fläche zu sehen, was auf eine Beschädigung in diesem Abschnitt hindeutet. Offenbar hat sie keine Schlagseite, der Bug liegt etwas tiefer im Wasser.« Am selben Tag, um 13.25 Uhr GMT, sollte »eine genau von oben geschossene Aufnahme« eines sowjetischen Aufklärers sowohl die Lage des Schiffes als auch die Tatsache bestätigen, »daß auf dem Vordeck vor Turm ›A‹ irgendetwas in die Höhe ragt, ungefähr 7,5 x 9 Meter groß«. Ebenfalls am 20. September hatte ein Norweger die TIRPITZ »bei Sakkobadne« vor Anker liegend beobachtet; Zerstörer, kleinere Marinefahrzeuge und ein Werkstattschiff lagen längsseits. Zwei unabhängig voneinander verfaßte Meldungen wiederholten Gerüchte, daß das Schlachtschiff am Bug getroffen worden war, und eine weitere besagte, daß »das Vorschiff unter Wasser liegt, während das Achterschiff etwas über die Wasserlinie hinausragt«. Am 30. September gelangte die Naval Intelligence Division zu folgender Feststellung: »Mit ziemlicher Sicherheit hat TIRPITZ vorn einen Volltreffer einer 5,4-t-Bombe erhalten. Wahrscheinlich ist sie auch durch Nahtreffer beschädigt worden.« Der Bericht fuhr fort mit der Annahme, daß »beträchtliche« Schäden verursacht worden seien, die eine zeitweilige Reparatur im Altafjord erforderten, »bevor sie wieder einsatzfähig sein wird«.

Am nächsten Tag konnte ein »vertrauenswürdiger und zuverlässiger« Norweger, der die TIRPITZ regelmäßig sah, folgendes beobachten: »Sie hat einen Volltreffer an Steuerbord erhalten, der das Vorschiff in achterlicher Richtung 17 Meter weit aufgerissen hat. Das Loch ist über und unter der Wasserlinie zu erkennen und so groß, daß Motorboote [*sic*] hineinfahren können.« Er bemerkte, daß sich weder die Geschütztürme noch der vordere Teil des Schiffes unter Wasser befänden bzw. sich je unter der Wasserlinie befunden hätten; kurz nach dem Angriff sei das Schiff etwas vorlastig gewesen und habe leichte Schlagseite gehabt, die nun korrigiert worden sei. Die TIRPITZ »liegt vorn immer noch etwas tiefer im Wasser«. Ein »Erfolgsbericht« vom 1. Oktober spekulierte: »›T‹ hat einen schweren Bombentreffer im Vorschiff erhalten, das tief im Wasser liegt«, und mit einiger Phantasie wurde hinzugefügt: »Ich glaube, sie liegt auf Grund«. Am 2. Oktober gingen weitere Augenzeugenberichte ein. Zwei kleinere holländische Fahrzeuge, die sich längsseits der TIRPITZ befunden hätten, »sind in die Luft geflogen. Unsere Quelle meint, daß diese ... die ›T‹ vor der vollen Wucht der Explosion bewahrt haben«. Während des Angriffs sei ein Caisson an Land zerstört worden, der »wahrscheinlich als Taucherglocke bei den Reparaturarbeiten der Schäden an den Schiffsschrauben, die durch die Kleinst-U-Boote verursacht worden waren, gedient hat. Ein neuer Behälter, im Kaafjord gebaut und vor dem Angriff in Gebrauch, ist ebenfalls zerstört worden«. Wegen der dichten Bewölkung konnten die sowjetischen Aufklärer am 9., 10. und 11. Oktober nicht starten, aber am nächsten Tag gelang eine Aufnahme, die zeigte, daß sich die TIRPITZ weiterhin an ihrem Liegeplatz befand.

In seiner Zusammenfassung über den operativen Anteil der 617. Staffel am Einsatz gegen die TIRPITZ berichtete der Kommandeur des Flugplatzes in Woodhall Spa, daß jede Maschine 7890 Kilometer zurückgelegt habe. »Unglücklicherweise hat der Rauchschleier das Ziel komplett verhüllt, aber vermutlich wurden ein Voll- und zwei Nahtreffer erzielt. Weitere Berichte neigen zur Bestätigung eines Volltreffers im Vorschiff, das Schiff liegt vorn tief im Wasser.« Kurioserweise bezog sich der Kommandeur auf »den deutschen Schlachtkreuzer ›Von Tirpitz‹«. Ferner sollte er eingestehen, daß »die zur Verfügung stehenden Pläne und Karten, die den Kurs zur vorgeschobenen Basis abdecken sollten, sich bei einigen Gelegenheiten als ungenau erwiesen hätten, und aufgrund der Tatsache, daß die Bordfunker nach einem falschen Verfahren mit den russischen Funkstationen in Verbindung getreten waren, konnte aus der Funkpeilung oder der Zielansteuerung kein Nutzen gezogen werden. Navigationshilfen wurden häufig eingesetzt, und von Astronomischer Navigation sowie Deviationsdreiecken sehr oft Gebrauch gemacht«. Dies widersprach den Angaben Bells, der navigatorische Hilfsmittel als wertlos erachtete. Der Kommandeur beurteilte »das neue Funkaltimeter SCR 718A als sehr nützlich, es war zur Berechnung des über der vorgeschobenen Basis herrschenden Luftdrucks in Verwendung. Es erwies sich als äußerst hilfreich, da man dort auf sehr niedrig hängende Wolken traf«. Am 25. September berichtete Woodhall Spa dem Kommandeur der 54. Flugbasis, daß elf Lancaster III und neun Lancaster I der 617. Staffel die TIRPITZ zwischen 12.56 Uhr und 13.05 Uhr aus 3600 bis 5200 Metern Höhe angegriffen hätten: »Leichter, vereinzelter Beschuß durch die schwere Flak, kurze Feuerstöße, Sprengwolken bis 4900 Meter. Intensives Feuer durch leichte Flak über TIRPITZ – Obergrenze 2400 Meter.« Indem er sich auf Erkenntnisse aus Bardney bezog, setzte der Kommandeur der 53. Basis das 5. Geschwader am folgenden Tag darüber in Kenntnis, daß die Lancaster (der 9. Staffel) zwischen 10.55 Uhr und 11.05 Uhr GMT angegriffen hätten: »Ungenaues Flakfeuer aus 16 Geschützen an Land und fünf Geschützen auf einem Flakschiff etwa eine Meile nördlich der TIRPITZ«. Die 9. Staffel sei davon überzeugt, daß der Angriff »sehr erfolgreich« gewesen und das Schlachtschiff von »mindestens einer Tallboy« getroffen worden sei. Ein Pilot der 617. Staffel ließ den Einsatz Revue passieren, von dem »die Jungs mit allen erdenklichen Auszeichnungen – rote Sterne mit Hammer und Sichel, eine rote Flagge etc.« zurückgekehrt seien. Er war der Ansicht, daß einhellige Meinung darüber bestehe, es sei »ein verdammt interessanter Ausflug gewesen – ich würde es aber nie wieder tun«. Die Besatzungen der Liberator aus Lyneham waren zwar nicht darum gebeten worden, aber auch sie brachten unbefugterweise ein Erinnerungsstück mit. Das Banner »Willkommen Ihr ruhmreichen Flieger der Royal Air Force«, das die Unterkünfte in Jagodnik zierte, erschien auf der Neujahrsparty der 511. Staffel.

Ein Bericht ohne Verfasser und Datum (wahrscheinlich von der 617. Staffel) stellte fest, daß 30 Lancaster, darunter die Maschine mit dem Kamerateam, in Richtung Kaafjord gestartet waren, fünf brachen den Flug vorzeitig ab. McMullen hatte den Kommodore des 5. Geschwaders am 15. September jedoch darüber informiert, daß außer der BCFU-Maschine 27 (21 mit Tallboy, sechs mit JW-Minen) Flugzeuge teilgenommen hätten; diese Angaben wurden in einem sechs Tage später angefertigten geheimen Zwischenbericht des 5. Geschwaders wiederholt. Air Vice-Marshal the Hon. R.A. Cochrane bezog sich in seiner Meldung vom 1. Oktober ebenfalls auf McMullens Angaben, er fügte hinzu, daß sechs Maschinen vorzeitig zurückgekehrt seien. Quellen aus jüngster Zeit stimmen mit Cochrane überein, daß 21 Lancaster (15 mit Tallboy, sechs mit JW-Minen) die TIRPITZ angegriffen hätten.

Einem weiteren Bericht des 5. Geschwaders an das Hauptquartier des Bomber Command über Operation »Paravane«, datiert auf den 15. Oktober, war ein Anhang »Aufstellung über vermeintliche Trefferstellen der Tallboy-Bomben« beigefügt. Dieser bestätigte, daß sich die TIRPITZ im rechten Netzkasten des westlichen Arms des Kaafjord befand, genau gegenüber dem linken Liegeplatz, den sie während des Angriffs der Kleinst-U-Boote eingenommen hatte und unmittelbar nördlich der Landzunge, die in westlicher Richtung von der in der Mitte liegenden Halbinsel in den Fjord hineinragt. Der Anflug begann aus Südwest, sieben Lancaster der 617. und drei der 9. Staffel klinkten ihre Bomben etwa 2000 bis 2500 Meter vor dem Ziel aus, drei andere warfen ihre Tallboy aus unterschiedlichen Richtungen ab. Zwei Maschinen (»U«/617. und »J«/9.) wurden Volltreffer auf dem deutschen Schlachtschiff zuerkannt, zwei weiteren (»T«/9. und »J«/617.) Nahtreffer gutgeschrieben. Das 5. Geschwader erklärte, daß »die Mehrzahl der Einzelaufnahmen von der Bombardierung wegen der einsetzenden Vernebelung sehr wenige Details erkennen lassen. Deshalb ist eine Aufstellung über die vermutlichen Trefferstellen der Tallboy-Bomben gemacht worden, die auf den zum aufgezeichneten Abwurfzeitpunkt gemachten Photos beruhe. Leider war es nicht möglich, Aufnahmen vom Abwurfzeitpunkt der

JW-Minen zu erhalten.« Es gab Ungereimtheiten (etwa: »dies deutet darauf hin, daß möglicherweiese [*sic*] zwei Volltreffer und zwei Nahtreffer erzielt wurden«), und beim 5. Geschwader mußte man anerkennen, daß in den Berichten des Nachrichtendienstes nur von einem Treffer die Rede war. Bei näherem Hinsehen widerspricht die Aufstellung auch bestimmten Aspekten in den Berichten der beteiligten Besatzungen. Zum Beispiel wird die »J«/617. als eine der Lancaster geführt, die ihre Tallboy aus südwestlicher Richtung abgeworfen habe, ihrem Navigator zufolge verhielt es sich jedoch anders: »Wir flogen als seine [Taits] Nummer 2, da die TIRPITZ jedoch nahezu von Rauch verhüllt war, flogen wir über den Liegeplatz hinaus... [Dann] überflogen wir den Ankerplatz erneut und schätzten die Lage ein, weil ... die Besatzung der ›J für Jig‹ beschlossen hatte, daß wir nicht so viel Mühe in die Sache hätten investieren müssen ... nur um ein paar Fische in Norwegen zu töten.« Die TIRPITZ hörte nicht auf zu feuern, und »da es beinahe pausenlos aus den Rohren der riesigen Geschütze aufblitzte, erhielten wir einen guten Anhaltspunkt über ihre Position ... Wir begannen unseren Anflug mit fast genau westlichem Kurs« – dies bedeutet, daß sie von Osten her anflogen, was etwa um 100 Grad von den in der Aufstellung des 5. Geschwaders gemachten Angaben abweicht.

Am 3. November überprüfte die Naval Intelligence Division noch einmal sämtliche Meldungen. Aus Norwegen waren weitere Berichte eingetroffen, die bestätigten, daß die Tirpitz am 15. September tatsächlich »einen Volltreffer im Vorschiff« erhalten hatte. Die »Konstruktionsabteilung« habe berechnet, daß die Bombe »in der Kiellinie ungefähr 33 Meter hinter dem Bug« eingeschlagen sei. Wäre die Tallboy beim Eindringen in den Schiffskörper nicht zerbrochen, »hätte eine reelle Chance« bestanden, daß sie vor der Detonation bis zum Kiel durchgeschlagen wäre. »Und wäre dies geschehen, hätte man damit rechnen können, daß die Abteilungen im Vorschiff inklusive der Pulver- und Granatkammern von Turm ›A‹ geflutet worden und das Schiff vorn um 4,5 Meter tiefergefallen wäre. Im Umkreis von zwölf Metern um die Trefferstelle wären schwere strukturelle Schäden entstanden.« Ein Nahtreffer im Abstand von 30 Metern »vermag die Rumpfplatten einzudrücken, reißt Nietverbindungen und Schweißnähte auf und hat möglicherweise Wassereinbrüche zur Folge.« Je geringer der Abstand sei, in dem eine Explosion erfolge, desto schwerer, aber räumlich weniger ausgedehnt seien die Schäden. In einer weiteren Zusammenfassung, erstellt nach dem letzten Einsatz der Lancaster im November, behauptete der Geheimdienst, daß am 15. September »ein Treffer 30 Meter ihres Vorschiffes [der TIRPITZ] zerstört habe«. Fähnrich z.S. Alfred Zuba, hocherfreut über die Kommandierung an Bord eines solch prestigeträchtigen Schiffes, war bei seiner Ankunft im Kaafjord entsetzt, als er die Schäden auf der Steuerbordseite des Vorschiffes der TIRPITZ sah. Weder er noch die Alliierten wußten zu jenem Zeitpunkt, daß das Schiff offiziell seinen Status »als Kampfeinheit eingebüßt« hatte.

Während Operation »Paravane« hatten die schwere, die Mittelartillerie und die Flugabwehrbewaffnung der TIRPITZ, die von einer Vielzahl am Ufer stationierter

Flakgeschütze (insgesamt 89) unterstützt wurde, ein lebhaftes Abwehrfeuer unterhalten. Die sich nähernden Maschinen waren von einem Posten des Heeres bei Kautokeino gemeldet worden, die 38-cm-Geschütze konnten somit auf weite Entfernung das Feuer eröffnen; als die Bomber jedoch tiefer gingen und die Geschwindigkeit erhöhten, machten sie den Geschützen einen Strich durch die Rechnung. Nach deutschen Unterlagen, die nach dem Krieg auftauchten, wurde ein Volltreffer am Bug des Schiffes erzielt; nachdem sie seitlich ausgetreten war, explodierte die Bombe an Steuerbord, hatte einen Ausfall der Maschinen zur Folge und verursachte jene, von den Alliierten bereits festgestellten Beschädigungen. Die Tallboy hatte das Oberdeck vor den Kettenstoppern getroffen, das Schiff seitwärts durchschlagen und war etwa zehn Meter hinter dem Bug detoniert. An der Steuerbordseite der TIRPITZ war ein riesiges Loch entstanden (ungefähr 14 Meter lang und neun Meter hoch), die dort befindlichen Abteilungen wurden über zwei Deckshöhen zerstört. Die Funkantennen und das Feuerleitsystem waren ebenfalls in Mitleidenschaft gezogen worden; acht Besatzungsmitglieder hatten Verletzungen davongetregen.

Zum Zeitpunkt des Angriffs war Ultra in der Lage gewesen, einige Informationen über die Reaktionen der deutschen Seite zu sammeln, jedoch konnten lediglich 50 Prozent der gegnerischen Funksprüche entziffert werden. Am 15. September um 12.55 Uhr meldete die Erste Kampfgruppe einen Angriff von 40 bis 50 Lancaster auf den Kaafjord (diese Angabe ist auf die herrschende Verwirrung zurückzuführen, da mehrere Maschinen ihre Angriffe auf die TIRPITZ oberhalb des Rauchschleiers wiederholten), Angaben über Schäden wurden nicht gemacht. Um 13.20 Uhr gab das Vorpostenboot V 6303 eine Meldung über 20 bis 25 angreifende Lancaster durch und fügte mit einigem Optimismus hinzu, daß zwei von ihnen abgestürzt seien. Bis 16.18 Uhr, als die Erste Kampfgruppe dringend Unterstützung durch Jäger anforderte, konnten keine weiteren Funksprüche entziffern werden. Um 16.52 Uhr legte der Kommandant Altafjord seinen ersten Bericht vor: gegen 13.00 Uhr (Deutscher Sommerzeit gleich DBST) hätten 40 bis 50 viermotorige Bomber aus großer Höhe (4000 bis 5000 Meter) aus Süd-Südost angegriffen. Die Vernebelung habe bereits eingesetzt, wegen ungünstiger Winde und des Erfordernisses, »mit den [Nebeltöpfen] sehr sparsam umzugehen, gab es Lücken«. Um 22.25 Uhr meldete die Erste Kampfgruppe, daß mehrere Fallschirmminen (die JW-Minen) abgeworfen worden seien. Vier Tage später, am 19. September, sollte eine Weisung an alle Militärattachés eingestehen, daß das Schlachtschiff von einer schweren Bombe getroffen worden sei. Die deutsche Seite ging jedoch fälschlicherweise davon aus, daß dies den Flugzeugen entgangen war, deshalb räumte man nur leichte Schäden ein. Zudem wurde die Zahl der Verletzten mit fünf angegeben. Die Alliierten hatten keine Mitteilung darüber erhalten, daß auf einer Besprechung in der Seekriegsleitung am 23. September, an der auch Dönitz teilnahm, die Dauer der Reparaturarbeiten auf neun Monate geschätzt wurde; der Oberbefehlshaber erachtete dies als inakzeptabel. Er entschied, daß das Schlachtschiff nicht mehr operativ auf See eingesetzt und weiter südlich in flachem Wasser, westlich des Lyngenfjord nahe Tromsö, als schwimmende Batterie zur Abwehr einer Invasion verankert werden solle.

Dönitz' abgefangene »Kriegsweisung« vom 25. September stellt in diesem Zusammenhang eine interessante Lektüre dar: »Nachdem es sich erfolgreich gegen eine Vielzahl schwerer Luftangriffe zur Wehr gesetzt hat, hat das Schlachtschiff TIRPITZ nunmehr einen Bombentreffer erhalten. Es wird in seinem Einsatzgebiet ausharren und weiterhin die Kräfte des Gengers binden, durch seine bloße Anwesenheit wird es die Absichten des Feindes zunichte machen.« Dazu war es mit Sicherheit weiterhin in der Lage. Über den besorgniserregenden Zustand des Schiffes waren die Alliierten jedoch kaum informiert; eine günstige Gelegenheit, mit der TIRPITZ endgültig abzurechnen, sollte sich jedoch schon bald ergeben.

FÜNFTES KAPITEL

Der Todesstoß, Oktober–November 1944

Am 13. Oktober 1944 konnte der Marineattaché in Stockholm mit der Nachricht aufwarten, daß »... Baggerarbeiten für eine mögliche Verlegung der ›T‹ nach Süden durchgeführt werden«. Noch am selben Nachmittag ließ der SBNO in Nordrußland einen Funkspruch absetzen, »ein Luftaufklärer [habe] die TIRPITZ um 13.10 Uhr an ihrem alten Liegeplatz entdeckt ... zufriedenstellende Aufnahmen seien wegen der Bewölkung aber nicht gelungen«. Aufgefangene Funksprüche an mehrere U-Boote, vor der Einfahrt zum Altafjord zu patrouillieren, deuteten am 14. Oktober allerdings darauf hin, daß die Abfahrt des Schlachtschiffes unmittelbar bevorstand. Am Morgen des 15. Oktober meldete der norwegische Funker Hans Hansen aus seinem an der Küste nördlich von Tromsö liegenden Haus in Nikkeby, fünf Zerstörer seien in Richtung Altafjord ausgelaufen.

Die TIRPITZ verließ den Kaafjord am 15. Oktober um 12.00 Uhr Ortszeit mit langsamer Fahrt; sie wurde von einem starken Verband (gemäß eines Augenzeugenberichts »etwa 50 Schiffe«) geschützt und befand sich in Begleitung von Hochseeschleppern, falls ihr beschädigter Bug der See nicht standhielt. Am Nachmittag teilte ein Agent aus dem Fischerdorf Skjerrvoy Hansen diese Neuigkeit per Telefon in einer codierten Nachricht mit; Hansens Funkgerät war jedoch ausgefallen, somit konnte er die Mitteilung nicht weitergeben. Die Briten nahmen an, daß die TIRPITZ mit höchstens zehn Knoten Geschwindigkeit nach Süden laufen konnte, sie schaffte teilweise keine sieben. Nach dem Krieg behauptete der deutsche Artillerieoffizier Alfred Zuba, daß das Schiff kaum drei Knoten erreichte und häufig geschleppt werden mußte. Am 16. Oktober um 01.30 Uhr erreichte die TIRPITZ die Position 70° 00' Nord 20° 20' Ost, und fünf Stunden später (06.36 Uhr) wartete sie vor der Einfahrt zum Sandesundet auf die Flut. Die TIRPITZ ging um 15.00 Uhr vor der Insel Haakoy westlich von Tromsö vor Anker, und Dönitz gratulierte um 15.48 Uhr allen an der Verlegung Beteiligten. Der norwegische »Cheffunker des Besonderen [geheimen] Informationsdienstes« in Tromsö, Egil Lindberg, sandte daraufhin eine ganze Reihe von Funksprüchen nach London, die die Ankunft der TIRPITZ bekanntgaben. Am 16. Oktober gab er durch, daß sie an jenem Tag in den Raum Tromsö geschleppt wurde, »sie liegt nun zwischen Haskoe [Haakoy] und Lille Grinby [Grindoy] ... [und] kann ihre Maschinen nicht benutzen«. Zwei Tage später trafen weitere Informationen ein. »Das Stromkabel über den Sandessund ist am Samstag (14. Oktober) abgenommen worden« – es sei »nunmehr wieder eingehängt« –, und die TIRPITZ sei »durch den Sandesund zum Haakoybottn bzw. Grindoy geschleppt worden«. Lindberg bestätigte, daß sie »vorn einen großen

Riß« aufweise – dies war auch Zuba im Kaafjord gleich aufgefallen. Am Abend des 17. Oktober teilte die Admiralität dem SBNO in Nordrußland folgendes mit: »Für die Tirpitz werden im Altafjord keine Aufklärer mehr benötigt«.

Dagegen war die Luftaufklärung über Tromsö nun von größerer Bedeutung. Am 17. Oktober um 10.53 Uhr GMT befahl die Admiralität Capt. L.D. Mackintosh, Kommandant des Flugzeugträgers IMPLACABLE, der Scapa Flow einen Tag vor Bekanntwerden der Abfahrt der TIRPITZ aus dem Altafjord verlassen hatte, »den Marsch fortzusetzen und seine Firefly zur Kampfaufklärung und zur Beobachtung feindlicher Großkampfschiffe im Raum Tromsö zu starten.« Da der genaue Liegeplatz der TIRPITZ nicht bekannt war, sollten die umliegenden Fjorde ebenfalls abgesucht werden. Es sollte jedoch ein reiner Aufklärungseinsatz sein: »Es ist nicht wiederhole nicht beabsichtigt, daß ihr Verband, so wie er zur Zeit zusammengesetzt ist, einen Angriff durchführen soll ... Funkstille darf zur Übermittlung von Ergebnissen gebrochen werden. Versuchen Sie, falls möglich, Photos zu erhalten«. Die IMPLACABLE »soll spätestens am Nachmittag des 22. nach Scapa zurückkehren«. Am Abend jedoch änderte der Oberbefehlshaber der Home-Fleet seine Anweisungen: »Admiral von Tirpitz drei Meilen 260 Grad von Tromsö vor Anker liegend gesichtet. Photoaufklärung in diesem Gebiet notwendig. Begegnung mit PRU-Mosquitos möglich«. Die Admiralität wollte ihre Chancen erhöhen, indem sie am 17. Oktober um 19.24 Uhr GMT in Benson, Oxfordshire, bei der RAF darum ersuchte, das Schlachtschiff ausfindig zu machen und zu photographieren.

Die IMPLACABLE hatte 21 Barracuda der 2. TBR (828. und 841. Staffel) sowie elf Firefly der 1771. Staffel an Bord. Am 18. Oktober, kurz nach Mittag, startete der Träger seine Firefly, um die Gegend um Tromsö, Malvgen sowie den Nord- und den Balsfjord nach der TIRPITZ abzusuchen. Vier Maschinen waren dazu abgeteilt worden, den deutschen Luftwaffenstützpunkt in Bardufoss, ungefähr 100 Kilometer weiter südlich (sie fanden nur Ju 52 vor) und die Seefliegerstation bei Sorreisen im Solbergfjord anzugreifen. Unterdessen gelang es dem Rest der Maschinen um 13.00 Uhr, mehrere undeutliche Photos des deutschen Schlachtschiffes schießen, trotz der Kakophonie, die die Flakgeschütze um sie herum veranstalteten. Eine Dreiviertelstunde zuvor waren der Mosquito XVI NS641 der 540. Staffel (Pilot Fg. Off. H.C.S. Powell, Navigator F/Sgt. J.W. Townshend), die in Dyce in Schottland gestartet war, Aufnahmen aus großer Höhe gelungen; trotz Beschußschäden durch die Flak konnte sie zurückzukehren, und nebenbei hatte Powell bewiesen, daß ein elfstündiger Flug nach Tromsö und zurück möglich war. Während einer Einsatzbesprechung war die Besatzung ab 07.46 Uhr BST eine Stunde lang über den vermeintlichen Aufenthaltsort der TIRPITZ informiert worden; die Maschine startete um 09.38 Uhr und landete um 16.18 Uhr, nachdem sie auf beiden Flugabschnitten in Scatsta nachgetankt hatte. Powell erstattete Bericht, daß er vier »Fahrzeuge von mittlerer Größe mit Kurs Nord südlich des Zielgebiets« gesehen habe, außerdem habe er das Schlachtschiff aus einer Flughöhe von 4400 Metern an seinem Liegeplatz 6,4 Kilometer von Tromsö entfernt photographiert. Allerdings war man belästigt worden: »Zwölf schwere, gutgezielte Flakgranaten. Feuer aus Geschützen vom Typ Pom-Pom, Flugabwehrfeuer durch Stellungen am Ufer, aber nicht hoch genug.«

Die Firefly flogen in 4200 Metern Höhe, sie entdeckten die TIRPITZ »an der südlichen Spitze der Insel Haakoy ... etwa 300 Meter vom Ufer entfernt, der Bug weist nach Osten«. Solange keine »Stereoskopauswertung« vorliege, entschied der Marinenachrichtendienst, »sei ein detaillierter Bericht über ihren Zustand nicht möglich«. Nichtsdestoweniger lieferten die Photos der Mosquito und der Firefly, waren sie einmal entwickelt und ausgewertet, eine sehr gute Grundlage, um Pläne zur Vernichtung der TIRPITZ auszuarbeiten. Als die entwickelten Aufnahmen vorlagen, erinnert sich Philip Westlake (TAG bei der 1771. Staffel), habe er die Mitarbeiter des Einsatzstabes davon überzeugen müssen, daß die weißen Punkte auf dem Film keine fehlerhaften Stellen waren, sondern »explodierende Flakgranaten«. Für die Leistung der Firefly wurde Lt. Cdr. H.M. Ellis, Führer der 1771. Staffel, stellvertretend mit einem Balken zu seinem DSC ausgezeichnet.

Am 18. Oktober um 16.31 Uhr GMT sandte die IMPLACABLE einen Funkspruch an den Oberbefehlshaber der Home-Fleet: »Deutsches Schlachtschiff TIRPITZ auf Position 69 Grd 38' 08" Nord 18 Grd 47' 07' Ost photographiert. Südlich Haakoy, im Netzkasten, neue Flakstellungen um sie herum postiert, kein Rauchvorhang, aber schwerer Flakbeschuß.« Macintosh bestätigte, daß die Firefly Bardufoss und Sorreisen angegriffen hatten, eine He 115 sei zerstört, eine weitere He 115 sowie eine Ju 52 »wahrscheinlich« vernichtet worden. Jäger seien weder in der Luft noch am Boden gesehen worden. Die IMPLACABLE beabsichtigte, um 19.00 Uhr den Rückzug von Position 69° 30' Nord 10° 00' Ost anzutreten, blieb aber »bereit, die TIRPITZ morgen anzugreifen«. Um 21.45 Uhr gab der Flugzeugträger eine weitere Mitteilung durch: »Bitte um Erlaubnis, angreifen zu dürfen«. Admiral Sir Bruce Fraser antwortete prompt: »Gut gemacht. Rückkehr nach Scapa. Versuchen Sie nicht Wiederholung [*sic*] nicht angesichts schwerer Flak mit ihrer unzureichenden Jagdwaffe anzugreifen.« Dies bezog sich auf die Abwesenheit der Seafire-Staffel, die sich nicht an Bord der IMPLACABLE befand; allein die Firefly boten einen kaum hinreichenden Jagdschutz. Auch war sich Fraser ebenfalls der nach »Goodwood« geäußerten Kritik bewußt, die sich darauf bezogen hatte, daß die Barracuda im Wettrennen mit dem Rauchschleier zu langsam gewesen waren. Aus welchem Grund auch immer, der Fleet Air Arm konnte sich nicht sofort um die TIRPITZ kümmern, und somit war das RAF Bomber Command – und insbesondere das 5. Geschwader – wieder an der Reihe. Der Oberbefehlshaber mochte zwar der Ansicht sein, daß die »Photos keine Anzeichen besonderer Aktivitäten erkennen lassen«, dies beinhaltete jedoch keine Garantie.

Trotz ihrer geringen Geschwindigkeit während der Verlegung nach Süden, den Berichten über strukturelle Schäden und des Verlustes an Maschinenleistung waren die Alliierten nicht davon überzeugt, daß die TIRPITZ außer Gefecht gesetzt war. Ihr Rückzug aus dem Kaafjord konnte auch aufgrund taktischer Überlegungen erfolgt sein. Die Oktoberausgabe der *»V« Group News* enthüllte den neuen Liegeplatz der TIRPITZ und fügte dem hinzu, daß »die Verlegung vielleicht durch die Angst der Deutschen veranlaßt wurde, das Schiff könne den Russen in die Hände fallen, die im Raum Petsamo rasch vorstoßen, oder daß sie sie schrittweise in einen deutschen Stützpunkt zurückziehen wollen, wo umfangreiche Reparaturarbeiten und eine Instandsetzung durchgeführt werden können«. In einem zeitgenössischen Flugblatt des Informationsministeriums mit dem Titel *Arctic War* wurde ebenfalls die Ansicht ausgesprochen, daß die TIRPITZ den Altafjord verlassen hatte, weil die Sowjets kurz vor der Eroberung des etwa 240 Kilometer weiter östlich gelegenen Flugfeldes bei Kirkenes standen (Kirkenes fiel am 23. Oktober). Dies bedeutete nicht allein den Verlust eines wertvollen Stützpunktes der Luftwaffe, den Alliierten stand damit auch eine Basis zum Angriff auf das Schlachtschiff zur Verfügung, die näher zum Altafjord lag.

Aufgrund der Sichtmeldungen Lindbergs vom 16. Oktober und der zwei Tage später angefertigten Luftaufnahmen konnten sich die Aliierten ein Bild vom Liegeplatz der TIRPITZ und der sie umgebenden Verteidigungsstellungen machen. Sie lag zwar geschützt in einem doppelten Netzkasten, welcher ebenfalls nach Süden verbracht worden war, aber die Verteilung der Nebelbatterien bereitete einige Probleme. Das Schlachtschiff befand sich nicht mehr in einem engen Fjord mit steil aufragenden Uferwänden; somit wurde eine rasche Vernebelung verhindert, und der Rauch verteilte sich bei widrigen Winden in alle Richtungen. Die Stadt Tromsö, ein Fischereihafen, befindet am Ostufer einer Insel in dem in nord-südlicher Richtung liegenden Tromsöfjord; die beiden vorgelagerten Inseln Kvaloy und Ringvassoy schirmen den Ort vom Nordmeer ab. Die Insel Haakoy ist etwa 1,6 Kilometer breit und etwa 2,4 Kilometer lang, eine Inselspitze im Westen reicht fast bis an das Ufer von Kvaloy heran. Von der Insel Tromsoy durch eine drei Kilometer breite Fahrrinne getrennt, befindet sich Haakoy etwa 1,6 Kilometer südwestlich der kleinen Insel Grindoy; die TIRPITZ lag mit ihrer Steuerbordseite in 1,2 Kilometer Entfernung vom Fjordufer. Das Heck des Schlachtschiffes wies in Richtung Haakoy, der Bug nach Osten Richtung Grindoy. Zwei Flakschiffe, möglicherweise auch mehr, befanden sich in der Nähe. Weitere Flakbatterien waren auf den Inseln, den umliegenden Ufern und den Zugängen verteilt (vor allem auf Tromsoy) bzw. folgten dem Verlauf des Fjordes vom Nordmeer.

Abgesehen von dem relativ flachen und offenen Terrain hatten die Deutschen mit einem anderen Problem zu kämpfen. Der Ankerplatz entsprach nicht den Erwartungen: bei 1,2 Meter Wasser unter dem Kiel und steinigem Untergrund mit einer darüberliegenden, einen Meter dicken Sandschicht wäre das Schlachtschiff praktisch unsinkbar gewesen und hätte die von Dönitz vorgesehene Aufgabe als schwimmende Batterie zur Kontrolle der see- und landseitigen Zugänge nach Tromsö erfüllen können. Jedoch stellte sich heraus, daß die Mindestwassertiefe innerhalb des Netzkastens 17 Meter betrug, der Untergrund bestand aus Schlick, nicht aus Fels, und war von einer Sandschicht bedeckt. Das volle Ausmaß dieser Mängel offenbarte sich erst 14 Tage nach Eintreffen des Schlachtschiffes. Es wurde entschieden, die Wassertiefe in der näheren Umgebung des Schiffes zu verringern, indem der Boden, insbesondere eine tiefe Rinne unter dem Mittelschiff, mit Schutt aufgefüllt wurde. Die Paranoia hatte in einem solchen Ausmaß von der TIRPITZ Besitz ergriffen, daß sie am 18. Oktober um 13.01 Uhr die Aufklärung fliegenden Firefly als angreifende Trägerflugzeuge ansprach, erst um 15.32 Uhr gab es Entwarnung. Um die Moral der Männer zu heben, die möglicherweise ahnten, daß die Zeit der Einsätze auf hoher See vorbei war, kündigte der Admiral Polarküste am 22. Oktober »so bald als möglich« seinen Besuch an. Nicht nur die Besatzung des Schlachtschiffes fürchtete einen weiteren Luftangriff. Ein späterer Stellvertretender Bürgermeister von Tromsö erinnert sich, daß die Anwesenheit der TIRPITZ den Hafen »zu einem Brennpunkt des Krieges im Norden machte«. Mit ziemlicher Sicherheit würden die Alliierten versuchen, sie aus der Luft zu vernichten, ein paar verirrte Bomben mußten Verheerungen in einer Stadt zur Folge haben, die bislang vom Krieg verschont geblieben war. »Tromsö mit seiner dichten Besiedelung und leicht brennbaren Holzhäusern war zu dieser Zeit voller Menschen«, die Bevölkerung war durch Flüchtlinge und Soldaten, die aus dem Norden zurückgezogen worden waren, stark angeschwollen. Leicht konnte es zu einer »Katastrophe« kommen.

Der Marinenachrichtendienst der Admiralität war ebenso wie das Informationsministerium der Ansicht, daß »ihre [der TIRPITZ, d.Ü.] Verlegung als unmittelbare Reaktion auf die Luftangriffe angesehen werden muß«. In Wirklichkeit war sie nun jedoch einem weit höheren Risiko ausgesetzt. In Tromsö, 190 Kilometer nördlich von Narvik, lag das Schiff in Reichweite von Flugzeugen, die in Schottland starten konnten – etwa 320 Kilometer näher an Großbritannien als im Kaafjord. Mitteilungen des norwegischen Funkers Hansen mahnten zur Dringlichkeit im Planungsprozess. Am 22. Oktober berichtete er von Gerüchten, daß die TIRPITZ erneut verlegt werden solle: »Man nimmt an, daß sie in die Bogenbucht, Ofotfjord, läuft, bei Gisund werden Baggerarbeiten durchgeführt«. Die *»V« Group News* faßten einige Probleme, mit denen sich der Planungsstab auseinandersetzen mußte, zusammen. »Zeit und Wetterverhältnisse stellen die schlimmsten Gegner dar. Tromsö wird vom Golfstrom berührt, vorherrschende westliche Winde sorgen unentwegt für Schichtwolken. Nur bei Ostwind ist der Himmel unbewölkt, lediglich an fünf Tagen« seien zu jener Jahreszeit ideale Bedingungen zu erwarten. Ab Ende November »steigt die Sonne nicht über den Horizont«, obwohl »danach an wenigen Tagen das Dämmerlicht zur Mittagszeit ausreiche, um einen Luftangriff zu wagen«.

Im Herbst 1944 wurde der Druck, die TIRPITZ zu vernichten, immer größer. Unzweifelhaft blieb der Schutz der Nordmeergeleitzüge bzw. der Truppentransporter, die den Atlantik überquerten, weiterhin von großer Bedeutung; der Schwerpunkt der alliierten maritimen Anstrengungen lag jedoch nunmehr im Pazifik. Diejenigen Großkampfschiffe, die in Scapa Flow gebunden waren, wurden dringend zur Verstärkung der britischen Präsenz und zur Vergrößerung des politischen Einflußes im Fernen Osten benötigt, derweil die Amerikaner mit ihrer mächtigen Flotte sich den japanischen Hauptinseln näherten. Die Verlegung der TIRPITZ nach Tromsö hatte das Schiff zwar in Reichweite der Lancaster gebracht, falls sie von ihren Stützpunkten in Schottland starteten. Die Hin- und Rückflugstrecke betrug jedoch insgesamt etwa »2252 Kilometer«. Allerdings war die Episode mit den JW-Minen beendet, sämtliche Maschinen sollten die 5,4-t-Tallboy mitführen. Die für den Einsatz vorgesehenen Lancaster wurden mit Rolls-Royce Merlin 24-(1640 PS) Motoren ausgerüstet; diese brachten mehr Leistung als der Typ 22. Laut einer Mitteilung des 5. Geschwaders stellte die Umrüstung »innerhalb weniger Tage eine beachtliche Leistung« dar; somit konnten spezielle Ausbildungsflüge zu verschiedenen Instandsetzungseinheiten und anderen Einsatzflughäfen unternommen werden. Darüber hinaus wurde jede Lancaster mit dem Zusatztank einer Wellington und dem abwerfbaren Tankbehälter einer Mosquito im Rumpf ausgerüstet (zum Einbau mußte das Heckgeschütz ausgebaut werden) – diese Kombination war bereits für die Maschinen der Force B während Operation »Paravane« vorgesehen gewesen, aber nicht gewählt worden – der gesamte Treibstoffvorrat betrug 11 Tonnen. Um Gewicht zu sparen, wurden der MG-Stand auf dem Rumpfrücken, überflüssige Sauerstoff- und Stickstofflaschen, 3000 Schuß Munition für das Heckgeschütz, das Bug-MG mit Munition, der dreizellige signalfarbene Fallschirm und die den Pilotensitz schützenden Panzerplatten von Bord gegeben. Angeblich wurde der Vorschlag, das Elsan-Klosett auszubauen, wegen des Protests aufgebrachter Besatzungsmitglieder wieder rückgängig gemacht, immerhin hatten sie einen langen Flug vor sich.

Am 4. Oktober erhielt das geplante Unternehmen die Bezeichnung »Obviate«, noch am selben Tag wurde der Einsatzbefehl B.432 durch das 5. Geschwader bekanntgegeben. Dieser begann mit der einleitenden Bemerkung, die TIRPITZ habe während des Angriffs am 15. September »bekanntermaßen« »sehr schwere Schäden erhalten«, sie sei »zu Einsätzen auf hoher See nicht in der Lage«. Der Text fuhr fort: »Es ist durchaus wahrscheinlich, daß die Deutschen versuchen werden, das Schlachtschiff in eine Werft in der Heimat zu verlegen, wo die notwendigen Reparaturen und Instandsetzungsarbeiten ausgeführt werden können.« Entscheidend jedoch ist, daß »die TIRPITZ, solange sie schwimmt, eine ständige Gefahr für unsere Seeverbindung mit Rußland bleibt; deshalb wurde entschieden, einen weiteren Angriff gegen dieses Schiff durchzuführen«. Es folgten die altbekannten Informationen über Radarstationen und Wetterbedingungen mit einem besonderen Zusatz über den neuen Liegeplatz des Schiffes. Sie »liegt vor der kleinen Insel Haak etwa fünf Kilometer westlich der Stadt Tromsö vor Anker«. Abgesehen von den 16 schweren und 16 leichteren Geschützen des Schlachtschiffes, bestehe die Verteidigung noch aus »zwölf schweren und 20 leichten Geschützen, die in einem Umkreis von zehn Kilometern« verteilt seien. Nebelbatterien seien noch nicht entdeckt worden, ihre Aufstellung werde jedoch in Kürze erwartet. »Falls diese auch nicht so wirkungsvoll eingesetzt werden könnten wie an ihrem früheren Liegeplatz«, seien sie »sicherlich ausreichend, um das Schiff zu verhüllen«.

Einzelheiten zum Panzerschutz der TIRPITZ – die Passagen über die Verletzbarkeit der Rumpfunterseite gegenüber JW-Minen fehlten – wurden aus dem Einsatzbefehl B.393 mit der Feststellung übernommen, daß »die Tallboy (Medium) Bombe ... mit ihrem robusten Körper und hoher Endgeschwindigkeit jede Chance besitzt, den Horizontalpanzerschutz zu durchschlagen und tief im Schiffsinnern zu detonieren«. Ziel war erneut, »die TIRPITZ zu versenken«: diesmal sollten jeweils 18 Maschinen der 617. und 9. Staffel von einer Lancaster der 463. Staffel mit Kamerateam an Bord begleitet werden. Eine Liste mit baulichen Veränderungen an den am Einsatz beteiligten Maschinen wurden mit der strikten Weisung versehen, daß »der Schütze für das MG im Rumpfrücken nicht mitfliegen darf«, lediglich sechs Besatzungsmitglieder waren zugelassen – keine »Passagiere« [Copiloten, d.Ü.]. Das Gesamtgewicht der Lancaster sollte 30 930 kg betragen, inklusive des Wellington-Zusatztanks und des abwerfbaren Tanks einer Mosquito (zusammen etwa 1,1 t zusätzlicher Treibstoff), die in der Rumpfmitte installiert wurden; mehrere Flugingenieure legen Wert auf die Feststellung, daß tatsächlich nur der Wellington-Tank eingebaut wurde. Die Lancaster mit der Filmcrew sollte zwei Zusatztanks für Langstreckenflüge (jeder mit 800 Litern Inhalt) im Bombenschacht mitführen. Sämtliche Zusatztanks sollten sorgsam mit dem Haupttreibstoffsystem verbunden werden. Der Wartung sowie Übungen mit dem Bombenzielgerät war »besondere Aufmerksamkeit« zu schenken, »letzte Überprüfungen« erfolgten auf den vorgeschobenen Basen. Wie bei Operation »Paravane« wurde eine Zeitspanne von 48 Stunden für »gründliche« Einsatzbesprechungen eingeplant. Ein abgesonderter Raum, »zu dem lediglich die an der Operation beteiligten Besatzungen sowie ein kleiner Planungsstab Zugang haben sollten«, war jeweils in Bardney und Woodhall einzurichten. Bevor die Staffeln zu ihren vorgeschobenen Flugplätzen unterwegs waren, durfte aus diesen Räumen nichts entnommen werden. Falls günstige Wetterbedingungen über Tromsö herrschten, sollten die Flugzeuge mit Bomben beladen werden und nach Lossiemouth, Kinloss und Milltown verlegen, um weitere Befehle abzuwarten. Die Piloten wurden darauf hingewiesen, am Einsatztag die Abstände zwischen den einzelnen Flugzeugen »so gering als möglich zu halten«. Die Flugroute, eine Strecke von insgesamt 3620 Kilometer, führte die Lancaster von Lossiemouth via North Unst (A), 63° 00' Nord 02° 00' Ost (B), 65° 00' Nord 06° 47' Ost (C), 65° 34' Nord 15° 00' Ost (D), 69° 00' Nord 19° 50' Ost (E) und das Ziel (69° 39' Nord 18° 50' Ost) zurück über Punkt B und North Unst nach Lossiemouth bzw. die anderen vorgeschobenen Basen. Sämtliche Flugzeuge sollten »Tageslicht-Kameras« mitführen.

Scatsta, auf der nördlichen Hauptinsel der Shetlands, in der Nähe der Coastal Command-Station bei Sullum Voe gelegen, war auf dem Rückflug als Ausweichflugplatz vorgesehen; es wurde später durch Sumburgh ersetzt. Falls eine der Maschinen im Zielgebiet weniger als vier Tonnen Treibstoff an Bord oder Probleme mit den Motoren haben sollte, war Jagodnik oder, als Alternative, Vaenga anzufliegen. Die Lancaster mit der Filmcrew wurde in Northolt, Middlesex, zurückerwartet. Sämtliche am Bombenangriff beteiligten Maschinen sollten eine 5,4-t-Tallboy Medium, Zeitzündereinstellung 0,07 Sek. mitführen. Angriffszeitpunkt für die 617. Staffel war H bis H+1, für die 9. Staffel H+5 bis

H+6; der Einsatz sollte am Morgen des 28. Oktober »oder am nächstmöglichen Tag mit günstigen Wetterbedingungen« stattfinden. Das Bodenpersonal und der Stab des Hauptquartiers sowie Ausrüstungsgegenstände wurden mit drei DC-3 Dakota nach Lossiemouth überführt, Mannschaften und erforderliche Ausrüstung wurden dann per Lastwagen auf die beiden anderen vorgeschobenen Stützpunkte verteilt. Die Maschine mit dem Kamerateam, sechs Flugzeuge der 9. Staffel und sieben der 617. waren für Lossiemouth eingeplant, 14 der 9. für Kinloss, 13 der 617. für Milltown.

Das 100. Geschwader hatte eine Lücke in der Kette der gegnerischen Radarstationen entdeckt. Der Verband sollte durch diese Lücke stoßen und sich auf Position 67° 37' Nord 17° 50' Ost »bei einem leicht zu erkennenden See, der in geeigneter Entfernung vom Ziel direkt auf Kurs liegt«, sammeln. Der Treffpunkt würde mit Rauchbomben markiert sein. Daß dieser Punkt über dem neutralen Schweden lag, wurde nicht erwähnt; die angreifenden Flugzeuge waren durch Berge abgeschirmt und näherten sich der TIRPITZ überraschend aus südöstlicher Richtung. Vier Lancaster der 9. Staffel mit einem API-Zusatzgerät sollten sich am Sammelpunkt mit den Maschinen der 617. vereinigen, die Position 69° 15' Nord 19° 26' Ost umkreisen, um die »Windgeschwindigkeit« einzuschätzen, die ermittelten Werte an den Führer der 9. Staffel weiterleiten und dann unter dessen Kommando am Angriff teilnehmen. Falls die Bewölkung günstig war, das Überraschungsmoment gewahrt blieb und die Vernebelung noch nicht eingesetzt hatte, sollten die Flugzeuge optisch anvisieren. Falls jedoch die Vernebelung des Zielgebiets vollständig und ein »guter Anflug« nicht mehr möglich war, sollten die Tallboy nicht eingesetzt und wieder zu den vorgeschobenen Basen mitgenommen werden. Allerdings, »falls das Ziel selbst zwar verdeckt ist, klar erkennbare markante Punkte in der unmittelbaren Umgebung des Schiffes jedoch weiterhin sichtbar bleiben, sollen die Bombenschützen die Waffen unter der Voraussetzung abwerfen, daß sie die exakte Position der Zieles in Relation zu den sichtbaren Landmarken mit Sicherheit bestimmen können.« Gp. Capt. C.C. McMullen war von einem zeitweilig eingerichteten Hauptquartier in Lossiemouth für das Bodenpersonal (da er vor den Einsatzmaschinen abreiste) und die an dem Einsatz beteiligten Besatzungen verantwortlich; Wg. Cdr. J.B. Tait und Wg. Cdr. J.M. Bazin sollten während der Operation »Befehl und Führung« über ihre jeweilgen Staffeln übernehmen. Die Geschwindigkeit war für den Hinflug auf 290 bis 305 km/h festgelegt.

Der Stab in Woodhall erhielt am 25. Oktober die dringliche Weisung, die IFF-Geräte, TR 1196 und TR 5043 (ein neues amerikanisches Gerät, das im Langwellenbereich arbeitete), auf den Lancaster der 617. Staffel an einer anderen Stelle einzubauen. Während einer 24-Stunden-Schicht konnte das Bodenpersonal die Arbeiten rechtzeitig für den Einsatz beenden. Das Bomber Command setzte die Admiralität am 26. Oktober davon in Kenntnis, daß Operation »Obviate« so bald als möglich (nach der Nacht zum 27. Oktober) von den vorgeschobenen Basen in Schottland aus anlaufen werde und bat darum, daß sich drei Zerstörer entlang der Rückflugroute für Rettungsmaßnahmen bereithielten.

Ebenfalls am 26. Oktober wies das 5. Geschwader die Staffeln an, sich auf den Einsatz vorzubereiten; weiteres Bodenpersonal wurde angefordert, um den sicheren Einbau der Zusatztanks zu gewährleisten. Um die Tanks herum wurden im Rumpf hölzerne Stützstreben errichtet – die Besatzungen waren kaum erfreut darüber, da sie sich an den Streben die Schienbeine aufscheuerten. Die Flugzeuge wurden dann mit den Tallboy beladen.

Am Abend des 27. Oktober fanden auf den jeweiligen Stützpunkten (Woodhall und Bardney) die Einsatzbesprechungen statt, den Besatzungen wurde eröffnet, daß sie am nächsten Morgen zu ihren vorgeschobenen Basen am Moray Firth fliegen sollten. Zudem wurde ihnen eingeschärft, daß sie während des Einsatzes unabhänig voneinander zu navigieren, im Tiefflug die Nordsee zu überqueren und entlang der norwegischen Küste unterhalb der gegnerischen Radarerfassung zu bleiben hätten. Dann sollten die Maschinen nach Osten durch die vermeintliche Lücke in der feindlichen Radarkette stoßen, die engste Stelle Norwegens überqueren und nach Schweden einfliegen, bevor sie sich nördlich des Sammelpunkts treffen würden. Dort wiederum sollten sie sich im Gänsemarsch hinter ihrem jeweiligen Staffelführer formieren, auf 4800 Meter steigen und auf den vorgeschriebenen Flughöhen den direkten Anflug beginnen. Nach dem Angriff hatten sie sich nach Westen zu wenden und, nachdem sie die Küste hinter sich gelassen hatten, auf 300 Meter herabzusteigen. Die Besatzungen wurden vor Flakstellungen auf vorgelagerten Inseln gewarnt, die den Maschinen des Fleet Air Arm in der Vergangenheit einige Probleme bereitet hatten. Dann wurden die Funkfrequenzen zugeteilt und die Verfahren besprochen, wie mit den Zerstörern Verbindung aufzunehmen sei.

Unterdessen hatte das 5. Geschwader am 27. Oktober das Luftfahrtministerium darum gebeten, Abteilung 30 in Moskau darüber in Kenntnis zu setzen, daß in den frühen Morgenstunden des ersten geeigneten Tages nach dem 28. Oktober ein Angriff auf die TIRPITZ beabsichtigt sei. Den Sowjets sollte mitgeteilt werden, daß beschädigte Maschinen nach Jagodnik oder Vaenga ausweichen würden oder »im Notfall den am nächsten liegenden Teil russischen Territoriums« zu erreichen versuchten. Diese Warnung kam, wie im Falle der Operation »Paravane«, erneut sehr kurzfristig und warf einen bleibenden Schatten auf die beiderseitigen Beziehungen.

Am 28. Oktober um 11.50 Uhr GMT entdeckte eine PRU-Mosquito die TIRPITZ vor Haakoy liegend, »nähere Angaben [waren aber] wegen des herrschenden Dunstes nicht möglich«. Wie vorgesehen starteten an diesem Morgen 20 (und nicht die geplanten 18) Flugzeuge sowie eine Reservemaschine von Woodhall nach Lossiemouth und Milltown, 20 verließen Bardney (davon 14 nach Kinloss und sechs nach Lossiemouth). Die Operation wurde schließlich für den 29. Oktober angesetzt, nachdem eine Mosquito der Aufklärungsstaffel günstige Wetterverhältnisse im Raum Tromsö angetroffen und eine Vorhersage über passable Bedingungen gemacht hatte. Die letzten Vorbereitungen bestanden unter anderem aus dem traditionelle Einsatz-Essen (Eier, Speck mit Bratkartoffeln), bevor am 29. Oktober 19 Lancaster der 617. Staffel zwischen 01.03 und

02.10 Uhr und 20 der 9. Staffel zwischen 01.18 und 02.25 Uhr von ihren vorgeschobenen Stützpunkten aus starteten. Sgt. F.L. Tilley, Flugingenieur auf der »KC-T« der 617. Staffel, erinnert sich daran, »wie zusammengepreßt die Räder beim Start waren und wie langsam das Flugzeug auf der Rollbahn von Milltown beschleunigte, die in einem steilen Abhang über der Meer endete.« Die 9. Staffel berichtete, daß sie während des Hin- und Rückfluges jeweils »hervorragendes Wetter« angetroffen habe, »unglücklicherweise aber war der Himmel im Zielgebiet etwas wolkenverhangen, die Wolkenobergrenze lag bei 1800 Meter, und mehrere Besatzungen mußten öfter als einmal anfliegen«. »S-Sugar« (Fg. Off. C.R. Redfern) kehrte um 07.24 Uhr vorzeitig mit Motorenproblemen zurück, die »V-Victor« und die »R-Roger« konnten das Ziel nicht finden, somit griffen nur 19 Maschinen der 9. Staffel an »und erzielten möglicherweise einen Treffer auf dem Schlachtschiff«. »Mäßiges bis heftiges Abwehrfeuer der leichten und schweren Flak des Schlachtschiffes und der Küstenbatterien« schlug ihnen entgegen; Jäger wurden nicht gesichtet. Vier Lancaster der 9. Staffel wurden durch Flak beschädigt. Flt. Lt. J.D. Melrose beobachtete, daß »man die Wolken, falls dies nicht schon per Zufall geschehen wäre, nicht passender hätte formen können«. Er gestand ein, »völlig ausgelassen« gewesen zu sein.

Die 617. Staffel traf wie die 9. auf »widrige Wetterbedingungen« in Tromsö, das Schiff sei »zu Beginn des Anflugs« zu erkennen gewesen, vor Erreichen des Abwurfpunktes war es jedoch bereits verdeckt. »Ein Volltreffer und zwei Nahtreffer sind möglicherweise erzielt worden.« Der Funker (Plt. Off. S.V. Grimes) von Flt. Lt. B.A. Grumbley erinnerte sich an »die dramatische Wucht der Detonationen«, als die schweren Geschütze des Schlachtschiffes das Feuer auf die anfliegenden Maschinen eröffneten. Als sie die Tallboy abwarfen, »bockte« die Lancaster nach den Worten von Flt. Lt. R.E. Knights »wie ein junger Hengst«, und er hatte damit zu kämpfen, das Flugzeug bei konstanter Geschwindigkeit während der 31 Sekunden Laufzeit der Kamera über dem Ziel waagerecht zu halten. In diesem Moment tat sich eine Wolkenlücke auf, und Knights Bombenschütze schrie, die »KC-O« habe das Schlachtschiff getroffen. Der Pilot blieb freilich skeptisch, obwohl diese Tallboy das wahrnehmbare Schlingern des Ziels verursacht haben könnte. F/Sgt. A.W. Cherrington, Flugingenieur auf Sqn. Ldr. Fawkes Maschine, faßte zusammen, was er und wahrscheinlich auch andere empfanden: Die Tatsache, daß die TIRPITZ nach »einem 13stündigen langweiligen Flug« nicht versenkt worden war, »drückte ganz schön auf die Stimmung«.

Flt. Lt. T. Bennett, nunmehr Navigationsoffizier des Stützpunktes in Woodhall und am Einsatz gegen Tromsö nicht aktiv beteiligt, lieferte in einem Zwischenbericht nähere Einzelheiten: »Die Wetterbedingungen waren auf dem ersten Flugabschnitt sehr schlecht.« Die niedrige Flughöhe von 300 Metern »im Zusammenspiel mit einer sehr hohen statischen Aufladung der Wolken« machten das Gee-Gerät für die meisten Maschinen auf Position 62° 00' Nord 01° 00' Ost wertlos. Die Bewölkung war dafür verantwortlich, daß die Positionsbestimmung der Gestirne »sehr schwer« war; der Flug bis zur norwegischen Küste wurde hauptsächlich durch Koppelnavigation durchgeführt. Die Windge-

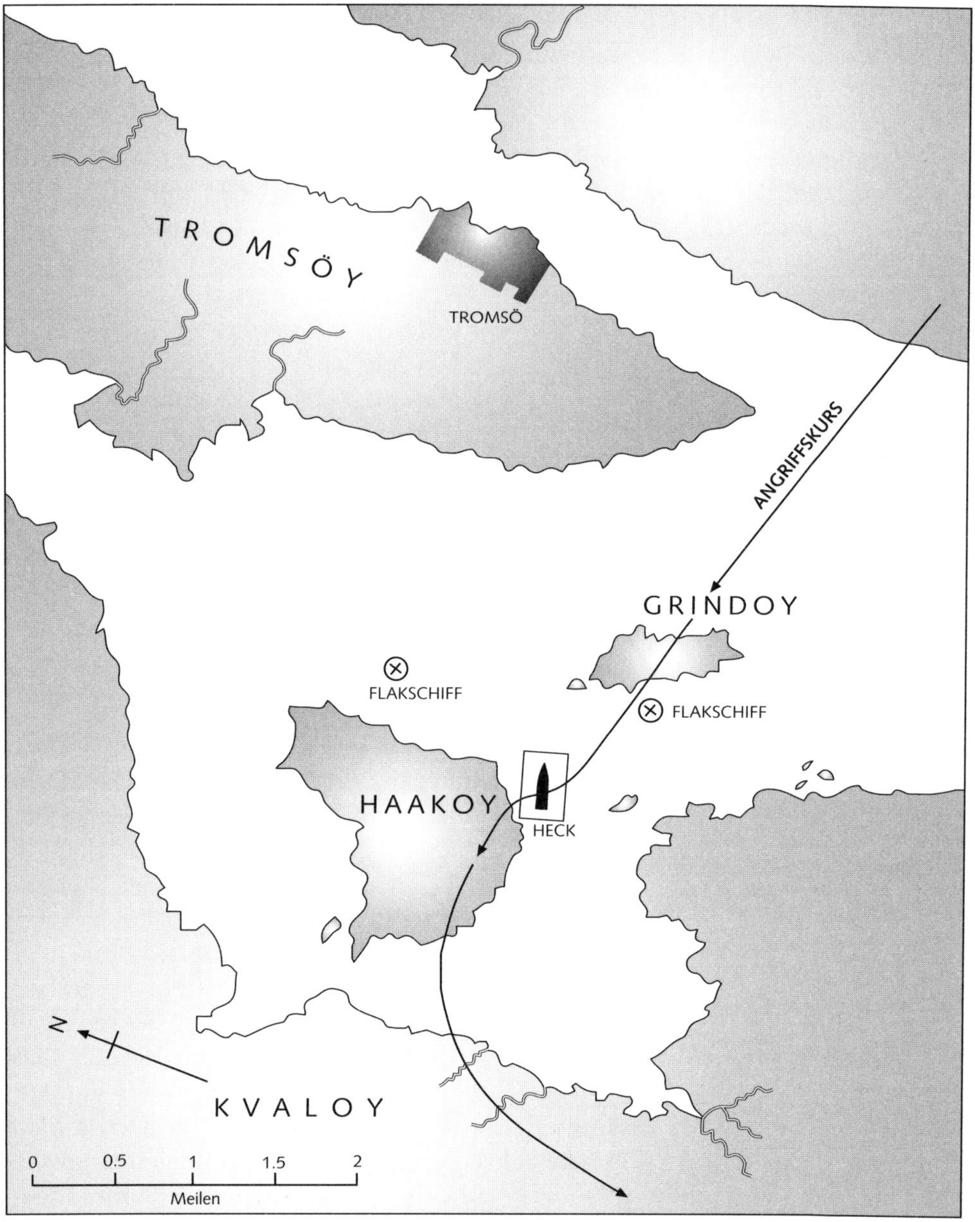

Die TIRPITZ vor Haakoy nahe Tromsö während Operation »Obviate« und »Catechism«, 29. Oktober und 12. November 1944.

schwindigkeiten variierten, die Küste wurde meist 24 Kilometer südlich der geplanten Route gesichtet. Dann war es möglich, sich nach Landmarken zu orientieren, »für die Navigatoren gab es dann keine Probleme mehr«. Auf dem Treffpunkt versammelte Sqn. Ldr. G.E Fawke seine Maschinen, indem er grüne Leuchtkugeln abfeuerte; dann traf Tait ein, wackelte mit den Tragflächen und führte den Verband nach Nordosten in Richtung Rostasee (69° 00' Nord 19° 50'

Ost), dann nordwestlich bis zum Ziel in 86 Kilometern Entfernung. Bennett mußte eingestehen, daß »die tiefhängenden Wolken den Anflug beeinträchtigten und das Ergebnis enttäuschend war«. Der Rückflug erwies sich als »ereignislos«. Die Maschinen flogen für dreieinhalb Stunden Kurs 253 Grad nach North Unst; sie waren durchschnittlich 13 Stunden in der Luft.

Fg. Off. J.H. Leavitt, ein Amerikaner, flog seinen ersten Einsatz als Copilot (»Passagier«) zusammen mit Fg. Off. F.H.A. Watts und gab Auskunft über die Erfahrungen der »KC-N«. Daß der Rückflug »ereignislos« gewesen wäre, konnte er nicht gerade behaupten. Die Lancaster flog am Morgen des 28. Oktober von Woodhall nach Lossiemouth, wo sie nochmals vollgetankt wurde. Nach einer letzten Einsatzbesprechung erfolgte der Start »bei fürchterlicher Sicht« in den frühen Morgenstunden des 29. Oktober, einem Sonntag. Als sie nach Beginn der Dämmerung die norwegische Küste erreicht hatte, konnte die Besatzung »bald überall am Himmel die anderen Maschinen erkennen und schloß sich dem Staffelführer an«; am Ziel herrschte eine Bewölkung von 5/10, Stratokumulus. »Mäßiges Flakfeuer verschiedener Kaliber ... sämtliche Geschütze der TIRPITZ, darunter auch die 38-cm-Kanonen«, schossen. Kurz nachdem die Tallboy beim zweiten Anflug ausgeklinkt worden war, wurde die »KC-N« getroffen: »glücklicherweise keine schweren Schäden, das Tageslicht schien durch die Spitze der linken Tragfläche, der rechte Reifen war geplatzt, der Heckturm durchlöchert und der Rumpf wurde an mehreren Stellen durchschlagen«; niemand war verletzt. Der Rückflug zog sich »quälend in die Länge und war totlangweilig«, bis die Besatzung bemerkte, daß der Treibstoff knapp wurde und Watts »meisterlich« mit einem platten Reifen in Sumburgh landete. Tait persönlich flog ein neues Rad ein, und schließlich erreichte Watts am 30. Oktober um 19.00 Uhr Lossiemouth, blieb über Nacht und landete am Nachmittag des 31. Oktober in Woodhall. »Nüchtern betrachtet, war es einer der aufregendsten Einsätze, die ich je geflogen habe. Mit Trefferschäden waren wir in Sumburgh auf nur einem Rad gelandet.« Sein Pilot bestätigte die Erlebnisse der Besatzung. Als er sich dem Zielgebiet bei zunehmender Bewölkung näherte, »wurde der Befehl zum Rückflug bzw. zum Abbruch« des Unternehmens durchgegeben. Der Funker muß einen Hauch von Nelsons Größe verspürt haben, da er vorgab, den Befehl nicht »klar und deutlich« verstanden zu haben, und die »KC-N« flog weiter. Voraus konnte Watts beobachten, wie Fg. Off. Carey von der Flak getroffen wurde: »Ich sah Stücke von der Maschine wegfliegen (so etwas hatte ich bis dahin nur in Hollywood-Filmen gesehen)«. Dann erhielt auch seine Lancaster »eine ähnliche Abreibung ... und [ich] vergaß Careys mißliche Lage«. Indem er über den Zustand der TIRPITZ nachdachte, schrieb Leavitt: »Ich fürchte, sie schicken uns wieder hin, aber daran denke ich nicht, wenn ich mir vorstelle, was das Schiff dann nicht mehr anrichten kann.«

Viele Norweger waren am Sonntag, dem 29. Oktober, Zeugen der Ereignisse, und manche haben ihre Eindrücke festgehalten. Egil Lindberg, der im Untergrund wirkende Funker, schrieb, daß »die Detonationen überall in Tromsö ein dumpfes Vibrieren des Bodens verursachten«, etwa fünf Kilometer von dem

Schlachtschiff entfernt. Hans Hansen, jener Funker, der von Nikkeby nach Süden auf die Insel Senja gezogen war, hatte alles aus der Ferne beobachten können und sah den Bombern am Himmel nach, wie sie über die Nordsee nach Hause flogen. Ihre Entschlossenheit angesichts schweren Flakbeschusses beeindruckte ihn. Lars Thoring, Angestellter bei der Stadtverwaltung in Tromsö, hörte den Luftalarm kurz vor 09.00 Uhr Ortszeit, und bald darauf sah er Flugzeuge, die über der höchsten Erhebung der Gegend, dem Tomsdalstint, erschienen. Eine große Zahl Flakgeschütze an Land und auf der TIRPITZ veranstaltete einen »ohrenbetäubenden Lärm«. Thoring schätzte, daß die Wolkenuntergrenze bei 1800 Metern lag, und er konnte Lancaster beobachten, die in die Wolken hinein und wieder herausflatterten, während Flakgranaten überall um sie herum explodierten. »Als die Bomben detonierten, hörte sich das wie Donner inmitten des anderen höllischen Lärms an.« Er meinte, der Angriff habe 15 Minuten gedauert, das Schiff sei jedoch nicht getroffen worden.

18 Lancaster der 617. Staffel, einschließlich der Ersatzmaschine, kehrten am 30. Oktober von ihren vorgeschobenen Basen nach Woodhall zurück, die beiden restlichen folgten am Tag darauf (Fg. Off. D.W. Carey RAAF war von den 21 Flugzeugen, die ihren Heimatstützpunkt am 28. verlassen hatten, mit der »KC-E« abgeschossen worden). Die 20 Maschinen der 9. Staffel trafen am 30. Oktober in Bardney ein. Für Plt. Off. R.J. Harris bedeutete dies den ersten und letzten Einsatz gegen die TIRPITZ, er stattete Tromsö keinen Besuch mehr ab. Auf beide Staffeln wartete eine Nachricht von Cochrane: »Glückwunsch für Ihren großartigen Einsatz und für Ihre Ausdauer. Die TIRPITZ kann nicht immer Glück haben. Eines Tages kriegt Ihr sie.« Prophetische Worte. Den verantwortlichen Stellen ließ er ausrichten: »Herzlichen Dank für die ausgezeichneten Vorkehrungen der Luft-See-Rettung durch die Admiralität und das Coastal Command.«

Die Berichte der Besatzungen fügten den offiziellen Stellungnahmen Einzelheiten hinzu, sie sind jedoch auch Ausdruck für die Trugschlüsse, und in gewisser Weise für die Verwirrung, die Augenzeugenberichten eigen sind, vor allem wenn sie unter Gefechtsbedingungen die Ereignisse von Bruchteilen einer Sekunde wiedergeben sollen. Mit Sicherheit brachte der plötzlich drehende Wind, der die Wolken rasch und unerwartet über dem Ziel aufwirbelte, während die Bomber mit dem Zielanflug begannen, den geplanten Gänsemarsch von jeweils fünf Flugzeugen heftig durcheinander. Von der 617. Staffel warf Fg. Off. D.F. Oram (»Z«) seine Bombe um 07.49 Uhr GMT aus 4570 Metern ab, Sqn. Ldr. T.C. Iveson (»F«) um 07.50 Uhr aus 4720 Metern (beide »Erfolg nicht beobachtet«), Sqn. Ldr. G. Fawke (»J«) um 07.51 Uhr aus 4080 Metern, »Bombe über das Ziel hinaus gefallen – sonstige Erfolge nicht beobachtet«. Flt. Lt. J.L. Sayers RAAF (»X«) griff um 17.51 Uhr und 30 Sekunden aus 4320 Metern an, »sah auf dem Schiff einen großen Blitz, wahrscheinlich Treffer, sonstige Erfolge nicht beobachtet«. Flt. Lt. R.E. Knights (»O«) konnte um 07.52 Uhr aus 4020 Metern Höhe etwas mehr erkennen: »Bombe beobachtet, wie sie ins Wasser fiel und vorlich an Steuerbordseite in etwa 20 Metern

Abstand detonierte, Schiff schlingerte beträchtlich. Habe nach dem Abwurf mehrmals die Stelle umkreist und dichten braunen Rauch beobachtet, der sich in der Nähe des Schiffes auftürmte. Kurz nach der Detonation war Explosion im Vorschiff an Steuerbord zu erkennen, dann folgte dichter schwarzer Rauch.«

Wg. Cdr. J.B. Tait (»S«) klinkte seine Tallboy um 07.54 Uhr aus 3960 Metern aus, er berichtete: »Schiff bei Anflug deutlich zu erkennen, aber bei Abwurf der Bombe durch Rauch verdeckt«. Tait, der den Verband zum Ziel geführt hatte, war gezwungen, einen zweiten Anflug zu wagen, um seine Bombe einzusetzen. Fg. Off. A.W. Joplin RNZAF (»T«) warf seine Tallboy um 07.57 Uhr aus 4080 Metern ab und sah »offenbar einen Einschlag im Vorschiff, gefolgt von einer Detonation und braunem Rauch«; Fg. Off. P.H. Martin RAAF (»H«) berichtete um 07.58 Uhr aus 4570 Metern »Volltreffer am Heck [*sic*] des Schiffes. Bombe abgeworfen im dritten Anflug nach Anläufen aus Ost und Südwest.« Fg. Off. J. Gingles (»A«) klinkte seine Bombe ebenfalls um 07.58 Uhr aus 4570 Metern aus, »Ergebnis nicht beobachtet«. Fg. Off. J. Castagnola (»V«) und Flt. Lt. L.M. Marshall (»Y«) warfen ihre Tallboy um 07.59 Uhr aus 4400 bzw. 4230 Metern ab. Castagnola »sah, wie die Bombe in Richtung TIRPITZ fiel, kurz darauf folgten Flakfeuer und eine Rauchwolke«; Marshall berichtete: »Eine Bombe gesehen, wie sie unmittelbar vor Netzkasten an Steuerbordseite des Schiffes ins Wasser fiel. Sonst keinen Treffer beobachtet«. Fg. Off. F.H.A. Watts (»N«) ließ die Tallboy um 08.00 Uhr aus 4810 Metern fallen, »Treffer nicht beobachtet«; Flt. Lt. M.D. Hamilton (»G«) warf um 08.00 Uhr und 30 Sekunden aus 4870 Metern ab. Hamilton konnte berichten, daß »eigene Bombe wahrscheinlich Treffer am Bug gefolgt von riesigem Blitz. Zwei Bomben beobachtet bzw. eine weitere, wie sie nahe TIRPITZ ins Wasser fielen, ungefähr mittschiffs«. Flt. Lt. L.S. Goodman (»B«) klinkte um 08.03 Uhr aus 4080 Metern aus und Fg. Off. J.A. Sanders (»K«) um 08.05 Uhr aus 4570 Metern, beide berichteten: »Ergebnis nicht beobachtet«. Von Fg. Off. D.W. Carey RAAF weiß man, daß er seine Bombe abgeworfen hat, »zuletzt gesehen mit Kurs auf Schweden«; er wurde offiziell als »vermißt« gemeldet. Insgesamt hatten somit 16 der 19 in Schottland gestarteten Lancaster der 617. Staffel die TIRPITZ angegriffen. Drei weitere – Flt. Lt. H.J. Pryor (»W«), Flt. Lt. B.A. Grumbley RNZAF (»P«) und Fg. Off. A.E. Kell RAAF (»M«) – waren am Abwurf der Tallboy gehindert worden und brachten sie mit zurück. Grumbley hatte über dem Zielgebiet viermal Anlauf aus verschiedenen Richtungen genommen und sich dann von Tait versichern lassen, es nicht noch einmal versuchen zu müssen; dies zeigte nebenbei, daß der Staffelführer der 617. im Raum Haakoy blieb, nachdem er seine Bombe abgeworfen hatte.

Bei der 9. Staffel nahmen die Ereignisse einen ähnlichen Verlauf. Sechs Minuten nach der ersten Maschine der 617. ließen Flt. Lt. J.D. Melrose und Fg. Off. R.F. Adams um 07.55 Uhr aus 4320 bzw. 4630 Metern ihre Bombe fallen. Melrose schlug »mäßiges bis heftiges Feuer leichter und schwerer Flak über dem Zielgebiet [entgegen]. TIRPITZ bei Anflug klar erkannt, schien nicht in Notlage zu sein. Ziel beim Abwurf von Wolken verdeckt, Ergebnis unmöglich einzuschätzen.« Adams hatte »das Schlachtschiff unmittelbar vor dem Abwurf im

Fadenkreuz des Bombenzielgeräts. »Ziel beim Ausklinken durch Wolken verdeckt, Position aber leicht einschätzbar.« Es folgte ein etwas merkwürdiger Eintrag: »Besatzung, außer dem Piloten, ohne Sauerstoff, Ergebnis konnte deshalb nicht genau beobachtet werden«. Fg. Off. J.J. Dunne RAAF und Fg. Off. L.E. Marsh warfen ihre Tallboy um 07.56 Uhr aus 4260 bzw. 4570 Metern ab. Dunne notierte, »eine Bombe beobachtet, wie sie das Heck des Schiffes traf. Loch in der Abteilung des Bombenschützen um 07.55 Uhr in 4260 Metern Höhe beim Anflug auf das Ziel.« Lakonisch fügte er hinzu, »sonst nichts weiter beobachtet«. Marsh berichtete folgendes: »Volltreffer auf Schiff in der Nähe vorderer Mast, gefolgt von Rauchsäulen. Geschütze im Vorschiff stellen daraufhin Feuer ein.« Fg. Off. J.E. Stowell griff um 07.57 Uhr aus 3960 Metern an, »drei Explosionen beobachtet, zwei im Vorschiff, eine am Heck«; Fg. Off. R.F. Williams RAAF warf seine Bombe eine Minute später aus 3650 Metern ab und berichtete ebenfalls, daß »zwei Treffer auf dem Schiff zu erkennen waren, einer Mittschiffs in der Nähe der Aufbauten, der andere im Vorschiff. Eine dritte Bombe Einschlag nahe Bug«. Sämtliche Zeiten, auch jene der 617. Staffel, waren in GMT angegeben. Aus unerfindlichen Gründen muß die 9. Staffel Angaben in BST gemacht haben (die in den Wintermonaten beibehalten wurde, DBST war für die Sommermonate vorgeschrieben); der Angriff dauerte gerade mal 18 Minuten.

Der Führer des Verbandes, Wg. Cdr. J.M. Bazin, berichtete, daß er seine Tallboy um 08.54 Uhr (mit großer Wahrscheinlichkeit BST d.h. 07.54 Uhr GMT, zur selben Zeit wie Tait) aus 4720 Metern abgeworfen habe, er gab zu, sich »am Sammelpunkt verspätet zu haben«. Der »Wind über dem Zielgebiet kam aus westlicher Richtung und war die Ursache für tiefhängende Schichtwolken über dem Fjord«; er fügte die etwas überraschende Mitteilung hinzu, daß »das Schiff mit einem Ende auf Grund lag«. Fg. Off. D. Macintosh und Fg. Off. B. Taylor folgten um 08.55 Uhr aus 4320 bzw. 3650 Metern. Macintosh gab an, »kein Ergebnis beobachtet« zu haben, fuhr jedoch fort: »Um 08.54 Uhr in 4260 Metern Höhe fast über dem Ziel, Teil des Schlachtschiffes durch Wolkenlücke beobachtet, anscheinend Volltreffer auf Backbordseite achtern durch andere Maschine.« Taylor sah, wie die Bomben »auf dem Wasser aus verschiedenen Richtungen aufschlugen, etwa 800 Meter vom Schiff entfernt. Beim dritten Anflug abgeworfen. Dicker gelber/brauner Rauch schien mittschiffs aufzusteigen.« Fg. Off. A.L. Keeley und Sqn. Ldr. A.G. Williams warfen ihre Tallboy um 08.55 Uhr aus 4260 bzw. 4750 Metern ab. Keeley registrierte »Mündungsfeuer der TIRPITZ, Ziel jedoch durch Wolken verdeckt. Bomben gingen überall nieder, keine aber traf das Schiff.« Williams hatte »die Schiffsmitte im Visier. Leichte und schwere Flak mäßig bis heftig von Uferstellungen und TIRPITZ, die auch mit ihren achteren schweren Geschützen feuerte. Heckschütze hat Volltreffer im Vorschiff beobachtet, gefolgt von einer schweren Explosion und einer braunen Rauchsäule.« Fg. Off. Laws griff um 08.56 Uhr aus 4620 Metern an, »Bewölkung behindert genaue Beobachtung des gesamten Angriffs. Zwei Bomben lagen etwas zu kurz«. Eine Minute später folgte auch Fg. Off. A.F. Jones RAAF aus 4620 Metern, er bemerkte »rote Blitze auf dem Schiff, nehme an Explosionen, kein Flakfeuer. Kleinere Fahrzeuge um TIRPITZ herum beobachtet«, und sein Bombenschütze »meinte, das Ziel hüpfe«. Drei Maschinen der 9. Staffel warfen ihre Bomben um 09.01 Uhr ab: Fg. Off. G.C. Camsell RCAF und Fg. Off. W.D. Tweddle aus 4720 Metern, Fg. Off. R.J. Harris aus 4620 Metern. Camsell hatte den Eindruck, »als ob die Bomben verstreut lagen. Ausflug war recht schön. Bomben wegen Bewölkung verstreut«; Tweddle sah »nach dem Bombardement eine riesige gelbe Wolke und eine braune Rauchsäule«. »Angaben zu Ergebnis wegen tiefhängender Bewölkung nicht möglich.« Harris gab an, daß »die Tallboy auf Bug des Schlachtschiffes gezielt war, um Abtrift durch Wind auszugleichen. Erster Anflug nicht optisch, bei zweitem Anflug nur noch zwei Flugzeuge zu sehen, vorherige Abwürfe nicht beobachtet.« Sein Bombenschütze, Plt. Off. H.F.C. Parsons, verlangte einen zweiten Anflug und meinte erbost, »daß er diesen verdammt weiten Weg nicht umsonst gemacht habe«. Die letzte Lancaster, die ihre Bombe abwarf, war die Maschine von Flt. Lt. A.M. Morrison aus 4500 Metern um »08.07 Uhr [*sic*]«. Die Tallboy wurde während des fünften Anflugs ausgeklinkt, »da das Ziel während der letzten Minute des vorhergehenden Anlaufs von Wolken verdeckt war. Beim vierten Anflug war eine orangefarbene Explosion am Heck des Schlachtschiffes zu erkennen. Detonation der eigenen Tallboy wegen Bewölkung nicht beobachtet.«

Von den 20 Maschinen der 9. Staffel, die an jenem Morgen auf ihren vorgeschobenen Basen gestartet waren, hatten demnach 17 ihre Tallboy abgeworfen. Eine (Fg. Off. C.R. Redfern) kehrte vorzeitig zurück, Fg. Off. S. Arndell RAAF und Fg. Off. R.C. Lake waren am Abwurf gehindert worden und nahmen ihre Bombe wieder mit; Arndell hatte das Ziel zweimal vergeblich angeflogen. Angenommen, man wandelt einige Zeitangaben der 9. Staffel in GMT um, fand der Angriff vor Haakoy zwischen 07.49 Uhr (Oram, 617. Staffel) und 08.07 Uhr (Morrison, 9. Staffel) statt. Daraus ergibt sich eine Zeitspanne von 18 Minuten, die jenen Angaben entspricht, welche die Beobachter am Boden über die Dauer des Luftangriffs gemacht haben.

Das Schicksal der vermißten Besatzung der 617. Staffel (Fl. Off. D.W. Carey RAAF) war für einige Zeit unklar. Wie auch andere Bombenschützen verlor Plt. Off. D.H. McLennan RCAF die TIRPITZ im letzten Moment aus dem Visier, als die Bewölkung zunahm. Der Pilot flog eine Linkskurve, um einen neuen Versuch zu wagen bzw. fuhr damit fort, bis McLennan beim sechsten Anflug das Schlachtschiff klar genug erkennen konnte, um die Tallboy abzuwerfen. Die Lancaster jedoch hatte einen Treffer am steuerbord inneren Motor erhalten, der völlig bespritzt war, als Carey nach Westen Richtung Heimat fliegen wollte. Als die Maschine eine kleine vorgelagerte Insel überquerte, beschädigte die Flak auch den steuerbord äußeren Motor und zerschmetterte das Funkgerät. Wie durch ein Wunder blieb der Bordfunker verschont, denn er hatte sich in diesem Moment auf dem Weg durch Rumpf gemacht, um die Elsan-Toilette aufzusuchen. Ein kurzer Check brachte das Ergebnis, daß Carey angesichts des Treibstoffverlustes das Ausweichflugfeld von Sumburgh nicht mehr würde erreichen können. Somit stellte Schweden die einzige Option dar. Die bewegliche Ausrüstung, sogar die Gee-Navigationshilfe und das Bombenzielgerät wurden abgeworfen; da sie jedoch rasch an Höhe verloren, landete Carey in sumpfigem Gelände bei Porjus, in der Nähe der Südspitze des als Sammelpunkt ausgewiesenen Sees. Die Maschine schlug gefährlich hart mit der Nase auf, bevor sie auf ebenem Kiel zum Stillstand kam, und der Pilot hatte sich das Knie verrenkt. Als er von einem Vernehmungsoffizier gefragt wurde, warum er auf dem Weg zur TIRPITZ den Luftraum eines neutralen Landes verletzt habe, antwortete Carey ernstlich, daß der Verbandsführer falsch navigiert habe. Dieser habe Schüsse aus der Signalpistole abgegeben, um die Flugzeuge zu sammeln, so daß sie das schwedische Hoheitsgebiet verlassen konnten. Ein klassischer Fall sparsamen Umgangs mit der Wahrheit. Carey und seine Besatzung wurden schließlich in die Heimat zurückgeführt, zu ihrem Bedauern aber erreichten sie Woodhall zu spät, um am dritten Einsatz gegen die TIRPITZ teilzunehmen.

Bei der 9. Staffel waren auch nähere Einzelheiten zu Fg. Off. A.F. Jones Aufenthalt über Tromsö zu erhalten. Offenbar hatte die »Flak die Kanzelverkleidung links zerfetzt«, und der Pilot trug schwere Gesichtsverletzungen davon. Sein Bombenschütze flog die Maschine über die Nordsee, Jones gelang es schließlich, sicher in Schottland zu landen. Fg. Off. A.E. Kell RAAF, 617. Staffel, war nicht verletzt worden, kam aber beinahe zu Schaden, als der Treibstoff zur Neige ging; da er die Tallboy noch an Bord hatte, mußte er in Sumburgh notlanden. Auch die BCFU-Lancaster war kaum in den Genuß eines vermeintlich »ereignislosen« Ausflugs gelangt. Während des Einsatzes hatten schlechtes Wetter und ungünstige Lichtverhältnisse die Aufnahmeweite auf 50 Meter reduziert; bevor sie noch über Haakoy ankam, waren Schäden an der rechten Tragfläche, der Motorenaufhängung und dem Hauptfahrwerk aufgetreten. Beim Anflug auf Waddington wies der Pilot seine Besatzung an, sich auf eine Bruchlandung vorzubereiten, es gelang ihm jedoch, auf einem Rad zu landen; die Gesamtflugzeit betrug 14 Stunden und 20 Minuten. Es war ein interessanter, zeitweise frustrierender, aber sicherlich nicht »ereignisloser« Flug gewesen. Flt. Off. B.A. Grumbley RNZAF brachte seine Tallboy mit zurück, und da er ebenfalls keinen Treibstoff mehr hatte, landete er auf der kurzen Rollbahn von Scatsta, 32 Kilometer nördlich von Lerwick auf Sullum Voe.

Ein PRU-Aufklärer konnte am 29. Oktober um 12.10 Uhr GMT auf der TIRPITZ keine Anzeichen von Beschädigungen erkennen, durch Ultra entzifferten Funksprüchen war später ebenfalls zu entnehmen, daß kein Volltreffer erzielt wurde; ein Nahdetonierer war für das Eindringen von 800 Tonnen Wasser in das Schlachtschiff verantwortlich gewesen. Schließlich stellte sich heraus, daß diese Tallboy »die Backbordwelle und das Ruder beschädigt hatte, das Achterschiff an Backbord wurde auf einer Länge von 35 Metern geflutet«. Es hatte drei Verletzte gegeben. Beim 5. Geschwader faßte man das Belegmaterial des PRU-Aufklärers so zusammen, daß sich die TIRPITZ weiterhin vor Haakoy »innerhalb ihres Netzkastens wie vor dem Angriff [befinde]. Es ist anzunehmen, daß sie auf ebenem Kiel liegt. Eine hinlängliche Einschätzung der Schäden ist nicht möglich.« Die Auswertung der während des Angriffs angefertigten Aufnahmen half auch nicht weiter. Sämtliche Photos waren »wegen der Bewölkung und des Rauchs sehr unscharf, das Heck des Schlachtschiffes ist auf einer Aufnahme an seinem üblichen Liegeplatz auszumachen. Der nächstliegende Einschlag ist in 300 Metern Entfernung zu erkennen.« Die Naval Intelligence Division sollte am 3. November erwähnen, daß 32 Lancaster am 29. Oktober die TIRPITZ »bei leichter Bewölkung, [die] ein genaues Anvisieren erschwerte«, angegriffen habe. Hervorgehoben wurde, daß »die Auswertung der Photos keine eindeutigen Ergebnisse erbracht hat. In den Einsatzberichten wird behauptet, daß es eine Vielzahl von Nahtreffern gegeben und daß das Schiff Schäden davongetragen habe« – eine vergebliche Hoffnung. Am 29. Oktober um 08.45 Uhr hatte die TIRPITZ gemeldet, daß sie von 40 schweren Bombern angegriffen werde, dann kam die Mitteilung, daß keine Treffer erzielt worden seien, nur ein Nahdetonierer habe »leichte Schäden verursacht«. Mehrere Flugzeuge seien abgeschossen worden. Zweifelsohne hat diese Behauptung und die Tatsache, daß die Besatzung der TIRPITZ offensichtlich ihr Schiff erneut vor der Versenkung bewahrt hatte, die Moral erheblich gehoben. Nach dem Krieg sollte Fähnrich z.S. Alfred Zuba bestätigen, daß die Geschützbedienungen der Ansicht waren, sie, und nicht die Wolken, hätten mit ihren Waffen den Angreifern einen Strich durch die Rechnung gemacht.

Solcherart Wunschdenken war nicht auf den Gegner beschränkt. Die große Zahl an Besatzungsmitgliedern, die von mehreren Treffern auf dem Schlachtschiff berichteten, erschwerten eine Einschätzung möglicher Schäden in der Heimat außerordentlich, und dies führte, anfangs zumindest, zu übertriebenen Behauptungen, die sich später als unzutreffend herausstellten. Dennoch berichteten die *»V« Group News* von Anfang an etwas nüchterner über »einen zweifelsohne sehr nahe liegenden Einschlag«, es gebe jedoch keine Anzeichen für einen Treffer; man kam zu dem Schluß: »Erneut sind die Staffeln um die Früchte ihres Erfolgs gebracht worden, diesmal wurden sie unerwarteterweise vom Wetter ausgetrickst, das haben sie nicht verdient«. Beim 5. Geschwader war man »enttäuscht« darüber, daß »die Wolken in der entscheidenden Phase des Anflugs dazwischenkamen« und verharrte zwischen Hoffnung und Vorsicht. »Das todgeweihte Schlachtschiff, das in seinem schützenden Flechtwerk aus Netzen liegt, das es vor Angriffen über und unter Wasser bewahren soll bzw. durch Nebelwerfer vor Flugzeugen verdeckt wird, kann sich für eine kurze Zeitspanne in Sicherheit wiegen; es ist sicher, bis günstige Wetterverhältnisse für die Bomber die erforderlichen Voraussetzung schaffen, ›um einen Schlußstrich zu ziehen.‹« Die »Überlebenschancen« der TIRPITZ hingen von ungünstigen Wetterbedingungen ab, »und dies trifft wegen der vorherrschenden westlichen Winde wahrscheinlich auf fünf von sechs Tagen zu«. Nur der Ostwind klarte den Himmel auf, »und da die Sonne sich ab November bis zum Frühjahr nicht mehr über dem Horizont zeigt, bleibt nunmehr eine kurze Zeitspanne, um einen Erfolg zu erzielen«. Der 26. November kündigte den Beginn der Polarnacht an. F/Sgt. C.B.R. Fish erinnerte sich später daran, daß Cochrane nach Operation »Obviate« in einer Ansprache an die 617. Staffel in Woodhall nachdrücklich gefordert habe, daß die TIRPITZ versenkt werden müsse. Die Lancaster würden »immer und immer wieder« hinausgeschickt, bis der Job erledigt sei.

Die überlieferten Quellen geben weder eine klare Auskunft über das genaue Datum, wann überzählige Besatzungsmitglieder das Schlachtschiff verlassen haben (nach der Ankunft vor Haakoy oder infolge von Operation »Obviate«) noch über die Zahl der Männer, die davon betroffen waren (400–600); später findet sich die Behauptung, es seien lediglich 100 gewesen. Anfang November war die TIRPITZ kaum mehr in der Lage, sich aus eigener Kraft fortzubewegen, die Mehrzahl des Maschinenpersonals war zweifelsohne an Land versetzt worden. Um der neuen Rolle als schwimmende Batterie gerecht zu werden, konzentrierte man sich nunmehr auf Schießübungen und Instandhaltungsaufgaben. Die Alliierten waren von dieser reduzierten Tätigkeitspalette ahnungslos.

Die Aufgabe, die Mulde unter der TIRPITZ mit Schutt aufzufüllen, wurde nach offiziellen Angaben am 1. November in Angriff genommen (obwohl Kapitän z.S. Junge später behauptete, daß die »ersten Baggerarbeiten am 2. oder 3. begannen«). Ziel war es, »eine ebene Fläche in zwei Metern Wassertiefe unter dem Kiel« zu schaffen. Das ursprüngliche Problem war durch die Nahtreffer vom 29. Oktober noch verschärft worden, die nicht nur den Grund weiter ausgeschwemmt hatten, sondern auch dort Schlamm zum Vorschein brachten, wo steiniger Meeresboden erwartet worden war. Bis zum 12. November, so schätzte der britische Marinenachrichtendienst, seien etwa 14 000 Kubikmeter Schutt (die Hälfte des benötigten Abraums) »auf beiden Seiten unter dem Mittelschiff verfüllt worden«. Die Bagger hatten noch eine Menge zu tun. Am 4. November überließ Junge, obwohl er weiterhin das Kommando behielt, Kapitän z.S. Robert Weber den Befehl über das Schlachtschiff; Weber leitete unverzüglich eine Untersuchung über die Lage des Schiffes in die Wege. Drei Tage später wurde eine umfangreiche Liste über benötigte Ersatzteile aufgestellt.

Am 3. November gelangte der Marinenachrichtendienst zu der Überzeugung, daß »der Anbau eines neuen Vorschiffs von Turm A ab erforderlich sein wird, um das Schiff wieder seetüchtig zu machen; für diese umfangreichen Arbeiten ist ein längerer Werftaufenthalt vonnöten«. Er sei »unwahrscheinlich«, daß diese Arbeiten »in einem Stützpunkt im Norden ausgeführt werden konnten; um die volle Einsatzbereitschaft wiederherzustellen, waren mindestens vier bis sechs Monate Liegezeit in einer Großwerft (inklusive Dockaufenthalt) erforderlich«. Aus diesem Grund konnte man die TIRPITZ nicht sich selbst überlassen. Sie stellte weiterhin eine Bedrohung dar, die es abzuwenden galt – und zwar sofort. Bis zum Beginn des Polarwinters blieben noch 23 Tage, unter seinem schützenden Dach konnte eine Menge geschehen, um das Schiff wieder herzustellen.

Sobald die Lancaster auf ihren Stützpunkten wieder heimischen Boden berührt hatten, wurden bereits Pläne für eine Wiederholung der Operation »Obviate« ausgearbeitet, nunmehr unter dem Decknamen »Catechism«. Am 2. November setzte das Hauptquartier des 8. Geschwaders das Bomber Command darüber in Kenntnis, daß es »notwendig ist, Pampa-Mosquito sofort in Vaenga bei Murmansk zu stationieren«, um verläßliche Meldungen über

»annehmbare Wetterbedingungen« für einen Angriff auf die TIRPITZ zu erhalten. Obwohl man sich offiziell an die Sowjets gewandt hatte, wurde zwei Mosquitos zur Wetteraufklärung nach Sumburgh verlegt. Unterdessen hatte das 5. Geschwader die Stützpunkte 53 und 54 formell darauf hingewiesen, daß der Einsatzbefehl B.432 (vom 24. Oktober) unter dem Decknamen »Catechism« mit der neuen Nummer B.439 wiederholt werde. »Stunde H« sei im Zielgebiet für den 5. November bei Morgendämmerung plus 90 Minuten festgelegt.

Am 4. November flogen demzufolge 20 Lancaster der 9. Staffel und 19 (einschließlich einer Reservemaschine) der 617. nochmals ihre vorgeschobenen Stützpunkte in Schottland an. Sqn. Ldr. T.C. Iveson von der 617. Staffel mußte unterwegs in Carnaby für Reparaturarbeiten zwischenlanden, er erreichte Milltown schließlich nach den anderen Maschinen. Er hätte sich nicht zu beeilen brauchen. An jenem Abend gab es eine Sturmwarnung, und am 5. November um 10.00 Uhr wurde der Einsatz »wegen widriger Wetterbedingungen« abgesagt; die Flugzeuge kehrten nach Woodhall und Bardney zurück. Am 6. November informierte das Luftfahrtministerium Abteilung 30 in Moskau, daß »Catechism« wegen unbestimmter Wetterverhältnisse »bis auf weiteres« verschoben worden sei. Den Sowjets sei für ihr Unterstützungsangebot zu danken; ferner müßten sie davon in Kenntnis gesetzt werden, daß die Möglichkeit des Einsatzes einer Mosquito von Vaenga aus nicht gänzlich fallengelassen worden sei. Noch am selben Tag erhielten die 617. und die 9. Staffel erneut Weisung, sich bereit zu halten, und am folgenden Tag landeten die Lancaster der 9. Staffel in Lossiemouth und Kinloss, diejenigen der 617. in Lossiemouth und Milltown, die Maschine mit dem Kamerateam von der 463. verlegte nach Lossiemouth. Die *»V« Group News* berichteten: »Dies ist nun das dritte Wochenende in Folge, daß diese Lawine über sie hereinbrach, [und] die Einwohner der vorgeschobenen Stützpunkte standen dem mit gemischten Gefühlen gegenüber, welche sie aber höflichst verbargen«. Einer zählebigen Legende zufolge soll Tait am Samstag, den 11. November, in gestreiftem Trikot und Fußballschuhen vom Sportfeld geholt worden sein, dann erfuhr er, daß die Lancaster sofort zu ihren vorgeschobenen Stützpunkten zu verlegen hätten, um »Catechism« erneut zu starten. Angeblich soll der befehlshabende Offizier den schwitzenden Staffelführer persönlich oder, was wahrscheinlicher ist, per Telefon die entsprechenden Befehle übermittelt haben. Falls sich dies tatsächlich so zugetragen haben sollte, muß es bereits am 10. November geschehen sein; die Besatzungen gingen danach zur Einsatzbesprechung, am 11. November nachmittags befanden sie sich schon in Schottland. Die vorläufige Wettervorhersage lautete: »... drohende Wolken mit vertikalem Aufbau über der norwegischen Küste ... hoher Vereisungsgrad, es gibt keine Garantie dafür, daß sich über dem Ziel kein Stratocumulus bildet.« Insbesondere war über den Bergen Schwedens mit Vereisung zu rechnen. Kurz nach Mitternacht vom 11. auf den 12. November landete eine Mosquito in Lossiemouth und brachte Nachricht von einer leichten Verbesserung: »Keine Wolken mit vertikalem Aufbau, aber stellenweise niedrige Schichtwolken.« »Nicht sehr erfolgversprechend«, mußte das Bomber Command eingestehen. Nichtsdestoweniger nahmen die Dinge ihren Lauf. Angesichts des jüngsten Mißerfolgs über Tromsö bemerkte einer der Teilnehmer, daß die »Besatzungen entschlossen waren, aber nicht optimistisch«.

Die »KC-R« wurde während dieses Einsatzes von dem amerikanischen Fg. Off. J.H. Leavitt geflogen; er schrieb seine Erfahrungen erneut nieder. »Nach einem verspäteten Mittagessen am Samstag ging ich zu Bett, und obwohl ich nicht gut geschlafen hatte, stand ich um 22.00 Uhr erfrischt auf. Trotzdem ich ein ›Kribbeln‹ in meiner Magengrube verspürte, war ich ziemlich hungrig.« Nach einer »sehr kurzen abschließenden Einsatzbesprechung« und einem »guten Essen« ging Leavitt hinaus zu seiner Lancaster, das Bodenpersonal war verzweifelt darum bemüht, die Maschine von Eis zu befreien. Obwohl die Windschutzscheibe von außen freigemacht worden war, »ließ unser Atem die Innenseite immer wieder beschlagen, wir starteten fast im Blindflug«. Bei einem Gesamtgewicht von 31 000 kg »hatte dies etwas von geistigem Hasardspiel«. Indem er die Positionslichter bis kurz vor der norwegischen Küste angeschaltet ließ, befand sich Leavitt in Gesellschaft weiterer Lancaster, verlor diese aber wieder aus den Augen. Nunmehr auf sich allein gestellt, fand sich die »KC-R« »im ersten Dämmerlicht« etwa 80 Kilometer nördlich der vorgesehenen Flugroute wieder. Voraus war Flakfeuer zu erkennen. Dies bedeutete, daß auch andere Maschinen vom Kurs abgekommen waren und veranlaßte Leavitt, die gegnerischen Stellungen im Steigflug zu umkurven. »Das Gelände unter uns war trostlos, abschüssig und karg, zugleich aber auch herrlich … Ich habe mich noch nie im Leben so einsam gefühlt«. Als die Sonne schließlich aufging, erschienen weitere Lancaster am Horizont, die »KC-R« schloß sich ihnen an und erreichte den Sammelpunkt.

Nachdem sie sich nahe Tarna in Schweden (65° 34' Nord 15° 00' Ost) Richtung Norden gewandt hatten – ein ähnliches Verfahren wie bei Operation »Obviate« am 29. Oktober – flogen die Maschinen unabhänig voneinander zum Akkajauresee, 240 Kilometer südsüdwestlich von Tromsö (67° 37' Nord 17° 50' Ost). Die 18 Lancaster des Einsatzverbandes von der 617. Staffel – der Pilot der Ersatzmaschine (Flt. Lt. H.V. Gavin) flog bei Sqn. Ldr. Iveson als »Passagier« – starteten zwischen 02.59 und 03.25 Uhr. Starker Rauhreif auf den Tragflächen hielt sieben Lancaster der 9. Staffel am Boden fest, die anderen 13 starteten zwischen 03.00 Uhr und 03.35 Uhr. Der Führer der Force B, Flt. Lt. J.D. Melrose, war wütend, daß das Bodenpersonal das Flugzeug nicht enteist hatte; seine Lancaster und die Maschine des Verbandsführers wurden aufgrund dessen in Kinloss festgehalten. Die »WS-T« von Fg. Off. D.A. Coster hatte zwar starten können, der Pilot »hielt die Lancaster aber schrecklich lange unten«, bevor er schließlich abhob. Flt. Lt. B.A. Grumbley RNZAF von der 617. Staffel gelang der Start nur, weil sein Flugingenieur dem Bodenpersonal dabei behilflich gewesen war, die Steuerflächen der Lancaster mit einem Besen abzufegen.

Fg. Off. H. Watkinson, Navigator von Fg. Off. W.R. Lee, betrachtete Gee als ein »wahres Geschenk des Himmels«. Wegen mangelnder Reichweite fiel es zwar irgendwann aus, »bis dahin jedoch konnten wir die Windverhältnisse genau berechnen und das Koppeln war einfacher«. F/Sgt. C.B.R. Fish, Navigator von

Fg. Off. A.W. Joplin, der mit seinen Kopf gegen den Flugzeugrumpf hämmerte, um während des »langweiligen, uninteressanten« Rückflugs nicht einzuschlafen, fand Gee ganz nützlich, aber in der Reichweite beschränkt. Nachdem sie die norwegische Küste überquert hatten – andere Flugzeuge waren nicht in Sicht – bestimmte er den Winkelabstand des Polarsterns, und zu seiner Verwunderung befand sich die Maschine nördlich der vorgesehenen Flugroute. Nach einer raschen Kurskorrektur stieß Fish »erleichtert einen Stoßseufzer aus«, als er voraus eine andere Lancaster erblickte. Dann »war alles ganz schön und prima«; als er schließlich zum Stützpunkt zurückkehrte, schlief er »buchstäblich rund um die Uhr« – er war nicht der einzige. Der Pilot der »KC-O«, Flt. Lt. R.E. Knights, erinnert sich: »Nachdem wir den Moray Firth verlassen hatten, flogen wir in 450 Metern Höhe Kurs Nordost Richtung Norwegische See. Auf der linken Seite sahen wir die Shetlands. Nach Erreichen von 46 Grad Nord flogen wir im Tiefflug nach Osten zur norwegischen Küste. Wir überquerten die Küstenlinie, stiegen höher, um uns von den Bergen klarzuhalten und überquerten die schwedische Grenze. Dann wandten wir uns Richtung Nord, blieben auf der schwedischen Seite der Grenze und flogen weiter zum Sammelpunkt.« Die Lancaster mit der Filmcrew startete um 03.24 Uhr, sie hatte sich »wegen schwerer Vereisung des Flugzeugs« verspätet.

Iveson näherte sich der norwegischen Küste während der Dunkelheit. Als der erste Sonnenstrahl über dem Horizont erschien, konnte er voraus die Umrisse einer Lancaster erkennen. Er schloß auf und sah Taits grinsenden Heckschützen, der wild gestikulierend in seine Richtung deutete. Die beiden Lancaster flogen zusammen zum Treffpunkt; dort erschien innerhalb von Minuten »wie durch Geisterhand« aufgrund einer »wunderbaren navigatorischen Leistung« ein ganzer Schwarm viermotoriger Stechmücken aus Richtung Westen. Gemäß den späteren Aufzeichnungen des Bomber Command war der See »wegen einer Wolke, die wie ein Abbild über ihm hing, leicht zu erkennen«. Nachdem er im strahlenden Morgenlicht zweimal im Kreis geflogen war, schoß Tait zwei Leuchtkugeln ab und führte den Verband zum Ziel. Die Besatzungen nahmen den »wundervollen Himmel« wahr, »... Sicht etwa 160 Kilometer ... aufregend klar, wirklich aufregend ... ein glasklarer Himmel«, allerdings waren sie auch vor Bf 109-Jägern auf der Hut, die auf dem nahegelegenen Stützpunkt Bardufoss gesichtet worden waren. Tait dachte darüber nach, daß es »nichts gab, was ich hätte tun können, falls sie erschienen wären, und ich erledigte meinen Job«; Iveson, einer seiner Staffelführer, gab zu, »sehr mißtrauisch« gewesen zu sein, andere suchten beunruhigt den Himmel ab. Sie stiegen in ihrer jeweiligen Gänseschar beständig auf die zugewiesene Abwurfhöhe und flogen den in Nord-Südrichtung liegenden Balsfjord entlang. Die TIRPITZ hob sich unverhüllt von der Umgebung ab: keine Wolken, kein Rauchschleier, obwohl einige Anstrengungen mit den unzureichenden Nebelanlagen auf dem Schiff unternommen wurden. Es war zu spät. Tait hatte den Eindruck von »einer Spinne in ihrem Netz, gefangen in dem sie umgebenden Netzkasten«. Die deutschen Geschützmannschaften hatten die Bomber ebenfalls entdeckt, die Hauptartillerie eröffnete das Feuer. Ihre Granaten fügten dem Himmel mit »orangefarbenen Wölkchen« Narben zu, für einige waren es eher »orangefarbene Wolken«. Diese blieben jedoch bald zurück und die vertraute schwarze Flakvorhang lag vor den Angreifern. Das Bomber Command bemerkte, daß »über jedem See Schichtwolken standen, die Überraschung war demnach umso größer, als über Tromsö weder Wolken noch ein Rauchschleier zu sehen waren.« Für Plt. Off. S.V. Grimes, Grumbleys Bordfunker, schien der wegen des SABS-Bombenzielgeräts erforderliche lange Anflug »nahezu endlos« zu sein.

Flt. Lt. R.E. Knights konzentrierte sich auf den »schwarzen Schatten« der TIRPITZ, der »sich von der umliegenden, schneebedeckten Landschaft abhob«. Fünf Minuten vor dem Ziel wurde der Bombenschacht geöffnet, er versuchte die Maschine gleichmäßig auf der vorgeschriebenen Flughöhe und -geschwindigkeit zu halten. Sein Bombenschütze, Fg. Off. A.B. Walker, sah, wie die Bombe anfing sich zu drehen, bevor Knights nach links in die Kurve ging. Wie die anderen Piloten auch verlor Iveson unter der Nase seiner Lancaster das Ziel aus dem Blick, als er sich zum Abwurf einreihte. »Dann dachte ich bei mir, daß wir diesmal eine sehr gute Chance hatten, da die Bedingungen ideal waren. Ich flog weiter, wir stießen durch eine Menge Flak, aber nicht so viel wie im Altafjord, weil es hier weniger Küstenbatterien gab als dort.« Ich »konzentrierte mich auf meine Instrumente und nahm nicht mehr wahr, was um mich herum passierte«. Nachdem die Bombe ausgeklinkt worden war, »sahen wir kurz hin, waren jedoch der Ansicht, daß wir noch einen weiten Weg vor uns hatten und so schnell als möglich von dort verschwinden sollten. Und das taten wir dann auch.« Nicht nur Iveson war dieser Meinung. Nachdem er sich seiner Bombe entledigt hatte, so behauptete Tait später, schätzte er die Umgebung als »ungesund« ein, und da der Einsatz nach Plan verlief, wollte auch er sich »dort nicht herumdrücken«. Dies entsprach der für ihn typischen Bescheidenheit. Zweifelsohne zog er seine Kreise, bis die anderen 17 Lancaster der 617. Staffel während der folgenden drei Minuten ihren Angriff durchführten, bevor auch er die Gegend wieder verließ.

Die Maschine mit dem Kamerateam, erneut unter dem Kommando von Flt. Lt. B.A. Buckham RAAF, hatte über 200 Meter Film verbraucht und war bereits wieder Richtung Westen unterwegs, als der Heckschütze meldete, die TIRPITZ habe 70 Grad Schlagseite; Buckham flog zurück, um aus 1500 Metern Höhe weitere Aufnahmen zu machen. Unabhängig voneinander bestätigten mehrere Heckschützen der 617. Staffel, daß das Schlachtschiff im Todeskampf liege. Der Schrei »Sie sinkt«, den Sgt. B. Kent in Sanders »KC-W« ausstieß, veranlaßte die meisten Besatzungsmitglieder, sich unter der Kuppel zu versammeln. Flt. Lt. I.M. Marshalls Heckschütze, Fg. Off. D.W. Bale, rief etwas ähnliches, daraufhin »drehte der Pilot um, so daß wir alle mitbekamen, wie sie kenterte – das war ein Anblick«, schrieb der Bordfunker, Fg. Off. H.J. Riding. Indem er das tödlich getroffene Schiff erblickte, meinte Warrant Officer W.H. Pengelly in Knights »KC-O« etwas nüchterner: »Ich danke Gott. Hierher brauchen wir wohl nicht mehr zu kommen.« Fg. Off. Watts war verblüfft, aber dankbar dafür, daß keine

Jäger erschienen waren und sinnierte: »Wir hatten Glück, daß wir den Feind nicht an einem seiner besseren Tage erwischt haben.«

Anhaltspunkte über das, was die Bomber vollbracht hatten bzw. über den sehnlichst erwarteten Erfolg wurden geliefert. Die Einsatzberichte der Piloten enthielten die ersten Hinweise, um ein zusammenhängendes Bild über den Ablauf und die Ergebnisse der Operation zu gewinnen. Die Zeiten der 617. Staffel waren in GMT angegeben. In Peilung 340 Grad (T = True; rechtweisend = rw) und einer angezeigten Geschwindigkeit von 270 km/h warf Wg. Cdr. Tait (»D«) die erste Tallboy um 08.41 Uhr aus 3960 Metern ab und beobachtete folgendes: »Wir konnten den Einschlag nicht erkennen, der erste Angriff konzentrierte sich jedoch gegen das Schiff. Als wir das Ziel erreichten, stieg Rauch aus dem Schornstein auf.« Wie die nachfolgenden Maschinen der 617. Staffel sollte Tait »Klare Sicht« notieren. Um 08.42 Uhr, anscheinend in einer Fünfergruppe im Gänsemarsch, warf Fg. Off. W.R. Lee RAAF (»P«, 330 Grad rw, 265 km/h) seine Bombe aus 4380 Metern ab; Fg. Off. J.A. Sanders (»K«, 350 Grad rw, 273 km/h) aus 4260 Metern; Flt. Lt. R.E. Knights (»O«, 330 Grad rw, 273 km/h) aus 4080 Metern; Fg. Off. J. Gingles (»A«, 340 Grad rw, 273 km/h) aus 4020 Metern und Fg. Off. J. Castagnola (»V«, 340 Grad rw, 273 km/h) aus 3850 Metern. Lee erwähnte, daß »das Schiff kurz nach dem Angriff durch Rauch verdeckt war« (dies bedeutet, die Tallboy wurde aus etwa 2000 Metern Entfernung abgeworfen). »Unsere Bombe fiel mitten in den Rauch hinein. Wir konnten beobachten, daß die Einschläge ziemlich dicht beisammen lagen, das Schiff hörte auf zu feuern, nachdem die ersten Bomben eingeschlagen waren«. Sanders hatte folgendes bemerkt: »Zwei Bomben, eine davon war unsere, fielen gleichzeitig, und es schien so, als ob beide das Oberdeck mittschiffs etwa an der Bordkante getroffen hätten« (dies läßt darauf schließen, daß die Sicht für die Besatzung nicht durch Rauch verdeckt war). »Die Bomben schienen dicht beeinander zu liegen. Nur eine lag zu weit.« Knights Bericht war etwas ausführlicher. »Unsere Bombe fiel etwa im Abstand von zehn Metern vom Achterschiff an Backbord ins Wasser. Die Einschläge der ersten vier Bomben lagen wie folgt: auf oder nahe dem Achterschiff an Steuerbord; am Bug auf Steuerbord; am Bug an Backbord und in der Nähe des Schornsteins. Wir blieben bis zum Ende des Angriffs im Zielgebiet und sahen gegen 08.51 Uhr eine gewaltige und gegen 08.53 Uhr noch eine kleinere Explosion. Bevor wir abflogen, konnten wir erkennen, daß die TIRPITZ schwere Schlagseite nach Backbord hatte.« Gingles notierte: »Wir sind der Ansicht, mittschiffs einen Volltreffer erzielt zu haben. Weitere Ergebnisse konnten wir nicht beobachten, da wir von der Flak getroffen wurden und abdrehen mußten«; Castagnola behauptete, daß »unsere Bombe mitten in den Aufbauten einschlug. Zur gleichen Zeit gab es einen weiteren Volltreffer, eine Rauchwolke stieg auf, dadurch wurde das Schiff vollkommen verhüllt.«

Fg. Off. A.W. Joplin RNZAF (»T«, 320 Grad rw, 273 km/h), Fg. Off. F.H.A. Watts (»U«, 332 Grad rw, 268 km/h) und Sqn. Ldr. T.C. Iveson (»F«, 345 Grad rw, 265 km/h) warfen ihre Tallboy alle um 08.42 Uhr und 30 Sekunden aus

4630 bzw. 4200 bzw. 3960 Metern ab. Joplin hielt fest, daß »unsere Bombe in den Rauch fiel, der das Schiff verhüllte. Ein Voll- und zwei Nahtreffer waren zu beobachten«. Watts bemerkte: »Wir konnten den Einschlag unserer eigenen Bombe nicht sehen, aber möglicherweise einen Volltreffer, eine ging über das Ziel hinaus, eine lag zu kurz und zwei zu weit.« Iveson berichtete: »Unsere Bombe fiel mitten in den Rauchschleier, welcher das Schiff verdeckte, als wir angriffen.«

Fünf Lancaster der 617. Staffel warfen ihre Tallboy um 08.43 Uhr ab: Flt. Lt. B.J. Dobson (»S«, 300 Grad rw, 265 km/h) und Fg. Off. J.H. Leavitt (»R«, 332 Grad rw, 273 km/h) beide aus 4750 Metern; Fg. Off. B.A. Grumbley RNZAF (»J«, 325 Grad, 265 km/h) aus 4690 Metern; Flt. Lt. I.M. Marshall (»Y«, 330 Grad rw, 257 km/h) aus 4510 Metern und Fg. Off. A.E. Kell RAAF (»M«, 330 Grad rw, 257 km/h) aus 3910 Metern. Dobson konnte beobachten, daß »unsere Bombe mitten in den dichten Rauch über dem Ziel fiel. Die Bomben schienen sehr genau zu sitzen«; Leavitt: »unsere Bombe drang mitten in den über der TIRPITZ hängenden Rauch ein; die Einschläge lagen beisammen, auf oder um das Schiff herum. Schwere Explosionen beobachtet«; Grumbley: »eine [Tallboy] bei Auftreffen auf Wasser beobachtet in etwa 20 Metern Entfernung von TIRPITZ. Ein trüber roter Schein war vor [auf?] dem Bug an Steuerbord zu erkennen«; Marshall: »Unsere Bombe schlug bei den anderen ein, auf oder um die TIRPITZ herum. Das Schiff war von Rauch verhüllt, und Feuer war an Bord zu erkennen.« Kell war etwas mitteilsamer. »Wir warfen die Bombe in Längsrichtung des Schiffes ab, gingen nach rechts in die Kurve und flogen dann nochmals Richtung Bug. Unsere Bombe, als Volltreffer oder sehr kurz liegender Nahtreffer gewertet, fiel inmitten des Rauchs, der kurz vor den Aufbauten aufstieg. Wir konnten mindestens einen Volltreffer beobachten, dem eine riesige Säule aus rötlich-braunem Rauch folgte.« Fg. Off. I.S. Ross RAAF (»C«, 340 Grad rw, 273 km/h) warf um 08.43 Uhr und 30 Sekunden aus 4450 Metern ab, Fg. Off. M.B. Flatman (»G«, 345 Grad rw, 273 km/h) aus 4140 Metern. Nach den Angaben von Ross war »der achtere Teil des Schiffes durch Rauch verdeckt, als wir angriffen. Unsere Bombe schlug auf oder in der Nähe des Bugs ein«, Flatman: »Wir schätzen, daß unsere Bombe etwa 25 Meter hinter dem Schornstein einschlug. Zudem konnten wir einen sehr kurz liegenden Nahtreffer am Achterschiff an Backbord erkennen. Unmittelbar nachdem die ersten Bomben eingeschlagen waren, war ein roter Schein zu erkennen, gefolgt von einer großen schwarzen Rauchsäule.« Flt. lt. S.A. Anning (»Z«, 340 Grad rw, 273 km/h) warf seine Tallboy um 08.44 Uhr aus 4870 Metern ab und meinte, daß »unsere Bombe inmitten des dichten Rauchs fiel«; er bestätigte die Angaben Knights: »Um 08.51 Uhr gab es eine gewaltige Explosion auf dem Schiff.« Flt. Lt. J.L. Sayers RAAF (»W«) griff als letzter der 617. Staffel um 08.45 Uhr aus 4320 Metern an: »Wir verfolgten unsere Bombe bis fast zum Schiff, dann verloren wir sie im Rauch aus den Augen. Es war entweder ein Volltreffer oder ein sehr kurz liegender Nahtreffer.«

Wie im Einsatzbefehl festgelegt, folgte die 9. der 617. Staffel nach; die Zeiten waren in BST (GMT + 1 Stunde) angegeben. Sgt. J.C. Pinning, Flugingenieur von Fg. Off. Coster, bemerkte, daß die »WS-T« keine anderen Flugzeuge über der Nordsee erkennen konnte. Die Küste wurde während der Morgendämmerung überflogen, und der Navigator wies auf »die Wolkenfinger hin, die in den Fjorden hingen«. Nachdem sie dem letzten Berg vor dem Ziel die Stirn geboten hatten, konnte Pinning die TIRPITZ voraus erkennen, sie sah »wie ein nettes Spielzeug« aus. Die friedvolle Szene wurde bald darauf gestört, als der steuerbord äußere Motor von einer Flakgranate getroffen wurde. Die Flammen konnten schließlich gelöscht werden, aber der steuerbord innere Motor fing nun ebenfalls an zu stottern, und da sie auch noch Treibstoff verloren hatten, entschied die Besatzung, nach Schweden zu fliegen. In all der Aufregung wurde auch noch die Tallboy ausgeklinkt. Sämtliche Piloten berichteten, daß im Zielgebiet »Klare Sicht« herrsche. Sqn. Ldr. A.G. Williams (»D«, 300 Grad rw, berichtigte Geschwindigkeit 281 km/h) und Fg. Off. C. Newton RCAF (»R«, 320 Grad rw, 321 km/h) warfen beide ihre Tallboy um 09.45 Uhr (08.45 GMT) aus 4870 Metern ab – zur selben Zeit wie der letzte Pilot der 617. Staffel (Flt. Lt. Sayers). Williams berichtete: »Vor dem Abwurf kurz liegenden Nahtreffer auf Steuerbordseite achtern beobachtet, drei weitere Bombeneinschläge nahe am Schiff. Möglicherweise ein Volltreffer, da Rauchwolke das Schiff verhüllt und die Geschütze das Feuer eingestellt haben«, diese Beobachtung hatte bereits Fg. Off. Lee von der 617. Staffel gemacht. Newton notierte: »Rauchkonzentration verdeckt Schiff, das während des Anflugs zu erkennen war. Eine schwere Explosion mittschiffs zu sehen und zwei bis drei kurz liegende Nahdetonierer.« Interessanterweise fügte er als einziger hinzu: »Zwei Schnellboote auf Position 69° 38' Nord 17° 20' Ost um 09.58 Uhr, etwa 2100 Meter Höhe, feuern auf Flugzeuge. Heckschütze erwidert Feuer, ein Schnellboot beschädigt«; dieses Gefecht fand südwestlich Tromsö während des Rückflugs statt.

Fg. Off. W.D. Tweddle (»Y«, 320 Grad rw, berichtigte Geschwindigkeit 313 km/h) griff um 09.45 Uhr und 30 Sekunden aus 4450 Metern an: »Bei Anflug Bombe beobachtet, welche die zum Fjord gewandte Seite des Schiffes traf, nur ein Geschütz auf der Fjordseite schoß weiter. Nach Verlassen des Ziels war um 09.47 Uhr schwere Explosion zu sehen«. Um 09.46 Uhr und 30 Sekunden folgte Fg. Off. M.L.T. Harper RNZAF (»Q«, 345 Grad rw, 297 km/h) aus 4570 Metern: »Ein Nahdetonierer an Steuerbordseite des Schiffes beobachtet. Bombeneinschläge lagen nahe beisammen, Erfolg wegen Rauchs schwer einzuschätzen. Heckschütze sah großes Feuer mittschiffs.« Um 09.47 Uhr warf Flt. Lt. R.C. Lake (»V«, 334 Grad rw, berichtigte Geschwindigkeit 297 km/h) seine Bombe aus 4870 Metern ab, Fg. Off. A.E. Jeffs (»E«, 305 Grad rw, berichtigte Geschwindigkeit 273 km/h) und Fg. Off. J.E. Stowell (»B«, 325 Grad, 289 km/h) aus 4260 Metern. Lake berichtete: »Fünf Bomben beim Fallen beobachtet. No. 1 – 50 Meter vor Schiffsbug. No. 2 lag mittschiffs, etwas zu kurz. No. 3 – etwa 30 Meter vom Heck. No. 4 mittschiffs, 150 Meter zu weit. No. 5 150 Meter zu weit nach rechts. Heckschütze sah zudem unsere eigene Bombe und meint, es sei Volltreffer gewesen, da unmittelbar darauf riesige Explosion und Feuer folgten.« Jeffs notierte: »Schiff bei Anflug zu erkennen, kurz vor

Abwurf der Bombe verdeckt Rauch das Ziel. Bombe in Zentrum der Rauchentwicklung gezielt. Kein Treffer beobachtet, aber andere Bomben schlagen um das Schiff herum ein.« Stowell berichtete: »Bombe beobachtet, wie sie ungefähr mittschiffs an Backbord einschlug. Explosion, gefolgt von rötlichem Rauch durch Rauch [*sic*] beobachtet, weitere Detonation mittschiffs von Heckschütze erkannt, als wir Zielgebiet verließen. Großes Feuer brach aus. Zwei oder drei Nahdetonierer am Bug auf Backbordseite und eine an Steuerbord.« Stowell konnte ferner berichten, »daß die Schiffsflak zeitweilig das Feuer einstellte, dann erneut schoß und dann schwieg«, und daß seine Lancaster getroffen worden war: »Steuerung Heckflügel an Backbord durch schwere Flak über Ziel unmittelbar nach Bombenabwurf beschädigt.«

Zwei Minuten nach Lake, Jeffs und Stowell, um 09.48 Uhr (im Abschlußbericht, um 09.45 Uhr gemäß Aufzeichnung), griff Flt. Lt. L.E. Marsh (»G«, 310 Grad rw, berichtigte Geschwindigkeit 313 km/h) aus 5030 Metern an: »Besatzung konnte feststellen, daß Bomben eng beeinander um das Schiff herum einschlugen, nachdem wir das Zielgebiet verlassen hatten, konnten wir aus einiger Entfernung sehen, daß mittschiffs ein großes Feuer brannte. Auch war viel Rauch zu erkennnnen.« Die letzten beiden Flugzeuge der 9. Staffel, von denen mit Sicherheit bekannt ist, daß sie ihre Bomben abgeworfen haben, waren die Maschinen von Flt. Lt. H. Watkins (»W«, 354 Grad rw, berichtigte Geschwindigkeit 297 km/h) und Fg. Off. D. Macintosh (»C«, 360 Grad rw, berichtigte Geschwindigkeit 289 km/h) um 09.49 Uhr aus 4870 bzw. 4420 Metern. Watkins hatte wie eine Minute zuvor auch Marsh »einen roten Schein mittschiffs« beobachtet und »eine Rauchsäule stand sowohl über dem Bug als auch über dem Heck. Zwei Nahtreffer erkannt, Erfolg wegen Abstandes zum Ziel schwer einzuschätzen. Eigene Bombe fiel in Rauch über Heck.« Er fügte hinzu: »Schwere Rauchentwicklung auf einem längsseits liegenden Schiff etwa ein Drittel so groß wie TIRPITZ«. Ein solches Fahrzeug wird sonst nirgendwo erwähnt, die Angabe wurde aus Watkins Aufzeichnungen vom Sicherheitsoffizier des Geschwaders im Abschlußbericht wohl getilgt. Macintosh sah eine »Vielzahl von Nahdetonierern ... und möglicherweise einen Volltreffer kurz vor der Schiffsmitte. Zwei Explosionen fanden nach dem Angriff statt, gefolgt von einer weißen Rauchwolke, die das Schiff verdeckte. Bombenzielgerät war bei erstem Anflug unbrauchbar. Ersatzrechner beim zweiten Anflug in Gebrauch.« Der letzten Version der Aufzeichnungen ist folgende Passage entnommen: »Als die Maschine den Anflug begann, schoß nur ein Geschütz des Schiffes, es schien Schlagseite nach Steuerbord zu haben, großes Feuer mittschiffs.«

Somit hatten zehn Maschinen der 9. Staffel ihre Eindrücke vom Angriff auf die TIRPITZ schildern können. Eine elfte, unter dem Kommando von Fg. Off. D.A. Coster RAAF, blieb vermißt. Allerdings stellte sich bald heraus, daß sie glücklich bei Vandnasberget in der Nähe von Kalix in Schweden notgelandet war; sie hatte ihre Tallboy über dem Schlachtschiff abgeworfen und war schwer beschädigt worden, wie Sgt. Pinning bereits berichten konnte. Die Besatzung wurde später in die Heimat überführt. Flt. Lt. G.C. Camsell RCAF und Fg. Off. C.E. Redfern erreichten beide unabhängig voneinander den Sammelpunkt, nachdem die anderen bereits zum Ziel unterwegs waren. Ein leerer Himmel begrüßte sie. Camsell konnte Redfern für kurze Zeit in einiger Entfernung entdecken, wurde von diesem aber nicht bemerkt. Jeder für sich flog mit der Tallboy wieder die vorgeschobene Basis an. Insgesamt hatten demnach 29 Lancaster am 12. November die TIRPITZ angegriffen. Ihren Berichten kann entnommen werden, daß mehrere Tallboy das Schlachtschiff entweder getroffen haben oder knapp daneben gingen und daß sich der Rauchvorhang durch die auf der TIRPITZ befindlichen Nebelgeräte gerade in dem Moment entfaltete, als die Lancaster mit ihrem Angriff begannen. Mit ziemlicher Sicherheit hatte die Vernebelung zu jenem Zeitpunkt eingesetzt, als die angreifenden Maschinen den letzten, 1169 Meter hohen Berg in der Nähe von Vikran am vorderen Ende des Balsfjord überwunden hatten, etwa zehn Flugminuten vom Ziel entfernt.

Mehrere Norweger waren Zeuge des Angriffs, und die wesentlichen Einzelheiten ihrer Beobachtungen wurden von Egil Lindberg rasch nach England übermittelt. Seine erste Kurzmitteilung lautete an diesem Tag wie folgt: »TIRPITZ nach schweren Treffern gekentert. Teil des Schiffskörpers und Kiel noch über Wasser.« Lindberg selbst hatte um 08.50 Uhr Ortszeit den Luftalarm wahrgenommen und nahm an (hier hatte er sich leicht verschätzt), daß die erste Bombe um 09.35 Uhr fiel. Er war der Ansicht, daß drei Treffer erzielt wurden: der erste an Backbord vor dem vorderen Turm; der zweite hinter diesem Turm, ein großes Feuer sei die Folge gewesen; ein dritter etwa acht Minuten nach dem ersten, ebenfalls Backbord vorlich. Es habe zwei Nahdetonierer an Steuerbord gegeben, die nach seinem Dafürhalten die Ursache für das Kentern waren, denn kurz darauf lag der »Schiffsboden oben«. »Die Detonationen haben das Wasser geradezu unter dem Schiff weggeblasen, die Bombe, die an Backbord auf Deck aufschlug, drückte es zur selben Zeit auf dieser Seite nach unten ... Die Detonationen verursachten in der ganzen Stadt Tromsö ein nachhaltiges Vibrieren des Bodens.« Lars Thoring, Angestellter der Stadtverwaltung, meinte, den Alarm »etwa um 09.00 Uhr« an einem »in Anbetracht der Jahreszeit ungewöhnlichen Tag« vernommen zu haben; ein klarer, strahlend blauer Himmel, kein »Windhauch«. Er konnte die Flugzeuge in etwa 3600 Metern Höhe erkennen, sie näherten sich außerhalb der Reichweite der Batterien auf der Insel Tromsö, aber »die Geschütze der TIRPITZ hätten ein richtiges Feuerwerk veranstaltet, die mächtigen Flugabwehr[geschütze] auf Haakoy unterstützten sie«. Thoring beobachtete den Beginn des Angriffs vom ersten Stock der Wetterstation in Tromsö aus. Nachdem die Bomben ins Wasser gefallen waren, »schossen mehrere hundert Meter [*sic*] hohe Säulen in die Höhe wie eine gigantische Fontaine inmitten eines prächtigen Feuerwerks«. Der Detonationsdruck war noch in fünf Kilometern Entfernung so stark, daß Fensterscheiben zu Bruch gingen; Thoring befürchtete, daß das Holzgebäude aus »seinen Fundamenten gerissen würde«. Die vorderen Flakgeschütze der TIRPITZ waren bald zum Schweigen gebracht, die achteren jedoch schossen weiter. Auch die Batterie auf Haakoy feuerte, bis eine verirrte Tallboy auf der Insel einschlug; das Ganze glich einen »Vulkanausbruch«, und Steine wurden umhergeschleudert. Die Küstenbatterie stellte daraufhin ebenfalls das Feuer ein. Thoring stieg auf das Dach des Gebäudes und sah über dem deutschen Kriegsschiff »eine schwarze Gewitterwolke am Himmel«, das Schiff »lag da ohne Masten, vorderem Turmmast, nichts befand sich mehr an Deck. Sie sah aus wie ein unfertiger Bau auf der Helling«. Das Riesentier kenterte und endete »wie ein gestrandeter Wal«. Andere Zuschauer beobachteten, wie das Schlachtschiff etwa 20 Grad Schlagseite bekam, dann flog Turm C nach einer gewaltigen Explosion hoch in die Luft, und die TIRPITZ legte sich über, bis ihre Steuerbordseite vom Ufer her deutlich zu sehen war. Im Gegensatz zu Thoring berichteten Beobachter auf Haakoy, daß die Aufbauten weiterhin sichtbar blieben, obwohl das Schiff stark mitgenommen war. Als der Rauch sich verzogen hatte, lag die TIRPITZ »nahezu gekentert an ihrem Ankerplatz, sie sah aus wie eine silberne Insel«; ein weiterer Zeuge richtete seinen Blick auf winzigkleine Gestalten, die auf dem gekenterten Rumpf herumkrabbelten, sich an den Bojen des Netzkastens festhielten oder in dem minus acht Grad kalten Wasser um ihr Überleben strampelten. Viele Hausbesitzer allerdings atmeten vor Erleichterung auf. Einquartierungsbefehle zur Unterbringung von Besatzungsmitgliedern waren nun offenbar von den Ereignissen überholt worden. Das Schicksal des Schlachtschiffes erregte in Tromsö »große Begeisterung«, unbedachte öffentliche Äußerungen führten jedoch rasch in eine Zelle der Gestapo. 40 Jahre später erinnert sich Olav Sandmo, der Stellvertretende Bürgermeister von Tromsö, an jenen »schicksalhaften Tag ... ein unglaubliches Drama«, als die Leute aus ihren Verstecken krochen und »zu ihrer Erleichterung bemerkten, daß Tromsö verschont geblieben, die TIRPITZ aber versenkt worden war«. Was Egil Akre erlebte, ein ehemaliger Zwangsarbeiter, der das Ende des Schiffes von einem Kellerfenster in Tromsö aus beobachtet hatte, fügte dem Ganzen einen fast amüsanten Nachsatz hinzu. Als er durch bewaldetes Gelände zu dem Fischerhafen zurückmarschierte, traf er auf ein paar junge Seeleute, die in der Nähe Fußball gespielt hatten. Da er sich bewußt war, daß der Wind den Gefechtslärm weggetragen und das Gelände den Männern die Sicht auf das Geschehen verstellt hatte, sagte er: »Die TIRPITZ ist gerade versenkt worden«. »Verrückter Norweger«, lachten sie ihn aus.

Der Rückflug der Lancaster wurde zwar vom Gegner nicht gestört, verzögerte sich aber durch Gegenwind und verlief nicht ohne Zwischenfälle. Dichte Bewölkung veranlaßten Ross (um 15.29 Uhr gelandet), Gingles (16.02 Uhr), Castagnola (15.46 Uhr) und Anning (15.58 Uhr) nicht Lossiemouth, sondern Milltown anzufliegen. Sanders (15.14 Uhr), Lee (15.30 Uhr), Gumbley (15.37 Uhr), Marshall (15.50 Uhr), Watts (16.07 Uhr) und Sayers (16.20 Uhr) kehrten allerdings nach Lossiemouth zurück. Da der Treibstoff knapp war, landeten Flatman (14.47 Uhr) in Scatsta und Joplin (14.59 Uhr) – unter Beifallskundgebungen seines Navigators – in Sumburgh. »Cookie [Sgt. G. Cooke, der Bordfunker] kriegte die Peilung und dann folgte ein tolles Kunststück vom alten Jop, als er hereinkam, denn da befand sich ein mächtiger Berg an einem Ende der Landebahn.« Iveson (15.28 Uhr), Leavitt (15.58 Uhr) und Dobson

(16.59 Uhr) wichen nach Fraserburgh aus; Knights (15.39 Uhr) und Kell (16.14 Uhr) nach Peterhead. Tait wählte statt Lossiemouth ebenfalls einen Ausweichflugplatz und landete auf dem kleinen Rollfeld von Dallachy, wo Jäger stationiert waren. Nach der Landung wurde er von Neugierigen gefragt, ob er einen Übungsflug über Land durchgeführt habe. Redfern und Camsell von der 9. Staffel, die zu spät am Sammelpunkt eingetroffen waren, erreichten um 14.20 bzw. 14.55 Uhr ihren vorgeschobenen Stützpunkt. Die restlichen zehn Lancaster landeten zwischen 15.12 und 16.09 Uhr, ihre genauen Zielflughäfen sind jedoch nicht überliefert. Läßt man die Lancaster mit der Filmcrew außer Acht, kam von den 31 Maschinen, die Schottland zur Durchführung der Operation »Catechism« in den frühen Morgenstunden des 12. November 1944 verlassen hatten, nur eine einzige nicht zurück.

Gemäß des Einsatztagebuchs des Stützpunkts trafen am 13. November zehn Maschinen der 617. Staffel in Woodhall ein. Sie bestätigten, daß die TIRPITZ versenkt worden war und wurden »vom Bodenpersonal und der Kapelle des Border Regiment begrüßt«. Die Musiker, wahrscheinlich von den Kings Own Scottish Borderers, hatten angeblich »Seht, es kommt der Eroberer« als Willkommensgruß zum Besten gegeben, die fröhliche Szene mag aber eine Verwechslung mit den Geschichten über die Jubelarien aus sowjetischen Instrumenten anläßlich des berühmten Fußballspiels in Jagodnik im September gewesen sein. Auf jeden Fall haben acht Besatzungen die Vorführung verpaßt, weil sie auf andere Flugfelder in Schottland ausgewichen waren, einige trafen erst am 14. November ein, Joplin einen Tag später. Auch die 9. Staffel kehrte erst am 13. bzw. 14. November nach Bardney zurück. Tait flog am 14. November nach London, »um an einer Rundfunksendung über den Angriff teilzunehmen«. Am 15. kehrte er in Begleitung des Luftfahrtministers, Sir Archibald Sinclair, aus der Hauptstadt zurück, der sich nach einem Mittagessen in der Offiziersmesse »am Nachmittag im Besprechungsraum persönlich an das fliegende Personal wandte«. Tait kehrte erneut nach London zurück, und »sämtliche Besatzungen erhielten 48 Stunden Urlaub«. Genau eine Woche später, am 22. November, hielt Gp. Capt. M.G. Philpott eine Parade des Stützpunktkommandeurs ab, die Besatzungen nahmen daran teil, und die Regimentskapelle »sorgte für Marschmusik«. G.F. Händel mag ein Programmpunkt gewesen sein.

Das Bomber Command, das 5. Geschwader und die beiden Staffel wurden buchstäblich mit Telegrammen, Telephonanrufen und Briefen überschwemmt. Von King George VI. kam die Botschaft, »Bitte richten Sie meine herzlichsten Glückwünsche all jenen aus, die an diesem kühnen und erfolgreichen Angriff auf die TIRPITZ beteiligt waren«. Sinclair übermittelte dem Bomber Command »die Glückwünsche des Kriegskabinetts zur glänzenden Tat der Versenkung der TIRPITZ. Die Angriffe auf das mächtigste deutsche Schlachtschiff sind energisch mit großem Geschick und Entschlossenheit gegen zähen Widerstand durchgeführt worden. Die Vernichtung der TIRPITZ zählt zu den größten Erfolgen des Bomber Command und kennzeichnet einen weiteren Abschnitt des Zerfalls der Macht Deutschlands.« Aufgrund einer knappen Mitteilung von Harris: »TIRPITZ heute morgen versenkt. Bert«, antwortete Churchill ebenso kurz: »Meinen herzlichsten Glückwunsch an alle«. Lord Trenchard, der Doyen der Geschichte der RAF, sandte seine »herzlichsten Glückwünsche an alle, die an der Versenkung der TIRPITZ beteiligt waren«. Harris telegraphierte an Cochrane: »Glückwunsch an Sie und alle Dienstgrade der Staffeln, die an der Vernichtung der TIRPITZ beteiligt waren. Die geschickte Planung und die mutige und entschlossene Durchführung dieser Operationen haben dem Schiff dasjenige Ende bereitet, das unvermeidlich war, sobald die Staffeln es im Visier hatten.« Wallis kabelte zurück an Harris: »Sehr sehr herzliche Glückwünsche an Sie für diesen hervorragenden Erfolg, der einzig und allein Ihrem Mut und Ihrer Entschlossenheit durchzuhalten zu verdanken ist.« Der Oberbefehlshaber des Bomber Command antwortete: »Vielen Dank für ihre Nachricht. Erfolg ist im Gegenteil Ihrer Beharrlichkeit mit Ihrer Bombe zu verdanken.« Das 4. Geschwader, das 1942 an den Halifax-Einsätzen beteiligt war, sandte Glückwünsche »für Ihre großartige Leistung bei der Vernichtung der TIRPITZ«. Die Admiralität drückte ihren »Dank an jene aus, die an dem sehr erfolgreichen Einsatz gegen die TIRPITZ beteiligt waren ... Bravo, tolle Leistung«. Die FURIOUS sandte folgenden Funkspruch: »Wären dankbar, wenn Sie dem Luftfahrtministerium ausrichten ließen: ›gut gemacht‹.«

Der Chief of the Air Staff drückte seine »herzlichsten Glückwünsche ... und grenzenlose Bewunderung ... [für] das Geschick, den Mut und die Beharrlichkeit aus, die nun glücklicherweise mit einem Erfolg gekrönt wurden.« Er hob zudem die weiterreichenden Auswirkungen hervor: »Abgesehen von der Bedeutung für den Krieg zur See, welche die dauerhafte Beseitigung des mächtigsten Schiffes der deutschen Marine erlangt, wird das ganze deutsche Volk in einer kritischen Zeit angesichts dieser Heldentat bestürzt sein, und die Achtung vor dem Bomber Command wird in der ganzen Welt steigen.« Auch Churchill dachte in weltweiten Kategorien. Er telegraphierte an Stalin: »Lassen Sie uns dieses freudige Ereignis feiern«, und drei Tage später an Roosevelt: »Es ist für uns eine große Erleichterung, daß dieses Biest nun dort ist, wo es schon längst hingehört.« General H.H. Arnold, Kommandierender General der US Army Air Force, ließ Portal durch Eisenhower mitteilen: »Glückwunsch zur dauerhaften Beseitigung dieses lästigen Dingsda in Tromsö.« Mit seiner Antwort teilte der Chief of the Air Staff einen Seitenhieb gegen jene aus, die an der Effektivität der strategischen Bombenoffensive gegen Deutschland zweifelten. »Ich bin zuversichtlich, daß unsere Kopfschmerzen durch dasselbe Medikament gelindert werden, das von der berühmten Firma Spaatz und Harris angewandt wird« (die jeweiligen Befehlshaber der amerikanischen und britischen schweren Bomberstreitmacht). Am 14. November sandte Abteilung 30 dem Bomber Command mit »herzlichsten Glückwünschen« an jene, »deren Geschick und Beharrlichkeit angemessen belohnt wurden«, folgenden Funkspruch: »Russen sind schwer beeindruckt und dankbar dafür, daß diese Bedrohung der Konvoiroute nunmehr beseitigt ist.«

Portal antwortete etwas verstimmt auf einen Vorschlag von Harris, daß sein Glückwunschtelegramm publiziert werden sollte: »Ich habe niemals einer Veröffentlichung meiner Mitteilungen zugestimmt, und ich werde jetzt nicht damit anfangen. Sie sind für die Staffeln bestimmt und nicht für die Öffentlichkeit!« Andere waren weniger zurückhaltend. Am 13. November gab das Luftfahrtministerium ein Kommuniqué heraus, das über das Radio, die Wochenschauen, die Zeitungen und Zeitschriften eine weite Verbreitung erlangte: »Die TIRPITZ ist versenkt worden. Gestern morgen griffen 29 Lancaster des RAF Bomber Command unter dem Kommando von Wg. Cmdr. J.B. Tait DSO, DFC und Sqn. Ldr. A.G. Williams das deutsche Schlachtschiff TIRPITZ mit 5,4-t-Bomben an. Es wurden mehrere Volltreffer erzielt, und innerhalb weniger Minuten kenterte das Schiff und sank. Eines unserer Flugzeuge wird vermißt.« Am darauffolgenden Tag kannte die nationale und regionale Presse kein Halten mehr. Die Schlagzeilen etwa im *Daily Telegraph* lauteten: »TIRPITZ durch 29 Lancaster versenkt. Drei Volltreffer mit 5,4-t-Bomben. Schlachtschiff gekentert: ein Flugzeug verloren.« Der Begleittext schilderte »den Triumph eines Präzisionsangriffs aus großer Höhe, wahrscheinlich aus etwa 4800 Metern … Gestern ragte nur noch der Kiel und ein Teil des Schiffsbodens der TIRPITZ aus dem Wasser hervor.« Ein Volltreffer sei mittschiffs, einer am Bug und einer am Heck erzielt worden, Nahdetonierer hätten das Kentern verursacht, »so gewaltig ist die Sprengkraft dieser Bomben, wenn sie im Wasser detonieren«; Barnes Wallis wurde als Konstrukteur dieser Vernichtungswaffe erwähnt. Der Pilot der Kameramaschine, Flt. Lt. Buckham, schilderte, wie er drei Treffer beobachtete und erkärte: »Als wir eintrafen, feuerten ihre Geschütze wie lodernde Flammen, nachdem die erste Bombe jedoch eingeschlagen war, schwiegen sie. Kein einziger Schuß wurde danach mehr abgefeuert. Rauch stieg auf.«

Als die ersten Leitartikler noch an ihren Meldungen feilten, lieferten Photos, die von einer PRU-Mosquito am 12. November um 11.50 Uhr gemacht worden waren, einen spektakulären Beweis für den Erfolg. Die TIRPITZ war zweifelsfrei »nach Backbord gekentert«, etwa 200 Meter ihres Rumpfes ragten aus dem Wasser hervor, sie lag in 14 bis 16 Metern Wassertiefe. »Die mittlere und die Schraubenwelle an Steuerbord sind zu erkennen, ein Ölteppich bedeckt den Fjord.« Es nahm jedoch einige Zeit in Anspruch, diese Erkenntnisse mit den Augenzeugenberichten in Einklang zu bringen. Der Marinenachrichtendienst gelangte zu dem Ergebnis, daß die Aufnahmen der angreifenden Flugzeuge »deutlich auf zwei Volltreffer und einen Nahdetonierer, sämtlich auf der Backbordseite schließen lassen. Auf Filmaufnahmen ist zu sehen, daß die TIRPITZ nach Backbord gekentert ist.« Abschriften eines zusammenfassenden »geheimen« Berichts der Central Interpretation Unit (CIU) in Medmenham vom 21. November mit dem Titel »Angriff des Bomber Command auf das Schlachtschiff TIRPITZ in Tromsö am 12.11.44« wurden an 544 Empfänger verteilt, der Abriß des NID erlangte damit eine noch größere Verbreitung. Zu einigen Aspekten, so wurde etwa der Rauch im Zielgebiet nicht erwähnt, gab es Unstimmigkeiten mit anderen Berichten. Allerdings handelte es sich um die glaubwürdigste Darstellung. Sie stützte sich vor allem auf die von den Bombern geschossenen Photos sowie auf die Aufnahmen der drei Filmkameras an Bord der speziell ausgerüsteten

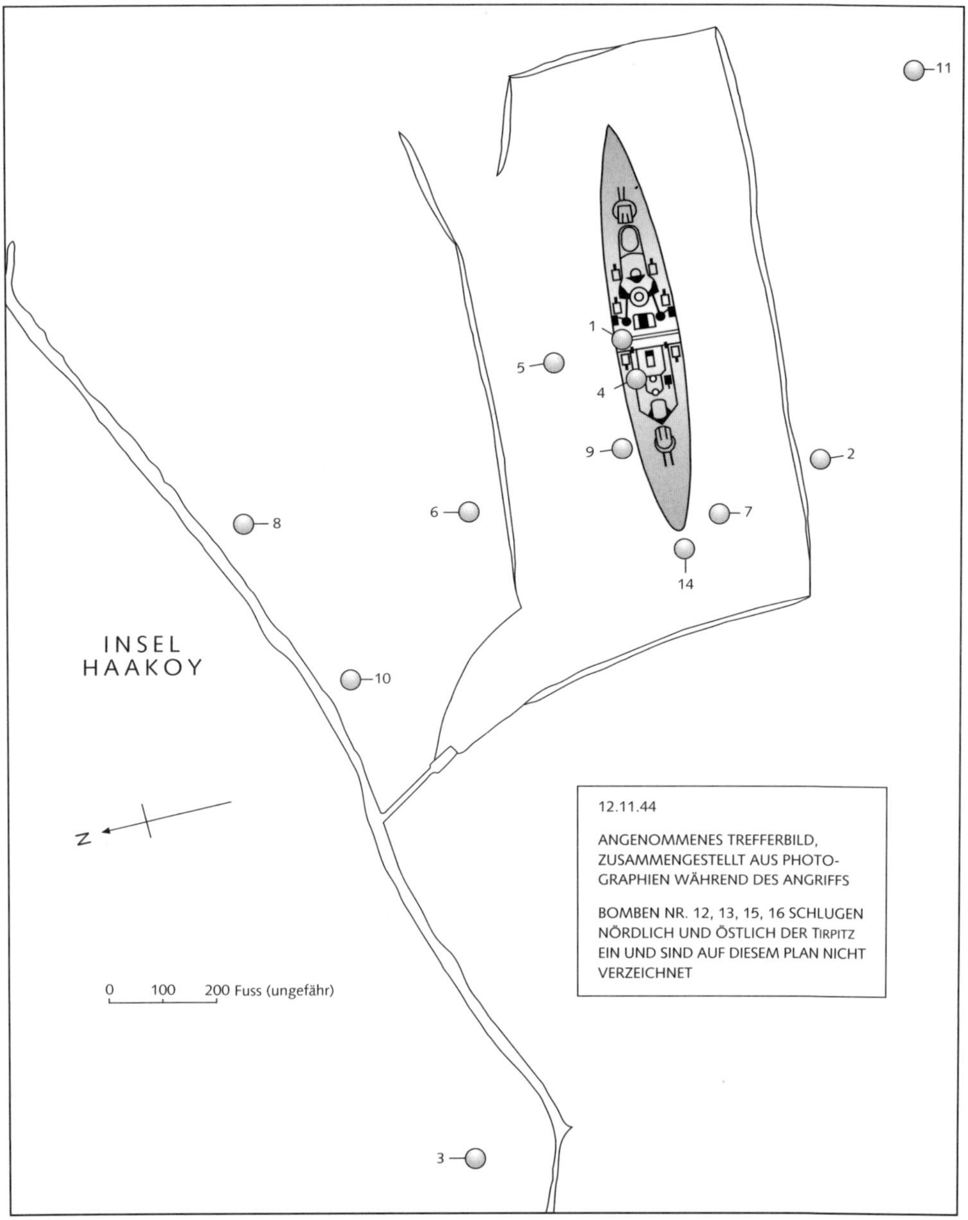

Operation »Catechism«, der letzte Angriff der Lancaster, 12. November 1944.

Lancaster und hob den »vollen Erfolg des Angriffs ... [gegen] das vor dem Südost-Ufer der Insel Haakoy, westlich von Tromsö liegende Schlachtschiff [hervor], das sich, der Bug wies Richtung Osten, inmitten eines rechtwinkligen Netzkastens befand«. »Obwohl nur das Achterschiff deutlich zu erkennen ist, ist offensichtlich, daß zwei Volltreffer und ein Nahdetonierer erzielt wurden, sämtlich auf der Backbordseite ... Als sich die Bomber der TIRPITZ näherten, stieß sie eine Menge Rauch aus, der wie ein Leichentuch über ihr hing und alles außer dem Achterschiff der Sicht von oben entzog.« Aufgrund dieser Photos konnten die Einschläge von 16 der abgeworfenen Bomben auf einem Plan festgehalten werden.

Die erste detonierte »am Ende des querschiffs liegenden Katapults an Backbord« und bestätigte somit, daß Tait das Schlachtschiff tatsächlich getroffen und deshalb seinen Spitznamen »Tirpitz Tait« verdient hat: Beobachter vor Ort erzählen noch heute, daß die erste Bombe die Panzerdecks durchschlug, explodierte und in die Backbordseite des Schlachtschiffes eine todbringende Wunde riß. Da mehrere Maschinen ihre Tallboy etwa zur gleichen Zeit abwarfen, ist es nicht mehr möglich, die aufgezeichneten Einschläge jeweils einer bestimmten Lancaster zuzuweisen. Der zweite Einschlag, der beobachtet werden konnte, »lag im Wasser etwas außerhalb der Südseite des Netzkastens, dann folgte im Zeitabstand von etwa einer Sekunde ein weiterer Einschlag auf der Südseite der Insel Haakoy«. »Eine Achtelsekunde später« war »ein greller Blitz an der Backbordseite [der TIRPITZ] im Bereich des achteren Entfernungsmeßgeräts zu sehen, es folgte eine Explosion« – die vierte Bombe war eingeschlagen. Gleichzeitig fiel die fünfte »an Backbordseite in den Netzkasten«; »zwei Sekunden später« schlug die sechste »zwischen Netzkasten und Ufer ein«; »eine Viertelsekunde danach« fiel die siebte »Steuerbord achtern in den Netzkasten«. Die achte »lag nahe am Ufer etwa bei No. 6«. Gemäß einer besonderen Abhandlung »lassen genau von oben geschossene Photos erkennen, daß sich die TIRPITZ zwischen den Einschlägen No. 8 und 9 nach Steuerbord überlegte. Weißer Schaum ist am Rumpf auf der Backbordseite zu erkennen und vier kreisrunde Wellen an Steuerbord achtern«. Die neunte Bombe, sie schlug »etwa eineinhalb Sekunden« nach der achten ein, »war ein Nahdetonierer Backbord achtern, etwa auf Höhe von Turm C«. Dem Einschlag folgte rasch eine riesige schwarze Rauchsäule. Keine der Bomben, die ins Wasser fielen, führte zu einer ähnlichen Erscheinung ... Eineinhalb Sekunden danach war mittschiffs ein greller Blitz zu sehen, der jedoch nicht wie ein Einschlag aussah, sondern möglicherweise auf hochgehende Munition zurückzuführen ist ... obwohl ein zerplatzender Kessel oder das Eindringen von Seewasser in die Kesselräume ein ähnliches Phänomen zur Folge haben können.« Die zehnte Bombe »fiel dicht unter Land« und verursachte »schwere Verwirbelungen im Wasser«, die elfte, zwölfte und 13. »fielen mindestens 300 Meter östlich des Schiffes ins Wasser«. Die 14. Bombe, deren Flugbahn untersucht wurde, »fiel zu einem späteren Zeitpunkt des Angriffs, es wird geschätzt ... daß sie nahe am Heck einschlug«. »Bombe No. 15 lag dicht unter Land an der Ostseite der Insel Haakoy und No. 16 fiel etwa südlich von No. 12 ins Wasser.«

Die letzten Aufnahmen der Kamera-Lancaster »zeigen die gekenterte TIRPITZ innerhalb ihres Netzkastens, der meiste Rauch hatte sich schon verzogen«. Die den Photos zu entnehmenden Anhaltspunkte haben ergeben, daß »bis zum Einschlag von Bombe No. 4 gleichmäßiges Geschützfeuer aus dem Bereich um die Schiffsmitte aufrechterhalten worden war, dann, bis zur letzten Phase des

Angriffs, kamen nurmehr sporadische Feuerstöße«. Zwei Flakschiffe, »eines südwestlich bei der Insel Grindoy und eines vor dem Ostufer der Insel Haakoy«, schossen Dauerfeuer, »ein Fahrzeug von mittlerer Größe westlich des Schlachtschiffes und ... ein größeres Fahrzeug, wahrscheinlich das Werkstattschiff NEUMARK, das vor der Nordostspitze der Insel Haakoy lag«, fielen ein. Auch die »Küstenbatterien« auf Haakoy feuerten. Die letzten Aufnahmen des Kameraflugzeugs »lassen ein Fahrzeug von mittlerer Größe erkennen, daß sich dem Netzkasten näherte, wo die TIRPITZ bereits umgekippt auf ihrer Backbordseite lag«. Der Berichte endete: »Da während des Angriffs nur der achtere Teil des Schiffes zu erkennen war und auch dieser noch rasch durch Rauch und Explosionen verhüllt wurde, dürften weitere Bomben im Ziel gelegen haben.«

Einen Monat nach den Ereignissen führte das Hauptquartier des 5. Geschwaders eine eigene, »sehr sorgfältige Untersuchung aufgrund der Photos durch, die zum Abwurfzeitpunkt gemacht wurden; die Einschlagstellen der Bomben stimmen nahezu völlig mit den im Bericht der CIU Medmenham geführten Nachweisen bzw. Anhaltspunkten in anderen Berichten überein«. Die Untersuchung konzentrierte sich jedoch auf die Verteilung der Bombeneinschläge und nicht auf relative Lage zum Ziel. Indem er die detaillierte Aufstellung am 13. Dezember an den SASO, Air Cdre. S.C. Elworthy weiterleitete, meinte Wg. Cdr. D.S. Richardson eine Wechselbeziehung zwischen jenem Punkt, an dem der Wind gemessen wurde, und dem Abwurfzeitpunkt zu erkennen, um das Muster des Bombenteppichs der 9. Staffel zu erklären: »Ich denke, daß lediglich die erste Hälfte der angreifenden Flugzeuge einen ungehinderten Anflug und einen einigermaßen deutlichen Visierpunkt hatte, und daß Rauch den nachfolgenden Maschinen das Anvisieren erschwert hat.« Hierbei war berücksichtigt, daß die 9. Staffel ihre Bomben nach der 617. abwarf. Richardson war der Meinung, daß die 9. Staffel mit »einem im Bombenzielgerät eingestellten Geschwindigkeitsfehler von 32 km/h ein Ziel anvisiert haben, das möglicherweise durch Rauch verhüllt war«. Wahrscheinlich hatte Richardson die Einsatzberichte der Besatzungen nicht studiert, jedenfalls blieb Elworthy unbeeindruckt. Am nächsten Tag vertrat er gegenüber dem AOC die Ansicht, »daß drei Bomben von zehn, bei einer Abweichung von etwa 300 Metern, nicht sehr angemessen scheinen«. Cochrane antwortete am 16. Dezember, indem er Elworthy anwies, »daß den Staffeln jeweils das Trefferbild der anderen vorenthalten bleiben soll«, zugleich billigte er die einzelnen Entwürfe der Schreiben seines SASO an die Einheiten, die er zwei Tage später abschickte. Auf dem Trefferbild der 9. Staffel war lediglich ein Bombeneinschlag innerhalb von 200 Metern um den Mittleren Trefferpunkt zu erkennen, sieben der restlichen neun lagen im Umkreis von 700 Metern. Cochrane erklärte, dies sei »sehr unbefriedigend«. Elworthy bemerkte in seinem Schreiben an die Staffel, »daß der Mittlere Trefferpunkt etwa 300 Meter vom Ziel entfernt liegt, dies entspricht einem Geschwindigkeitsfehler von 32 km/h oder einem Wind aus 340 Grad/17 anstatt 028 Grad/27, wie von den Flugzeugen gemessen«. Trotz Richardsons Erklärung erachtete Elworthy es als »unwahrscheinlich«, daß eine »solch große Abweichung« über dem Ziel aufgetreten sei und meinte, den Bombenschützen wäre »ein Geschwindigkeitsfehler von 32 km/h« wohl aufgefallen. Vorausgesetzt, der Fehler war tatsächlich aufgetreten, »hätte der Bombenteppich dennoch näher am Mittleren Trefferpunkt liegen müssen, als die Aufzeichnungen erkennen lassen.« Der SASO verlangte »eine gründliche Untersuchung«, um die Fehlerquellen zu ermitteln: »... sämtliche Besatzungen haben in ihren Einsatzberichten angegeben, daß sie das Schiff oder einen Teil des Schiffes im Visier hatten, als sie ihre Bomben abwarfen«.

Die 617. Staffel verwendete das SABS Mark IIA-Bombenzielgerät, die Verteilung der Einschläge war weit zufriedenstellender. Auf Taits »Aufnahme des Bombenabwurfs« sind zwar keine Einzelheiten am Boden zu erkennen, jedoch »liegt der Mittelpunkt des Bildes vom Einschlag der Bombe exakt über dem Ziel, dies läßt vermuten, daß die Bombe getroffen haben muß«. Darüber hinaus »gibt es wichtige Anhaltspunkte«, die darauf hindeuten, daß die Bombe tatsächlich ein Treffer war. Die Kamera der »K-King« von der 617. war ausgefallen, Schätzungen gingen jedoch davon aus, daß sieben Bomben in einem Umkreis von 200 Metern vom Mittleren Trefferpunkt, der Rest im Umkreis von 700 Metern eingeschlagen waren. Es waren jedoch einige Seitenabweichungen festzustellen; während der »vor kurzem erfolgten Übungen mit dem SABS« war diese Tendenz bereits zu beobachten gewesen. Gegenüber den beiden Staffeln sollte Elworthy erklären, daß »jedes der Trefferbilder wahrscheinlich eine Genauigkeit bis zu 200 Metern aufweise« oder, anders ausgedrückt, einen radialen Fehler von 200 Metern. Dies schien die exakten Schlußfolgerungen der Untersuchung zu bestätigen.

In der Novemberausgabe der *»V« Group News* erschien ein interessanter Bericht eines an der Operation Beteiligten. Der Verfasser bemerkte, daß »das Wetter in erfreulichem Gegensatz« zu dem strömenden Regen vom 29. Oktober »während des Starts schön und klar war ... [dies] erwies sich als ein gutes Omen«. Ferner erläuterte er, daß die Maschinen auf drei Flugfelder verteilt worden waren, um einem Stau vorzubeugen. Die Lancaster steuerten dann unverzüglich die erste Wegmarke bei North Unst an. Um einen lockeren Verbandsflug aufrechtzuerhalten, ließ jede Maschine ihre Positionslichter angeschaltet und flog auf der ersten Etappe mit einer »Reisegeschwindigkeit« von berechneten 297 km/h; »die Flugroute war mit Leuchtbojen übersät«. Trotzdem kamen einige Maschinen vom Kurs ab. Vor der norwegischen Küste war bei Dämmerlicht ein genaues Lesen der Karte möglich, Koppeln war nun nicht mehr notwendig. Bei hellem Tageslicht überflogen die Angreifer mehrere Bergrücken, »ausgedehnte Felder mit Stratocumulus-Wolken« machten sich »entmutigend bemerkbar«, und über jedem See (einschließlich des als Treffpunkt ausgewiesenen) lagen Schichtwolken. Die Aufgabe der Navigatoren verkomplizierte sich. »Das Lesen der Karte in einer Bergregion hat seine Tücken, vor allem, wenn die Gipfel schneebedeckt und die Seen zugefroren sind.« »Der erste Blick auf den wolkenlosen Himmel über Tromsö – kein Rauchschleier war zu sehen, die TIRPITZ lag in ihrem Netzkasten, groß, schwarz und unverwechselbar – war schöner, als irgendein Mitglied der Besatzungen nur zu hoffen gewagt hatte; der

Job war dann so gut wie erledigt.« So »ging die mit wenig Ruhm behaftete Laufbahn eines der größten und am schwersten bewaffneten und gepanzerten Schiffe der Welt ... zu Ende«.

Später verfaßte der NID einen ausführlichen Bericht über dieses »Ende«. Die TIRPITZ habe während des Angriffs mit »Bomben von schwerstem Kaliber« um 09.42 Uhr zwei Volltreffer auf der Backbordseite erhalten, »einen auf dem Flugzeugkatapult, einen neben Turm B. Wenige Sekunden später hatte sie eine Schlagseite von 15–20 Grad nach Backbord. Gegen 09.45 Uhr waren es bereits 30 oder 40 Grad, um 09.50 Uhr 60 bis 70 Grad, sie legte sich rasch weiter über.« Zwei Minuten später »kenterte das Schlachtschiff und blieb in einem Winkel von 135 Grad liegen«. Sie lag »vorn und achtern auf Grund und war in der Mitte in eine Mulde gesunken, die nicht genügend verfüllt worden war; der Schlingerkiel an Backbord war weggerissen worden«. Der Bericht stellte die Vermutung an, daß »auf dem Meeresboden« wegen der Nahdetonierer »beträchtliche Veränderungen eingetreten« seien – es handelte sich um den von Wallis geplanten ›verderbenbringenden Effekt‹ – »insbesondere an jenen Stellen, die aufgefüllt worden waren«.

Über den Ablauf der Ereignisse vor Haakoy am 12. November 1944 wäre keine ausführliche Darstellung und auch kein ausgewogenes Urteil möglich, ohne die deutschen Berichte und Einschätzungen zu Rate gezogen zu haben, wovon die meisten aber erst nach dem Kriege ausgewertet wurden. Unmittelbar nach den Geschehnissen waren Informationen nur bruchstückhaft zu erhalten, erst allmählich entstand während der beiden nächsten Jahre ein Gesamtbild. Ein an jenem schicksalhaften Tag um 23.30 Uhr abgefangener Funkspruch wies darauf hin, daß 596 Überlebende gerettet worden seien, der Verlust an Menschenleben sei jedoch zweifellos hoch gewesen. Nach der letzten offiziellen deutschen Zählung waren 971 Tote zu beklagen, andere deutsche und englische Quellen geben 1204 an. Darunter befanden sich der stellvertretende Kommandant und sein Stab aus ranghohen Offizieren (einschließlich des Navigationsoffiziers und des Schiffspfarrers), die im gepanzerten Kommandoturm eingeschlossen worden waren, da die verbogenen Schottüren nicht mehr geöffnet werden konnten. Leutnant z.S. Bernhard Schmitz hatte die anfliegenden Bomber durch ein Fernglas oder Teleskop beobachten können, während sie noch außer Reichweite waren. Er kam nur mit viel Glück davon. Bevor die Katastrophe hereinbrach, hatte er die Brücke verlassen und war in den Kartenraum gegangen. Obwohl sich bereits mehrere Detonationen ereignet hatten und die Brücke schwer beschädigt war, blieb Schmitz weiterhin der Überzeugung, daß die TIRPITZ an dieser seichten Stelle niemals sinken könne. Als der Befehl zum Vonbordgehen kam, gelang es ihm, von dem kenternden Schiff freizukommen. Etwa zwei Stunden später wurde er aufgefischt, er hatte sich an einer Boje festgehalten. Treibgut und Leichen wirbelten um ihn herum und der »schreckliche Anblick« des etwa 150 Meter entfernten, gekenterten Schiffes stach ihm in die Augen. Viele der Männer, die dem Blutbad an Bord entkommen waren, hatten nicht so viel Glück wie er und starben in dem eiskalten Wasser.

Die beste Darstellung über den Todeskampf der TIRPITZ stammte von einem anderen Überlebenden, Oberleutnant z.S. Fassbender, dem Flakoffizier; er hatte am 4. Dezember einen detaillierten Bericht über ihre letzten Stunden verfaßt. Fassbender bestätigte, daß nicht mehr benötigtes Personal und Ausrüstung, wie etwa die Torpedosprengköpfe und die Arados, ausgestiegen bzw. von Bord gegeben worden waren. Die durch die beiden Angriffe vom 15. September und 29. Oktober erhaltenen Schäden hatten zur Folge, daß das Schiff vorn und achtern »beträchtlich« Wasser machte; Fassbender schätzte, daß die TIRPITZ bereits vor dem Angriff etwa ein Grad Schlagseite nach Backbord hatte.

Um 08.00 Uhr Ortszeit (07.00 Uhr GMT) war es »klar, wolkenlos, es herrschte sehr gute Sicht«, der Wind kam mit einer leichten Brise aus Südwest. Kurz darauf meldeten die Beobachtungsposten, daß eine einzelne Lancaster im Raum Bodö, etwa 320 Kilometer weiter südlich, gesichtet worden war; 15 Minuten später wurden drei weitere in der Nähe von Mosjoen (160 Kilometer weiter südlich, 480 Kilometer von Tromsö entfernt) beobachtet, sie flogen Richtung Osten. Vorausgesetzt, die Bomber flogen verstreut und hielten Kurs auf Schweden, konnte die Möglichkeit nicht verworfen werden, daß sie auf dem Weg in die UdSSR waren. Auf der TIRPITZ befürchtete man jedoch eine Wiederholung des Angriffs vom 29. Oktober: »die Umstände gleichen sich – Tageszeit, Wetterbedingungen und Anflugrichtung«. Die Flak wurde vorsorglich in Alarmbereitschaft versetzt, man ersuchte die für die Luftaufklärung zuständigen Dienststellen dringend darum, sich ein genaues Lagebild zu verschaffen. Zu diesem relativ frühen Zeitpunkt (08.15 Uhr) wurde bereits Jagdschutz angefordert. Zehn Minuten später kam eine Meldung über vier weitere Lancaster mit nordöstlichem Kurs im Raum Mosjoen, dies »bestärkte unseren Verdacht, daß der Feind anzugreifen beabsichtigte«. Der Artillerieoffizier des Schlachtschiffes ließ sich sofort »mit dem Hauptbeobachtungsposten« verbinden, und erneut wurde bei der Divisionsleitstelle in Bardufoss Jagdschutz angefordert – vergeblich. In einigen Sekundärquellen wird behauptet, daß Weber mit dem Kommandeur der dort stationierten Luftwaffeneinheit, Major Ehrler, telephoniert hatte. Allerdings war noch keine dringliche Mitteilung erfolgt, daß die TIRPITZ einer direkten Bedrohung ausgesetzt sei. Trotzdem wurde um 08.40 Uhr »zur Vorsicht« Luftalarm ausgelöst. Eine eigenartige Meldung, die um 08.45 Uhr von einer Küstenbatterie des Heeres einging und von sieben einmotorigen Flugzeugen in 50 Kilometern Entfernung im Anflug von Nordosten sprach, führte dazu, daß nicht nur auf der TIRPITZ, sondern eine Minute später auch in Tromsö die Sirenen heulten. Obwohl die Beobachtungsposten um 09.00 Uhr meldeten, daß die Lage weiterhin unklar sei, ging man auf der TIRPITZ um 09.02 Uhr auf Gefechtsstationen. Drei Minuten später wurden 20 bis 25 Lancaster in 120 Kilometern Entfernung »in offener Formation« gesichtet; sie kamen von Süden und flogen Richtung Nordost. In etwa 70 Kilometern Entfernung änderten sie den Kurs und hielten auf die TIRPITZ zu. Das war die Vorhut, die aus der 617. Staffel bestand. Fassbender behauptet, daß »seit der ersten Sichtmeldung über den Hauptbeobachtungsposten ständig um Jagdschutz nachgesucht worden war«;

der Posten konnte um 09.12 Uhr eine weitere Formation (die 9. Staffel) ausmachen. Beide gegnerischen Verbände näherten sich etwa in 2500 bis 3000 Metern Höhe – eine sehr grobe Schätzung, die das ungenaue Feuer der Hauptarmierung der TIRPITZ zu erklären vermag. Um 09.15 Uhr traf schließlich folgender Funkspruch ein: »Feindverband über Bardufoss, Jäger können deshalb unmöglich starten«. Da die Lancaster nunmehr deutlich zu sehen waren, teilte Kapitän z.S. Weber der Besatzung mit, daß Jagdschutz angefordert worden sei. Erneut ein sparsamer Umgang mit der Wahrheit. Zehn Minuten später, um 09.25 Uhr, wurde auf der TIRPITZ bekanntgegeben, daß der erste Jäger in der Luft sei, weitere würden folgen. Um 09.27 Uhr ließ Weber erneut per Funk durchgeben: »Erwarten schweren Luftangriff. Die Besatzung der TIRPITZ wird diesmal ihre Pflicht erneut erfüllen und den viermotorigen Bombern einen heißen Empfang bereiten«. Genau in diesem Moment waren die »Kondensstreifen« der ersten Formation in 40 Kilometern Entfernung zu erkennen; der Angriff entfaltete sich an Steuerbord in einer Peilung von 60 bis 70 Grad.

Um 09.38 Uhr befahl Weber dem Artillerieoffizier, das Feuer nach eigenem Ermessen zu eröffnen, die Hauptartillerie tat dies zwei Minuten später auf eine Entfernung von 21 Kilometer und produzierte die von den Besatzungen der 617. Staffel beschriebenen »orangefarbenen Wölkchen« oder »Wolken«. Die Mittelartillerie und die schwere Flak fielen auf eine Entfernung von 15 Kilometern ein. Fassbender mußte eingestehen, daß die Granaten der Hauptartillerie zwar von der Schußweite her richtig, aber viel zu tief lagen; die Mittelartillerie blieb ohne Wirkung. Die Lancaster flogen unbeeindruckt weiter, obwohl der »Abschuß einer [anfliegenden] Maschine beobachtet worden« war, wahrscheinlich Flt. Off. Coster von der 9. Staffel – das Flugzeug kam jedoch durch. Die mittlere und leichte Flak des Schlachtschiffes »feuerte zumeist erst, nachdem die Bomben abgeworfen worden waren bzw. als die Flugzeuge in den Wirkungsbereich der Waffen eindrangen.

Details aus Fassbenders Darstellung wurden wörtlich im Bericht des NID übernommen, letzterer muß deshalb nach dem Krieg entstanden sein. Gegen 09.42 Uhr schlug »eine Reihe von Bomben … größtenteils innerhalb des Netzkastens« ein; »zwei Volltreffer waren an Backbord zu erkennen, einer auf dem Flugzeugkatapult und einer neben Turm B … Ein paar Sekunden danach hatte [die TIRPITZ] schwere [15 bis 20 Grad] Schlagseite nach Backbord«. Ein »merkliches Nachlassen des Abwehrfeuers« war die Folge, allerdings verstummte das Feuer bis zum Kentern des Schiffes nicht. Als die ersten Bomben trafen, erhielt die Leckabwehr Anweisung, die Schlagseite durch Gegenfluten auszutrimmen. Um 09.45 Uhr betrug die Schräglage 30 bis 40 Grad; Weber erteilte den Befehl, die unteren Decks zu räumen. Innerhalb von fünf Minuten stieg die Schlagseite auf 60 bis 70 Grad an. Dann wurde der 700 Tonnen schwere Turm C in einer dramatischen und gewaltigen Explosion in die Luft geschleudert und flog in hohem Bogen ins Wasser. In diesem Bereich des Schiffes waren keine Treffer beobachtet worden, Fassbender nahm an, daß die »Munitionskammer« hochgegangen war.

Unmittelbar danach, um 09.52 Uhr, kenterte die TIRPITZ und blieb in einem Winkel von 135 Grad liegen. Ein paar Männer führten einen gefährlichen Balanceakt auf dem umgedrehten Rumpf aus, andere jedoch (darunter Schmitz) »versuchten, schwimmend bzw. unter Zuhilfenahme von Bojen oder umhertreibenden Gegenständen das Ufer zu erreichen«. Die ersten Rettungsboote trafen 15 Minuten später vor Ort ein. Nachdem das Schlachtschiff gekentert war, wurden keine Bomben mehr abgeworfen; eine Maschine (die Kamera-Lancaster) kreiste in 2000 Metern Höhe. Fassbender zog folgenden, knappen Schluß: »Das Abwehrfeuer war im großen und ganzen wirkungsvoll. Jagdschutz fehlte. Rauchschleier gab es nicht.« Der Fähnrich z.S. Willibald Völsing, er hatte seine Station in der Feuerleitzentrale, behauptete später, daß »die elektronischen Bauteile des Feuerleitsystems durch die Schläge in Mitleidenschaft gezogen worden waren, welche die TIRPITZ bei den [vorhergehenden] Angriffen erhalten hatte; die topographischen Gegebenheiten in der Gegend um Tromsö kamen erschwerend hinzu«. Er war der Ansicht, daß der Artillerieoffizier aus diesem Grund am 12. November keine genauen Schußwerte erhalten hatte und zeigte sich »erstaunt«, als die Hauptarmierung das Feuer eröffnete. Völsing folgerte daraus, daß die Schußwerte für die Salven »manuell auf eine zuvor festgelegte Zone Eins eingestellt worden waren«; dies mag eine Erklärung dafür sein, warum die Granaten unterhalb und hinter den anfliegenden Bombern detonierten. Eine Untersuchungskommission kam zu dem Ergebnis, daß »die Bombenkrater« [*sic*] – ein deutlicher Hinweis auf mehr als einen »zu weit liegenden« Einschlag – auf Haakoy einen Durchmesser von 30 Metern und eine Tiefe von zehn Metern in steinigem Boden besaßen. Die Nahdetonierer müssen demnach riesige Löcher in den Meeresboden unter dem Schlachtschiff gesprengt haben. Alfred Zuba, der während des Angriffs in der Feuerleitzentrale Dienst tat, verfaßte seinen Bericht über die Ereignisse während Operation »Catechism« am 1. April 1945. Zwangsläufig konzentriert sich der größte Teil der Erinnerungen auf seine Erlebnisse in dem gekenterten Rumpf. Allerdings bestätigte er auch indirekt die Darstellung in Fassbenders Bericht, jedoch ohne dessen exakte Zeitangaben über den genauen Ablauf der Ereignisse. Nach dem Frühstück hatte sich Zuba zurückgezogen, um ein Buch zu lesen; dann kam die Mitteilung »Flugzeuge im Westen gesichtet«, der jedoch rasch »eigene Maschinen« folgte. Allerdings wollte sich die TIRPITZ nicht in ihr Schicksal ergeben, und Zuba notierte, daß trotz der Entwarnung Luftalarm ausgelöst wurde. Es folgte eine Durchsage, welche die Spannung steigen ließ: »20 [*sic*] viermotorige [Flugzeuge] im Westen gesichtet, Entfernung 100 Kilometer.« Als diese als Lancaster angesprochen wurden, dachte Zuba darüber nach, daß sie wohl zwangsläufig »6-Tonnen-«Bomben [*sic*] an Bord haben würden, also jene, die »14 Tage zuvor abgeworfen worden waren, [als] wir 30 britische Maschinen abwehren konnten … [und] nur leichte Schäden davongetragen haben«. Der Kommandant informierte die Besatzung, daß Jagdschutz angefordert worden sei, und »kurz darauf, für uns schien es eine Ewigkeit zu dauern, kam die Mitteilung, daß Jäger gestartet waren«. Unterdessen gab Zuba per Telephon die Werte weiter, die ihm übermittelt wurden: Entfernung 30 000 Meter, 29 500 Meter, Höhe 3000 Meter, 2900 Meter. Er schloß daraus, daß die Angreifer »ziemlich schnell flogen«. Auf eine Entfernung von 20 500 Meter feuerten Turm Anton und Bruno die ersten Salve, gefolgt von einer zweiten, danach eröffnete die Mittelartillerie das Feuer. Kurz danach waren zwei schwere Schläge zu spüren, »und alles was nicht niet- und nagelfest war, flog uns um die Ohren ... dann legte sich das Schiff über, langsam und unwiderstehlich«. Schon bald betrug der Winkel 18 Grad. Er und die anderen in der Abteilung klammerten sich irgendwo fest, um nicht hinzufallen, der Strom fiel aus, und Oberleutnant z.S. Mettergang bat vergeblich um Erlaubnis, die Abteilung verlassen zu dürfen. »Plötzlich, ein neuer heftiger lauter Knall, erneut das Heulen fallender Bomben, die Schlagseite nahm zu, dann kam der Befehl »Abteilung verlassen«. Zuba riß sich den Kopfhörer herunter, ergriff seine Gasmaske und eilte zum Notausstieg. Quälendlange Stunden des Eingeschlossenseins lagen vor ihm.

Leutnant z.S. Adalbert Brunner war gerade dabei gewesen, einen Beobachtungsposten auf Kvaloy – ähnlich jenem auf einer Anhöhe über dem Kaafjord – einzurichten, als er hilflos zusehen mußte, wie auf der TIRPITZ eine halbe Stunde vor dem Angriff das Flaggensignal »Luftalarm« vorgeheißt wurde, dann erfolgte der Angriff, und dann kam das Ende des Schlachtschiffes. Vor allem der rotangestrichene, bloßliegende Schiffsboden blieb ihm in Erinnerung. Ob die Einrichtung des Postens, dessen Gerätschaften am 5. November eingetroffen waren, noch einen entscheidenden Beitrag hätte leisten können oder nicht, mag dahingestellt bleiben, die Tatsache, daß er nicht errichtet wurde, läßt eine uncharakteristische Nachlässigkeit auf seiten der Deutschen erkennen. Ein glücklicher Zufall wollte es, daß Kapitänleutnant Walter Sommer sich während des Angriffs in Tromsö befand und auf ein Boot wartete, daß ihn zur TIRPITZ zurückbringen sollte. Es gelang ihm, in Tromsö Schneidbrenner aufzutreiben, dann organisierte er ein paar Boote, die die Brenner und Arbeiter zu dem halbversunkenen Schiff beförderten. Vor allem seinen Bemühungen ist es zu verdanken, daß 87 Männer aus dem Rumpf herausgeholt werden konnten; die Rettungsarbeiten gingen bis zum 15. November weiter, zwei Tage nachdem die letzte Person lebend geborgen werden konnte. Die Erlebnisse der in dem gekenterten Schiff eingeschlossenen Besatzungsmitglieder sind ergreifend. Alfred Zuba befand sich unter einer Gruppe von Männern, die auf Klopfzeichen auf dem Rumpf antworteten, so stellten sie Verbindung mit den Rettern her, die sich über ihnen befanden. Das Geräusch der Schneidbrenner beruhigte ihn, in der frostigen Enge seines stählernen Grabes wurde er jedoch in Angst und Schrecken versetzt, als es plötzlich aufhörte. Schließlich waren die Geräusche wieder zu hören, und dann schälte er sich durch eine enge Öffnung und erblickte erleichtert die funkelnden Sterne in der erfrischenden Dunkelheit. Er erfuhr, daß seine panische Angst von der Notwendigkeit herrührte, die erschöpften Rettungsmannschaften auszuwechseln; sie hatten einer Ablösung bedurft, um die anstrengende Arbeit zu beenden. Zuba hatte Glück gehabt. Nicht alle Eingeschlossenen konnten gerettet werden, bevor sie erstickten. Etwa

100 Stunden lang versuchten die Bergungsmannschaften, sich zu einer Gruppe von 50 Besatzungsmitgliedern unter Oberleutnant z.S. Lutz Mettergang vorzuarbeiten; wegen des dicken Seitenpanzers der TIRPITZ blieben ihre Bemühungen vergebens. 165 Mann, die nur noch tot geborgen werden konnten, wurden bald darauf mit militärischen Ehren in Tromsö beigesetzt.

Nach dem Krieg erbeutete Dokumente lassen erkennen, daß das Nachrichtenbüro der Marine in Tromsö den Zeitpunkt, wann die TIRPITZ nach den Treffern mittschiffs in die Luft geflogen und gekentert war, relativ ungenau mit 09.46 Uhr angegeben hat. Unmittelbar nach den Ereignissen wurde eine Reihe von Untersuchungen veranlaßt, zugleich wurden Versuche unternommen, einer Schuldzuweisung zu entgehen. Das Versäumnis, in den Süden verlegte Marine-Nebelabteilungen rechtzeitig einzusetzen, wurde sehr genau unter die Lupe genommen. Das Gelände im Raum Tromsö war jedoch, im Gegensatz zum Kaafjord, für das Legen eines effektiven Nebelschleiers nicht geeignet, dieser Weg wurde demnach nicht mit Nachdruck verfolgt. Der mangelnde Jagdschutz war ein weit ernsthafteres Problem. Die Unterlagen des Admirals Polarküste bestätigen, daß die TIRPITZ ab 08.15 Uhr wiederholt darum gebeten hatte.

Die Briten hatten erfahren, daß eine Gruppe Bf 109G eines Jagdgeschwaders am 8. November offenbar nach Bardufoss verlegt worden war, etwa zehn Flugminuten vom Liegeplatz der TIRPITZ entfernt. Die Einsatzplanung ging nun von dem sprichwörtlich schlimmsten anzunehmenden Fall aus, daß die III./JG 5 ihre volle nominelle Stärke von 40 Maschinen erreicht hatte; das war jene Zahl, die in Einsatzbesprechungen oder damit in Zusammenhang stehenden Unterlagen genannt wird. Verbände wurden sehr oft von einem Luftwaffenstützpunkt zum andern verlegt; ein zeitgenössischer norwegischer Bericht erwähnt 55 Flugzeuge in Bardufoss, von diesen waren nicht alle Jäger. Diese Zahlenangabe enthielt möglicherweise auch Ju 52, die durch PRU-Aufklärer gesichtet worden waren, Bomber vom Typ He 111 sowie Aufklärer vom Typ Focke Wulf Fw 189, von denen bekannt war, daß sie die Basis ebenfalls nutzten. Mit Sicherheit befand sich auch eine Staffel Ju 87 darunter, deren Kommandeur lange die Verwaltung von Bardufoss geleitet hatte. Eine Staffel der III./Jg 5 (10.) war im Norden, in Alta, geblieben, und es gibt sichere Hinweise darauf, daß während Operation »Catechism« nur eine vollständige Staffel (9.) plus eine Anzahl unerfahrener Piloten, die sich noch in der Ausbildung befanden und vorläufig eine »Kommando«-Staffel bildeten, in Bardufoss stationiert waren. Erstere befand sich in 3-Minuten-Bereitschaft, letztere war in 15 Minuten einsatzklar; allerdings mußten noch fünf bis sechs Minuten eingerechnet werden, die die Jäger benötigten, um von ihren verstreut liegenden Stellplätzen zur Rollbahn zu gelangen. Deshalb rechnete Leutnant Werner Gayko, der Führer der 9. Staffel, nach Erteilung des Startbefehls mit erstaunlichen neun Minuten Verzögerung. Seine Staffel allerdings war mit der Fw 190, die zwei 20-mm-Bordkanonen führte, ausgerüstet. Ungefähr 20 bis 24 einmotorige Bf 109- und Fw 190-Jäger waren zwar immer noch weniger Maschinen, als der britische Nachrichtendienst vermutet hatte, sie stellten jedoch für die Lancaster, die keinen MG-Stand auf dem Rumpfrücken führten, eine gewaltige Bedrohung dar, auch wenn sie von unerfahrenen Piloten geflogen wurden. Eine Erklärung für die verspätete Reaktion der Jäger lautete, daß ein Hügel an einem Ende der Rollbahn den Start behinderte. Allerdings dürfte dies für Flugzeuge mit hoher Steiggeschwindigkeit und Wendigkeit kein ernsthaftes Problem dargestellt haben. Da die Jäger jedoch weder mit ihrer Leitstelle noch untereinander in Verbindung treten konnten, wenn sie einmal in der Luft waren, schienen sie in der Tat im Nachteil zu sein.

Im Gegensatz zur RAF gewährte die Luftwaffe Offizieren keine zeitweilige Beförderung, wenn sie eine entsprechende Dienststellung ausübten. Deshalb war es auch nicht ungewöhlich, daß Major Heinrich Ehrler, 28 Jahre alt, ein wegen seiner 199 »Abschüsse« hochdekorierter Veteran des Krieges im Eismeer und an der Ostfront, als Kommandeur der III./JG 5 fungierte. Ehrlers Verhalten und die Leistung seiner Piloten bleiben seit dem 12. November 1944 Gegenstand genauer Untersuchungen und Kontroversen. Nach dem Krieg waren manche Beobachter der Ereignisse und viele seiner Kameraden von der Luftwaffe der Ansicht, daß Ehrler als willkommener Sündenbock für die Inkompetenz anderer herhalten mußte. Er wurde in Oslo wegen Befehlsverstoßes vor ein Kriegsgericht gestellt, da er einem Unteroffizier die Aufsicht über die Jägerleitstelle übertragen hatte. Ihm drohte die Todesstrafe; er wurde jedoch nur zu drei Jahren Gefängnis verurteilt und bereits nach einem Monat entlassen. Nichtsdestoweniger wurde er degradiert und zu einer mit Düsenjägern vom Typ Messerschmitt Me 262 ausgerüsteten Staffel nach Deutschland versetzt. Ehrler litt unter Depressionen. Nach offiziellen Angaben wurde er am 4. April 1945 während eines Luftangriffs amerikanischer Bomber über Berlin abgeschossen. Einer Legende zufolge soll er jedoch die Jägerleitstelle darüber informiert haben, daß er beabsichtige einen Bomber zu rammen, weil er seine Munition verbraucht habe. Ehrler schloß mit den Worten: »Wir treffen uns in Walhalla wieder.« In späteren Jahren drückten viele, die am 12. November unter seinem Kommando gestanden hatten, ihre Bestürzung darüber aus, sie fühlten sich irgendwie schuldig, weil sie die TIRPITZ nicht hatten retten können. Zum Glück für die Besatzungen der Lancaster scheint sich immer deutlicher abzuzeichnen, daß sie nie eine Gelegenheit dazu erhalten haben.

Was genau an jenem fragwürdigen Tag bei der III./JG 5 passierte und warum, ist weiterhin unklar, insbesondere weil die entsprechenden Unterlagen nicht überliefert sind. Oberleutnant Fassbenders Bericht, der drei Wochen nach den Ereignissen verfaßt wurde, bietet über das, was unternommen – oder unterlassen – wurde, nur bruchstückhafte Informationen. Mehr als zwei Stunden bevor die Tallboys fielen, wurde bereits die erste Radarmeldung über anfliegende Lancaster im Süden ins Logbuch eingetragen; um 08.15 Uhr war auf der TIRPITZ bekannt, daß um 07.38 Uhr Ortszeit (06.38 Uhr GMT) weitere Bomber gesichtet worden waren. Diese Nachricht traf vor Haakoy mit 40minütiger Verspätung ein, was entweder auf Nachlässigkeiten im Informationssystem schließen läßt oder auf Zweifel zurückzuführen ist, daß die TIRPITZ das Ziel war. Fähnrich z.S.

Zuba hatte enthüllen können, daß die Flugzeuge zunächst als eigene Maschinen angesprochen wurden; dies mag als Erklärung hinreichend sein. Allerdings kann es sich nur um einen Flüchtigkeitsfehler gehandelt haben. Auf dem Schlachtschiff jedenfalls wog man sich nach der ersten Sichtmeldung nicht in Selbstsicherheit. Da weitere Informationen nur stückweise eintrafen, vermutete Weber, daß möglicherweise eine Wiederholung von Operation »Obviate« bevorstand. Offensichtlich hat dies niemand sonst getan. Eilig nahm das Schlachtschiff mit den örtlichen und weiter entfernt liegenden Beobachtungsposten Kontakt auf, eine Reaktion erfolgte nicht. Eine Stunde nach den ersten Radarmeldungen wurden Flugzeuge über schwedischem Hoheitsgebiet gesichtet, die Kurs auf Norwegen hielten. Dann kam der berühmte »Nebel des Krieges« ins Spiel. Aufmerksame Beobachter sahen, was sie zu sehen wünschten: feindliche Maschinen über Schweden, die Richtung Sowjetunion flogen. Aus diesem Grund informierte der »Hauptbeobachtungsposten« die TIRPITZ um 09.00 Uhr, daß die »Lage weiterhin unklar« sei. Fünf Minuten später konnten die Offiziere auf der TIRPITZ eine der beiden Formationen (617. Staffel) in 120 Kilometern Entfernung in ihren starken Ferngläsern erkennen, ein zweiter Verband war um 09.12 Uhr im selben Luftraum zu sehen. Erst um 09.25 Uhr vermerkte Fassbender, daß »die Meldung eingegangen war, ein Jäger sei gestartet, weitere Jäger kurz darauf«. Über den Einsatz von Jagdflugzeugen ist in seinem Bericht weiter nichts vermerkt.

Der Ablauf der Ereignisse in Bardufoss kann nur unter Vorbehalt und bruchstückhaft aus den fragmentarisch überlieferten Quellen, aus persönlichen Erinnerungen und der weitschweifigen Niederschrift über Ehrlers Militärgerichtsverfahren, zu dem Fassbender und Gayko als Zeugen geladen waren, hergeleitet werden. Einige Zeitangaben erscheinen unlogisch und widersprüchlich, die Aussagen vor Gericht stimmen irgendwie nicht mit den bekannten Fakten überein. Gemäß einer Version heulten die Sirenen um 09.10 Uhr, und die Jäger sollen zehn Minuten später gestartet sein. Nach einer anderen wiederum steht zu vermuten, daß die ersten sicheren Informationen Bardufoss um 09.18 Uhr über die Nachrichtenverbindungen der Luftwaffe erreichten und ein Unteroffizier, dem unzulängliches Kartenmaterial zur Verfügung stand, die feindlichen Flugzeuge weit im Norden, in der Nähe von Hammerfest bzw. dem alten Liegeplatz der TIRPITZ im Kaafjord, auf dem Lageplan eintrug. Erst als dieser Fehler korrigiert worden war, befahl Ehrler um 09.23 Uhr seinen Piloten aufzusteigen. Ehrler selbst wiederum gab an, um 09.25 Uhr in einer Bf 109 gestartet zu sein. Nachdem er in der Luft war, sah er die anderen Maschinen noch auf ihren »Parkpositionen« unter sich. Er konnte nicht wissen, daß diese von einer Ju 88 oder einer Ju 52 (Angaben über den Typ variieren) aufgehalten wurden, die zur Landung ansetzte. Einer der fünf Anklagepunkte gegen Ehrler lautete demzufolge, daß er es verabsäumt habe, die Führung zu übernehmen, indem er nicht auf den Start weiterer Jäger gewartet habe. Er flog allein zum Balsfjord. Später behauptete er, einen weiten Suchstreifen abgeflogen zu sein, auf Bomber sei er aber nicht gestoßen. Er habe mit niemandem Verbindung aufnehmen können, da sein Funkgerät ausgefallen war (eine Angabe, die das Kriegsgericht während der Verhandlung verwarf), dann habe er eine Lancaster bis zur schwedischen Grenze verfolgt, was darauf schließen läßt, daß er sich gegen 10.15 Uhr östlich von Bardufoss befand. Daraufhin sei er nach Alta, dem ursprünglichen Flugziel, unterwegs gewesen, bevor er an jenem Morgen wieder Bardufoss erreichte. Einige Jahre später behauptete Gayko, daß sein Gruppenkommandeur gleich wieder in Bardufoss gelandet sei, was der Wahrheit näherkommen dürfte, wenn man die Flugzeit, die zurückgelegte Entfernung und den Treibstoffvorrat berücksichtigt.

Unterdessen waren weitere Jäger gestartet. Gayko, der noch immer unter den unangenehmen Nachwirkungen einer nächtlichen Feier in der Offiziersmesse litt, hörte den Alarm in seinem Quartier und jagte in einem Wagen zu den Stellplätzen der Flugzeuge. Dort erfuhr er, daß bereits 18 Jäger gestartet waren, eine Maschine war mit Motorenproblemen am Boden geblieben. Gayko ließ seinen Dienstgrad spielen, und um 09.30 Uhr war er in der Luft – gemäß eines Eintrags in seinem Einsatzbericht etwa zehn Minuten nach den anderen. Dies kann jedoch nicht mit Angaben übereinstimmen, die den Startbefehl auf 09.23 Uhr verlegen, eine normale Zeitverzögerung von neun Minuten nicht eingerechnet. Demnach wären die 17 Maschinen (ohne Ehrler) vor ihm bzw. Ehrler selbst zwischen 09.32 und 09.42 Uhr gestartet, was wahrscheinlicher ist. Heinz Orlowski, ein Unteroffizier aus seiner Staffel, gab an, einige Zeit über dem Flugfeld gekreist zu sein, um auf seinen Kommandeur zu warten, bevor sie in Richtung des »Rauchs« im Norden flogen. Gayko war zusammen mit Hauptmann Franz Dörr im Wagen vom Hauptquartier kommend eingetroffen, Dörr verschaffte sich in der Leitstelle ein Bild von der Lage und startete mit seinem Adjutanten, Leutnant Kurt Schulze, um die Führung des ad hoc zusammengestellten »Kommandos« der Flugschüler zu übernehmen. Angenommen, sein Aufenthalt in der Leitstelle fiel mit Gaykos Beschlagnahme der fehlerhaften Maschine zusammen, konnte Dörr nicht vor etwa 09.45 Uhr in der Luft gewesen sein. Die Angabe Fassbenders, daß mehrere Jäger kurz nach 09.30 Uhr gestartet seien, scheint zutreffend zu sein – demnach waren die 9. und die »Kommandostaffel« bereits in der Luft und warteten auf ihre Führer. Fassbenders Behauptung – gemäß einer unbekannten Quelle –, daß der Start der Jäger sich wegen »der Anwesenheit eines feindlichen Verbandes über Bardufoss« verzögert habe, scheint Gaykos Angaben, er habe viermotorige Maschinen »über dem Flugfeld« erkannt, zu bestätigen. Die Sicht war an jenem 12. November jedoch extrem gut, die Offiziere der TIRPITZ konnten die Bomber bereits auf 120 Kilometer Entfernung ausmachen. Gayko hatte ausgesagt, daß sich die Flugzeuge »über« Bardufoss befanden, was sowohl »jenseits des« als auch »direkt über« dem Flugfeld bedeuten kann. Fassbender mag die Bedeutung falsch verstanden, andere die falschen Schlüsse gezogen haben. Dies würde zu den bekannten Fakten passen. Bardufoss liegt etwa 100 Kilometer südlich von Tromsö, gemäß den Unterlagen der RAF hatten sich die Lancaster dem Stützpunkt auf ihrem Flug vom Sammelpunkt nach Norden nie auf weniger als 40 Kilometer angenähert.

Es ist interessant, welche Anweisungen die deutschen Piloten erhielten, als sie sich in der Luft befanden. In Bardufoss scheint man die Jäger nicht eher gestartet zu haben, bis um 09.18 Uhr betreffende Anweisungen vorgesetzter Dienststellen der Luftwaffe vorlagen. Dann folgte eine Verzögerung von fünf Minuten wegen des ungenauen Lagebildes. Ein später verfaßter Bericht behauptet, die Jäger seien zunächst in Richtung norwegische Grenze geschickt worden (somit flogen sie los, bevor die Bomber über dem Balsfjord Kurs auf die TIRPITZ nahmen); in einer anderen Quelle wird erwähnt, daß sie zum Kaafjord, 320 Kilometer weiter nördlich, flogen. Gayko und Schulz meldeten, daß sie die Gegend um Tromsö erreichten. Dort konnten sie keine feindlichen Maschinen erkennen, Gayko jedoch sichtete »ein riesiges Schiff, das mit dem Rumpf nach oben dalag«. Er hatte während des Steigflugs in einiger Entfernung Flakfeuer gesehen und hielt sofort darauf zu. Da er den Himmel aus großer Höhe absuchte, ist es durchaus möglich, daß er die Bomber unter sich nicht bemerkte; falls Gayko aber direkt nach Haakoy flog, kann mit seiner angegebenen Startzeit etwas nicht stimmen. Wenn er Bardufoss um 09.30 Uhr verlassen hat, wäre er über Haakoy gewesen, bevor die letzten Flugzeuge ihre Bomben abgeworfen hatten und die TIRPITZ gekentert war; was zwischen 09.10 und 09.30 Uhr in Bardufoss geschehen ist, gibt einige Rätsel auf. Orlowski, der in Gaykos Staffel flog, erinnert sich, nach Tromsö geflogen zu sein, vom Gegner aber nichts bemerkt zu haben. Nachdem er seinen Haufen Flugschüler um sich versammelt hatte, wäre Dörr – falls es sich so zugetragen hat – noch später angekommen.

Gayko behauptete ferner, daß seine Hauptaufgabe nicht die Verteidigung des Schlachtschiffes, sondern die Überwachung der Ausrüstung der 9. Staffel mit neuen Maschinen war. Dies deckt sich mit seinen späteren Angaben, Tromsö sei ein Sperrbezirk und der Liegeplatz der TIRPITZ bei den Einheiten in Bardufoss nicht bekannt gewesen. Berichte, nach denen zwei Jagdflugzeuge auf einem Übungsflug beschossen worden waren, als sie in die Verteidigungszone um Tromsö eingedrangen, scheinen seine Angaben eher zu bestätigen. Diese Zone war sehr ausgedehnt, sie umfaßte verschiedene Zufahrten und Fjorde, und ähnliche Zwischenfälle hatte es nicht nur in der Nähe von Haakoy gegeben. Nach dieser Beinahe-Katastrophe führte ein Besuch bei den zuständigen Dienststellen in Tromsö zur Einrichtung einer direkten Telephonverbindung mit der Leitstelle in Bardufoss. Obwohl es keine Einsatzrichtlinien für eine Verteidigung der TIRPITZ gab, mutet es dennoch seltsam an, daß die Bomber bei »glasklarem Himmel« im Zielgebiet nicht abgefangen wurden. Der verspätete Start, mit Ausnahme Ehrlers, und der Mangel an eindeutigen Befehlen scheinen die plausibelsten Erklärungen darzustellen.

Nur ein einziger Lancaster-Pilot sah einen Jäger – nach dem Ende des Angriffs. Nachdem er am 24. November aus Stockholm in die Heimat zurückgekehren konnte, enthüllte Fg. Off. D.A. Coster RNZAF von der 9. Staffel, daß »wir kurz vor der schwedischen Grenze von zwei Me 109 angegriffen, aber nicht getroffen wurden«. Sein Flugingenieur, Sgt. J.C. Pinning, konnte später nähere Angaben machen: Sie hatten sich entschieden, mit den 2 1/2 verbliebenen Motoren, der Rest war beim Angriff auf die TIRPITZ ausgefallen, nach Schweden zu entkommen. Coster nahm die in der Einsatzbesprechung empfohlene Rückzugsroute, die von Tromsö Richtung Südwesten führte, flog dann entlang der norwegischen Küste nach Süden, bevor er über trostlosem Gelände in eine Linkskurve ging. Der Kurs führte die Lancaster in die »Nähe« von Bardufoss, kurz darauf griff eine Me 109 zweimal von hinten an, der Heckschütze nahm sie unter Feuer, und Coster eintzog sich der Gefahr mit korkenzieherartigen Flugbewegungen. Nachdem der Pilot das Flugzeug wieder abgefangen hatte, erinnert sich Pinning, »sah ich eine andere Me 109, die genau auf mich zuhielt«. »Sie flog an Steuerbord vorbei, setzte aber nicht nach, da der Pilot wohl meinte, wir wären bereits erledigt.« Coster flog gekonnt weiter, und landete seine beschädigte Maschine auf einer kleinen Lichtung, die er auf einer mit Kiefernwäldchen bewachsenen Insel entdeckt hatte.

Die Besatzung der »WS-T« fügte der bruchstückhaften Darstellung Gaykos und Ehrlers etwas mehr Inhalt hinzu. Ersterer behauptete, einen viermotorigen Bomber zweimal angegriffen zu haben. Er habe zwar jedesmal ein paar Schüsse abgeben können, sei aber durch eine Ladehemmung behindert worden. Ehrler schilderte, wie er eine Lancaster bis zur schwedischen Grenze verfolgte, absichtlich habe er aber vermieden, in den Luftraum eines neutralen Landes einzudringen, um diplomatische Verwicklungen zu vermeiden. Laut einer Auskunft von Major Knut Store hatte Gaykos Flügelmann kurz zuvor ein schwedisches Flugzeug abgeschossen und »eine Menge Papierkrieg verursacht«. Costers Bericht erwähnt »zwei Me 109« und wirft damit eine weitere Frage auf. Gaykos Staffel war wohl noch nicht auf die Fw 190 umgestiegen. Es ist undenkbar, daß ein solch erfahrener MG-Schütze wie Sgt. J.W. Jones eine dieser unverwechselbaren Maschinen mit ihrem luftgekühlten Sternmotor wohl für eine Bf 109 gehalten haben könnte. Erstaunlicherweise gibt es noch eine weitere Version der Ereignisse, die besagt, daß die deutschen Piloten nichts über das Schicksal der TIRPITZ erfahren haben, bis an jenem Abend Anschuldigungen von offizieller Seite die Runde machten. Da Gayko, Schulze und Orlowski mit absoluter Sicherheit in der Nähe von Haakoy waren, ist es völlig unvorstellbar, daß sie ihre Kameraden nach der Landung nicht über die Geschehnisse informiert haben. Falls jedoch die 10. Staffel tatsächlich Alta angeflogen hatte, wo der Stab der III./JG 5 verblieben war, könnten sich diese Angaben auch auf sie beziehen. Und falls Ehrler darüberhinaus nach dem Einsatz Richtung Alta weitergeflogen war, mag dies die Behauptung bekräftigen, daß Jäger von Bardufoss in diese Gegend geschickt wurden (der Kaafjord liegt ganz in der Nähe). Gelinde gesagt: es bleibt eine Herausforderung, die Bewegungen der Jäger aus Bardufoss am 12. November nachzuvollziehen.

Im Jahr 1967 kam eine weitere interessante Neuigkeit ans Tageslicht. Während eines Gesprächs mit dem ehemaligen Funker von Plt. Off. A.E. Kell, Fg. Off. D.E Freeman, behauptete ein vormaliges Mitglied des norwegischen Widerstands, für das Nichterscheinen der deutschen Jäger verantwortlich gewesen zu sein. Als die Lancaster, wie in einer chiffrierten Meldung angekündigt,

»über den Bergen erschienen«, kappte er mit Hilfe anderer »die Telegraphenleitung zwischen dem Boot [TIRPITZ] und der Funkstation an Land bzw. dem Luftwaffenstützpunkt«. Falls sie dies tatsächlich bewerkstelligt haben, muß man dem jedoch keine entscheidende Bedeutung zumessen. Die Deutschen hatten eine Vielzahl anderer Informationsquellen über den bevorstehenden Angriff.

Daß die Luftwaffe dabei versagt hatte, dem Schlachtschiff zur Hilfe zu kommen, bleibt Gegenstand kritischer Diskussion. Ehrler kann nicht allein dafür verantwortlich gemacht werden. Bezeichnenderweise wurden nach Operation »Catechism« einige Luftraumbeobachter, Flakhelfer sowie Marinepersonal ebenfalls vor ein Kriegsgericht gestellt und zu Haftstrafen verurteilt. Des Rätsels Lösung liegt wohl darin, daß man trotz der Radarmeldungen und des Präzedenzfalles vom 29. Oktober nicht erkannt hatte, daß die TIRPITZ das Ziel war. Welche Meldungen Bardufoss auch erreichten, sie kamen zu spät. Das strikte Befolgen des vorgeschriebenen Dienstweges scheint eine Schwäche der deutschen militärischen Organisation gewesen zu sein. Informationen mußten jedesmal von unten nach oben weitergeleitet werden, bevor sie eine andere zuständige Behörde auf der ensprechenden Entscheidungsebene erreichten. Auch wenn Weber vor Beginn des Angriffs persönlich mit Ehrler in Verbindung getreten ist – es gibt einige Anhaltspunkte dafür, daß das speziell eingerichtete Telephon in der Leitstelle Bardufoss an jenem Morgen geläutet hat – war der Kommandeur der Luftwaffeneinheit nicht befugt, ohne Weisung seiner vorgesetzten Dienststelle zu handeln. Darüberhinaus war das falsche Lagebild nicht gerade eine Hilfe. Bis 09.12 Uhr lag keine Bestätigung vom »Hauptbeobachtungsposten« vor, notierte Fassbender. Das Durcheinander aus sicheren Meldungen oder angeblichen Mitteilungen trägt kaum dazu bei, etwas Licht ins Dunkel zu bringen – wahrscheinlich war Absicht im Spiel, um etwas zu vertuschen.

Für die Briten war dies ohne Belang. Am 13. November 1944 sollte Air Vice-Marshal the Hon. R.A. Cochrane auf der morgendlichen Stabskonferenz bekanntgeben, daß die »Bestie« nach fünf Jahren größter Anstrengungen endlich erschlagen worden sei.

Die Jagd im Rückblick

»Unsere TIRPITZ ist versenkt worden« – lautete der Beginn einer abgefangenen Mitteilung an die deutschen Truppen auf den Inseln in der Ägäis vom 16. November. Es folgte das Eingeständnis, daß dies ein schwerer Verlust sei, zugleich wurden die strategischen Errungenschaften des Schiffes hervorgehoben. »Zwölf [*sic*] superschwere Bomben haben die Seite des Schlachtschiffes weit aufgerissen und es zum Kentern gebracht. Das Schiff liegt in flachem Wasser. Der Verlust des Schiffes, das durch seine Anwesenheit in Nordnorwegen große Feindverbände gebunden und eine Vielzahl von Abwehrerfolgen gegen die RAF erzielt hat, ist ein schwerer Schlag für uns. Die britische Presse behauptet, daß die TIRPITZ stets ein bedeutendes Hindernis für die Bewegungsfreiheit der britischen Seestreitkräfte dargestellt hat.«

PRU-Aufklärer ließen am Schicksal der TIRPITZ keinen Zweifel, die anschaulichen Photos des gekenterten Rumpfes waren bald weit und breit bekannt. Am 30. November schrieb Sqn. Ldr. John Strachey unter Bezugnahme auf den letzten Einsatz: »Die Photos in den Zeitungen und die Bilder in den Wochenschauen haben ihnen deutlich vor Augen geführt, welch winziges Ziel die TIRPITZ darstellte ... Die Versenkung ... hat die Welt beeindruckt.« Er hatte nicht übertrieben. Ähnlich wie die dramatischen Photos von den gesprengten Talsperren in Deutschland vom Mai 1943 hatten auch die Aufnahmen vom Ende der TIRPITZ Auswirkungen sowohl auf die internationale als auch auf die nationale Öffentlichkeit. Sie waren spektakulär.

Das RAF Bomber Command hat in den Jahren 1940–41 19, 1942 vier und 1943 drei Einsätze ausschließlich gegen die TIRPITZ geflogen; diejenigen Operationen, die abgebrochen werden mußten, bzw. Einsätze gegen die Werftanlagen in Wilhelmshaven und Kiel sind in dieser Aufstellung nicht enthalten. Der Fleet Air Arm flog 1942 einen Angriff (auf See), 1944 sechs. Zwischen Mai 1940 und November 1944 unternahmen britische Flugzeuge 33 mal den Versuch, das Schlachtschiff mit Bomben, Minen oder Torpedos auszuschalten. Einschließlich der etwa 300 zweimotorigen Whitley-, Hampden- oder Wellington-Bomber in den Jahren 1940–41 waren etwa 700 Maschinen der RAF und des FAA an Einsätzen gegen die vor Anker liegende TIRPITZ beteiligt; weitere zwölf hatten versucht, sie auf hoher See mit Torpedos zu treffen. 250 Jäger flogen während der Einsätze Jagdschutz. Eine weitere Anzahl Jäger, Flugboote und Bomber waren an Ablenkungsangriffen beteiligt. Die Bandbreite der vorgeschlagenen Projekte zur Vernichtung des Schiffes ist beeindruckend, dies schließt den Vorschlag, amerikanische B-17 bzw. Mosquitos der RAF mit einer kleineren Variante von Barnes Wallis' berühmter »hüpfenden Bombe« auszurüsten, ein. Bei einer Gelegenheit wiederum waren zwei Staffeln Hampden-Bomber in den Norden der Sowjetunion verlegt worden, um die TIRPITZ anzugreifen. Eine Besonderheit sei am Rande erwähnt: Die 617. Staffel wurde sowohl beim »Dambuster-Raid« als auch während der drei Angriffe auf die TIRPITZ von einem amerikanischen Piloten unterstützt.

Unmittelbar nach den Ereignissen war in einem Leitartikel zu lesen, daß »sie [TIRPITZ] eine wenig glückliche Laufbahn« hatte. Das mag sein. Die deutsche Seite wies jedoch völlig zu Recht darauf hin, daß die TIRPITZ eine bedeutende Anzahl Großkampfschiffe und Geleitfahrzeuge gebunden hatte, die woanders von besserem Nutzen gewesen wären. Letztenendes war dies auch der Hauptgrund für das unnachlässige Drängen Churchills, das Schiff zu versenken. Großadmiral Raeder verwarf die Option eines Einsatzes als Handelsstörer und ließ das Schlachtschiff bewußt nach Norwegen verlegen, um den Gegner zu binden. Sein Appell an Hitler vom Januar 1943, die deutschen Großkampfschiffe – vor allem die TIRPITZ – nicht zu verschrotten, beruhte auf dem Konzept einer »Fleet in Being«. Die Bedrohung der alliierten Schiffahrt im Eismeer war als Nebeneffekt ebenfalls von Erfolg gekrönt. Das Schlachtschiff hatte zwar nur einen einzigen offensiven Vorstoß unternommen (nach Spitzbergen), aber der Angriff auf den PQ 12, das Gespensterunternehmen gegen den PQ 17 bzw. die erzwungene Einstellung der Eismeerkonvois wegen des Mangels an Geleitfahrzeugen demonstrierten sein Abschreckungspotential. Die Naval Intelligence Division der Admiralität war wegen der Vernichtung der TIRPITZ »nur vier Jahre und zwei Tage nach ihrer Fertigstellung« des Lobes voll. Indirekt war dies eine Bestätigung dafür, daß Raeder sein Ziel erreicht hatte. »Die TIRPITZ hat niemals ein britisches Kriegsschiff versenkt oder beschädigt. Ihr Erfolg beruhte einfach darauf, daß sie im Nordmeer präsent war und während einer kritischen Phase des Krieges britische Seestreitkräfte band«. Ein weiterer Bonus für die Deutschen waren die interalliierten Spannungen, die aufgrund des Mißerfolgs, einen regelmäßigen Konvoidienst in die Sowjetunion aufrechtzuerhalten, entstanden waren; gelegentlich geriet Stalin darüber ausgesprochen in Wut.

Daß das Schlachtschiff versenkt wurde, ist unstrittig, trotz der kleinlichen Diskussion, daß es nicht völlig unter Wasser lag. Allerdings welche Waffengattung, vor allem welche Staffel und gar welches einzelne Flugzeug den Erfolg davongetragen hat, bleibt bis heute heiß umstritten. Ein Beamter des Verteidigungsministeriums (Clive Pointing) enthüllte, daß noch eine Generation später in scharfem Ton gehaltene Memoranden zwischen den Teilstreitkräften über seinen Schreibtisch gingen. Die 617. und die 9. Staffel streiten nicht nur bis zum heutigen Tag darüber, wer von beiden den entscheidenden Schlag ausgeteilt hat, sondern sind sich auch darüber uneins, wer das Eigentum an einem Teil einer Schottür des Schlachtschiffes, die nach dem Krieg erworben werden konnte, beanspruchen darf. Der Gegenstand hat im Laufe der Jahre mehrmals den Besitzer gewechselt, wobei einiges an Erfindungsreichtum aufgewandt wurde.

Die Zeitspanne zwischen April und November 1944 war für die TIRPITZ entscheidend. Trotz der großen Tapferkeit, die die Besatzungen der Kleinst-U-Boote bewiesen haben, war das Schlachtschiff im September 1943 nur zeitweilig außer Gefecht gesetzt worden. Im März 1944 erreichte es bei Probefahrten wieder 27 Knoten. Der Angriff des Fleet Air Arm am 3. April (die deutsche Seite bestätigte 16 Treffer oder Nahdetonierer) hinterließ auf dem Schlachtschiff dauerhafte Schäden, in welchem Ausmaß ist jedoch nicht klar. Berichten zufolge war sie nicht mehr in der Lage, eine Geschwindigkeit von mehr als 20 Knoten zu erreichen.

Es ist viel über die relativ geringe Fluggeschwindigkeit der Barracudas bzw. daüber geschrieben worden, daß sie dafür ungeeignet waren, ein Ziel wie die TIRPITZ anzugreifen. Die Piloten des Fleet Air Arm waren trotz der Unzulänglichkeiten des Flugzeugs der Ansicht, daß »es sich beim Bombenabwurf in der Luft ruhig verhielt«. Der bis zum Einsatz der Tallboy fühlbare Mangel an geeigneten Bomben ist ebenfalls weitgehend bekannt. Allerdings hätte eine 725-kg-AP-Bombe am 24. August beinahe entscheidende Wirkung erzielt, falls ihr defekter Zünder intakt gewesen und sie mit der vollen Sprengstoffmenge (anstatt der Hälfte) gefüllt gewesen wäre. Die Barracuda und die 725-kg-AP-Bombe hatten gezeigt, was in ihnen steckte, und mit etwas Glück wäre ihnen durchaus Erfolg beschieden gewesen.

Mit dem viermotorigen Lancaster-Bomber und der 5,4-t-Tallboy mit großer Eindringtiefe wurde der Versuch unternommen, dem Glück etwas auf die Sprünge zu helfen vorausgesetzt, ein gewisses Maß an Genauigkeit konnte erzielt werden. Zweifelsohne war der Treffer vom 15. September ein schwerer Schlag gewesen, als in das Vorschiff ein riesiges Loch gerissen wurde. Die TIRPITZ konnte kaum mehr zehn Knoten laufen (jedenfalls nicht viel mehr); umfangreiche und langwierige Reparaturen waren erforderlich, um sie wieder einsatzfähig zu machen, falls dies technisch überhaupt möglich gewesen wäre. Die 9. und die 617. Staffel hatten bei diesem Einsatz ihre Bomben recht nahe beieinander ausgeklinkt – welche Lancaster nun ihre Tallboy ins Ziel werfen konnte, bleibt weiterhin unklar. Das nach dem Einsatz erstellte Trefferbild ist unschlüssig, Beobachtungen der Besatzungen dürftig und widersprüchlich. Sich auf eine Lancaster festzulegen, ist eine Glaubenssache. Wg. Cdr. Tait von der 617. Staffel wurde der Erfolg gutgeschrieben, zumindest eine weitere Crew seiner Staffel behauptet jedoch ebenfalls, daß sie den Treffer erzielt habe; auch eine andere Besatzung (später abgeschossen) könnte dafür verantwortlich gewesen sein. Zudem sollte Flt. Lt. J.D. Melrose von der 9. Staffel nicht außer Acht gelassen werden. Er warf seine Tallboy »Sekundenbruchteile« nach Tait an der Spitze des Bomberverbandes ab.

Barnes Willis hatte die Tallboy ursprünglich dafür konstruiert, damit sie neben einem Ziel schräg in die Erde dringen und dann detonieren sollte. Am 3. November 1944 stellte die NID fest, daß ein Einschlag bis etwa 30 Meter Entfernung Rumpfplatten, Schweißnähte und Nietverbindungen in Mitleidenschaft ziehen und damit Wassereinbrüche zur Folge haben konnte. Ein Nahdetonierer, beim Einsatz am 29. Oktober erzielt, verursachte nach deutschen Angaben Schäden am Unterwasserschiff und reduzierte die Einsatzbereitschaft der TIRPITZ. Ohne Zweifel jedoch lieferte Operation »Catechism« den Todesstoß. Gemäß den Ergebnissen der Photoauswertung bei der CIU in Medmenham, den Aussagen von Augenzeugen vor Ort und den Berichten der Flugzeugbesatzungen überwiegt der Eindruck, daß drei Bomben der ersten Formation das Ziel getroffen haben. Bei dieser Gelegenheit hatte die 617. Staffel ihre Bomben vor der 9. abgeworfen, daran besteht kein Zweifel. Der Admiral Polarküste führte das Kentern der TIRPITZ auf eine »Reihe von Bomben, die an Backbordseite ins Wasser fielen«, zurück, daraufhin nahm sie rasch eine Schlagseite von 135 Grad ein. Eine »Reihe« bedeutet also mehr als eine Bombe, obwohl die Schäden an der Backbordseite und ein Bombenkrater, der in der Nähe des Schiffes auf dem Meeresboden entdeckt wurde, auf die entscheidende Wirkung eines Nahdetonierers hinweisen, so wie es Wallis im Jahr 1941 vorausgesagt hatte. Nach dem Krieg berief sich das Konstruktionsbüro der Admiralität auf direkte Trefferschäden »im Zusammenhang mit einem Nahdetonierer«. Oberleutnant z.S. Fassbender, ein Überlebender der Katastrophe, hatte eine Schlagseite von zunächst 15 bis 20 Grad »ein paar Sekunden« nach den beiden Volltreffern um 09.42 Uhr wahrgenommen. Das Schiff legte sich dann um 09.45 Uhr 30 bis 40 Grad über, fünf Minuten später 60 bis 70 Grad. Um 09.52 Uhr kenterte die TIRPITZ und blieb in einem Winkel von 135 Grad liegen. Der NID fügte seinem zusammenfassenden Bericht hinzu: »Anscheinend haben die Bomben, die nahe am Schiff eingeschlugen, auf dem Meeresboden eine verheerende Wirkung erzielt, insbesondere an jenen Stellen, wo Mulden mit Schutt aufgefüllt wurden.« Sowohl die unter der Schiffsmitte befindliche Mulde als auch der sandige Untergrund des Meeresbodens haben eine überragende Bedeutung bei der Klärung der Frage erlangt, warum das Schlachtschiff schließlich gekentert ist.

Nach dem Krieg führte Konteradmiral Peters, bis Oktober 1944 Befehlshaber der Ersten Kampfgruppe in Norwegen, die »offizielle Darstellung« an, »daß die schwersten unmittelbaren Schäden durch fünf oder sechs Nahdetonierer verursacht wurden, die einen beträchtlichen Teil des Unterwasserschiffes eingedrückt haben«. Er war der Meinung, daß ein Volltreffer »die Schiffseite kaum in einem solchen Umfang hätte aufreißen können, damit rasch jene große Wassermengen eindringen konnten, die für das [Kentern] verantwortlich waren.« Auch Kapitän z.S. Reinecke, bis Januar 1944 Stabschef beim Admiral Polarküste, wies auf die Nahdetonierer am Vorschiff auf Backbordseite hin, die »ein unsymmetrisches Fluten der Abteilungen an Backbord und dann das Kentern zur Folge hatten.« Sowohl Peters als auch Reinecke bezogen ihr Urteil auf Untersuchungen höchster Marinedienststellen, obgleich diese nur auf unzulänglichen Informationen beruhten, zu denen Peters auch noch beigetragen hat.

Am 13. November 1944 setzte Dönitz Hitler darüber in Kenntnis, daß er bereits eine Untersuchung zum Verlust des Schiffes eingeleitet habe. Der Oberbefehlshaber war der Ansicht, daß »die TIRPITZ im Gegensatz zu den Anweisungen und Berichten nicht sicher genug verankert worden war«. Vier Offiziere trugen mit einer ausführlichen Vorlage zu dieser Untersuchung bei. Am 16. November erinnerte Peters daran, daß die nach Ankunft der TIRPITZ vor Haakoy durchgeführten Lotungen zwei Meter Wassertiefe unter dem Vor- und

Achterschiff ergeben hätten bzw. fünf bis sechs Meter mittschiffs. Die Offiziere des Schlachtschiffes nahmen deshalb an, daß es nach erhaltenen Bombentreffern höchstens eine »schwere Schlagseite« einnehmen würde. Trotzdem »war die ziemlich große Wassertiefe unter dem Mittelschiff unerwünscht«; die Lösung des Problems konnte folgendermaßen aussehen: entweder würde das Schiff weiter nach Süden »in seichteres Wasser geschleppt« werden oder »die tiefe Mulde unter der Mittschiffssektion wird« mit Hilfe von Baggern »aufgefüllt«. Kurz darauf wurde die bedeutsame Feststellung getroffen, daß der Untergrund aus weichem Sand bestand. »Meiner Meinung nach«, so Peters, hatte der Kiel der TIRPITZ »auf dem Untergrund nicht genügend Widerstand gefunden, als sich das Schiff überlegte«. »Das Tragheitsmoment wurde dadurch verstärkt, und das Schiff kenterte« oder, dies schien ebenso möglich, die Ankertrossen waren gebrochen, worauf das Schlachtschiff in tieferes Wasser abtrieb. Allerdings gab Peters zu, daß dies reine Spekulation war. Seine Berechnungen stimmten im übrigen mit den Angaben, die Kapitän z.S. Junge und Vizeadmiral Nordmann vorlegen konnten, größtenteils nicht überein.

Junges Bericht vom 15. Juni besagte, daß auf einer Planungskonferenz in Tromsö ein Ankerplatz vor Haakoy gefordert worden war. An Besprechungen, die weitergehende Probleme erörterten, nahm auch der Navigationsoffizier der TIRPITZ teil: »Bei der Wahl des Liegeplatzes trat die Frage der Bestreichungswinkel für die Artillerie in den Vordergrund bzw. Sicherheitsvorkehrungen gegen ein Sinken oder Kentern.« Auf einer Anfang Oktober im Kaafjord anberaumten Zusammenkunft auf dem Schlachtschiff erfuhr Junge, daß beabsichtigt war, sein Schiff »etwa in Ost-West-Richtung« zu legen, »... so daß sämtliche Geschütze in Hauptschußrichtung feuern konnten«. Am Tag vor der Verlegung der TIRPITZ nach Süden erkannte er, daß die »erwünschten Bestreichungswinkel für die Artillerie« Vorrang vor der Sicherheit der Schiffes erhalten hatten. Das Wasser war an dem ausgewählten Liegeplatz unter dem Kiel mehr als 15 Meter tief. Es gab einen weiteren Ankerplatz mit höchstens elf Metern Wassertiefe, der etwas näher bei Haakoy lag, dort wären jedoch die Bestreichungswinkel unzulässig eingeschränkt worden. »Die Sicherheitsvorkehrungen gegen ein Sinken oder Kentern erschienen mir sehr fragwürdig zu sein«, protestierte Junge; ihm wurde mitgeteilt, daß weitere Untersuchungen nach der Ankunft des Schlachtschiffes an seinem neuen Liegeplatz durchgeführt würden. Dort eingetroffen, »bestätigte sich das ungünstige Bodenprofil.« Die Bagger würden eine Woche benötigen, um die erforderlichen 30000 Tonnen Abraum zu verfüllen, als Junge am 4. November das Schiff verließ, hatten die Arbeiten gerade erst begonnen. Wie Peters war er der Ansicht, »daß der weiche Untergrund ... dem Schiff möglicherweise keinen Halt geboten hat, als es den Boden berührte«.

Der Admiral Polarküste (Vizeadmiral Nordmann) machte sich am 17. November ein Bild von den Gegebenheiten. In dem bezeichneten Abschnitt gab »es keinen einheitlich flachen Untergrund«. An dem ersten, in Aussicht genommenen Ankerplatz hätte das Schlachtschiff entlang eines tiefen Grabens in Nord-Süd-Richtung gelegen. Dann wurde eine andere Stelle gewählt, an der die

TIRPITZ in Ost-West-Richtung lag, mittschiffs befand sich eine Mulde von mehr als 13 Metern Tiefe. Das Schiff nahm jedoch nicht »die genau festgelegte Position ein ... das Loch war somit tiefer als 15 Meter« (die von Junge angegebene Tiefe); der Fehler lag also in der Verantwortung der Offiziere der TIRPITZ. Nach den Angaben Nordmanns begannen die Bagger mit ihrer Arbeit nicht vor dem 2. November – etwa zwei Wochen später. Nachdem sie ihre Aufgabe erledigt hatten, so hoffte man, würde sich die TIRPITZ auch nach einem »schweren Treffer« wieder von selbst aufrichten, wenn sie den Untergrund berührte. Am 12. November waren die Baggerarbeiten noch nicht beendet.

Der Kommandant der Seeverteidigung Tromsö, Kapitän z.S. Krüger, begann seine Ausführungen, indem er die Aufmerksamkeit auf Augenzeugenberichte lenkte, die besagten, »daß die Backbordseite von einem Volltreffer und mehreren Nahdetonierern aufgerissen worden sei«. Er nahm an, daß das Schiff sich etwa 60 bis 70 Grad überlegte, nachdem Turm C durch eine Explosion etwa 20 bis 25 Meter weit von seiner Barbette weggeschleudert worden war; »schwerere [*sic*] Wassereinbrüche und eine größere Schlagseite des Schiffes« waren die Folge. Am 27. Januar 1945 lenkte das Hauptamt Kriegsschiffbau die Aufmerksamkeit auf Berichte über fünf bis sechs Meter tiefen schlammigen Untergrund, der von einer Lage Sand bedeckt war. Dies stand im Widerspruch zu Angaben, daß das Wasser unter dem Kiel etwa 3,5 Meter tief und der Untergrund fest sei. »Die verschiedenartige Zusammensetzung des Meeresbodens ... [war] offenbar der Grund für das Kentern.« Die von Dönitz angeregte Untersuchung kam noch vor Januar zu dem Schluß, »daß die tatsächlich vorgefundenen Bedingungen am vorbereiteten Liegeplatz nicht mit den Anforderungen und Anweisungen des Oberbefehlshabers übereinstimmten«. Somit stand fest, wie die TIRPITZ kentern konnte, aber nicht warum; vor allem blieb unklar, an welchem Punkt die Wassereinbrüche eine kritische Marke erreichten.

Am 21. und 22. Mai 1945 führte ein Team der RAF unter Leitung von Air Cdre. C.N.H. Bilney Ermittlungen zum Untergang der TIRPITZ durch. Neben einer Untersuchung des Wracks wurden auch der Chef des Stabes beim Admiral Polarmeer (Kapitän z.S. Liesmann), der Chef des Stabes Kommandant der Seeverteidigung Tromsö (Korvettenkapitän Momsen) und der Chef des Oberwerftstabes (Konteradmiral Voss) in Abwesenheit der Besatzungsmitglieder der TIRPITZ gehört, diese befanden sich bereits wieder in Deutschland. Die drei deutschen Offiziere bestätigten, daß die TIRPITZ während Operation »Paravane« sehr schwere Schäden davongetragen hatte; eine Verlegung in die Heimat, um Reparaturarbeiten durchzuführen, sei unmöglich gewesen. Deshalb wurde sie »in den Tromsöfjord geschleppt, um sie an der Stelle als schwimmende Festung zu verwenden, an der sie auch gesunken ist«. Sie behaupteten, daß das Schlachtschiff die Fahrt vom Kaafjord nach Tromsö aus eigener Kraft mit etwa acht bis neun Knoten bewältigt habe. Die geringe Geschwindigkeit »sei eine Folge der durch eine 5,4-t-Bombe verursachten schweren Schäden im Vorschiff gewesen, Schäden am Steuerbord-Wellentunnel, die vom Angriff der Kleinst-U-Boote herrührten, wären dazugekommen«. Am 12. November sei eine Warnung vor anfliegenden Lancaster-Bombern herausgegeben worden, als diese sich im Raum Bodö befanden. Es sei noch genug Zeit verblieben, die Luftverteidigung in Alarmbereitschaft zu versetzen, »Nebelbatterien seien am neuen Liegeplatz des Schiffes aber nicht vorhanden gewesen«. Das Nichteinschreiten der Jäger aus Bardufoss gibt somit umso mehr Rätsel auf. Die einzig logische Erklärung dafür könnte sein, daß die Meldungen verschiedene Kommandoebenen durchlaufen mußten und daß jene der Luftwaffe eben nicht schnell genug arbeitete. Eine ähnliche Verzögerung von etwa zweieinhalb Stunden war auch während des Angriffs der Albacore am 9. März 1942 aufgetreten.

Die deutschen Offiziere bestätigten, daß die erste Bombe »etwa mittschiffs« eingeschlagen war, ein zweiter Treffer »neben Turm C an Backbordseite« folgte kurz darauf; der zweite Treffer hatte einen Brand zur Folge. »Unmittelbar nachdem das Schiff getroffen wurde, begann es sich nach Backbord überzulegen. An der Schiffsseite waren vermutlich durch Nahdetonierer »schwerwiegende Schäden« aufgetreten. »Infolge der hohen Verluste [1000 Mann der 1900 Besatzungsmitglieder, die sich zur Zeit des Angriffs an Bord befanden], der heftigen Schläge und des raschen Ablaufs der Ereignisse war kein genaues Bild über die Geschehnisse oder die entstandenen Schäden zu erhalten.« Die vernommenen Offiziere hatten die Abschriften jener Berichte, die über Oslo nach Berlin gesandt wurden, nicht eingesehen. Allerdings waren sie in der Lage, wertvolle, in gewisser Hinsicht einzigartige Informationen zu liefern, die ihnen zugetragen worden waren. »Die Bombentreffer drückten die Panzerdecks nach unten, dadurch entstanden Löcher zwischen der Schiffseite und den Decks. 20 Minuten (in allen anderen Berichten ist von zehn Minuten die Rede] nach dem ersten Treffer fand eine Explosion statt, und die entstehenden zusätzlichen Schäden rissen die Backbordseite auf etwa 35 Meter Länge vom Oberdeck bis zum Kiel auf«. »Kurz darauf kenterte das Schlachtschiff und blieb in einem Winkel von etwa 140 Grad liegen, die Aufbauten eingebettet im Untergrund.«

Die Untersuchungskommission der RAF erstellte im Mai 1945 folgendes Bild der Lage. Die Aufbauten und die Türme lagen im Schlamm begraben. Der Schlingerkiel an Steuerbord ragte »nahezu senkrecht« in die Luft, große Teile der Seitenpanzerung an Steuerbord waren abgenommen und nach Deutschland zurückgebracht worden. Was die sichtbaren Schäden anbetraf, hatte die Tallboy im Kaafjord das Vorschiff auf etwa 30 Metern Länge verwüstet, die Rumpfplatten [waren] noch auf weiteren 15 Metern nach achtern eingedrückt«. In Bilneys Bericht ist noch ein weiterer, höchst interessanter Abschnitt über die Wirkung eines Nahdetonierers enthalten. Dieser hatte »den Doppelboden auf einer Länge von etwa 15 Metern genau über dem Schlingerkiel eingedrückt«. Eine Untersuchung zur Schadenswirkung gibt nebenbei einen guten Hinweis über die robuste Konstruktion der TIRPITZ. »Die Hauptspanten waren innen gebrochen, und wäre der Rumpf des Schiffes nicht geschweißt gewesen, hätte es schwere Leckagen gegeben. Die Rumpfplatten des Schiffes waren auf Stoß bzw. mit den Stringern verschweißt, daraus entstand eine festgefügte, aber elastische Konstruktion.« »Der äußere Doppelboden war bis zu einer Tiefe von etwa

1,2 Metern eingedrückt«, dennoch waren keine bedeutenden Leckagen aufgetreten, und die Platten wiesen »keine Risse auf«. Eine nähere Untersuchung der eingedrückten Stellen führte zu der Annahme, daß die Tallboy in etwa 18 Metern Abstand detoniert war, die »Rumpfkonstruktion hat dies jedoch gut verkraftet«. Dies steht freilich im Widerspruch zu den Folgerungen des NID, wonach ein Nahdetonierer in einem Abstand von bis zu 30 Metern Wassereinbrüche verursachen würde. »Einige leicht eingedrückte Stellen«, etwa 36 Meter vor den Schrauben, waren ebenfalls sichtbar.

Bilney bestätigte, daß der Riß in der Schraubenwelle an Steuerbord, die zudem aus der Flucht war, ein Überbleibsel des Angriffs der Kleinst-U-Boote gewesen sein muß. Dieser Einsatz hatte somit eine dauerhafte Behinderung des Schlachtschiffes zur Folge. Es gab Anzeichen dafür, daß im Kaafjord in diesem Bereich Reparaturen am Unterwasserschiff durchgeführt worden waren. Dies deckt sich mit Geheimdienstberichten aus jener Zeit und der berechtigten Schlußfolgerung, daß die Einsatzbereitschaft des Schlachtschiffes wiederhergestellt werden sollte. Die Untersuchungskommission bemerkte, daß ein ausführlicherer Bericht nicht vorgelegt werden könne, bis Taucher die Backbordseite des Schiffes »eingehend« in Augenschein genommen hätten; der größte Teil war jedoch im Schlamm verborgen. Am Wrack waren keine Spuren von Zement zu finden. Dies bekräftigte die Aussage der deutschen Offiziere, daß, ganz im Gegensatz zu den Geheimdienstberichten, Zement zur Reparatur der Schäden nicht verwendet worden war.

Bilney stellte fest, daß im weiteren Umkreis um das Schiff aus der Luft zehn Bombenkrater zu erkennen waren, eine »zerbrochene« Tallboy wurde im Schlamm liegend entdeckt: »Diese Bombe hatte einen Kratzer auf der Nase, und das Gehäuse war leicht abgeflacht; der Riß war ein paar Zentimeter hinter dem Spundloch im Gehäuse aufgetreten.« Der im Jahr 1944 verantwortliche deutsche Offizier vom Bombenentschärfungskommando erklärte bei seiner Vernehmung, daß er glaube, die Tallboy sei auf die Schiffsseite aufgetroffen, dann etwa 200 Meter weit weggeschleudert worden und in ihrer jetzigen Position liegengeblieben. Bilney kam zu dem Schluß: »Dies scheint mir eine sehr plausible Erklärung zu sein, weil es sehr wahrscheinlich ist, daß die Bombe auf dem schlammigen Untergrund auseinandergebrochen sein muß, und da die hintere Hälfte in unmittelbarem Abstand zum Schiff mit einer Verzögerung von 0,07 Sekunden detoniert sein muß, würde dies eine hinreichende Erklärung für den dritten Treffer sein, der auf den Photos zu sehen ist.« Er fügte dem hinzu: »Die Informanten sind der Meinung, daß das Schiff nicht gekentert wäre, wenn nicht eine Explosion im Schiffsinnern stattgefunden hätte. Diese war durch ein Feuer verursacht worden, daß von dem zweiten Bombentreffer ausgelöst wurde« – darüber kann man streiten.

Ein weiteres Ermittlungsteam, diesmal vom Directorate of Naval Construction, führte seine Untersuchungen am Wrack vom 4. September bis 15. Oktober 1945 durch. Wiederum wurden auch Zeugen vernommen. Zwei Norweger (Anton und Edmund Rikkardson), die auf Kvaloy lebten, hatten beobachtet, daß ein

Treffer kurz vor der Brücke, etwas nach Steuerbord versetzt, die Aufbauten verwüstet hatte. Ein weiterer Einschlag an Backbordseite, etwa sechs Meter zur Mittschiffslinie hin, war für die Schlagseite des Schlachtschiffes verantwortlich, ein dritter schlug auf dem Achterdeck an Steuerbord ein, nachdem die TIRPITZ eine Schräglage von 25 Grad eingenommen hatte. Die Norweger berichteten von zwei Explosionen, eine davon im Bereich des Turms C. Ihre Angaben wichen von den Beobachtungen anderer Augenzeugen nicht wesentlich ab.

In seiner Zeugenaussage sollte der Kommandant des Bergungsschleppers SCHEIBENHOF mit großer Bestürzung eingestehen, daß er nach dem anstrengenden Versuch, die hinderlichen Panzerplatten auf dem Wrack aus dem Wege zu räumen, um ins Schiffsinnere zu gelangen, nur noch 36 unversehrte Flaschen in der Weinlast vorgefunden habe. Bedenklicher war, daß er zugeben mußte, mehrere Offiziere des Schlachtschiffes, wachfreies Personal und Angehörige des schiffstechnischen Abschnitts seien während des Angriffs an Land gewesen. Er hatte mit Oberleutnant z.S. Schulz gesprochen, der sich aus dem Maschinenraum retten konnte und der Ansicht war, ein Volltreffer auf der Backbordseite hätte die Schlagseite von 45 Grad zur Folge gehabt. Diese Lage habe das Schiff beibehalten, bis Turm C in die Luft geflogen sei. Als der Befehl zum Verlassen des Schiffes kam, wurden die wasserdichten Schotten und die Luken aufgerissen, dies habe möglicherweise den verhängnisvollen Wassereinbruch verursacht, der dann zum Kentern der TIRPITZ führte – eine weitere mögliche Erklärung für diese letzte Bewegung des Schiffes. Die Explosionen allein jedenfalls, so schwer sie auch waren, hätten ohne einen Einbruch riesiger Wassermassen kaum jene entscheidende Wirkung haben können. Der Bericht des DNC-Teams endete mit der Feststellung, daß sämtliche »16 Krater«, die um das Schiff herum gefunden worden waren, auf den Angriff vom 12. November zurückzuführen seien.

Die Auswertung der Einsatzberichte vom 12. November, vor allem jenes der Film-Lancaster, deren Pilot drei Treffer genau beobachtete, stimmt mit Bilneys Schlußfolgerung überein, daß zwei Bomben das Panzerdeck durchschlagen haben und eine dritte an Backbordseite abgeprallt ist. Dies steht nicht in Widerspruch zu anderen Angaben in deutschen oder britischen Berichten. Die Central Interpretation Unit traf nach einer Untersuchung des vorliegenden Materials aus Standphotos und Filmaufnahmen die Feststellung, daß der entscheidende Schlag von den ersten der abgeworfenen Tallboy stammte. Abgesehen von Flt. Lt. R.E. Knights, der seine Bombe selbst zum Nahdetonierer erklären sollte, hatten fünf Lancaster der 617. Staffel zwischen 08.41 und 08.42 Uhr ihre Bomben ausgeklinkt Tait und Lee (dessen Besatzung keine Detonation beobachtet hat), Gingles und Castagnola, die beide angaben, einen Volltreffer erzielt zu haben, und Sanders, der der Ansicht war, daß zwei Bomben, darunter seine eigene, »allem Anschein nach die Kante des Oberdecks getroffen hatten.« Zweifelsohne haben diese Maschinen die entscheidenden Treffer erzielt. Knights blieb in der Gegend, bis die letzte Bombe abgeworfen worden war und sah um 08.51 und 08.53 Uhr zwei Explosionen im Schiffsinnern, dies stimmt im großen und ganzen mit mehreren deutschen Berichten und jenen Beobachtungen überein, die Fg. Off. D. Macintosh von der 9. Staffel gemacht hat. Daß das Schiff um 08.52 Uhr kenterte, steht außer Frage. Es bestehen aber weiterhin Zweifel daran, ob das Ende des Schiffes von diesen inneren Explosionen herbeigeführt wurde – wie Bilneys Zeugen behaupten – oder durch einen Nahdetonierer, wie der Marinestab andeutete, oder durch eine ganze »Reihe« von Nahtreffern, wie der Admiral Polarküste berichtet hat.

Die TIRPITZ kenterte etwa elf Minuten, nachdem die erste Tallboy gefallen war. Das Schiff muß sehr rasch durch einen außerordentlich schweren Wassereinbruch geflutet worden sein. Nachdem es die Schräglage angenommen hatte, erlangte der schlammige Untergrund eine besondere Bedeutung, da der Boden nicht griffig war und die Kenterbewegung nicht aufhielt. Eine Vielzahl zeitgenössischer Berichte und die später durchgeführten Untersuchungen weisen auf ein oder zwei Nahdetonierer hin, die die Backbordseite aufgerissen hätten; dies könnte eine Erklärung dafür sein, daß das Schiff rasch eine Schräglage einnahm. Die schwere Explosion, die Turm C in die Luft schleuderte und mit Sicherheit durch einen Volltreffer verursacht wurde, hat wahrscheinlich das Kentern herbeigeführt.

Es ist jedoch durchaus möglich, daß das Schicksal der TIRPITZ zu jenem Zeitpunkt wegen des Verlustes der wasserdichten Unterteilung bereits besiegelt war, so jedenfalls argumentiert das Directorate of Naval Construction. Wenn man für »Tallboy« »Eisberg« setzt, kommt das Verhängnis eines Passagierdampfers in Erinnerung. Die Behauptung, daß »zwölf« oder »eine Reihe« der tödlichen Bomben die Backbordseite des Schiffes aufgerissen hätten, verliert an Glaubwürdigkeit, wenn man die von der RAF in Medmenham vorgelegten Aufnahmen untersucht. Das Trefferbild zeigt nur zwei Nahdetonierer an Backbord. Aber um 09.45 Uhr Ortszeit (08.45 Uhr GMT) war das Schlachtschiff bereits so sehr durchlöchert, daß es eine Schlagseite von 30 bis 40 Grad einnahm, die unteren Decks wurden geräumt. Die im Bericht des DNC erwähnten wasserdichten Türen bzw. die Schotten wurden zu diesem Zeitpunkt geöffnet. Um eilig zu entkommen, hat die Besatzung bestimmt nicht mehr alle Türen und Luken geschlossen; der Wassereinbruch, der durch die Schäden an Backbordseite verursacht wurde, verschlimmerte die Lage. Die Explosion von Turm C, die strukturellen Schäden, welche entstanden, als die Decks von der Schiffsseite abgetrennt wurden, und der sich lockernde, schlammige Untergrund haben den Prozess des Kenterns beschleunigt.

Der Verlust der TIRPITZ ist nicht auf eine einzige Ursache zurückzuführen. Konstruktive Mängel bei der wasserdichten Unterteilung – ein Vergleich mit der TITANIC drängt sich auf – wurden durch eine Kombination von Nahdetonierern (Nr. 2, 5, 7, 9 und 14 auf dem in Medmenham erstellten Trefferbild) und Volltreffern (Nr. 1 und 4) ausgenutzt; daraus entstand eine tödliche Mischung aus raschen, unkontrollierten Wassereinbrüchen bzw. dem Wegrutschen des sandigen Untergrundes. Es bleibt jedoch erstaunlich, wie schnell die TIRPITZ gesunken ist, obwohl ihr das Rückgrat, im Gegensatz zur HOOD, nicht gebrochen worden war.

Unbestritten ist das Schlachtschiff am 12. November 1944 gesunken – die Frage jedoch, zu welchem Zeitpunkt es keine richtige Kampfeinheit mehr darstellte, ist nicht so eindeutig zu beantworten. In diesem Zusammenhang sind verläßliche Geheimdienstberichte von sprichwörtlicher Bedeutung. Die Naval Intelligence Division sollte nach dem Krieg anhand einer Untersuchung erbeuteter deutscher Dokumente erklären, daß viele ihrer Berichte über die TIRPITZ »ungenau«, »irreführend«, »unwahr« gewesen seien – Einschätzungen, die im umfangreichen Quellenmaterial über die »Admiral von Tirpitz« immer wieder auftauchen. Bedenklich jedoch ist, daß all jene Irtümer nicht zur rechten Zeit erkannt worden waren und in gutem Glauben zu »Fehlurteilen« führten. Ein gemeinsam erstelltes Gutachten britischer und amerikanischer Stellen vom 4. März 1944 kam zu der Ansicht, daß »die gegenwärtig von den Deutschen durchgeführten Reparaturen ... offenbar zum Ziel haben, das Schiff in die Lage zu versetzen, mit eigener Kraft zu fahren. Sie kann etwa etwa 18 Knoten mit einer Maschine laufen.« Die nach dem Krieg durchgeführte Untersuchung zitierte einen NID-Bericht vom 13. September 1944 und war mit der Bemerkung versehen, daß jene Informationen, die man in den Wochen vor dem 15. Oktober erhalten habe, »im großen und ganzen recht zutreffend« gewesen seien – auch in der Rückschau ist dies bemerkenswert: Trotz der bekannten Schäden »kann die Möglichkeit, daß sie [die TIRPITZ] dazu in der Lage ist, einen begrenzten Vorstoß zu unternehmen, nicht völlig ausgeschlossen werden«. Noch am 3. November war man sich beim NID darüber einig, daß das Schiff zusätzliche schwere Schäden erhalten habe, trotzdem wurde weiterhin von »Reparaturen gesprochen, um es voll einsatzfähig zu machen«. Die TIRPITZ stellte offenbar noch immer eine bedeutsame Bedrohung dar, und die strategischen Argumente, die seit 1939 vorgebracht worden waren und auf zeitgenössischen verfügbaren Informationen basierten, behielten ihre Gültigkeit. Es handelt sich nicht darum, ob man Informationen hätte restriktiver interpretieren können oder müssen. Die Alliierten befürchteten, daß das Schiff erneut seine Gefechtsbereitschaft erlangen konnte, bis seine zerschlagenen Aufbauten in den Sand vor der Insel Haakoy eintauchten.

Mit Brigadegeneral Billy Mitchells Behauptung, daß Bombenflugzeuge Schlachtschiffe versenken könnten, hatte in den Vereinigten Staaten alles angefangen. Das Bomber Command leitete daraus eine Hyperbel ab: »Am 12. November [1944] hat ein neuer Abschnitt in der Kriegführung aus der Luft gegen Schlachtschiffe begonnen.« Die Meinungsverschiedenheiten zwischen den Teilstreitkräften bzw. einzelnen Staffeln sollten nicht den Blick für die Tatsache verstellen, daß die Versenkung des Schiffes – gemäß den Worten der *»V« Group News* – eine »großartige Leistung« war. Ohne das Geschick und die Entschlossenheit der Lancaster-Besatzungen vom Herbst 1944 schmälern zu wollen, müssen die wachsenden Schäden, welche durch die Angriffe der Kleinst-U-Boote und des Fleet Air Arm trotz wütender Verteidigungsanstrengungen vor den drei letzten Angriffen entstanden waren, betont werden. Auch den Mut der Bomberbesatzungen in den Jahren 1940–42 sowie die nie ermüdenden Anstrengungen des Personals der PRU sollte man nicht vergessen. Der zwar passive, aber unschätzbar wertvolle Beitrag der Mitglieder des norwegischen Widerstandes darf zweifelsohne nicht übersehen werden. Die durch Ultra abgefangenen Meldungen waren unbezahlbar, sie standen jedoch nicht jederzeit zur Vefügung. Die Männer und Frauen vor Ort stopften die Lücken, indem sie Informationen über die Bewegungen des Schiffes oder Anordnungen lieferten, die aus dechiffrierten Funksprüchen nicht zu erhalten waren. Die von den sowjetischen Behörden gebotenen Möglichkeiten und Hilfeleistungen sollten ebenfalls nicht leichtfertig abgetan werden.

Angesichts der Informationen, die ihnen zu jener Zeit zur Verfügung standen, nahmen die alliierten Planungstäbe völlig zurecht an, daß die TIRPITZ bis zuletzt eine potenticlle Gefahr darstellte. Darüber hinaus sollte die deutsche Seite erst im September 1944 eingestehen, daß das Schiff nicht mehr einsatzfähig gemacht werden konnte. Und auch dann noch hegten einige die stille Hoffnung, daß eine Reparatur möglich schien. Nach Operation »Catechism« waren diese Träume unwiderruflich ausgeträumt. Mit »großer Erleichterung« sollte Winston Churchill bekanntgeben, daß »diese Bestie nun dort ist, wo wir sie immer haben wollten«.

Am 22. März 1945 flog eine PRU-Maschine einen »Gedenkeinsatz« und brachte »bemerkenswert scharfe Aufnahmen aus niedriger Höhe mit ... welche den gekenterten Rumpf des Schlachtschiffes [zeigten], der leicht mit Schnee überzogen war«. »Sic transit gloria mundi«, fügte ein Stabsoffizier ironisch hinzu.

Einsatz der Bomber, 1942–1944

Anmerkungen:

1. Vorzeitig zurückgekehrte Maschinen oder abgebrochene Einsätze bzw. der gemeldete sowjetische Angriff vom 10./11. Februar 1944 sind in den Angaben nicht enthalten.
2. Nicht als »Einsatzverlust« gelten abgestürzte Flugzeuge, deren Besatzungen gerettet wurden, bzw. schwerbeschädigte Maschinen, die später verschrottet wurden.
3. Jäger mit Bombenzuladung, welche die TIRPITZ angegriffen haben, zählen als »Bomber«. Hellcat und Corsair, die während Operation »Goodwood« zwar Bomben trugen, aber umliegende Stellungen mit Bordwaffen und Bomben angriffen, sind nicht berücksichtigt.
4. Präzise Zahlen über den Einsatz der Jagdflugzeuge sind kaum zu ermitteln, allerdings haben etwa 250 Maschinen vom Typ Corsair, Firefly, Fulmar, Hellcat, Seafire und Wildcat den Einsatz des FAA im Jahr 1944 unterstützt. Von diesen gingen 5 Corsair, 1 Firefly und 1 Seafire verloren. Darüber hinaus stürzten 1 Corsair und 1 Hellcat in die See, sämtliche Besatzungsmitglieder konnten gerettet werden.
5. Neben den Einsätzen der Halifax im Jahr 1942 führten Hudson, Beaufighter und eine Catalina Ablenkungsangriffe durch. Seafire und Swordfish flogen während der Einsätze des FAA Feindaufklärung über der Flotte.
6. Bei den Einsätzen gegen die TIRPITZ setzte die RAF 1940–1944 insgesamt 16, der FAA 11 verschiedene Flugzeugtypen ein.

Datum	Kommando	Flugzeugtypen	Zielort	Verlust
1942				
30. Januar	RAF	7 Stirling 9 Halifax	Faettenfjord	0[1]
9. März	FAA	12 Albacore	vor den Lofoten	2
30./31. März	RAF	33 Halifax	Faettenfjord	6
27./28. April	RAF	30 Halifax 11 Lancaster	Faettenfjord	4 Halifax[2] 1 Lancaster
28./29. April	RAF	21 Halifax 12 Lancaster	Faettenfjord	2
1944				
3. April	FAA	41 Barracuda	Kaafjord	3
17. Juli	FAA	44 Barracuda	Kaafjord	0[3]
22. August (1.)	FAA	9 Hellcat	Kaafjord	1
22. August (2.)	FAA	7 Hellcat	Kaafjord	0
24. August	FAA	33 Barracuda 10 Hellcat 5 Corsair	Kaafjord	2 Hellcat
29. August	FAA	26 Barracuda 3 Hellcat 2 Corsair	Kaafjord	0
15. September	RAF	27 Lancaster	Kaafjord	0[4]
29. Oktober	RAF	39 Lancaster	Tromsö	1[5]
12. November	RAF	31 Lancaster	Tromsö	1[5]

Insgesamt: 14 Einsätze (7 RAF, 7 FAA); 412 Bomber, 23 Verluste

1) Halifax abgestürzt, Besatzung gerettet.
2) Bruchlandung zweier Halifax in Norwegen. Besatzungen (außer einem Verletzten, der in Kriegsgefangenschaft geriet) gelang die Flucht nach Schweden und wurden später in ihre Heimat zurückgeführt.
3) Zwei Barracuda abgestürzt, Besatzungen gerettet.
4) Sechs Lancaster nach Bruchlandung in der Sowjetunion abgeschrieben, Besatzungen unversehrt, eine Lancaster ging auf dem Rückflug nach England verloren (11 Mann an Bord).
5) Beide Maschinen Bruchlandung in Schweden, Besatzungen in die Heimat zurückgeführt.

Literaturverzeichnis

1. *Anmerkung zu den Quellenangaben*

Der Nachlaß von Barnes Wallis befand sich in White Hill House, Effingham, als der Verfasser Einsicht erhielt. Seit dem Tod von Sir Barnes werden die Unterlagen an verschiedenen Orten aufbewahrt, unter anderem: im Science Museum; im Barnes Willis Memorial Trust; im Churchill College, Cambridge; im RAF-Museum Hendon; sowie in privater Hand bei Mitgliedern der Familie. Quellenverweise sind daher müßig. Abgesehen davon wurden Anmerkungen generell nicht verwendet, da sie eine abschreckende Wirkung auf den Leser haben können. Ich habe mich deshalb für ausführliche bibliographische Angaben entschieden, um jenen Anhaltspunkte zu bieten, die weitere Nachforschungen unternehmen möchten oder zusätzliche Informationen suchen.

Unglücklicherweise sind manche offiziellen Unterlagen – etwa auch Einsatzberichte der Staffeln – nicht überliefert. Darüber hinaus sind die Staffelberichte meist lückenhaft je nach dem, ob der Verfasser sich nun Mühe gegeben hat oder nicht. Einige genügen in Sprache und Ausdrucksform bedauerlicherweise nur profaneren Ansprüchen oder sind in grammatikalischer Hinsicht fehlerhaft, dies mindert ihren Wert.

Die Zeitangaben in jenen Dokumenten, die im Public Record Office aufbewahrt werden, müssen mit besonderer Vorsicht betrachtet werden. Von Februar 1940 an bis Oktober 1945 galt im Vereinigten Königreich die Sommerzeit (GMT + 1), während der Sommermonate die Doppelte britische Sommerzeit. Die Geltungsdauer für die Doppelte Sommerzeit war jedoch von Jahr zu Jahr unterschiedlich. Zeitangaben für Deutschland sowie die besetzten Gebiete basieren auf der Mitteleuropäischen Zeit (GMT + 1) und der Deutschen Sommerzeit (GMT + 2). Im Westen der Sowjetunion galt fortwährend die Sommerzeit (GMT + 3). Um diesbezügliche Verwirrung auszuschließen, sollten der PRO-Readers Guide No. 8, *RAF Records in the PRO*, und die jährlichen Ausgaben von *Whitakers Almanack* zu Rate gezogen werden. Dennoch ist besondere Vorsicht geboten, falls verschiedene Zeitangaben in ein und demselben Dokument auftauchen. Die Einträge in den Einsatztagebüchern der 9. und 617. Staffel während Operation »Paravane« sind dafür der beste Beweis.

2. *Public Record Office, Kew*

Folgende Bestände wurden zu Rate gezogen:

Air 1	Air Historical Branch, 1862–1959
Air 2	Citations and Awards, 1887–1985
Air 4	Flying Log Books
Air 6	Air Council Minutes, 1916–1973
Air 7	RAF Personal Files
Air 8	Chief of the Air Staff
Air 9	Directorate of Operations and Intelligence
Air 14	Bomber Command
Air 15	Coastal Command
Air 22	Returns and Intelligence Summaries, 1936–1963
Air 24	Operations Record Books: Commands
Air 25	Operations Record Books: Groups
Air 26	Operations Record Books: Wings
Air 27	Operations Record Books: Squadrons
Air 28	Operations Record Books: Stations
Air 34	Central Interpretation Unit
Air 45	RAF Delegation, Washington

Air 50	Combat Reports, Fleet Air Arm
Adm 116	Fleet Air Arm Operations
Adm 199	Fleet Air Arm Operations
Adm 207	Fleet Air Arm, squadron records
Adm 223	Naval Intelligence summaries
AVIA 15	Ministry of Aircraft Production
Cab 23	War Cabinet minutes
Cab 65	Confidential annexes to War Cabinet minutes
Cab 69	War Cabinet Defence Committee (Ops)
Cab 79	Chiefs of Staff Committee minutes
Cab 80	Chiefs of Staff Committee memos
Defe 3	Intelligence from Enemy Radio Communications (Ultra intercepts)
WO 216	No 30 Mission to Moscow

Von besonderem Interesse sind auch:

Adm	116/5468	Operation Tungsten
	199/941	Operation Tungsten
	223/50	Summary of operations against Tirpitz, 1941–4
	223/87	Tirpitz: intelligence digest
Air	14/917	Operation Paravane
	14/1973	Operation Obviate
	14/1972	Operation Catechism
Air	24/204	Bomber Command Operations Record Book, 1942
	24/264	Coastal Command Operations Record Book, 1939–42
Defe	3/79, 86–8, 110–1, 305–6 und 342	Ultra Intercepts

3. Department of Aviation Records, RAF Museum Hendon

Highball papers and technical data
Capt. J. »Mutt« Summers' log book
Barnes Wallis diaries
Gp. Capt. F.W. Winterbotham's correspondence

4. Imperial War Museum, London

Department of Documents
Memoiren, Erinnerungen oder Logbücher von:
Sqn. Ldr. T.P.E. Barlow; E.C. Dabner (durch TIRPITZ auf Spitzbergen erbeutet); Lt. H.J. Davidson RNVR; Flt. Lt. A.E.P. Fane; Lt. C. Friend RN; Lt. Cdr. R.P. Raikes DSO RN; Sqn. Ldr. F.A. Robinson DFC

Sound Archive
Auf Tonbändern verschiedener Länge sind einschlägige Berichte und persönliche Erinnerungen folgender Personen aufgezeichnet:
J.N. Bazin (FAA); D.C.T. Bennett (RAF); T. Bennett (RAF); R.L. Bigg-Wither (FAA); R.A. Briers (RAF); B.A. Buckham (RAAF); G. Byam (RAF); L.W. Curtis (RAF); I. Easton (FAA); J. Herald (FAA); I. Hewitt (RAF); T.C. Iveson (RAF); A. Kimmins (FAA); R.E. Knights (RAF); S. Klouman (Norwegen); O.R. Olsen (Norwegen); P.M. Scott (FAA); E.J.W. Sherlock (FAA); H.J. Spiller (RAF); A.W.F. Sutton (RN); E.W. Sykes (FAA); J.B. Tait (RAF); D.G.J. Wilkey (FAA).

5. Weitere Angaben

Barnes Willis Papers
Director of Naval Construktion, »Tirpitz«, Bde 1 & 2 (1948)
Fowler, S. (u.a.), RAF Records in the PRO
Naval Staff, Battle Summary No 27 (Operation Tungsten) Nov. 1944
Westbrook, C., Crichel Down Bombing Range Report

6. Literatur (Bücher)

(Erscheinungsort London, sofern keine andere Angabe erfolgt)

–, *A Formidable Commission* (1947)
Apps, M., *Send Her Victorious* (1971)
Beesley, P., *Very Special Intelligence* (1977)
Bekker, C., *The Luftwaffe War Diaries* [Angriffshöhe 4000. Ein Kriegstagebuch der Deutschen Luftwaffe, Oldenburg, Hamburg 1964] (1966)
Bennett, D., *Pathfinder* (1958)
Boyle, A., *No Passing Glory* (Ausg. 1957)
Brickhill, P., *The Dam Busters* (1952)
Bridgman, L. (Hrsg.), *Jane's All the World's Fighting Aircraft 1943–4* (1945)
Brennecke, J., *The Tirpitz* [Schlachtschiff Tirpitz, Herford 1978] (1963)
Broome, J., *Convoy is to Scatter* (1972)
Brown, D., *Tirpitz: the Floating Fortress* (1977)
Burns, J., *Roosevelt: the Soldier of Freedom 1940–1945* (1971)
Busch, F.-O., *The Story of Prince Eugen* [Kreuzer Prinz Eugen, Hannover 1958] (1967)
Cameron, I., *Wings of the Morning* (1962)
Canning, H., *Borderers in Battle* (1948)
Churchill, W., *The Second World War*, Bde 4–9 (1969)
Collier, B., *A History of Air Power* (1974)
Crosley, R.M., *They Gave Me a Seafire* (1986)
Curtis, D., *A Most Secret Squadron* (1995)
Dönitz, K., *Ten Years and Twenty Days* [Zehn Jahre und Zwanzig Tage, Athenäum 1958] (1959)
Frere-Cook, G., *The Attacks on the Tirpitz* (1973)
Gilbert, M., *Winston S. Churchill*, Bd 7 (1986)
Golovko, A., *With the Red Fleet* (engl. Übers. 1965)
Green, W., *Avro Lancaster* (1959)
–, *Famous Bombers of World War II* (1959)
Grenfell, R., *The Bismarck Episode* (1969)
Gunston, W., *Bombers* (1978)
Harris, A., *Bomber Offensive* (1947)
Harrison, W., *Fairey Firefly* (1992)
Hastings, M., *Bomber Command* (Ausg. 1993)
Herwig, H.H., *The German Naval Officer Corps 1890–1918* [Das Elitekorps des Kaisers. Die Marineoffiziere im wilhelminischen Deutschland, Hamburg 1977] (1973)
Higham, R., *Air Power: A Concise History* (1972)
Howarth, D., *The Shetland Bus* (1951)
Humble, R., *Fraser of North Cape* (1983)
Hurley, A., *Billy Mitchell: Crusader of Air Power* (New York 1964)
Hurren, B., *Perchance. A Short History of British Naval Aviation* (1949)
Jackson, A., *Avro Aircraft since 1908* (1965)
Kennedy, L., *Menace, the life and death of the Tirpitz* (1979)
Killen, A., *The Luftwaffe: A History* (1967)
–, *A History of Marine Association, 1911–1968* (1969)

Lawrence, W., *No. 5 Group RAF (1939–1945)* (1951)
Levine, I., *The Story of General Mitchell, Pioneer of Air Power* (1943)
MacBean, J. & Hogben, A., *Bombs Gone* (1990)
Macmillan, N., *The RAF in the World War*, Bd 4 (1950)
Morpugo, J., *Barnes Willis: a Biography* (1972)
Peillard, L., *Sink the Tirpitz* [Versenkt die Tirpitz!, Wiesbaden 1977] (1973)
Powers, B., *Strategy without Slide Rule* (1976)
Price, A., *Sky Warriors* (1999)
Ready, J., *Forgotten Allies*, Bd 1 (1985)
Robertson, B., *Lancaster – The Story of a Famous Bomber* (1964)
Roskill, S., *The War at Sea*, Bde 1–3 (1954–6)
–, *Naval Policy Between the Wars*, Bd 1 (1968)
–, *Churchill and the Admirals* (1977)
Saward, D., *Bomber Harris* (1984)
Schofield, B., *The Russian Convoys* (1964)
Scott, J., *Vickers – A History* (1962)
Shears, P.J., *The Story of the Border Regiment* (1948)
Smith, N., *The Halifax Raids* (1994)
Soward, S., *A Formidable Hero* (1987)
Sturtivant, R. & Balance, T., *Squadrons of the Fleet Air Arm* (1984)
Thetford, O., *Aircraft of the Royal Air Force since 1918* (1968)
Tuleja, T., *Eclipse of the German Navy* (1959)
Vincent, D., *Mosquito Monograph* (1982)
Wagner, R. (Hrsg.), *The Soviet Air Force in World War II* (Eng. Übers., 1974)
Webster, C. & Frankland, N., *The Strategic Bomber Offensive against Germany*, Bd. 1–3 (1961)
Wilmot, C., *The Struggle for Europe* (Ausg. 1956)
Winton, J., *Find, Fix and Strike* (1980)
Woodward, D., *The Tirpitz* (1953)

7. Literatur: Aufsätze und Schriften

Bell, D., »The Tirpitz Raid«, *Canadian Aviation Historical Society Journal* (Sommer 1980)
Capsey, G., »Assignment Archangel«, *Air Clues*, H.4, Nr. 12
Griffiths, R.M., »Fleet Air Arm Attacks on the Tirpitz«, *Navy News*
Jepson, J., »Tirpitz Plaque«, *TABS* (*IX Squadron Association*), (1998)
Knights, R.E., »Sinking the Tirpitz« (nicht veröffentlicht)
Leach, R., »Tirpitz«, *Fly Past* (Dez. 1999)
Lindberg, E., »Tirpitz« (nicht veröffentlicht)
Ministry of Information, »Fleet Air Arm« (1943)
–, »Arctic War« (1945)
Mortimer, B., »Sunderland Strike Force«, *Wingspan*, Feb. 1992
Orbis, »HMS Tirpitz«, *War Machine*, H. 2, Nr. 18
–, »Attacking the Tirpitz«, War Machine, H. 7, Nr. 78
Powell, J.W., »Tirpitz Missed or Attack Torpedo« (nicht veröffentlicht)
Strachey, J., »Big Bombs and V2«, *The Listener*, 30. November 1944
Thoring, L., »The Sinking of the Tirpitz, eye witness account« (nicht veröffentlicht)
Zuba, A., »Tirpitz« (1945, nicht veröffentlicht)

8. Weitere Quellen

Weitere Informationen wurden dem Briefwechsel sowie Gesprächen mit folgenden Personen entnommen: Air Vice-Marshal S.O. Bufton (ehem. DB Ops im Luftfahrtministerium); Air Chief Marshal Ralph Cochrane; Dr. A.R. Collins (ehem. Wissenschaftsoffizier am Road Research Laboratory); Marshal of the Royal Air Force Sir Arthur Harris; Air Vice Marshal H.V. Satterly (ehem. SASO, 5. Geschwader Bomber Command); A.D. Grant; H. Jeffree und R.C. Handasyde (Vickers-Armstrong, Weybridge).

Register